CB125430

IGOR FARIA

SEJA LUZ

Seja luz

Copyright © 2024 by Igor Faria

1ª edição: Dezembro 2024

Direitos reservados desta edição: Citadel Editorial SA

O conteúdo desta obra é de total responsabilidade do autor
e não reflete necessariamente a opinião da editora

Autor:
Igor Faria

Organizadora de conteúdo:
Ana Prôa

Preparação de texto:
3GB Consulting

Revisão:
Gabriel Silva
Iracy Borges

Projeto gráfico:
Jéssica Wendy

Capa:
Daniel Zemuner Trindade (Dnyras)

Impressão:
Plena Print

DADOS INTERNACIONAIS DE CATALOGAÇÃO NA PUBLICAÇÃO (CIP)

Faria, Igor
Seja luz : 101 dias para você ser a sua melhor versão em todas as áreas da sua vida / Igor Faria.
— Porto Alegre : Citadel, 2024.
384 p

ISBN: 978-65-5047-521-5

1. Literatura devocional 2. Espiritualidade I. Título

24-5146 CDD - 242

Angélica Ilacqua - Bibliotecária - CRB-8/7057

Produção editorial e distribuição:

CITADEL Grupo Editorial
contato@citadel.com.br
www.citadel.com.br

IGOR FARIA

SEJA LUZ

101 dias para você ser a sua melhor versão em todas as áreas da sua vida

CITADEL
Grupo Editorial
2025

PREFÁCIO

Aquela não era uma tarde comum. Ali, dois jovens se apresentavam diante Dele e de tantas pessoas queridas para declarar o amor que sentiam um pelo outro. Estavam assumindo o compromisso de se dedicarem para o resto de suas vidas, até que a morte os separe, para aquela relação.

Estou falando do casamento do Igor e Marcella, o qual eu celebrei. Há alguns bons anos nossas famílias se conheceram e desde então já colecionamos diversos momentos inesquecíveis juntos. Acredito verdadeiramente que são os ensinamentos de Jesus que nos conectam. E isso está muito acima de qualquer religião. São princípios e valores aplicados em todas as áreas de nossas vidas, fazendo com que o nosso crescimento seja alinhado e constante. Independente de qualquer dificuldade, nós sabemos que temos com quem contar. E agora, querido leitor, a partir deste livro, você também terá um suporte diário em suas mãos.

Igor é o autor deste conteúdo transformador que você está prestes a explorar. Prepare-se: ele pode mudar sua vida! Os devocionais que você encontrará aqui são chaves práticas que desbloquearão um novo entendimento a cada amanhecer. Assim como treinamos nosso corpo e nossa mente, os frutos de uma prática diária de leitura e reflexão certamente serão colhidos, revelando resultados além do que você imagina.

Eu pratiquei, li e desenvolvi muitos devocionais ao longo da minha vida e, assim, posso garantir que este é um dos melhores conteúdos já desenvolvidos. Uma verdadeira inspiração, com conteúdos práticos, histórias empolgantes, engraçadas e emocionantes que vão fasciná-lo em uma leitura fluida e objetiva.

Sabe... Dentro de nós habita uma luz única, pois fomos feitos à imagem e semelhança dEle, do Criador, o Pai das Luzes. Só nós temos isso entre todas as criaturas. Mas todo os dias é preciso conectar na fonte e verdadeiramente decidir ser luz. Esse desenvolvimento dá trabalho, leva tempo, mas nos traz frutos inimagináveis. Isso é o que o Igor tem feito desde muito jovem.

Em seus negócios, ele não apenas promove e se dedica aos conteúdos para crianças e famílias por meio da renomada marca Patati Patatá, mas também brilha em diversos mercados, sendo reconhecido como um profissional excepcional que transforma vidas, famílias e instituições. E agora ele vai dividir tudo o que aprendeu até aqui e mais: vai proporcionar a você, meu lindo, minha linda, uma prática de leitura diária.

Por 101 dias você poderá, pouco a pouco, encontrar a sua melhor versão, não com receitas prontas ou conteúdos vazios, mas com Palavras milenares de poder e ao lado de um grande profissional, pai, marido e amigo: Igor Faria. Vamos juntos! A jornada começa agora.

– DEIVE LEONARDO

APRESENTAÇÃO

Um carpinteiro produz peças em madeira. Desde as mais simples, como os pés de um banco, com linhas retas e acabamentos sem detalhes, até esculturas com milhares de curvas, entalhes e acabamentos específicos. O mesmo profissional é capaz de criar algo muito simples ou muito rebuscado. A diferença está na quantidade de conhecimento, técnica, dedicação e esforço que ele coloca naquela matéria bruta que, nos dois casos, é apenas um bloco de madeira antes de ser trabalhado. Mas ele é capaz de transformar aquele pedaço de árvore na sua melhor versão.

Desde criança eu cresci entre artistas e empresários, servindo não só à minha família, mas também a outras milhares Brasil afora. O legado dos palhaços Patati Patatá, iniciado por meu pai antes do meu nascimento, foi meu berço. Cresci em meio a shows, estúdios e televisão. Todas as minhas memórias de infância são em ambientes como esse, de trabalho e realizações, afinal não tinha tempo para nada diferente. Foi uma dedicação incansável para fazer do Patati Patatá uma marca relevante e amada pelas famílias. Confesso que eu gostava muito de acompanhar e ajudar meu pai Rinaldi e minha mãe Nadia em tudo que eles faziam por meio do Patati Patatá. E nessa caminhada aprendi que a verdadeira riqueza não está relacionada ao dinheiro, mas ao ato de desempenhar com excelência todos os papéis que assumimos na vida.

Seja como pai, mãe, cônjuge ou profissional, buscar ser a melhor versão de si mesmo é essencial. Um bom exemplo é a paternidade ou maternidade: nos primeiros anos da vida dos filhos, ativar sua verdadeira identidade é crucial para evitar que eles se percam em busca de propósito em lugares vazios. O mesmo acontece no casamento e na carreira – encontrar propósito em nossas ações traz satisfação verdadeira.

Este livro, então, é para você que deseja ser a sua melhor versão em todas as áreas da sua vida. É para você que busca exercer o seu melhor papel em sociedade e como indivíduo. É para você não deixar que as preocupações o dominem, que a ansiedade o engula ou que terceiros – talvez até familiares – digam ou determinem quem você é. Está na hora de entender que Aquele que o criou sabe o que é melhor para a sua criatura. Este livro, portanto, vai ajudar você na sua jornada. Ao longo de 101 dias consecutivos, você vai entender por que nasceu, para que está aqui, para onde irá e quais escolhas deve tomar. Todos os dias, vai encontrar esse caminho de plenitude até a verdadeira prosperidade.

Mas certamente você deve estar se perguntando: "Por que 101 dias?". A minha proposta é que, a cada texto que leia, você se torne 1% melhor. Assim, depois de 100 dias, você vai estar 100% melhor do que começou. Só que, a partir daí, vem o grande entendimento: a caminhada da vida com o Criador é sempre surpreendente, sempre além do que sonhamos ou imaginámos. Quando você está conectado no Criador, Ele sempre faz mais do que os seus 100%, entende? Com 101%, sua vida será muito mais do que você imagina! Viver com essa consciência muda tudo e de fato te torna a sua própria melhor versão.

Antes de você avançar na leitura, é importante eu lhe dizer que não sou pastor, nem filho de pastor. Meu dia a dia não é parte do "sistema religioso". Sou um empresário, pai de família e marido apaixonado, com um propósito de vida claro: ser um defensor de todos os princípios que coloco aqui neste livro. Eles são o que eu realmente acredito ser necessário para se alcançar uma vida cheia de significado. Entenda que só cumprindo princípios é que você vai ser verdadeiramente feliz, verdadeiramente realizado e vai cumprir o seu propósito nessa Terra.

Sou um homem de 30 anos reconhecido naquilo que faço. E posso lhe mostrar alguns resultados. Eu lidero uma das maiores marcas infantis da história do Brasil, Patati Patatá, que ganhou diversos prêmios, tem dezenas de milhares de pessoas assistindo a shows todos os finais de semana e já lançou mais de 1.600 produtos licenciados no mercado brasileiro. Fui eleito pela aclamada revista *Forbes*, ainda aos 21 anos, como um dos jovens capazes de revolucionar o mercado brasileiro. Eu também atuo em outros vários ramos de negócios, como investimentos no mercado imobiliário, saúde e educação. Além disso, dou palestras pelo Brasil inteiro compartilhando minhas experiências e resultados empresariais.

Nessa minha caminhada de realizações no mundo do negócios, todas as semanas conheço dezenas de novas pessoas e consigo perceber que existem alguns padrões de comportamento, crenças, atitudes e pensamentos que todo vencedor – todo aquele que leva uma vida plena – tem. Mas também observo um padrão de comportamentos e hábitos de todo ser humano que possui uma vida de fracassos e infelicidade. E este livro traz um apanhado dessas histórias, assim como me baseio em muitos dados de pesquisas e de outras obras também, para você não achar que tudo o que apresento aqui são "achismos" da minha cabeça.

Mas, ao mesmo tempo, sou um homem simples muito bem casado com a Marcella Faria, pai do Davi e do Lucca, que, no momento do fechamento deste livro, têm, respectivamente, 1 ano e 6 meses e 5 meses. Sou homem de uma mulher só e assim serei para o resto da minha vida, até o meu último suspiro. Além disso, busco ser o melhor filho, melhor amigo e melhor irmão possível. Sou apaixonado pela família – não só a minha, mas todas as outras. Em tudo o que vivo, me baseio nos princípios bíblicos. Acredito, sim, que a Bíblia é um livro divino, que é a própria palavra de Deus.

Agora, se acha isso uma bobeira e não acredita nesse poder espiritual que a Bíblia tem, eu quero convidar você a ler todos os 101 dias deste livro da mesma forma. Não precisa considerar essa parte espiritual, apenas leve em conta que aqui existem princípios que, há milênios, todo ser humano que os segue vive da melhor maneira possível. Então, como eu sempre digo: "contra frutos não há argumentos". Portanto, considere a Bíblia, por ora, apenas como um bom manual de como viver uma vida com propósito, muito significado e feliz, e isso te levará a ser a sua melhor versão.

Porém, atenção: eu não quero que este livro seja apenas repleto de boas ideias e de teorias, mas, sim, que você realize algumas ações e execute na prática todos os aprendizados e conselhos que aqui estão. Só assim, verdadeiramente, nos tornamos a nossa melhor versão dia após dia. E quer uma dica preciosa? Se puder, comece o seu dia dedicando cinco minutinhos à leitura das duas ou três páginas diárias. Esse é o ideal, porque existem diversas pesquisas demonstrando que os primeiros minutos após o despertar são capazes de determinar como será o restante do seu dia. Se você já acorda preocupado, olhando notícias trágicas no celular, a tendência é ter um dia estressante. E ao contrário, se ao sair da cama declara boas palavras, boas ideias – como as verdades bíblicas milenares –, o seu dia tende a ser muito melhor.

Mas, claro, se não for possível fazer isso logo cedo, tranquilo. Deixe para ler o seu devocional em qualquer outro momento, como no trem ou no ônibus a caminho de seu trabalho, na hora de seu almoço ou antes de dormir. O importante é você ter em mente: serão cinco minutinhos de leitura que vão mudar muito o seu dia – e até mesmo a sua vida.

Para ajudar você nesse sentido, o seu devocional diário será dividido em três momentos: o versículo bíblico, que dará embasamento à mensagem; a própria mensagem; e, ao final, o #naprática traz um comando, uma direção para você realizar naquele dia, com o objetivo de lhe dar um direcionamento claro sobre o aprendizado da vez.

Meu amigo leitor, minha amiga leitora... Entenda uma coisa: a verdade é que todos nós somos seres humanos únicos. E isso não é papo motivacional ou eu querendo te agradar de maneira gratuita. A Bíblia e a própria ciência dizem isso. Das mais de oito bilhões de pessoas no mundo, não há ninguém que traga a impressão digital igual à sua. As características do seu DNA são totalmente diferentes das minhas e de todas as pessoas que habitam neste planeta Terra. Você faz ideia disso? Então, este livro também tem o objetivo de ativar isso em você, de mostrar o seu valor e o quanto você pode ser luz. Aliás, este é o meu propósito de vida: ser luz na vida das pessoas. E, também, fazer com que outras pessoas sejam luz na vida de mais e mais gente!

É justamente por isso que o nome deste livro é *Seja Luz*, porque todos nós precisamos ser luz diariamente. Essa é uma ativação, uma convocação, que você vai entender melhor assim que iniciar a leitura do Dia 1, logo adiante. E por que decidi publicá-lo? Porque ser luz é um lema, um estilo de vida, uma maneira de viver. É você entender que em tudo o que faz, por onde passa, deve ser luz. E agir assim é muito mais simples do que se imagina, só que muitas vezes negligenciamos isso. Nós precisamos acordar e dormir com essa consciência de que devemos, todos os dias, facilitar a vida das pessoas à nossa volta, deixando tudo mais leve e divertido. Senão, viver não faz sentido!

Nos próximos 101 dias, iniciaremos juntos uma trajetória incrível que vai resultar numa vida plena de significado – para você e para todos que iluminar ao seu redor. Vamos lá?

Bora ser luz!

DIA
1

AFINAL, O QUE É SER LUZ?

Vocês são a luz do mundo.
MATEUS 5:14

Em suas mãos, agora, está este livro devocional que irá acompanhá-lo pelos próximos 101 dias. E o título dele é *Seja Luz*. Algo bem sugestivo, mas que traz um questionamento: o que é ser luz, afinal? A resposta está no direcionamento claro do homem mais incrível que já passou por esta Terra – Jesus –, ao dizer que somos a luz do mundo. Ser luz é um estilo de vida, é uma decisão diária.

Todo dia, precisamos acordar e ter a consciência disso. Devemos iluminar tudo o que está ao nosso redor: a nossa família, a nossa escola ou faculdade, o nosso trabalho... Por onde quer que você passe, seja luz.

Na minha oração diária, sempre peço por isto: "Senhor, tudo aquilo que eu tenho e que eu sou, todas as minhas amizades, os meus negócios, a minha família, o meu casamento, os meus filhos, eu coloco nas suas mãos para que seja luz. Que o Senhor use tudo isso para que possamos ser luz na vida dos demais".

Na passagem de Mateus, diz assim: "Ninguém acende uma lâmpada e a coloca debaixo de uma vasilha; ao contrário, coloca-a num lugar apropriado e, assim, ilumina a todos os que estão na casa". Ou seja, não tem como eu e você sermos luz se não iluminarmos a vida de quem está à nossa volta.

Até porque qual seria a utilidade de se acender uma lâmpada e colocá-la debaixo de uma mesa ou de um sofá? Nenhuma! Só iria abafar a luz. Então, assim também deve ser você. Não se deixe apagar. Você deve ser luz todos os dias e em todas as circunstâncias.

Ah, mas você acha que não é iluminado? Olha, foi o próprio Deus que declarou isso por nós. Portanto, não é uma questão de você querer ou não querer, e sim de acreditar ou não. O que devemos fazer apenas é tomar posse disso e realmente viver sob essa declaração, sob essa certeza.

Tenha esse entendimento de que você pode ser luz na vida de todos que estão ao seu redor. Em qualquer lugar em que entrar, as pessoas vão perceber que há algo diferente em sua vida. E isso não será por causa da sua aparência, da sua beleza, e sim porque é o próprio Deus andando com você e fluindo através de você e, assim, iluminando todos os cantos em que você passar.

Em qualquer lugar em que entrar, as pessoas vão perceber que há algo diferente em sua vida. Porque é o próprio Deus andando com você e fluindo através de você.

Para entender ainda mais o que é ser luz, gosto de dar o exemplo do rio. Tudo o que temos de melhor devemos deixar transbordar através de nós, como acontece com um rio. No rio há movimento, há vida de peixes e outras espécies. Há nutrientes para o solo e a vegetação... Não é à toa que Jesus disse: "Através de mim fluirão rios de água viva". Você reparou que Ele não disse lago? O lago é água parada, represada, não tem mais vida e em pouco tempo se torna lama. Não escolha ser lago, escolha ser rio, escolha deixar transbordar, escolha ser luz.

Escolha ser rio, escolha deixar transbordar, escolha ser luz.

Assim, compreenda que tudo o que você tem – todas as suas características, ferramentas, habilidades e talentos – deve servir para iluminar todos que cruzarem o seu caminho.

#NAPRÁTICA

Que tal começar a assumir isso hoje e, ao passar pelas pessoas, iluminá-las com essa luz que tem dentro de você? Isso pode ser feito por meio de um simples sorriso, de um aperto de mão, de um conselho, de uma ajuda, de uma escuta... Há diversas maneiras de iluminar a todos. Encontre a sua própria forma e pare de se esconder debaixo da vasilha.

DEVEMOS

ILUMINAR

TUDO O QUE ESTÁ AO NOSSO REDOR.

Seja Luz - @oigorfaria

DIA
2

POR QUE TANTA PREOCUPAÇÃO?

Por isso digo a vocês que não se preocupem com a própria vida, quanto ao que comer ou beber, nem com o corpo quanto ao que vestir. A vida não é mais importante do que a comida, e o corpo mais importante do que a roupa? Observem as aves do céu: não semeiam, nem colhem, nem armazenam em celeiros. Contudo, o Pai Celestial as alimenta. Vocês não têm muito mais valor do que elas? Quem de vocês, por mais que se preocupe, pode acrescentar uma hora que seja à sua vida?

MATEUS 6:25-27

Esta é uma das passagens bíblicas que mais falam comigo. Confesso que sou bastante acelerado e, consequentemente, muitas vezes ansioso. Quero resolver tudo no meu tempo, com as minhas próprias mãos. E acho que, de certa forma, essa é uma das características de um líder. Ele precisa se antecipar, ver lá na frente, fazer planos... Esse é o meu papel tanto dentro da minha casa, com a minha família, quanto dentro da minha empresa, em que presido centenas de pessoas.

Mas você sabia que, de acordo com um estudo realizado por cientistas da Pennsylvania State University, nos Estados Unidos, 91% das nossas preocupações nunca acontecem? É sério! Ou seja, na maioria das vezes em que perdemos nossas noites de sono, passamos o dia sentindo aquele frio na barriga ou comemos o dobro – ou deixamos de comer – por conta dos problemas, na verda-

91% das nossas preocupações nunca acontecem.

de estamos nos estressando à toa. Quando descobri isso, que a cada dez preocupações que temos, apenas uma acontece – e, em geral, conseguimos lidar com ela numa boa –, os meus dias passaram a ser mais leves. Afinal, quantas situações complexas e difíceis ocorrem no nosso dia a dia e conseguimos passar por cima delas?

Há alguns milhares de anos, a Bíblia já vem nos dizendo o mesmo que essa pesquisa: para que tanta preocupação? E eu lhe pergunto: por acaso você pode acrescentar uma hora que seja à sua vida? Não! É o tipo de coisa sobre a qual não temos domínio. O ontem já passou, e o amanhã não existe. Você concorda que não pode controlar nem o próximo minuto de sua vida? Então, de que adianta se preocupar tanto?

Você, que lê estas palavras agora, tem mais valor do que os pássaros. E eles não semeiam, não fazem estoque de comida, e, mesmo assim, sempre têm o que comer. Por quê? Porque o Deus que proporciona alimentos aos pássaros é o mesmo que vai garantir, para você e sua família, a mesa farta, as roupas para vestir e tudo o mais de que necessitam para uma vida plena aqui na Terra.

O ponto é: você está querendo resolver todas as suas preocupações com as próprias mãos, à base do seu esforço e da sua garra? Ou está confiando plenamente que Deus vai prover? Quem acredita verdadeiramente no Deus Pai não pode se preocupar e perder noites de sono. E não pense que estou lhe dizendo isso num tom professoral, como se eu fosse o perfeitão. Não, não... Lembra que comecei este dia dizendo que aquele é um dos versículos que mais falam comigo? É justamente porque eu também, a todo momento, estou exercendo a minha fé, a minha confiança em Deus. É isso o que precisamos fazer.

Você acha mesmo que o Deus que criou o céu e a terra vai deixá-lo passar por necessidades? Pode até ser que, agora, você esteja enfrentando algum desafio. Tudo bem, sei que existem fases e temporadas difíceis... Mas, se confiar de todo o seu coração que nada vai lhe faltar, tenho certeza de que Deus é fiel para cumprir. Quem precisa de um cenário todo favorável para acontecer algo é o ser humano comum, e não aquele que tem fé. A fé é a certeza das coisas que se esperam, mas que não se veem.

A fé é a certeza das coisas que se esperam, mas que não se veem.

Você faz o natural e confia que Ele faz o sobrenatural. Você faz o possível, e Deus realiza o impossível. Porém, isso não quer dizer que será do seu jeito, e sim que você vai fazer a sua parte e confiar. Esse é o estado de espírito que você deve construir.

Você faz o natural e confia que Ele faz o sobrenatural.

#NAPRÁTICA

Repita hoje e sempre esta oração: "Eu vou confiar, eu entrego as minhas preocupações, angústias e ansiedades nas mãos do Criador. Não vou perder noites de sono, sei que Deus tem o melhor para mim".

E EU LHE PERGUNTO: POR ACASO VOCÊ PODE ACRESCENTAR UMA HORA QUE SEJA À SUA VIDA? O ONTEM JÁ PASSOU, E O AMANHÃ NÃO EXISTE.

DIA
3

A MAIS LINDA HISTÓRIA DE AMOR

Porque Deus amou o mundo de tal maneira que deu o seu único filho para que todo aquele que nEle crer não morra, mas tenha vida eterna.
JOÃO 3:16

Esse é o meu versículo favorito da Bíblia! Quem me conhece sabe disso, porque, além de citá-lo a todo momento, eu o deixo nas paredes do meu escritório e da minha casa. Não é que ele seja melhor do que qualquer outro, mas é o que mais fala comigo. Por quê? Porque sou um apaixonado por essa história de amor de Jesus com a humanidade. A passagem fala sobre o amor de um Pai, chamado Deus, que deu o seu único filho para morrer por mim e por você, e só assim os nossos pecados – todos os nossos erros – seriam perdoados.

Existe uma história de amor mais bonita do que essa? Concorda comigo? Olha, sempre tive o sonho de ser pai, porque vivo nesse universo infantil desde que me conheço por gente, graças ao Patati Patatá. Sempre tive um carinho muito especial por crianças, e hoje sou pai de dois meninos, o Davi e o Lucca. Com a chegada dos meus filhos, aprendi tantas coisas que essa noção de amor paterno se intensificou demais dentro de mim. Desde então, pude compreender e admirar ainda mais o amor de Deus por nós.

Agora quero fazer uma pergunta: você entregaria o seu único filho para morrer por alguém? Vou responder por mim: eu jamais entregaria o meu filho para morrer por ninguém! Por mais cristão que eu seja, por mais apaixonado por Jesus e pelos seus princípios, eu nunca faria isso. Mas Deus entregou seu filho Jesus para morrer por mim e por você. Não tem como existir uma história mais linda do que essa!

Agora quero fazer uma pergunta: você entregaria o seu único filho para morrer por alguém?

Eu me constranjo com o amor de Jesus por mim, com o amor de Deus por mim. Como se não bastasse ter enviado seu único filho à Terra, sem pecado algum, com uma vida perfeita e correta, ainda o viu ir para a cruz, ser machucado, humilhado e morto. Mesmo ressuscitando três dias depois, Jesus passou por todo esse processo, por todas essas dores... E por qual motivo? Pelo exageradamente maravilhoso e extraordinário amor que Ele sente por nós.

Hoje, então, quero convidá-lo a aceitar esse sentimento tão forte. O que Jesus fez pela humanidade foi muito mais do que um gesto bom – isso fazemos nós quando abrimos a porta do carro para alguém ou oferecemos uma água para quem nos visita. Ele foi o sacrifício vivo, entregando-se por nós na cruz sem ter qualquer culpa.

Jesus passou por todo esse processo. Pelo exageradamente maravilhoso e extraordinário amor que Ele sente por nós.

Não sei como você está se sentindo hoje... se está bem ou sobrecarregado por problemas, independentemente disso, quero convidá-lo a acessar esse amor e vivê-lo diariamente. Entregue a Deus todas as suas aflições, todos os seus medos, tudo o que tem de bom ou ruim dentro de você, o seu presente e o seu futuro. E convide Jesus para morar no seu coração, aceitando viver o maior amor que existe em toda a história.

#NAPRÁTICA

Dia após dia deste livro, você vai compreender ainda mais tudo o que Jesus fez por você. E o principal, vai perceber que Ele é o próprio Amor, e deseja ter um relacionamento íntimo com você. Meu grande amigo que escreveu o prefácio deste livro, Deive Leonardo, sempre diz algo de que gosto muito: esqueça Peter Parker e Mary Jane de *Homem-Aranha*, Romeu e Julieta de William Shakespeare ou Jack e Rose de *Titanic*; todas essas histórias de amor são lindas, mas apenas um te ama tanto a ponto de morrer e ressuscitar por você: o nome dele é Jesus Cristo.

DIA
4

VAI COM MEDO MESMO

Ele orou com ainda mais fervor, e sua angústia era tanta que seu suor caía na terra como gotas de sangue.
LUCAS 22:44

Nessa passagem, Jesus estava no famoso Jardim do Getsêmani, em plena madrugada, logo após a última ceia e horas antes de ser preso para ser crucificado. Quando lemos esse versículo, parece até que a Bíblia está usando apenas um exemplo figurativo, porque é estranho alguém suar sangue, não parece real. Porém, é totalmente verdade, sem exageros.

Existe um fenômeno chamado hematidrose, que acontece quando os vasos sanguíneos próximos à superfície da pele se rompem por conta de grande estresse, dor extrema, medo ou ansiedade intensa, fazendo com que o sangue se misture ao suor. Isso prova que Jesus sentia um medo gigantesco do que estava por vir. É até estranho ler isto: o próprio Jesus, que se entregou em uma cruz por amor à humanidade, estava com medo. Pois é... Agora você pode perguntar: "Mas, Igor, Ele não era o próprio Deus, como poderia ter medo?". Sim, mas ali estava

O que fazemos com o medo é o que determina se vamos viver o nosso propósito e realizar os nossos sonhos.

em carne e osso, com emoções, sentimentos, angústias e dores, como um simples ser humano. Assim como eu e você.

A verdade é que todos nós temos medos, e isso é totalmente normal. Mas o que fazemos com o medo é o que determina se vamos viver o nosso propósito e realizar os nossos sonhos. Você acha que Moisés não ficou apavorado quando viu o exército do Egito? Eram milhares de homens selvagens, armados até os dentes, perseguindo-o e a todo o seu povo, e de repente ele estava encurralado, de frente para um oceano e sem saída. Você acha que Davi, ainda um pequeno garoto, não tremeu quando estava frente a frente com o gigante Golias? O próprio Jesus, horas antes de ser crucificado, teve tanto medo e angústia que chegou a suar sangue.

Você consegue imaginar quanto medo todos eles sentiram? Mas o que fizeram? Decidiram prosseguir – apesar desse sentimento que pode ser paralisante – e confiar na promessa e na provisão que o Senhor tinha para eles. Cumprir a promessa foi maior que o medo! E isso é um grande ensinamento para nós – "Nossa, tô com medo!". Ah, é!? VAI COM MEDO MESMO!

Cumprir a promessa foi maior que o medo!

É impossível não sentir medo. Principalmente quando se trata de homens e mulheres que decidem se tornar disruptivos, ousar coisas novas, realizar grandes missões. Geralmente, o que mais nos impede de viver experiências incríveis é o medo. Por exemplo, falar com um estranho para fazer uma nova amizade requer coragem, porque não sabemos como a outra pessoa vai reagir. Iniciar um novo relacionamento amoroso também exige enfrentar o medo, porque não é fácil se envolver emocionalmente e dividir sua intimidade.

Abrir aquela empresa com que você tanto sonha, mudar de cidade ou país em busca de novas oportunidades, largar aquele emprego em que você é maltratado há anos... Tudo isso requer muita coragem. "E se der errado? E se a pessoa me trair? E se... E se... E se..." É preciso deixar os "E se" de lado para realizar os seus sonhos. É preciso muita bravura para realmente viver o seu propósito! Por isso, repito: VAI COM MEDO MESMO! VAI PRA CIMA!

Imagine se Jesus tivesse parado a sua missão quando suou sangue, horas antes de ser crucificado? Eu e você nem sequer teríamos a chance de viver a plenitude de Deus aqui na Terra. Todo o plano da redenção teria ido por água abaixo se Jesus tivesse se deixado levar pelo medo. E não foi por falta desse sentimento – afinal, até sangue ele suou de tanta ansiedade e angústia –, mas Ele decidiu enfrentá-lo. Escolheu prosseguir, apesar do medo!

Sabe o que mudou a minha concepção sobre o medo? Saber que todos nós vamos morrer! Essa é a nossa única certeza... Sei que isso parece óbvio, mas tem muita gente já morrendo antes mesmo de morrer, entende? Tanta gente deixando de realizar seus sonhos por medo! William Shakespeare escreveu: "Os covardes morrem várias vezes antes da sua morte, mas o homem corajoso experimenta a morte apenas uma vez". Por isso, como não sabemos o dia de amanhã, não faz sentido paralisar por causa do medo!

Deixo aqui a pergunta final para a sua reflexão: Qual promessa o Senhor lhe fez que você não está vivendo por causa do medo? Lembre-se: "Tudo posso em Cristo que me fortalece". A própria Palavra diz que você pode tudo! Então, torne-se a melhor versão de si mesmo fazendo a sua parte: enfrente o medo. Ao somar isso com as promessas dEle, você se torna imbatível!

Qual promessa o Senhor lhe fez que você não está vivendo por causa do medo?

#NAPRÁTICA

Leia os três versículos a seguir em voz alta, declarando com vontade e verdade o que a Bíblia diz:

– *Por isso, não tema, pois estou com você; não tenha medo, pois sou o seu Deus. Eu o fortalecerei e o ajudarei; eu o segurarei com a destra da minha justiça.* (Isaías, 41:10)

– *O Senhor é a minha luz e a minha salvação; a quem temerei? O Senhor é o meu forte refúgio; de quem terei medo?* (Salmos, 27:1)

– *Sejam fortes e corajosos. Não tenham medo nem fiquem apavorados por causa delas, pois o Senhor, o seu Deus, vai com vocês; nunca os deixará nem os abandonará.* (Deuteronômio, 31:6)

“NOSSA, TÔ COM MEDO!”.

AH, É!?

VAI COM MEDO MESMO!

Seja Luz - @oigorfaria

DIA
5

PESSOAS PRECISAM DE PESSOAS

Um novo mandamento dou a vocês: "Amem uns aos outros. Como eu os amei, vocês devem amar uns aos outros".

JOÃO 13:34

Já parou para pensar que, qualquer que seja o seu sonho, você precisa de pessoas para realizá-lo? Se o seu sonho é se casar e ter filhos, precisa de um homem ou de uma mulher para isso; se é montar uma empresa, de colaboradores para tocar o negócio com você; se é construir uma carreira numa multinacional, de um líder para contratá-lo e de uma equipe para trabalhar em conjunto. Enfim, seja o que desejar, no lugar em que for do planeta Terra, você necessitará de pessoas.

Ainda assim, há duas escolhas a fazer. Uma delas é entender isso e viver com essa mentalidade, sabendo que nada conseguirá sozinho. E a outra é ficar orgulhoso, achando que não precisa de ninguém para conquistar as suas realizações. Se optar pela segunda alternativa, garanto que não chegará a lugar algum. Isso porque, mais dia ou menos dia, você vai necessitar de pessoas e deverá aprender a lidar com elas.

Foi uma pessoa que o gerou no início da sua vida (a mãe); uma pessoa o tirou de dentro dela (o médico); uma pessoa o instruiu na época de escola (professores); uma pessoa vai se casar com você; uma pessoa vai ser o seu filho ou a sua filha; e uma pessoa vai vesti-lo depois que você não tiver mais fôlego de vida, arrumando-o para as despedidas finais de sua missão na Terra. Ou seja, do seu primeiro minuto, ainda no ventre materno, ao último instante de sua existência, você precisará de alguém.

Então, de uma vez por todas, entenda isso e saiba valorizar cada ser humano – cada um deles com suas habilidades, suas melhores ou piores características, seu histórico, seus traumas, seus medos... Não ache que todo mundo tem que ser do jeito que você acredita ser o certo. E é exatamente aí que entra o mandamento de Jesus, como uma direção tão clara: "Amem uns aos outros, como eu os amei". Sei que amar como Jesus é algo muito forte, porque Ele entregou a vida dEle por nós. O pedido de amar ao próximo dessa forma parece quase impossível de ser realizado. Porém, devemos nos esforçar para viver uma mentalidade de amor pelas pessoas no nosso dia a dia.

Não ache que todo mundo tem que ser do jeito que você acredita ser o certo.

Vou dar um exemplo pessoal. Cresci num ambiente em que meu pai e minha mãe tinham papéis muito diferentes dentro de casa. Meu pai sempre foi o líder da casa, que tomava as iniciativas, era mais firme conosco, filhos, e a última palavra era sempre dele. Já a minha mãe era totalmente o contrário: muito dócil, calma, mansa, que abria mão de suas próprias vontades para fazer a nossa família feliz. A partir daí, posso ter dois jeitos de olhar para essas duas pessoas: vendo o lado bom ou o lado ruim delas. Ou falo que meu pai é muito bravo e impaciente ou que ele é corajoso, ousado e protetor. E posso dizer que a minha mãe muitas vezes não teve "pulso firme" comigo e meus irmãos em certas ocasiões, ou posso enxergar que ela sempre foi como uma coluna da nossa família, edificando nosso lar por meio da sua sabedoria e paciência. Portanto, o ponto aqui é aprendermos que cada um tem um conjunto de características que pode ser uma bênção. Depende do que prefiro enxergar.

O importante é lembrar que todos os seres humanos são imperfeitos. Por isso, para você lidar com pessoas, tem que saber que todo mundo vai errar – inclusive você. É nessa hora que amar como Jesus deve estar acima de tudo isso, acima das personalidades e dos equívocos. Ao praticarmos esse direcionamento de Cristo, vamos conquistar uma vida plena na Terra, porque aprenderemos a valorizar o traço de cada pessoa, amando-as como elas são. E, finalmente, compreendendo que, sozinhos, não conseguiremos realizar os nossos sonhos. Ninguém é feliz sozinho. Não fomos criados para viver sozinhos. Pessoas precisam de pessoas. Entenda e se conscientize disso. Seja luz!

#NAPRÁTICA

A partir de hoje, você vai escolher enxergar com bons olhos cada ser humano e suas características, e valorizar isso. Todo ser humano tem algo a ensinar e mais ainda a aprender. Quanto antes você entender isso, melhor será para todas as áreas da sua vida.

DIA
6

UM PROBLEMA PARA CADA SOLUÇÃO!

Os olhos são a lâmpada do corpo. Portanto, se os seus olhos forem bons, todo o seu corpo estará cheio de luz. Mas se os seus olhos forem maus, todo o seu corpo estará cheio de trevas. Portanto, se a luz que está dentro de você são trevas, quão grandes trevas são!

MATEUS 6:22-23

Frequentemente cito essa passagem para a minha família, para os meus funcionários e, claro, para mim mesmo. Isso porque a Bíblia deixa claro que a forma como vemos as coisas demonstra o modo como estamos por dentro. Para entender isso na prática, pense em duas situações: alguém que, aparentemente, tem muitas dificuldades e limitações, mas que está sempre alegre e de bem com a vida; e outra pessoa que tem tudo (família, conta bancária recheada, comida farta na mesa, saúde...) e, mesmo assim, vive reclamando e enxergando a parte ruim de tudo, além de alimentar pensamentos pessimistas o tempo inteiro. Você conhece alguma pessoa que se parece com esses exemplos?

Não importam o seu cenário ou as suas condições, e sim a maneira como você enxerga as coisas.

Não importam o seu cenário ou as suas condições, e sim a maneira como você enxerga as coisas. Se vir os fatos com bons olhos, todo o seu corpo terá luz. Agora, se for com maus olhos, será cheio de trevas. Não se trata do local onde mora e trabalha ou das pessoas que estão ao seu redor, mas sim de quem você se determina a ser.

Vou lhe contar uma história que ilustra bem isso. Havia um fabricante de sapatos muito bem-sucedido. Querendo expandir seu negócio para a cidade vizinha, mandou um funcionário ir até o local fazer uma sondagem. No retorno, de olhos arregalados, o rapaz disse ao chefe: “Nós não podemos montar nada lá, porque todos os habitantes andam descalços. Não vai dar certo, vamos falir!”. O dono da fábrica estranhou, pois realmente acreditava que aquela cidade vizinha tinha potencial para receber uma filial. Então, mandou outro funcionário ir até a cidade, para ter uma segunda opinião. E ele voltou também com os olhos arregalados, impressionado, dizendo: “Chefe, precisamos abrir uma fábrica lá, porque naquela cidade ninguém usa sapatos! É a grande oportunidade da nossa vida! Vamos vender muito!”.

Veja só: a mesma cidade, as mesmas condições e até o mesmo trabalho, e duas pessoas tiveram perspectivas completamente diferentes. Essa história mostra que podemos enxergar oportunidades onde os outros só veem problemas. Embora ela tenha uma pegada de negócios, sua lição também pode ser relacionada com a nossa vida pessoal. Com frequência, muitas pessoas enxergam um problema para cada solução. Mas, para termos

Para termos bons olhos e o corpo cheio de luz, precisamos enxergar uma solução para cada problema.

bons olhos e o corpo cheio de luz, precisamos enxergar uma solução para cada problema.

Diariamente, situações semelhantes à dessa história aparecem à nossa frente, e somos nós que vamos indicar a maneira de agir – se com otimismo ou pessimismo. Existem diversos estudos comprovando a importância de pensar positivo, ou seja, de ver as coisas com olhos bons. E, espiritualmente falando, Jesus nos ensina essa lição há tempos.

Por isso, procure enxergar os acontecimentos na sua vida como uma nova oportunidade, como um copo meio cheio, e não meio vazio. Esse é o comportamento de quem confia em Deus. Esse é o pensamento de alguém vitorioso. Como Ele não nos abandona, basta confiar e olhar o problema com olhos bons, extraindo lições e aprendizados de cada dificuldade, e o principal, enxergando as oportunidades que existem nos problemas.

Não seja aquela pessoa negativa, que vive reclamando e contaminando todos que estão ao seu redor. Não tenha o corpo cheio de trevas. Seja luz!

#NAPRÁTICA

Você vai fazer um desafio consigo mesmo de não reclamar nenhuma vez durante pelo menos os próximos sete dias. E vai experimentar como sua vida será mais feliz, leve e produtiva com esse hábito.

PROCURE ENXERGAR OS **ACONTECIMENTOS** NA SUA VIDA COMO UMA NOVA **OPORTUNIDADE,** COMO UM COPO **MEIO CHEIO,** E NÃO **MEIO VAZIO.**

ESSE É O PENSAMENTO DE ALGUÉM **VITORIOSO.**

DIA

7

ENCONTRANDO O SEU PROPÓSITO

Mas entre vocês não é assim. Pelo contrário, quem quiser tornar-se grande entre vocês, que se coloque a serviço dos outros.

MARCOS 10:43

Todo mundo tem o desejo de ser grande, relevante, importante, seja na área de negócios, seja na área familiar. Por exemplo, se você é um pai ou uma mãe, quer ser a maior referência e inspiração do seu filho; se é empresário, quer ter uma empresa grande por todas as nações. Mas uma das principais causas de as pessoas não conseguirem se destacar é porque ainda não descobriram o seu propósito de vida, ou seja, mal sabem o que estão fazendo nesta Terra.

E isso é muito mais comum do que se imagina. Nunca se falou tanto em propósito e no real significado de tudo que fazemos. Cada vez mais as pessoas buscam causas e motivos relevantes para tudo o que fazem. Tem muita gente procurando a resposta da pergunta "O que eu vim fazer aqui?".

Vou contar a vocês a minha experiência pessoal de como descobri o meu propósito. Servindo. A quem? À minha família. Como já contei na apresentação deste livro, desde que me conheço por gente, cresci na atmosfera Patati Patatá. Onze anos antes de eu nascer, meu pai já estava envolvido com esse projeto, e, ao se casar com a minha mãe, ela passou a fazer parte disso também. Cresci em meio a músicas, shows, estúdio, escolas e tudo o mais que combinasse com família – porque, para fazermos um conteúdo para crianças, precisamos pensar na família como um todo, e o tempo inteiro.

Como se não bastasse, na minha infância e adolescência sempre fiz questão de colocar a mão na massa junto com os meus pais. Fiz de tudo um pouco, desde separador de fichas coloridas até consertador de defeitos dos bonecos Patati Patatá. E, não importa qual fosse a tarefa, procurava dar o meu melhor, e fazia aquilo com muita alegria, pois me sentia útil para meus pais. Somente depois que me tornei maior de idade é que fui receber alguma recompensa financeira por isso. Então, antes de qualquer valor, de qualquer dinheiro, de qualquer cargo, eu já servia à minha família 24 horas por dia.

Assim, na minha escolha profissional, disse para mim mesmo: "É isso o que eu quero para o resto da minha vida. Quero ser sinônimo de família, pensar nisso o tempo inteiro, tanto no trabalho quanto em minha casa, e construir um casamento saudável, com filhos bem-criados". Colei isso no meu coração. Tenho prazer de trabalhar para famílias tanto nos projetos do Patati Patatá quanto no meu canal do YouTube – e, agora, neste livro. Tudo o que diz respeito a esse universo é sinal do meu propósito realizado.

Foi servindo que descobri o que vim fazer neste mundo. Mas existem outras maneiras de você encontrar o seu propósito. E não importa a sua idade: se ainda não o achou, há três passos para chegar lá. O primeiro é olhar para dentro de si e perceber aquilo a que você assiste, o que ouve e gosta de fazer e sobre o que conversar. Preste atenção às suas preferências, às suas paixões, porque isso está totalmente ligado ao seu propósito.

Segundo: avalie em que você já é bom. Tem facilidade para vender? Ou é melhor em gestão, números e organização? Ou se destaca ao cuidar das pessoas? Enfim, existem diversas qualidades que todos nós temos de maneira única. Só que nem sempre notamos isso. Às vezes, inclusive, nos deixamos levar pelos outros, que não nos valorizam. Mas entenda: do jeitinho que você é, tem muito valor para as pessoas e para Deus.

Por último, procure um amigo ou familiar que atue na área de que você gosta e na qual é bom. Pode ser alguém que tenha uma cafeteria, um escritório, uma farmácia... Mas não peça um emprego, use suas horas vagas, finais de semana, não sei. Tenho certeza de que você vai encontrar uma maneira de servir alguém próximo que já atue em algo em que você deseja atuar. Geralmente as pessoas pagam para aprender uma profissão na faculdade, durante quatro, cinco, seis anos. Então sinta-se privilegiado por servir alguém mesmo sem receber nada durante esse tempo. O seu pagamento será aprender com quem já sabe na prática e, principalmente, se autoconhecer também.

A verdade é que a Bíblia não erra. Você quer ser grande? Então sirva! Quanto mais fizer isso, mais Deus o abençoa, mais abre portas, mais transborda na sua vida. Por quê? Porque você também estará transbordando.

#NAPRÁTICA

Escreva abaixo o que você mais gosta, suas paixões, seus talentos e os nomes de pessoas a quem você pode servir e, assim, descobrir o seu propósito.

Do que eu gosto?

....

....

....

....

....

....

....

....

....

Pessoas ao meu redor que podem me ajudar a descobrir meu propósito.

....

....

....

....

....

....

....

....

DIA
8

O PODER DA GRATIDÃO

A caminho de Jerusalém, Jesus passou pela divisa entre Samaria e Galileia. Ao entrar em um povoado, dez leprosos dirigiram-se a ele, ficaram a certa distância e gritaram em alta voz: "Jesus, Mestre, tem piedade de nós". Ao vê-los, ele disse: "Vão mostrar-se aos sacerdotes". Aconteceu que, seguindo pelo caminho, foram todos purificados. Um deles, quando viu que estava curado, voltou, dando glória a Deus em alta voz, prostrou-se aos pés de Jesus e lhe agradeceu. Este era samaritano. Jesus perguntou: "Não foram purificados todos os dez? Onde estão os outros nove? Não se achou nenhum que voltasse e desse glória a Deus, a não ser este estrangeiro?". Então Jesus lhe disse: "Levante-se e vá. A sua fé o salvou".

LUCAS 17:11-19

Quantas vezes você já ouviu sobre o poder da gratidão em nossas vidas? Até a ciência já reconhece isso. Uma pesquisa da Universidade da Califórnia, em Berkeley – uma das maiores dos Estados Unidos –, avaliou alunos com problemas de saúde mental, como depressão e ansiedade, dividindo-os em três grupos. O primeiro foi obrigado a escrever uma carta de agradecimento para alguém durante três semanas seguidas – e não necessariamente elas foram entregues ao remetente. O segundo teve que colocar no papel as suas experiências negativas. E o terceiro não escrevia nada, participando apenas de consultas semanais.

Ao final do estudo, os alunos que escreviam cartas de agradecimento apresentaram uma melhora significativa e muito mais rápida do que os dos outros grupos, mesmo quando apenas colocaram para fora a sua gratidão, sem entregar as cartas. Já os do segundo grupo, que precisaram registrar os fatos ruins do passado, pioraram. E qual foi a conclusão a que os pesquisadores da universidade chegaram? A de que a gratidão tem o poder de melhorar a nossa saúde mental, inclusive doenças sérias.

Agora, vamos voltar à passagem bíblica. Nela vemos que, dos dez leprosos que foram curados, apenas um voltou para agradecer a Jesus. O mais curioso é que ele era samaritano, ou seja, um estrangeiro, e foi o único que retornou para dizer obrigado a alguém que nem era da sua cultura, mas sabe o grande diferencial aqui? A cereja do bolo? Os ingratos tiveram apenas a cura física. Já o homem que expressou a sua gratidão teve a salvação completa. Quando Jesus disse "Vá, a sua fé o salvou", não estava mais falando da lepra, e sim da cura da alma dele. Que fantástico isso!

Os ingratos tiveram apenas a cura física. Já o homem que expressou a sua gratidão teve a salvação completa.

Então, olhe só a importância da gratidão! Desde a época de Jesus até os dias de hoje, com, por exemplo, a pesquisa da universidade americana, foi mostrado que ela tem, realmente, o poder de nos fazer viver de forma mais saudável, mais plena, mais alegre... Nos preenche de sentimentos bons, sobrando menos tempo para pensarmos nos acontecimentos ruins.

Albert Einstein, um dos maiores cientistas da história, disse: "Existem duas formas de você viver a vida. A primeira é como se nada fosse um milagre. A segunda é como se tudo fosse um milagre". Eu escolhi viver da segunda forma. Sempre que inicio o meu dia de trabalho com a minha equipe ou antes de dar um treinamento ou uma palestra, agradeço a Deus. E digo: "Se estamos aqui, se respiramos esse ar que não vemos, é porque Deus permite. Isso é um milagre. Então, vamos começar esse dia com um agradecimento por estarmos vivos".

Se temos comida à mesa, se podemos curtir a nossa família, se temos trabalho, se podemos tirar férias, se contamos com os amigos... Enfim, se podemos viver tudo isso e muito mais, é por um milagre, é porque Deus quer. A partir do momento em que o Senhor não quer mais, simplesmente vai virar a chavinha e me chamar para morar junto com Ele. Acredito totalmente nisso!

Viver com essa consciência é muito poderoso e faz bem demais. Então, neste dia, quero convidá-lo a viver como se tudo fosse um milagre, estando grato por cada detalhe que Deus lhe proporciona. Por tudo! E, diariamente, faça com que a primeira frase das suas orações seja "Muito obrigado". Antes de pedirmos qualquer outra coisa, precisamos agradecer por tudo o que já temos, por tudo o que somos, por tudo que o Senhor nos entrega.

Faça com que a primeira frase das suas orações seja "muito obrigado".

Além disso, hoje quero fazer uma proposta a você:

#NAPRÁTICA

Escreva uma mensagem ou grave um áudio de WhatsApp com um agradecimento para alguém. Se preferir, telefone. Pode ser para o seu filho, seu marido ou sua esposa, seu líder, seu ex-chefe, um amigo, um parceiro de trabalho... Não sei quem, mas faça isso! Gere essa onda de gratidão, para contaminar a todos. Isso vai fazer bem não só para quem recebe, mas também para você, melhorando a sua saúde mental, a sua alma, absolutamente tudo! Seja luz!

DIA 9

FAÇA O SEU MELHOR

Tudo o que fizerem, façam de todo o coração, como para o Senhor, e não para os homens, sabendo que receberão do Senhor a recompensa da herança. É a Cristo, o Senhor, que vocês estão servindo.
COLOSSENSES 3:23-24

Se Jesus batesse agora à sua porta, cheio de fome, e lhe pedisse para preparar algo para ele comer, o que você faria? Um miojinho rápido, três minutos e pronto, de qualquer jeito? Ou procuraria preparar um belo banquete? Olha, eu quase não cozinho – a não ser churrasco, que sei fazer muito bem. Mas, se Jesus aparecesse na minha frente, você pode ter certeza de que eu me tornaria um MasterChef na hora! Daria um jeito de oferecer a ele o melhor prato possível.

Isso parece óbvio. Mas, para muitas pessoas, nem sempre é. Aqui, estou usando o exemplo do prato de comida só para ficar fácil de entender a grande mensagem: você deve fazer tudo o que lhe pedem com a mesma excelência com que faria se fosse para Jesus. Quando um familiar, um desconhecido, um morador de rua ou alguém do seu trabalho lhe pedir "um prato de comida", você tem que dar o seu melhor.

Dentro das suas habilidades e características, deve ser excelente. Dentro da sua área de atuação, você deve ser excelente. A Bíblia nos direciona a isso muito claramente nessa passagem. E vou usar o meu próprio exemplo. Como você já sabe, sou empresário e, todos os dias, lido com meus funcionários. Realizo as minhas tarefas, como analisar os meus relatórios, ter novas ideias, liderar centenas de pessoas, tudo como se eu estivesse fazendo para Deus, e não somente para a minha empresa ou para os meus colaboradores. Da mesma forma se você for motorista de aplicativo, executivo, porteiro, faxineiro, professor ou qualquer outra profissão, deve realizar como se fosse para Deus. Se você for do lar – uma mãe ou um pai que cuida da casa e dos filhos 24 horas por dia –, tudo o que fizer deve ser como se fosse para Ele.

É incoerente dizer que acreditamos e seguimos Jesus se realizarmos nossos afazeres do dia a dia de qualquer jeito, sem dar o nosso melhor. Na verdade, se fazemos isso, é um desserviço ao Reino. Como pode aqueles que dizem ser seguidores do Criador serem medíocres, fazer tudo só para "cumprir" o mínimo que foi pedido? Não! O verdadeiro cristão faz mais, é excelente!

Isso não quer dizer ser perfeito! A perfeição para nós, humanos, não existe. A perfeição é um ser, chama-se Deus.

Eu e você vamos errar, falhar, mas, enquanto depender de nós, da nossa consciência e do nosso esforço, seremos excelentes.

É incoerente dizer que acreditamos e seguimos Jesus se realizarmos nossos afazeres do dia a dia de qualquer jeito, sem dar o nosso melhor.

Mario Sergio Cortella, professor e filósofo, tem uma frase de que gosto muito: "Faça o seu melhor, nas condições que você tem, enquanto não tem condições melhores de fazer melhor ainda". Todas as noites, quando você deitar a cabeça no travesseiro, é este pensamento que deve acompanhá-lo: "Hoje foi mais um dia em que fiz o meu melhor", ou seja, tive atitudes e a mentalidade de um verdadeiro cristão.

Realizar tudo com excelência deve ser um *lifestyle* nosso, fazer parte do nosso "eu", vir de dentro de nós, e não apenas porque nosso chefe ou nossa esposa está pedindo. Decida hoje ser a sua melhor versão em todas as suas áreas de atuação.

#NAPRÁTICA

Aproveite e, na linha a seguir, escreva: "Eu quero e vou ser excelente!".

....

....

....

....

....

....

....

Também repita essa frase em voz alta sempre que puder. E por que fazer isso? Já existem estudos científicos comprovando que, toda vez que declaramos alguma decisão por escrito ou verbalmente, isso se fortalece ainda mais em nossa mente. Seja luz!

HOJE
FOI MAIS UM DIA EM QUE
FIZ O MEU
MELHOR.

Seja Luz - @oigorfaria

DIA
10

CHEGA DE OLHAR PARA TRÁS

Jesus respondeu: "Ninguém que põe a mão no arado e olha para trás é apto para o Reino de Deus".
LUCAS 9:62

Vamos começar o dia de hoje com um desafio? Então fique de pé, vire a cabeça para trás e mantenha o corpo na posição normal. Agora comece a andar para a frente. Conseguiu? Provavelmente não deu certo. Talvez tenha levado um tombo, batido em algum móvel ou, no mínimo, andado torto. Afinal, é humanamente impossível olhar para trás e andar para a frente ao mesmo tempo. E é exatamente isso o que acontece quando você leva a vida focado no passado. Tudo dá errado!

Vamos começar o dia de hoje com um desafio?

Sabe frases como "Nossa, aquela época é que era boa", "Aquele emprego é que me realizava..." ou "Joãozinho, com quem namorei trinta anos atrás, é que me amava de verdade..."? Olha, quem vive de passado é museu! Pare com esse negócio de ficar o tempo inteiro achando que o ontem é que era melhor e procure viver o hoje. Jesus deixou bem claro que quem olha para trás não está apto para o Reino de Deus.

Lembre-se: nós servimos a um Pai que é dono de todo o ouro e de toda a prata, que criou o universo e a todos nós. Assim, quando você fica achando que o que aconteceu lá atrás foi o máximo e que será muito difícil surgir uma situação tão boa novamente, é porque não consegue acreditar que Deus é capaz de fazer melhor. Não há sentido nisso!

Outro equívoco em ficar preso ao passado é achar que o que fizeram de mal a você vai durar para o resto da vida. Mesmo que tenha sido algo bem sério – como um trauma familiar ou abuso –, isso não pode vir para o seu presente e, muito menos, determinar o seu futuro. Talvez você pense: "Ah, Igor, você fala isso porque não foi com você". Eu lhe garanto que todo mundo tem as suas dores. Eu mesmo já vivi episódios difíceis na infância, que gostaria de esquecer. Mas nem por isso deixo esses traumas determinarem quem sou.

Nessas situações, você precisa liberar o perdão – seja para quem for – e libertar o seu passado. Está certo que o seu trauma nunca vai ser apagado, mas deixe-o lá atrás na sua história e não permita que as suas feridas determinem o seu futuro.

Isso é tão óbvio, mas milhões de pessoas no planeta continuam criando um futuro ruim por não se libertarem para o novo que Deus vai fazer, porque estão presas ao passado. Então, viva o hoje, na certeza plena de que o Senhor tem o melhor para você, para a sua família, para o seu casamento, para os seus negócios, para a sua carreira, para absolutamente tudo! Faça a sua parte – aquilo que está nas suas mãos – e confie o resto a Jesus.

Entenda uma coisa: para o novo de Deus entrar na sua vida, o velho precisa ir embora. Passado e futuro não têm como andar juntos. O que passou, passou. Se foi muito bom, dê glória a Deus e seja sempre grato. Se foi ruim, também dê glória a Deus e aprenda com isso. Saiba que não é um derrotado ou um abandonado pelo que aconteceu, porque existe um Pai que cuida de você e que é poderoso para fazer infinitamente mais do que você nem sequer imagina.

Para o novo de Deus entrar na sua vida, o velho precisa ir embora.

Para isso, apenas abra espaço para o novo de Deus entrar em sua vida. Novos sonhos, novos ambientes, novas companhias, novos lugares... Coloque em sua mente e no seu coração: o ontem passou, o hoje é bom, e o amanhã vai ser melhor ainda!

O ontem passou, o hoje é bom, e o amanhã vai ser melhor ainda!

#NAPRÁTICA

Quais são as situações ou pessoas a que você ainda está preso ou que o deixaram ferido e das quais você precisa se libertar? Reflita sobre isso e definitivamente deixe para trás. Ore ao Senhor para que Ele o ajude – seja específico nessas orações.

....

....

....

EXISTE UM PAI QUE

CUIDA

DE VOCÊ E QUE É

PODEROSO

PARA FAZER INFINITAMENTE
MAIS DO QUE VOCÊ NEM SEQUER

IMAGINA.

Seja Luz - @oigorfaria

DIA
11

O MAIOR SUSTO DA MINHA VIDA

Os filhos são um presente do Senhor, uma recompensa que Ele dá.
SALMOS 127:3

Sábado, 3 de dezembro de 2022. Tudo havia sido organizado com muito carinho para o chá de revelação do sexo de nosso primeiro filho. Convidamos nossa família e os amigos mais próximos para participar daquele dia que, até então, deveria ser o mais feliz de nossas vidas. Mas ocorreram alguns grandes sustos no caminho...

Bem perto de iniciar a festa, a Marcella estava fazendo os retoques finais na maquiagem quando, de repente, percebeu que o roupão que ela vestia estava cheio de sangue. Na mesma hora, começou a gritar o meu nome. Fui correndo até o banheiro e me deparei com uma das cenas que mais marcaram a minha mente até hoje: Marcella no vaso sanitário, enquanto corria muito sangue, mas muito mesmo.

Na hora, é claro, o pior veio à nossa mente. Imaginamos que tínhamos perdido o nosso bebê. Minha esposa começou a gritar e a chorar, desesperada. Consegui manter a calma, liguei para a nossa médica e ela nos disse para irmos imediatamente para um hospital em São Paulo. Como moramos em Alphaville, Barueri, perguntei por que não poderia ser num hospital mais próximo, naquele município mesmo. Ela respondeu que, diante da gravidade do caso, tínhamos que receber atendimento especializado na capital.

Nossa família estava toda no andar de baixo, esperando a festa. Tudo já estava pronto – decoração, cenário, luz, som, lembrancinhas... –, e os convidados iam começando a chegar. “Doutora, mas o que eu faço, está tudo pronto por aqui”, disse no telefone para ela. “Igor, a Marcella teve um sangramento muito importante. Cancela o chá de revelação e corram para o hospital”, disse ela. Naquela hora, percebi que não era um simples contratempo. Ainda assim, respirei fundo e mantive a calma. E chamei meus sogros para irem com a gente.

Olha, parecia que estávamos numa cena de filme... Assim que saímos de casa, caiu aquela tempestade. Fomos com o pisca-alerta ligado, buzinando, desesperados. Assim, fizemos em quase metade do tempo um trajeto que duraria 45 minutos. Mas, ao longo do caminho, como a Marcella continuava a sangrar, só nos restava orar muito, implorando ao Senhor para que Ele preservasse o nosso bebê.

Fomos no carro fazendo isto o tempo inteiro: chorando, clamando, orando. E os meus sogros, que até então não contavam com esse entendimento cristão, perceberam que algo espiritual poderia estar acontecendo ali. E também começaram a orar e a pedir muito ao Senhor. Quando chegamos ao hospital, os poucos minutos que esperamos pelo atendimento pareceram horas. O medo tomava conta dos nossos corações.

Durante o atendimento, o médico olhou para nós e disse: "Olha, eu não sei como... Realmente, foi um sangramento muito sério, mas o bebê está intacto, os batimentos do coração estão bons, e ele está muito bem". Começamos a chorar – dessa vez, aliviados. O especialista então perguntou: "Vocês já sabem o sexo?". Explicamos que, naquele dia, seria o nosso chá de revelação e que tinha toda uma festa preparada em casa. E ele: "Pois podem voltar para o chá de vocês, porque está tudo bem. Agora, é só hora de celebrar, descobrir o sexo e continuar".

Ali, sabíamos que um milagre estava ocorrendo diante dos nossos olhos. Para quem entende um pouco de mundo espiritual e mundo real, estava claro que houve uma tentativa do inimigo de acabar com a nossa promessa, com a nossa alegria, tirando nosso filho de nós. Mas não foi isso o que aconteceu, porque Deus preservou, Deus cuidou, e um milagre verdadeiramente aconteceu.

Voltamos para casa e, nesse mesmo dia, descobrimos que um menino estava a caminho. Essa prova viva foi um instrumento para toda a nossa família perceber o amor de Deus por nós e a fidelidade dEle quando diz que um filho é um presente do Senhor, e nós pudemos receber e viver esse presente que é o Davi.

Confie em Deus e nos planos dEle para a sua vida.

#NAPRÁTICA

Todas as vezes que você estiver diante de um obstáculo, de uma dor gigantesca ou de algum episódio que cause medo, apegue-se na única e maior esperança que todos nós temos. Confie em Deus e nos planos dEle para a sua vida. Isso foi o que aprendemos nesse episódio. Sobretudo os meus sogros, que ainda não tinham o entendimento dos princípios cristãos na prática. Nesse dia, viram um milagre diante deles e se conscientizaram de que a nossa verdadeira e única esperança é Deus e sempre será. Lembre-se: a última palavra sempre é de Deus!

Lembre-se: a última palavra sempre é de Deus!

DIA
12

O AMOR EXPULSA O MEDO

No amor, não há medo. Ao contrário, o perfeito amor expulsa o medo, porque o medo supõe castigo. Aquele que tem medo não está aperfeiçoado no amor.

1 JOÃO 4:18

Muitas pessoas deixam de se sentir amadas por Deus porque a vida toda tiveram uma visão de que o Senhor é bravo, irado. Frases como "Deus castiga", "Se você não fizer isso, Deus vai pesar a mão sobre a sua vida" e "Olha, Deus não se agrada disso, Ele vai te castigar", entre outras, nos levavam a essa relação de medo com o Pai. Mas a verdade é que as pessoas confundem medo com temor. Quando você teme alguém, é sinal de respeito, de reverência, de hierarquia...

Vou dar um exemplo a você. Eu, como pai dos meus filhos, Davi e Lucca, não quero que eles tenham medo de mim. Não faz sentido algum eu ser pai e meus próprios filhos nutrirem esse sentimento. Agora, quero, sim, que eles tenham temor de mim, ou seja, respeito. Eles precisam saber que eu, como pai deles, vou colocar limites e dizer não muitas vezes, mas, acima de tudo, que eu os amo e farei de tudo para vê-los felizes. Não haverá na Terra alguém que ame mais os meus filhos do que eu e a mãe deles, a Marcella.

Outro exemplo é quando um homem e uma mulher se casam e fazem promessas lindas no altar, só que, tempos depois, isso vai se perdendo. E o pior: às vezes, podem surgir agressões e comportamentos irreconhecíveis, em geral por parte do marido, e aquela esposa tem o amor em sua vida cada vez mais abafado, passando a ter medo dele. Só que, como está escrito na Bíblia, onde há medo não tem como haver amor. Onde sobra medo, falta amor.

O versículo de hoje, contudo, é muito diferente de você ter temor. Por exemplo, tenho temor de perder a minha esposa e, por isso, cumpro os nossos combinados, honro-a e sou fiel a ela. Busco não a desagradar, porque o meu amor e respeito por ela são gigantescos. E isso não é medo.

O temor impõe limites. O medo impede o relacionamento.

Quando você lê essa passagem de João, o Senhor coloca em seu coração algo muito nítido: a verdadeira clareza de quem Ele é, já que muitas pessoas, a vida inteira, tiveram medo dEle. Porém, Deus o está chamando para ter um relacionamento íntimo com Ele, como o de pai e filho, o de noivo e noiva. Da mesma maneira, Jesus disse: "Vou voltar para buscar a minha noiva" – e saiba que a noiva dEle somos eu e você, que está lendo este livro agora. Jesus também falou: "Eis que estou à porta e bato". Ou seja, Deus está pronto para um relacionamento, está sedento por isso. E o que você precisa entender é que Deus não é pesado, irado... Pelo contrário: é um Deus de relacionamento, de intimidade.

O temor impõe limites. O medo impede o relacionamento.

ONDE SOBRA
MEDO,
FALTA
AMOR.

Seja Luz - @oigorfaria

Tudo o que o Senhor quer é um relacionamento com você. Aceita?

O Senhor não se importa com o que você veste, se é pobre ou rico, branco ou preto. Ele quer o seu coração. Então, hoje quero convidá-lo para esse relacionamento, expulsando de você todo o medo, toda essa visão errada que teve a vida inteira do Pai. Jesus demarcou uma nova era de relacionamento com Deus, uma era de intimidade, de conversa. É esse o Deus de que falo neste livro aqui. Ele não é carrancudo, nem vai castigá-lo. Tudo o que o Senhor quer é um relacionamento com você. Aceita?

#NAPRÁTICA

Repita comigo esta oração.

Senhor, eu quero ter intimidade contigo. Eu peço que o Senhor se revele a mim durante estes 101 dias de devocional. Que eu possa experimentar esse relacionamento contigo, dia após dia.

DIA
13

FAÇA ISSO EM CASA TODOS OS DIAS

Ao anoitecer, Jesus estava reclinado à mesa com os doze.
MATEUS 26:20

A pastora americana Devi Titus, impressionada com o número de divórcios – mesmo entre as famílias cristãs –, resolveu pesquisar sobre o assunto. Foi então que descobriu, em diversos momentos da Bíblia e em vários estudos científicos, que famílias que fazem pelo menos uma refeição por dia à mesa com todos juntos têm um grau absurdamente menor de término de casamentos. Ela deixou isso registrado no livro *A experiência da mesa: o segredo para criar relacionamentos profundos*.

Então, veja como uma simples refeição diária (seja um café da manhã, um almoço ou um jantar) pode ser algo poderoso para a sua dinâmica familiar. Isso porque, quando estamos à mesa, colocamos em prática alguns princípios.

Um deles é que todos nós ficamos na mesma altura. Tanto as crianças quanto o pai e a mãe se mantêm em nível idêntico de importância, trazendo um impacto muito grande, principalmente para os filhos ainda pequenos: não importa o tamanho deles, podem estar à mesa conversando de igual para igual com seus pais, olho no olho.

Outro princípio é que, durante essa refeição diária, os pais conseguem ouvir o que seus filhos estão trazendo da escola, ao que estão assistindo ou o que estão ouvindo, o que têm feito com os amigos e muito mais. Assim, conseguem perceber a temperatura de como está sendo a evolução deles e o ambiente em que estão vivendo.

Mais um aprendizado diz respeito ao próprio casamento. Quando você se senta à mesa para uma refeição, podendo ter um momento de conversa, de intimidade, compartilhando aprendizados e receios do dia a dia com o seu cônjuge, isso, para o casal, é extremamente significativo. Afinal, quantas vezes já não ouvimos por aí que um casamento acabou porque as pessoas não se falavam mais, não tinham mais diálogo?

Quantas vezes já não ouvimos por aí que um casamento acabou porque as pessoas não se falavam mais?

Veja: não estou dizendo aqui que é para "santificarmos" a mesa. Não é ela quem traz cura ou milagres, já que não passa de um pedaço de madeira, plástico, pedra ou qualquer outro material. A mesa é um símbolo de que fazer pelo menos uma refeição por dia com a sua família, olhando no olho, ouvindo cada integrante, compartilhando o cotidiano, é um caminho essencial para você ter um lar mais saudável, com chances mínimas de divórcio e com seus filhos bem instruídos.

Posso falar isso por experiência própria. Quando comecei a namorar a Marcella, minha esposa, percebi que a família dela jantava todos os dias reunida. Por volta das 19h30, depois que todos já haviam chegado do trabalho e estavam de banho tomado, sentavam-se à mesa e conversavam bastante, compartilhando sobre o dia, falando uma curiosidade ou algo engraçado...

Em geral, eram conversas leves, mas também havia os momentos de aconselhamentos e correções. E meus sogros mal sabiam que estavam, ali, cumprindo um princípio bíblico diariamente, que deu ótimos frutos: além dos mais de trinta anos de casamento, todos os seus filhos estão bem resolvidos com suas famílias, seus trabalhos, sua missão na Terra, e eles nunca haviam lido este livro ou recebido esse conselho.

Em minha casa, não tínhamos esse hábito. Para conseguir realizar o sonho de nossa família, de tornar o Patati Patatá amado e conhecido e para alcançar uma melhor condição de vida, foi necessário, durante muitos anos, trabalhar até tarde e sacrificar alguns bons momentos. Meus pais são casados há mais de 32 anos, também tiveram três filhos, já têm três netos, são nítidos os bons frutos mesmo sem esse hábito. Porém, essa é uma prática de que todos nós sentimos falta, tanto os pais quanto os filhos. E que, se você puder realizar diariamente dentro de seu lar, tenho certeza de que será luz para todos.

Não há ocasião mais especial do que celebrar o hoje em família.

Não deixe que a refeição em família seja apenas em ocasiões especiais, como aniversários ou finais de semana, afinal não há ocasião mais especial do que celebrar o hoje em família.

#NAPRÁTICA

Você já faz isso com a sua família? Se ainda não, organize-se para estarem todos juntos à mesa diariamente, nem que seja na hora do café da manhã, antes de cada um sair para suas obrigações. Torne isso um hábito em sua rotina cotidiana. Assim, você fará algo muito importante para ter uma vida mais plena e saudável entre as pessoas que mais ama.

DIA
14

A PRIMEIRA FATIA DE BOLO

Honre o Senhor com todos os seus recursos e com os primeiros frutos de todas as suas plantações. Os seus celeiros ficarão plenamente cheios, e os seus barris transbordarão de vinho.

PROVÉRBIOS 3:9-10

Quem nunca ficou decepcionado por não receber a primeira fatia de bolo em uma festa de aniversário? Lembro que, quando criança, isso aconteceu comigo. Agora, quero mostrar que essa situação, de certa forma, também pode ser bíblica. Essa passagem deixa claro que devemos honrar a Deus com as nossas primícias – em outras palavras, com os primeiros frutos colhidos, as primeiras produções, os primeiros lucros. Então, Provérbios está falando, especificamente, sobre recursos, sejam financeiros ou materiais, como uma demonstração de obediência, amor e gratidão ao nosso Deus.

Mas, hoje, quero que você reflita comigo não somente em relação a finanças, mas também nas primícias em toda a sua vida. Por exemplo, na hora em que você acorda, qual é a primeira coisa que faz? Agradece a Deus, pega a Bíblia e lê o seu devocional? Ou vai direto para o Instagram vasculhar a vida dos outros ou para as notícias na televisão? Isso também é uma primícia.

Lembre-se sempre disto: a nossa melhor parte deve ser para Deus! Isso é um gesto de honra. O Pai é assim conosco: está sempre nos proporcionando o que há de melhor. Então por que, muitas vezes, oferecemos a Ele apenas o que nos sobra de tempo, dinheiro e atenção?

Vejo muitas pessoas dizendo "Deus é a minha prioridade. Amo Deus acima de tudo". Só que não param uma única hora da semana para assistir a uma mensagem ou para ler a Bíblia ou no mínimo fazer um devocional diário, nem que seja de dez minutos. Como alguém pode ser prioridade na sua vida se você não lhe dedica as suas primícias? Falar é muito fácil... Você pode dizer, por exemplo, que ama a sua esposa, mas age de maneira diferente, só dedicando a ela o tempo que sobra? Esse amor é da boca para fora... Não podemos deixar que o mesmo aconteça em nossa relação com Deus. Precisamos demonstrar em atitudes quais são as prioridades em nossa vida. "Busquem em primeiro lugar o Reino de Deus e a sua justiça, e todas as coisas lhes serão acrescentadas" (Mateus 6:33). A Bíblia declara a importância de oferecermos as nossas primícias a Deus, em relação a todas as áreas do nosso dia a dia. Por isso, hoje, quero sugerir que você avalie o seu tempo e as suas atitudes, observando se tem oferecido ao Pai o "primeiro pedaço do bolo". E sabe o que é mais interessante? Em uma festa de aniversário, o bolo pode ser gigante e ter cinquenta pedaços, porém a única fatia de bolo que demonstra honra é a primeira. Então não existe nada melhor do que, logo que acordarmos, oferecer os primeiros minutos de nossa manhã para Ele.

Que possamos, portanto, entender a importância de dar o nosso melhor tempo, a melhor parte dos nossos recursos e o melhor de nossas habilidades ao Senhor. Toda vez que fazemos isso, Deus multiplica, retribui e realiza infinitamente mais em nossas vidas.

#NAPRÁTICA

Comece todos os seus dias da maneira que falamos acima. Utilize este livro como uma ferramenta que vai auxiliá-lo nesta jornada. Além de ler estas páginas diariamente, não deixe de orar e desenvolver intimidade com o Senhor. Tenho certeza de que suas manhãs serão incrivelmente melhores dessa forma.

DIA
15

VENCENDO A ANSIEDADE

Não andem ansiosos por coisa alguma, mas em tudo, por meio da oração e da súplica, com ação de graças, apresentem os seus pedidos a Deus. E então a paz de Deus, que excede todo o entendimento, guardará o coração e os pensamentos de vocês em Cristo Jesus.

FILIPENSES 4:6-7

Se tem uma coisa de que nós, seres humanos, gostamos é de ter o controle da vida em nossas mãos. Vivemos fazendo muitos planos e sonhos, traçando vários objetivos e correndo atrás deles. E está tudo bem quanto a isso. O problema é quando você fica ansioso ao ver que o que deseja está demorando a se realizar. Isso pode ser um sinal de falta de confiança em Deus.

A passagem de hoje nos traz uma mensagem muito clara: precisamos confiar no Pai, orar e agradecer. Então, neste devocional, quero ajudá-lo a superar a ansiedade e a parar de achar que tudo é pelo seu mérito, pela sua força, pelo seu desempenho, pela sua performance. Obviamente, é preciso fazer a sua parte, sim, mas não se trata apenas disso. E, para você descobrir os caminhos que vão transformá-lo numa pessoa mais serena, vou lhe ensinar dois passos essenciais.

O primeiro e o mais importante de todos é: confie em Deus de uma forma tão poderosa e tão profunda a ponto de você ter a certeza e a paz de que Ele está no controle. Assim, mesmo que você tenha feito a sua parte e algo não tenha saído bem, saberá que o Senhor está no comando e tudo vai dar certo. Essa consciência é uma decisão mesmo: simplesmente, decidimos confiar em Deus. A partir daí, tudo vai melhorando no decorrer dos dias. Afinal, você não acha que os planos do Criador de todo o universo são muito melhores que os seus?

Quando a palavra de Filipenses diz "não andem ansiosos por coisa alguma", está nos direcionando a isso. Ou seja, se você serve a Jesus, apenas confie nEle e fique em paz. Essa passagem me faz lembrar de um episódio muito marcante que vivi ao lado do querido amigo pastor André Fernandes e de mais um amigo, o Brandão. Estávamos voando juntos e começou uma turbulência muito forte. Enquanto o avião chacoalhava, eu e meu amigo começamos a ficar aflitos. Já o pastor permaneceu tranquilão, com as pernas esticadas, escrevendo a palavra que ele ia pregar mais tarde.

Decidimos perguntar a ele se não estava preocupado. O pastor nos respondeu com um questionamento: "Existe alguma coisa que a gente possa fazer para melhorar essa turbulência?". Balançamos a cabeça negativamente, e ele continuou: "Então, se eu não creio na soberania de Deus, tudo o que eu prego é em vão. Se não confio que Deus está no controle deste avião, tudo o que falo no púlpito não vale nada". Aquilo bugou a minha mente, e pensei: "Nossa, é isso mesmo...". Por isso, não adianta você querer estar no controle a todo momento.

Em vez de ficar ansioso, precisa – de todo o seu coração – decidir confiar no Senhor.

Vamos ao segundo passo? Acorde, todos os dias, disposto a dar o seu melhor. E à noite, quando for se deitar, reflita: hoje dei o meu melhor para a minha família, para o meu trabalho, para a minha carreira, para a minha igreja, para tudo o que fiz? Se você dormir e acordar com essa consciência, vai compreender que, se algo não aconteceu como desejava, é porque Deus não quis, e está tudo bem. É diferente de quando negligenciamos as nossas atividades e tudo se arrasta... Nesse caso, Deus não tem nada a ver com isso.

Porém, quando agimos com excelência, amor, dedicação e intensidade, e, mesmo assim, nada dá certo, é porque ainda não chegou a hora. Afinal, Deus é quem está no controle. Se você tiver esse entendimento, consegue dormir e acordar em paz, porque sabe que fez tudo o que estava ao seu alcance, o que era possível. No mais, todo o resto é com o Senhor.

Quando agimos com excelência, amor, dedicação e intensidade, e, mesmo assim, nada dá certo, é porque ainda não chegou a hora.

#NAPRÁTICA

Hoje você está ansioso? Está achando que tudo tem que acontecer pelo seu mérito e pela sua força? Anda irritado porque as coisas não estão ocorrendo como gostaria? Ou tem vivido os seus dias apressado, acelerado, sem paciência, querendo puxar o amanhã para hoje? Caso tenha respondido sim a essas perguntas, está na hora de soltar o controle da sua vida e passar o controle para Jesus. E troque a ansiedade pela oração e pela gratidão, confiando em Deus e fazendo o seu melhor dia após dia. Seguindo essa "fórmula", tudo dará certo no final. Ore intencionalmente sobre isso diariamente, e creia que Deus vai surpreendê-lo!

Troque a ansiedade pela oração e pela gratidão.

DIA
16

SABEDORIA

Quem dá ouvidos à repreensão construtiva terá a sua morada no meio dos sábios.
PROVÉRBIOS 15:31

Você conhece alguém da sua família ou do seu trabalho que acha que está sempre com a razão e que tem a resposta certa para tudo? Ou cuja opinião é a única relevante e todo mundo está errado? Pois é, também conheço. Internamente, na minha empresa, até apelidamos essas pessoas de "já morreu". Sabe por quê? Porque só não aprende nada quem "já morreu", e no dia a dia encontramos vários desses por aí, não é mesmo?

Nessa passagem de Provérbios, é falado justamente sobre esse tipo de gente. Como é tolo alguém agir assim, ter esse tipo de comportamento... Afinal, todos nós, enquanto estivermos vivos, continuaremos aprendendo algo. Não importa a nossa idade, nem o nosso cargo na sociedade ou na empresa, seremos sempre aprendizes.

A reflexão de hoje vem nos mostrar o que é ser sábio: é ter ouvidos para aceitar uma chamada de atenção, uma correção, porque assim vamos crescendo e nos desenvolvendo. Quem acolhe a repreensão construtiva de alguém que, de fato, quer o seu bem – ou de uma pessoa que sabe o que está dizendo por já ter sucesso em determinada área –, certamente terá lugar permanente na mesa da sabedoria. E estará sempre evoluindo, por ter acesso aos melhores conselhos possíveis.

Hoje, então, quero convidá-lo a ter dois ouvidos e uma boca. "Ué, Igor, mas já não tenho?", você pode estar se perguntando. Sim, fisicamente. Mas será que a sua mentalidade e os seus hábitos também são de quem tem dois ouvidos e uma boca? Acredito que Deus tenha nos criado dessa maneira com um único objetivo: para que pudéssemos ouvir mais e falar menos. Essa é a "fórmula" para ter a sua morada no meio dos sábios.

Neste dia (e sempre!), esforce-se para ser essa pessoa humilde, mansa, que aceita as repreensões, as correções e as broncas, se necessário for, daquelas pessoas que estão ao seu redor e desejam o melhor para você. Ou até mesmo daqueles com quem você não tenha tanta intimidade, mas que tenham os resultados de que você precisa. Aliás, este é mais um aprendizado poderoso para você: por exemplo, se está com um problema no casamento e quer um conselho, busque alguém que já seja casado há algum tempo e tenha passado por tempos difíceis parecidos com os que você está enfrentando, e aprenda com ele como isso foi superado. Caso a questão seja no seu trabalho, procure conversar com uma autoridade no assunto e "abra os dois ouvidos" atentamente para esse aconselhamento.

Ouvir mais e falar menos. Essa é a "fórmula" para ter a sua morada no meio dos sábios.

Veja, o provérbio deixa muito claro: deve-se estar aberto para receber uma repreensão construtiva, e não crítica ou bronca gratuitas. Precisa ser algo que realmente vá construir,

Ter um coração ensinável é uma das melhores características para um homem ou uma mulher que deseja ser luz e verdadeiramente a sua melhor versão.

lapidar e melhorar você. Nessa hora, tenha mansidão e humildade para receber cada palavra com o coração, e certamente você se tornará cada vez mais sábio. Ter um coração ensinável é uma das melhores características para um homem ou uma mulher que deseja ser luz e verdadeiramente a sua melhor versão.

#NAPRÁTICA

Preste atenção nas pessoas que realmente têm acesso ao seu coração. Não deixe que seja "qualquer um". Assim como é errado não ouvir ninguém, também é um grande erro ficar ouvindo todo mundo.

NÃO IMPORTA A NOSSA

IDADE,

NEM O NOSSO

CARGO

NA SOCIEDADE OU NA EMPRESA,
SEREMOS SEMPRE

APRENDIZES.

Seja Luz - @oigorfaria

DIA
17

OUSADO AMOR

Qual de vocês que, possuindo 100 ovelhas e perdendo uma, não deixa as 99 no campo e vai atrás da ovelha perdida até encontrá-la? E quando a encontra, coloca alegremente nos seus ombros e vai para casa. E ao chegar, reúne os seus amigos e vizinhos e diz: "Alegrem-se comigo, pois encontrei a minha ovelha perdida". Eu lhes digo que, da mesma forma, haverá mais alegria no céu por um pecador que se arrepende do que por 99 justos que não precisam se arrepender.

LUCAS 15:4-7

Hoje quero lhe contar como foi o processo de conhecer Deus da minha amada esposa. A Marcella nunca tinha visitado uma igreja evangélica, inclusive tinha alguns preconceitos, pois o que ouvia nas conversas entre os amigos não cristãos e também na mídia era que os crentes só sabiam ser barulhentos, eram muito "quadrados" e nos cultos só se falava de dinheiro, de dízimo. E sei que milhares de pessoas também têm essa mesma impressão, talvez até você mesmo que está lendo este livro.

Certo dia eu a convidei para fazer uma visita à igreja comigo, ela aceitou e, logo de primeira, gostou bastante. E todos os domingos seguintes ela mesma tinha a iniciativa de continuar visitando, foi gostando das músicas e também de ouvir o pastor, foi se sentindo bem e cada dia mais aguçando a sua curiosidade sobre a Palavra de Deus.

Nessa época, eu me lembro bem que a Marcella escutava repetidamente a música "Ousado amor", do meu amigo Isaias Saad. Ela amava quando tocavam essa canção na igreja e continuava escutando no carro e em casa, dia após dia.

Meses depois, ela escolheu entregar definitivamente a sua vida para o Senhor e decidiu se batizar nas águas, o que para nós, crentes em Jesus, é o maior símbolo que um ser humano pode realizar para demonstrar a sua fé. Por meio desse ato, você demonstra que deseja deixar o "velho eu" para trás, pede perdão por tudo que fez de errado e se torna uma nova criatura em Cristo.

E naquela manhã de domingo ensolarado dezenas de pessoas estavam sendo batizadas na igreja, enquanto a banda tocava, aleatoriamente, diversas músicas. E, de repente, quando chegou a vez da Marcella de ser batizada naquela piscina, a banda iniciou uma nova canção. E qual você acha que era? Sim, "Ousado amor". "Coincidentemente", a música preferida dela, bem no seu momento de ser batizada. Nós não conhecíamos ninguém daquela banda, a nossa ligação com aquela canção era algo que somente eu e ela sabíamos. Ou seja, aquilo não foi premeditado e não era uma simples coincidência, mas sim uma lembrança do Senhor para ela. Deus é Deus de detalhes.

Essa música e o versículo abordam a mesma história: o amor de Jesus pela ovelha perdida. Essa ovelha perdida uma vez fui eu, assim como também foi a Marcella, e talvez também possa ser você. Mas Jesus me encontrou, encontrou a Marcella, e Ele quer encontrar você. Não ache que, para isso, precisa melhorar ou parar de fazer certas coisas. Nesse momento, é necessário, simplesmente, aceitar que Ele o pegue e o carregue no ombro.

Você consegue imaginar a grandeza de Jesus carregá-lo, abraçá-lo e levá-lo para casa, e em seguida chamar os amigos e vizinhos, dizendo "Alegrem-se comigo porque eu encontrei a minha ovelha perdida"?

Saiba que existirá mais alegria no céu pela decisão que você vai tomar agora do que por todas as pessoas que acham que não precisam de Jesus. Então, se você deseja ser essa ovelha encontrada, apenas diga ao Pai que quer ser cuidado por Ele. Jesus, com certeza, vai entrar no seu coração e na sua mente, limpar toda a bagunça e fazer de você uma criatura nova, que toma boas decisões e faz boas escolhas. Dessa forma, você verdadeiramente vai ser filho de Deus e, consequentemente, ser luz.

#NAPRÁTICA

Escute a música "Ousado amor", de Isaias Saad, tenho certeza de que você vai gostar! E se você já é uma ovelha que foi encontrada, já conhece a Palavra, quero lhe fazer um desafio: muitas pessoas ainda não conheceram Deus porque nunca receberam um convite para um encontro de oração e reflexão sobre a Bíblia ou para ir a uma igreja. Então hoje você vai escolher pelo menos três pessoas para convidar para ir com você à igreja ou à reunião de oração que você frequenta. O que para nós pode ser um hábito comum, para outros seria uma oportunidade extraordinária que nunca foi experimentada. Faça isso hoje mesmo!

DIA
18

NÃO ANDE SOZINHO

É melhor serem dois do que um, porque maior é a recompensa do trabalho de duas pessoas. Se caírem, um levantará o outro, mas pobre do homem que cai e não tem quem o levante.

ECLESIASTES 4:9-10

Você sabia que, no treinamento dos SEALs, que são a elite da Marinha americana, é proibido fazer qualquer atividade sozinho? Por quê? Por diversos motivos, mas um deles é por proteção: se um dos parceiros passa mal, se machuca ou sofre alguma contrariedade no meio do caminho, o outro vai ajudá-lo, protegê-lo, resgatá-lo e, se necessário, até carregá-lo no colo. Quando descobri isso, ao ler o livro de William McRaven que é referência entre os SEALS, me lembrei logo dessa passagem de Eclesiastes. Ou seja, o que os maiores e melhores militares do planeta Terra praticam é, na verdade, um princípio bíblico.

Então, hoje, quero lembrar a você o quanto é importante construir a sua vida a dois, ter um parceiro ou uma parceira. Desenvolva essa consciência de que não é bom viver sozinho, não é seguro, não é agradável. Em geral, quem gosta de ser solitário costuma ser orgulhoso e só quer fazer as suas vontades, na hora e da maneira que desejar. Pensam: "É o meu jeito, eu sou assim, ninguém vai me mudar". Quem tem essa mentalidade dificilmente alcança um relacionamento sério ou uma sociedade empresarial duradoura, muito menos constrói uma carreira, porque não consegue lidar com pessoas. Consequentemente, fica muito vulnerável, muito aquém do que poderia ser.

Será que, na sua vida, você está sendo esse tipo de gente que prefere viver só e quer tudo sempre da sua maneira? Ou será que tem facilidade para perdoar, dá chance às pessoas e as compreende? Caso seja assim, terá muito mais facilidade para viver em comunidade e realizar conquistas cada vez maiores e, o principal, mais importantes e relevantes, que iluminam não só o seu caminho, mas também o de todos. Reflita sobre isso...

Para ajudá-lo nessa reflexão, vou trazer o meu próprio exemplo. Sempre amei crianças, e meu sonho era ser pai. Hoje sou casado e tenho dois filhos. Agora, imagine como eu realizaria esse meu desejo se não tivesse uma esposa para criá-los comigo. Eu até poderia, mas pense na trabalheira que seria educar os meninos sozinho, dar atenção a eles e lhes proporcionar tudo de melhor. E não estou falando apenas do lado financeiro, mas, principalmente, do carinho, dos cuidados, dos momentos até de repreensão, quando necessário. Junto da minha esposa, tudo fica mais fácil, porque dividimos as tarefas e construímos a vida em parceria. Sem ela, eu não conseguiria criar os meus filhos da maneira como gostaria e, possivelmente, não alcançaria os meus objetivos profissionais, por conta da falta de tempo.

É incrível como um ensinamento bíblico, de milhares e milhares de anos, até hoje é um manual de vida para mim, para a minha família e para os meus negócios, mostrando o caminho correto. De fato, vou ter uma vida plena, próspera e feliz se continuar seguindo aquilo que Jesus pede, aquilo que Deus manda. Por isso, quero encorajá-lo a não ser uma pessoa orgulhosa ou egoísta, que só quer saber das próprias vontades e dos próprios prazeres. Isso não vai levar a lugar algum, a não ser à solidão e a uma vida limitada, na qual não conseguirá realizar os seus maiores sonhos. Compreenda: para eles se tornarem reais, você precisará de pessoas. Sempre!

É incrível como um ensinamento bíblico, de milhares e milhares de anos, até hoje é um manual de vida.

#NAPRÁTICA

Pense agora mesmo em pessoas que você já considera ou que poderiam ser muito parceiras. Pode ser um amigo, um familiar, ou, se você ainda não é casado(a), até um possível cônjuge. Anote os nomes, estabeleça contato, convide para um café ou um passeio. Durante esse tempo juntos, compartilhe seus sonhos e desejos pessoais, isso vai fortalecer ainda mais a conexão de vocês.

....

....

....

....

....

....

DIA
19

ATÉ SEUS PAIS PODEM SE ESQUECER DE VOCÊ

Haverá mãe que possa esquecer-se do seu bebê que ainda mama e não ter compaixão do filho que gerou? Embora ela possa se esquecer dele, eu não me esquecerei de você.

ISAÍAS 49:15

Dias atrás, enquanto estava de férias com toda a minha família reunida, durante uma refeição de café da manhã, na mesa, minha avó Marcia estava contando um pouco mais sobre a sua história de vida, em especial porque naquele dia ela estava celebrando 75 anos.

"Meu pai morreu quando eu ainda era bebê, e passei toda a vida sentindo falta de uma figura paterna, sentindo falta de um pai. Eu nunca soube o que era isso..."

Talvez você que está lendo também tenha sentido isso. Milhões de pessoas crescem sem o pai ou a mãe, seja por falta ou morte, por abandono ou até por ausência no dia a dia. Então você precisa ouvir esse testemunho da minha avó.

Aos 74 anos, ela decidiu dar uma chance para um homem, e o nome dele é Jesus. Aceitou o convite de sua filha, Nadia (minha mãe), para entrar num seminário teológico, e todas as semanas iam juntas para essa escola e ali aprendiam sobre a Bíblia.

Dia após dia, ela ia ouvindo sobre Jesus e ia gostando do que lia, admirando as escrituras.

Em seguida, como amante da leitura que sempre foi, ia lendo livros sobre cristianismo e cada vez mais gostando desse "tal Jesus". Ela acreditava em Deus, em uma força maior, mas até então não tinha dado uma chance para esse relacionamento com Ele.

E então, ainda nessa mesma mesa de café da manhã, ela surpreendeu a todos quando disse: "Ao meu relacionar com Jesus, entendi que Ele sempre esteve comigo. Criei quatro filhos sozinha, trabalhando muito, e muitas vezes eu precisava de um verdadeiro milagre para não faltar nada, nem comida na mesa deles. Hoje tenho o total entendimento de que era Deus, o meu pai, que estava cuidando de mim. Agora, aos 75 anos, batizada nas águas e formada no seminário teológico, percebo que sempre tive um pai, Ele nunca me abandonou, e me sinto filha amada".

Como você vê, nunca é tarde para se ter a certeza de que existe um Pai e que Ele está cuidando de todos nós. Ele não se esquece de você – nem nunca fará isso –, mesmo que você tenha se esquecido dEle, o negado várias vezes e se revoltado contra Ele. Não importa quem, possivelmente, tenha te abandonado, talvez seu pai ou sua mãe, ou até seu ex-ma-

Nunca é tarde para se ter a certeza de que existe um Pai e que Ele está cuidando de todos nós.

rido ou sua ex-esposa. Mas eu lhe garanto que este Pai jamais vai abandoná-lo.

Se você sentiu essa falta, decida quebrar esse ciclo daqui para a frente. Seja você o pai ou a mãe presente que você tanto quis quando era criança. Seja o marido/esposa fiel que talvez você não tenha enxergado nos seus pais.

Isso também está acessível a você. Se você guarda a mágoa de um abandono que sofreu, saiba que pode mudar essa história daqui para a frente. Basta aceitar o amor de Deus para você e caminhar sobre essa verdade. Aceitar e se tornar filho ou filha amada de um Deus que o amou tanto que se entregou em uma cruz por você. Mude de mentalidade e receba Jesus como o único pai fiel, que tem os melhores sonhos e planos para você.

#NAPRÁTICA

Ore comigo: "Senhor, eu reconheço em Ti o meu Pai, sei que o Senhor nunca me abandonará. Não importa mais o que eu passei, as feridas e os traumas que me causaram, pois sei que o Senhor HOJE está fazendo novas todas as coisas. Em nome de Jesus. Amém!".

SEJA VOCÊ

O PAI OU A MÃE

PRESENTE

QUE VOCÊ TANTO

QUIS

QUANDO ERA CRIANÇA.

Seja Luz - @oigorfaria

DIA
20

COMPARAÇÃO: A CORRIDA SEM FIM

Observei que todo o trabalho e toda a realização surgem da competição que existe entre as pessoas. Isso também é inútil. É como correr atrás do vento.

ECLESIASTES 4:4

Acredita-se que Eclesiastes foi escrito pelo rei Salomão, um dos homens mais ricos e mais sábios da história. Ele construiu impérios e teve acesso a todos os prazeres materiais que você possa imaginar. Ainda assim, neste livro da Bíblia, ele fala sobre as futilidades e tudo o que foi perda de tempo no decorrer de sua vida. Uma delas é a competição, que é como correr atrás do vento.

Será que é possível correr atrás do vento? Não, jamais teremos sucesso ao tentar isso. Hoje esse versículo vem nos falar sobre competição, e, trazendo para o dia a dia, podemos remeter para a comparação com outras pessoas. Quem de nós não se compara com os outros? Isso é 100% normal, mas precisamos tomar muito cuidado, porque é uma corrida sem fim.

Nessa corrida, você nunca ficará satisfeito, nunca haverá uma "linha de chegada", pois sempre vai ter alguém melhor do que você.

Nessa corrida, você nunca ficará satisfeito, nunca haverá uma "linha de chegada", pois sempre vai ter alguém melhor do que você – assim como também sempre vai ter alguém pior. Ou seja, essa comparação, no fundo, de nada vale: enquanto, por um lado, você acha que está numa situação pior em relação a milhões de outras pessoas, por outro também há um número incontável de gente em estado bem mais precário do que o seu (e sonhando em estar no seu lugar). Portanto, comparar-se não vai lhe trazer benefício algum.

O problema é que o ditado "a grama do vizinho é sempre mais verde" parece ser a cada dia mais comum, ainda mais quando olhamos para as redes sociais e vemos as pessoas "ostentando felicidade". Daí, achamos que tudo aquilo que está nas fotos é verdadeiro e que precisamos alcançar também. Mas isso é uma utopia, porque naquelas postagens não enxergamos a realidade plena da vida da pessoa. Quantas vezes você já se deparou com a notícia de alguém que, pelo Instagram, parecia ter uma vida maravilhosa, mas que acabou abrindo mão de sua própria existência, tirando a própria vida? Isso mostra que a grama do vizinho só parece mais verde, mas nem sempre ela é.

Conheço uma história de um senhor multibilionário que, durante a vida toda, se preocupou somente com negócios e resultados e abriu mão de construir uma família. Ele dizia que nunca queria se casar, porque não era homem de uma mulher só. Até que um dia, já muito idoso, ele se apaixonou, casou-se e teve uma filha. Quando começou a cuidar daquele bebê junto à esposa, viu como era lindo ser pai e constituir uma família. Só que entrou em profunda depressão, porque tinha consciência de que, por conta da idade, não conseguiria viver muito tempo com a filha. E, de fato, pouco depois ele faleceu. Quantas pessoas que, analisando a vida dele, gostariam de estar no seu lugar, com a conta bancária cheia, viajando o mundo e sendo um dos homens mais "poderosos" do país, não é mesmo? Mas só ele sabia a tristeza profunda que vivia.

Por isso, jamais se compare. Isso é algo doentio. Se hoje você é pai ou mãe, por mais simples que possa ser a sua realidade financeira, saiba que tem o que aquele bilionário gostaria de ter: anos de vida com saúde para desfrutar com seus filhos. Então, consegue entender que a comparação é uma corrida sem fim? Pode ser que esteja agora batalhando para pagar as suas contas, mas você tem uma família dentro de casa, a saúde de seus filhos e um casamento harmonioso.

Ou, se você é um empresário e fica o tempo todo reclamando, dizendo que gostaria de faturar mais, que os seus concorrentes estão crescendo mais do que você... Meu Deus, você tem uma empresa! Está gerando empregos e abençoando outras famílias por meio do salário que paga. E consegue colocar comida na mesa dos seus filhos graças ao seu negócio. Pare para pensar o quanto isso já é uma grande vitória!

Além disso, pare de achar que precisa ter um corpo melhor, perfeito e sem celulite, como o daquelas pessoas que aparecem na mídia e nas redes sociais. Cada um tem a sua história, cada um pagou um preço para chegar àquele lugar, e nem todo mundo precisa pagar o mesmo preço, nem todo mundo precisa ter o mesmo resultado.

É claro que precisamos sempre buscar ser melhores. Mas isso não é comparação, e sim evolução. Ficar se comparando o tempo inteiro é querer o que é do outro, é não estar satisfeito internamente com o que se tem. A mensagem de hoje é: faça as pazes com a sua realidade. Independentemente do seu cenário financeiro, familiar, social e pessoal, acabe agora mesmo com essa mentalidade de comparação. Viva em paz!

É claro que precisamos sempre buscar ser melhores. Mas isso não é comparação, e sim evolução.

#NAPRÁTICA

Pare agora para pensar na quantidade de bênçãos que você tem para agradecer. Se for contar, tenho certeza de que você já tem muito mais do que necessariamente precisa pedir. Então foque em ser grato por isso e em se comparar menos, muito menos!

DIA
21

QUEBRA-CABEÇA

Mas como é que as pessoas irão pedir se não crerem nEle? E como poderão crer se não ouvirem a mensagem? E como poderão ouvir se a mensagem não for anunciada?
ROMANOS 10:14

Um dos meus passatempos preferidos é montar quebra-cabeça. Pode parecer até estranho, porque quem me conhece sabe o quanto sou muito acelerado e agitado. Mas é justamente por isso que preciso desse tipo de jogo – é quase uma terapia! No momento em que estou ali procurando as peças que se encaixam, fico refletindo e praticando a minha paciência, que, por sinal, não é meu forte.

Porém, algumas vezes já aconteceu comigo de, na hora de encaixar a última peça, me dar conta de que ela está faltando, provavelmente porque caiu no chão e alguém varreu ou aspirou, ou talvez o cachorro tenha comido, sei lá! Nossa! É horrível ver que todo o meu esforço e dedicação foram em vão. Horas e horas encaixando as peças, para que o resultado final acabe indo para o lixo. Sim, porque, se a imagem não fica completa, não dá para fazer nada com ela, muito menos emoldurar e colocar num quadro.

Mas, afinal, qual a relação disso com a Bíblia? Algo muito importante: todos temos dentro de nós uma peça que nada substitui, nem dinheiro, fama, família, casa ou carro novo. E essa "peça" tem um nome: Jesus. Somos como um quebra-cabeça, em que várias peças se encaixam em nossa vida, para termos uma existência plena e próspera. Além disso, cada pessoa é diferente da outra, como os vários pedacinhos desse passatempo. Só que todos nós contamos com uma peça em comum, que é única. E, para preencher esse espaço, apenas Jesus Cristo é capaz.

Você pode tentar ocupar com dinheiro, prazeres, viagens e luxos, ou até mesmo com família, filhos e netos. Mas lhe garanto: somente Jesus Cristo tornará o seu quebra-cabeça interior 100% completo. Durante muito tempo, tive certa vergonha de anunciar publicamente o que gravo no meu canal no YouTube e o que escrevo aqui agora. Embora já houvesse passado por experiências suficientes para ter a certeza de que Jesus é o meu Senhor, o meu Salvador, me faltava a coragem para lançar isso abertamente. Até que, com o tempo, fui me conscientizando de que essa peça dentro do meu coração – e do coração de bilhões de pessoas pelo mundo – é a que falta para muita gente.

Mas lhe garanto: somente Jesus Cristo tornará o seu quebra-cabeça interior 100% completo.

Pode estar faltando, por exemplo, para o seu casamento ser saudável, para que a criação dos seus filhos seja concluída com sucesso, para que todas as suas relações fluam bem e para que a sua empresa ou carreira seja bem-sucedida. Essa pecinha que falta em muitas pessoas faz toda a diferença na vida delas.

Sabe... assim como em um quebra-cabeça comum, você não pode encaixar uma peça no lugar errado ou pegar emprestada de outros jogos. Nunca vai encaixar, cada peça é única. Jesus Cristo também foi o único que veio dois mil anos atrás para morrer por mim e por você, por toda a sua família e por todos os que estão ao seu redor. Agora Ele está ao lado do Pai, cuidando de nós e querendo completar esse quebra-cabeça que existe aí dentro de você.

A pergunta é: você deseja completar o quebra-cabeça da sua vida? Entregue a Ele todas as suas decisões, a sua família, o seu eu interior, para Ele completar aquilo que falta, esse vazio que talvez tenha dentro de você e que você já buscou de todas as formas preencher, mas ainda não conseguiu. Lembre-se: essa peça é única; sem ela você nunca estará completo.

#NAPRÁTICA

Você também sente que falta algo para a sua vida estar completa? Já procurou a sua felicidade em vários lugares, pessoas, bens materiais ou talvez até em outras religiões? Então o que lhe falta é somente esta "peça", que é Jesus Cristo. Abra a sua boca agora mesmo e diga: "Jesus, eu abro o meu coração para o Senhor entrar e fazer morada. Eu reconheço que preciso de Você para a minha vida, para o meu "quebra-cabeça" ser completo! Amém!

DIA
22

OS DISPONÍVEIS

Andando à beira do mar da Galileia, Jesus viu Simão e seu irmão André lançando as redes ao mar, pois eram pescadores. E disse Jesus: "Sigam-me, e eu os farei pescadores de homens". No mesmo instante, eles deixaram as suas redes e o seguiram.

MARCOS 1:16-18

Uma das principais características de um grande realizador é tomar decisões rápidas. O meu dia a dia permite que eu esteja em diferentes lugares e com diferentes pessoas frequentemente, e percebo que a maioria dos grandes realizadores, seja qual for a sua área de atuação – empresário, pastor, mãe, executivo, o que for –, não fica pensando durante horas para tomar decisões. São seguros e confiam em sua convicção.

São seguros e confiam em sua convicção.

E quando você tem uma palavra de Deus sobre aquele determinado assunto? Aí então é que não devemos demorar mesmo!

Você seria capaz de tomar uma decisão "no mesmo instante"? Simão e André tiveram essa coragem. Não pediram um tempo para pensar, nem falaram frases como "Me dê uns dias... Deixe-me avaliar essa proposta... Deixe-me ver quais são as condições desse trabalho...". Não! Eles aceitaram e seguiram Jesus imediatamente. Essa passagem vem nos fazer refletir sobre disponibilidade.

O quão disponíveis eu e você estamos para Jesus e para tudo aquilo que Ele quer fazer em nossas vidas? Muitas vezes, achamos que os nossos planos são bons, que as nossas ideias são maravilhosas. Traçamos sonhos e projetos e acreditamos que tudo tem que ser daquela forma. Mas a palavra nos diz que os planos do Senhor são muito melhores do que os nossos.

Em Isaías 6:8 vemos essa característica mais uma vez. O profeta ouve a voz do Senhor perguntando "Quem enviarei?", e o próprio respondeu: "Eis-me aqui. Envia-me!". Sim, disponibilidade imediata. Em Gênesis, o Senhor diz a Abrão: "Sai da tua terra, do meio dos teus parentes e da casa de teu pai, e vá para a terra que eu te mostrarei", e a Bíblia diz: "Partiu Abrão, como lhe ordenara o Senhor...".

Todos esses que mencionamos acima não titubearam quando o Senhor chamou. Resultado: são lembrados até hoje ao redor do mundo todo e marcaram para sempre a história.

Então, hoje, quero lhe convidar a ser disponível para o Senhor. Não importa se você se acha melhor ou pior, se entende que é mais digno ou menos digno. Não interessa o seu histórico, nem o seu cenário atual. Nada disso é relevante para Jesus. Ele quer, simplesmente, a sua disponibilidade. Naquele momento em que estava diante de Simão e André, com certeza deviam existir outras pessoas muito mais capazes e com uma formação

Com certeza deviam existir outras pessoas muito mais capazes e com uma formação melhor do que a deles.

melhor do que a deles. Mas Cristo escolheu dois simples pescadores para acompanhá-Lo em tudo que iria fazer na Terra.

Por isso, não importa se você é cozinheiro, empreendedor, motorista, diarista... Se é pobre ou rico, velho ou novo... Absolutamente nada disso faz diferença. O que Jesus quer saber é da sua disponibilidade para Ele, para viver os sonhos dEle para você – e entenda que os sonhos do Senhor para você são muito melhores do que você pode pensar ou imaginar.

#NAPRÁTICA

Alguns sentimentos são comuns quando nos deparamos com um novo convite ou desafio. O medo, a incerteza, a insegurança a desconfiança... todos batem à nossa porta imediatamente. Contudo, o que você precisa entender de uma vez por todas é que qualquer realização ao lado do Senhor e com a aprovação dEle é infinitamente melhor do que qualquer plano humano. A partir de hoje, você não vai mais ter dúvidas quando o Senhor o chamar para algo. Vá para cima, seja luz!

DIA
23

COMO TER MAIS FÉ?

Consequentemente, a fé vem pelo ouvir, e ouvir a palavra de Cristo.
ROMANOS 10: 17

Frequentemente escuto a seguinte pergunta: "Igor, como faço para ter mais fé? Não consigo desenvolver a minha...". Quando lemos isso, logo vem à nossa cabeça "ir à igreja", e isso é essencial. Mas não o bastante. Para exercitar e aumentar a fé, isso deve ser um hábito diário. Hoje, então, vou dar algumas dicas práticas a respeito disso. Totalmente sem rodeios, a Bíblia já deixa muito claro na passagem acima: a fé vem pelo ouvir. E ouvir o quê? A palavra de Cristo.

Assim, para você fortalecer sua fé, uma das maneiras é colocar uma pregação para ouvir enquanto faz outras tarefas, seja em casa, seja até no trabalho. Na internet, estão disponíveis gratuitamente inúmeros vídeos de excelentes pastores. Outra forma é escutar músicas edificantes, com letras que trazem princípios que combinam com o Cristo, que têm o fundamento da fé ali instaurado.

Vou fazer duas analogias para você entender melhor. Se quer ficar musculoso, o que faz? Vai para a academia, começa a puxar ferro e a fazer uns treinos pesados. E também muda a sua alimentação. Ao continuar agindo assim por meses e meses – às vezes, até por anos –, você modifica o seu corpo para ficar do jeito que desejou. Certo?

Agora, se sonha se tornar um excelente chef, o que precisa fazer? Praticar a arte da culinária. Dia após dia, vai se colocando à prova na cozinha, preparando novos pratos, assistindo a vídeos sobre o assunto... Além disso, matricula-se num curso ou, no mínimo, pede alguns conselhos para alguém da sua família que sabe cozinhar bem. Tudo isso por quê? Porque você tem um objetivo! Seja ficar musculoso, seja se tornar um chef, o que vai fazer de você um expert naquilo é a prática e a constância.

A fé é exatamente a mesma coisa, e a Bíblia diz que ela vem pelo ouvir. Então, para ter mais fé – para ficar bom nisso! –, leia e ouça a palavra de Jesus a todo momento. Na minha rotina, por exemplo, passo muito tempo dentro do carro, me deslocando de uma reunião para outra, de um circo para outro... E sabe o que faço? Coloco pregações de homens e mulheres que admiro e vou ouvindo enquanto dirijo. Todos os dias gasto horas no trânsito. Em vez de ficar reclamando, fortaleço a minha fé ao ouvir a palavra de Deus.

Em vez de ficar reclamando, fortaleço a minha fé ao ouvir a palavra de Deus.

Mesmo que você vá para o trabalho de transporte público e que leve menos tempo nesse deslocamento, coloque o seu fone de ouvido sintonizado ao celular e vá escutando palavras que abençoem, que vão lhe trazer princípios e valores realmente bíblicos e cristãos. E quando estiver em casa encarando os trabalhos domésticos (faxinar, cozinhar, lavar louça, organizar armários...), aproveite também! Em vez de colocar na TV aqueles programas policiais que só mostram medo e tragédia, ou de assistir a novelas com temas que não agregam nada à sua vida, use um aplicativo de música ou YouTube e escolha a playlist ou o podcast alinhados com princípios que irão fortalecer a sua fé. Mesmo que você não preste atenção o tempo inteiro, aquelas mensagens vão entrar nos seus ouvidos e se implantar no seu coração dia após dia, intensificando a sua fé.

"Ah, Igor, quer dizer que agora eu só devo ser gospel?" Não, não é isso. Mas se o seu objetivo é se tornar alguém de mais fé e viver o sobrenatural de Deus em sua vida, você precisa ter mais intimidade com Ele. Inclusive, aqui vai mais uma dica: selecione bem o que você coloca para dentro da sua mente, aliás, o que toda a sua família vai ler, ver e escutar. Evite trazer para dentro da sua casa conteúdos que não combinam com o que você acredita, com o que você quer para o seu futuro e o de seus filhos. Afinal, assim como a fé vem pelo ouvir, o mesmo acontece com o medo, a incerteza, a insegurança, as traições... Cuidado para que os princípios incompatíveis com Cristo não o contaminem.

Evite trazer para dentro da sua casa conteúdos que não combinam com o que você acredita, com o que você quer para o seu futuro e o de seus filhos.

#NAPRÁTICA

Comece o seu dia da maneira correta. Reserve alguns minutinhos – ou até meia hora, se puder – para ler verdades bíblicas ou devocionais, como este livro, ou assista a algum vídeo curto. Depois ore, refletindo sobre o que absorveu. Vai ser o seu tempinho de comunhão com Deus, fazendo com que todo o seu dia seja melhor e que a sua fé cresça ainda mais. Coloque em prática as dicas da mensagem de hoje e veja a sua fé aumentar dia após dia.

DIA

24

OS 3 PS QUE O IMPEDEM DE CRESCER

Quem é preguiçoso e dorminhoco acabará passando fome.

PROVÉRBIOS 19:15

Existem muitas pessoas que não vivem prosperidade e plenitude em suas vidas e chegam até a culpar Deus por isso. Mas a verdade é que muitas vezes o problema está nas suas próprias atitudes (ou na falta delas). Hoje quero fazê-lo refletir a respeito de três Ps que podem estar impedindo o seu crescimento. Vamos lá...

O primeiro P é a Preguiça. E quem afirma isso nem sou eu. Está na Bíblia! Nela há diversas passagens falando sobre a preguiça, sempre demonstrando o quanto esse comportamento vai nos levar à ruína. Até os psicólogos e psiquiatras chegam a abordar a preguiça como um transtorno, beirando uma doença, de tão mal que faz para o ser humano.

Essa atitude reflete falta de paixão pela própria vida, ausência de vontade e de motivação, resultando em melancolia e apatia. É um sentimento de não querer mais viver. A preguiça seria como uma "depressão espiritual", já que, em Provérbios (19:24), é dito: "Existe gente que tem preguiça até de pôr a comida na própria boca".

Ser preguiçoso é assinar o próprio atestado de fracasso. João Adibe, presidente da Cimed, uma das maiores farmacêuticas do Brasil e nosso parceiro nas vitaminas Lavitan Patati Patatá, diz uma frase de que gosto muito: "Sucesso não aceita preguiça!". E, realmente, é impossível ter sucesso sendo preguiçoso.

Tenho certeza de que você não quer isso para a sua vida. Então, todos os dias, ao acordar, coloque um sorriso no rosto e vá para cima dos seus objetivos. Com sede, com ambição, com vontade de vencer! Abandonar a preguiça é o ponto de partida para cumprir o seu propósito e viver os seus sonhos.

Porque todos pecaram e carecem da glória de Deus.

ROMANOS, 3:23

O segundo P que o impede de crescer é o Perfeccionismo. Tem muita gente que acha que se trata de uma qualidade, mas não é. Longe disso... Perfeccionismo é um círculo vicioso e sem fim. É como um cachorro que fica correndo atrás do rabo: não sai do lugar e nunca o pega. Assim somos nós tentando ser perfeitos ou alcançar a perfeição em algo.

O maior erro é confundir excelência com perfeccionismo. Excelência é dar o nosso melhor, sempre com esforço e dedicação, e fazendo mais do que esperam de nós. Já perfeccionismo é quando você entra num círculo sem fim de querer fazer algo de maneira perfeita,

O maior erro é confundir excelência com perfeccionismo.

sem erros. E isso não existe, porque a perfeição é um Ser Único, chamado Deus. Nós somos seres humanos imperfeitos, apontando para um Deus perfeito.

Como diz o segundo versículo que eu trouxe hoje, todos pecaram e carecem, ou seja, todos necessitam da glória de Deus. Não há perfeição em nós, é impossível. Por isso, quando buscamos a perfeição, estamos inclusive pecando, porque queremos roubar um lugar que é exclusivo de Deus.

Nós somos seres humanos imperfeitos, apontando para um Deus perfeito.

Então, devemos diariamente buscar a excelência, mas com a consciência de que nunca faremos nada perfeito – embora sempre possamos dar o nosso melhor. Quando você destrava isso e se liberta dessa mania horrível de perfeccionismo, passa a realizar mais e com mais frequência, o que é essencial para quem quer ser a sua própria melhor versão.

Devemos diariamente buscar a excelência, mas com a consciência de que nunca faremos nada perfeito.

Quem fica observando o vento não plantará, e quem fica olhando para as nuvens não colherá.

ECLESIASTES, 11:4

Por último, vamos à Procrastinação. Ela acontece quando você sabe que precisa fazer algo e, mesmo assim, não faz – desde coisas muito importantes até as mais corriqueiras. Por exemplo, as roupas estão no varal o dia todo e você sabe que já estão secas. Mesmo assim, pensa: "Ah, depois vou lá retirar". E o que acontece? Vem a chuva e molha tudo novamente, e você tem retrabalho e uma dor de cabeça que poderia ter sido evitada.

Algumas vezes, a procrastinação também está ligada à insegurança: quando você não sabe como concluir ou resolver alguma situação, "joga lá pra frente". Porém, isso é uma falsa sensação de estar resolvido, porque, na verdade, está apenas "varrendo para debaixo do tapete", protelando algo que precisará ser concluído em algum momento.

A procrastinação também está ligada à insegurança.

Em outras palavras, o versículo de Eclesiastes está nos dizendo: não fique de bobeira, faça o que precisa ser feito, seja produtivo, realize, não procrastine. Procrastinar é o contrário de ser produtivo. E entenda que, quanto mais produtivo você for, mais realizador será e mais perto da prosperidade estará. Isso já foi provado até em estudos. Uma pesquisa realizada pela Fundação Estudar demonstrou que 52% das pessoas afirmam que a procrastinação é a maior inimiga da sua produtividade. Então, não tenha medo de falhar ou de desagradar os outros por meio de suas ações. Você só para de procrastinar quando começa a executar, a efetivamente realizar.

Não fique de bobeira, faça o que precisa ser feito, seja produtivo, realize, não procrastine.

Hoje, trouxe para você os três Ps que irão, de uma vez por todas, parar de travar a sua vida e impedi-lo de cumprir o seu propósito na Terra. Lute contra eles diariamente. Se a insegurança de não estar se saindo de maneira perfeita bater à sua porta, realize do mesmo jeito, mesmo se isso lhe custar alguns erros. Aprenda uma coisa: na vida, nunca perdemos; ou acertamos ou aprendemos.

Não tenha medo de falhar ou de desagradar os outros por meio de suas ações.

E se bater aquela vontade de ficar na cama, levante-se logo, jogue muita água gelada no rosto, dê um belo sorriso para o espelho e expulse a preguiça para fora. Se a apatia chegar e você não tiver desejo de realizar aquela tarefa, pense no tamanho do problema que pode lhe causar se você não a executar. Enfim, as consequências da preguiça, do perfeccionismo e da procrastinação sempre são horríveis, e tenho certeza de que não são esses os frutos que você quer para a sua vida.

#NAPRÁTICA

E aí, qual o P que está impedindo você de crescer? Hoje, reflita sobre isso e o combata. Se for mais de um, não se intimide e os jogue para bem longe de você. Execute! Realize! Vá para cima!!!

PREGUIÇA

+

PERFECCIONISMO

+

PROCRASTINAÇÃO

=

FRACASSO.

Seja Luz - @oigorfaria

DIA
25

OS 3 CS QUE O LEVARÃO AO SEU PROPÓSITO

Pois Deus não nos deu um espírito de covardia, mas de poder, de amor e de domínio próprio.
2 TIMÓTEO 1:7

Hoje quero falar com você sobre os 3Cs – são três características indispensáveis para viver com plenitude e cumprir o seu propósito na Terra. Bora lá?

Vou começar falando sobre a Coragem. Sem ela, é impossível realizar grandes coisas na vida. Winston Churchill já dizia: "A coragem é a primeira das qualidades humanas, porque garante todas as outras". Porém, entenda que ser corajoso não é estar com ausência de medo, mas sim continuar apesar do medo. Isso se aplica a uma das mais conhecidas histórias bíblicas: você acha que Noé não teve medo quando Deus o chamou para construir uma gigantesca arca e disse que enviaria um dilúvio que acabaria com toda a humanidade? Claro que sim! Mas seguiu em frente assim mesmo.

"A coragem é a primeira das qualidades humanas, porque garante todas as outras."

O fato é que precisamos de coragem para tudo na vida, porque em tudo há o seu risco. Ter essa característica é extremamente necessário para você se tornar um realizador e cumprir o seu propósito. Por exemplo, para abrir um negócio, não se sabe se as pessoas vão comprar a sua ideia, seu produto ou serviço, nem se vai perder o alto investimento. O mesmo acontece quando se forma uma família, ainda mais nos dias de hoje, em que há muitos perigos, inseguranças, informações negativas e valores altos para se pagar, como uma escola particular ou convênio médico para os filhos. E tudo isso sem a garantia de que vai ter sucesso na criação deles, de que vão ficar livres de se envolver com más companhias. A verdade é que, na vida, não temos garantia de nada. Como diz um empresário que admiro muito, o Flavio Augusto da Silva: "Estabilidade não existe". Por isso, é preciso muita coragem todos os dias.

A verdade é que, na vida, não temos garantia de nada.

Peça-a, porém, com fé, sem duvidar, pois aquele que duvida é semelhante à onda do mar, levada e agitada pelo vento.

TIAGO 1:6

O segundo "C" é a Confiança. Um homem sem confiança é como alguém que vai para a guerra sem arma, sem munição, sem escudo. Está fadado ao fracasso. O melhor que ele pode fazer é, simplesmente, sobreviver. Mas todo aquele que deseja governar e ser a sua melhor versão – e não apenas sobreviver – precisa estar "armado". E, nesse caso, a arma é a confiança.

Já parou para pensar que todos os dias estamos em uma guerra? Às vezes, lutamos contra uma empresa concorrente; outras, contra "pseudofamiliares" que falam mal de nós. Seja qual for a sua guerra, você fica apático se não tiver confiança. As pessoas irão subir na sua cabeça e montar nas suas costas. Afinal, nem você mesmo confia em si e nas suas características.

Como diz nessa passagem de Tiago, quem não tem confiança se deixa levar e tem muitas dúvidas. Mas, quando você entende que é imagem e semelhança do Criador, ativa a sua verdadeira identidade de Filho do Rei do Universo, aí ninguém pode pará-lo. Não deixe que digam o contrário para você – nem um desconhecido, nem mesmo alguém de sua família.

Dia após dia, enfrente os seus medos e veja que nem são tão grandes assim. Certa vez, um amigo chamado Marcos Paulo disse algo muito bom: "A confiança é como uma conta bancária. Quanto mais depósitos você fizer nela, mais seguro fica". Esse é um ciclo muito importante, fruto de microrresultados diários, microdepósitos que você faz diariamente ao ter a coragem de agir e ver que dá conta, que consegue, sim, realizar o que se propõe.

Pois tem a mente dividida e é instável em tudo o que faz.

TIAGO 1:8

O terceiro e superimportante "C" para realizar o seu propósito é a Constância. Muito se fala em disciplina para alcançar seus objetivos, e concordo totalmente. Contudo, tem gente, por exemplo, que associa a disciplina a acordar em determinado

Constância é a palavra certa para um realizador.

horário todos os dias ou a não comer tal coisa, e isso é bem importante. Contudo, para mim, constância é a palavra certa para um realizador, principalmente quando se trata de longos períodos. Afinal, é difícil ser extremamente disciplinado durante décadas, ser rigoroso com horários e alimentação por muito tempo, por exemplo. Porém, é muito mais viável ser constante ao longo de toda a vida.

A corrida, um dos esportes que eu mais pratico, me ensinou muito sobre isso, principalmente em maratonas oficiais. Ao longo de 42 km, é preciso lidar com dores, com chuva ou sol escaldante, com o tédio de correr por horas e, muitas vezes, sozinho. Mas o maratonista desenvolve a seguinte mentalidade: se for constante, chegará ao objetivo que determinou. Já passei por isso algumas vezes. Então aqui fica a mesma lição: se você for constante, pode chegar a qualquer lugar!

Vamos falar novamente de Noé? Ele exerceu essas três características durante toda a sua história. Teve muita coragem para aceitar a missão de Deus. Imagine só quantas pessoas tiraram sarro da cara dele: "É sério que você acredita que Deus vai mandar um dilúvio?". Ele teve confiança na sua capacidade e, principalmente, em Deus – Noé sabia que estava no caminho certo, porque Deus lhe havia feito uma promessa de que ele e sua família seriam os únicos a sobreviver. Por último, teve constância, já que a construção da arca demorou mais de cem anos. Uau! Imagine você se mantendo focado num mesmo objetivo por tanto tempo? Haja constância, não é mesmo?

Enfim... Como você viu, no dia anterior eu trouxe os 3Ps que o impedem de prosperar e vencer, mas nem sempre são todos eles que o paralisam. Às vezes é apenas um ou dois. Porém, saiba que, para vencer na vida, precisará, sim, ativar todos os três Cs desta mensagem de hoje. Não tem como conquistar sucesso na vida com apenas um C. Coragem é o princípio de tudo: sem ela, nada pode ser feito. Depois, é preciso confiança de que você dá conta, de que vai dar certo. E, ao longo do processo, constância. É no longo prazo que você prova que seu plano não é apenas uma iniciativa momentânea ou um fogo de palha. Então, coloque os três Cs em prática e tenha a certeza de que colherá os bons frutos do seu propósito de vida.

#NAPRÁTICA

Coragem + Confiança + Constância = propósito realizado. Dia após dia, essa é a receita para você realizar em todas as áreas de sua vida. Seja luz! VÁ PARA CIMA! Hoje, avalie o que está faltando para você viver essas três características – e mude o que for necessário.

CORAGEM
+
CONFIANÇA
+
CONSTÂNCIA
=
PROPÓSITO REALIZADO.

Seja Luz - @oigorfaria

DIA
26

A PAIXÃO DE CRISTO

Apesar de ser Deus, não considerou que a sua igualdade com Deus era algo que deveria ser usado como vantagem. Antes esvaziou-se a si mesmo, assumindo a forma de servo, tornando-se semelhante aos homens. Sendo encontrado em figura humana, humilhou-se e foi obediente até a morte, e morte de cruz.

FILIPENSES 2:6-8

Hoje quero iniciar o nosso devocional de maneira diferente. Peço que, a cada frase que você for lendo a seguir, comece a projetar na sua mente as cenas, como se fosse um filme. Vamos lá? Há dois mil anos, um homem, durante trinta anos de sua vida, teve um dia a dia extremamente comum, como qualquer outra pessoa daquela época. Fazia suas atividades familiares e de trabalho, sem nunca apresentar uma falha. Jamais alguém lhe disse: "Olha, você errou nisso, você xingou, brigou, traiu...". Foi alguém altamente positivo, correto e perfeito em todas as suas atitudes e falas.

Até que, nos três anos seguintes, esse homem começou a demonstrar a sua divindade, a mostrar que, de fato, era Deus em formato de ser humano aqui na Terra. E, ao longo desse período, realizou milagres atrás de milagres, promoveu as mais diversas curas, fez paralíticos andarem e cegos enxergarem, e até ressuscitou mortos. Continuou sem cometer nem um erro sequer e ainda transmitiu ensinamentos à humanidade. Isso sem falar que dava total atenção às pessoas excluídas e humilhadas, as quais eram descartadas e expulsas da cidade como se fossem descartáveis e não seres humanos.

Agora, imagine esse homem sendo julgado, torturado, maltratado. Logo ele, que nunca fez mal para alguém, que nunca errou. Em seu pensamento, veja-o carregando uma cruz superpesada nas costas pelas ruas da cidade. Enquanto vai passando, recebe cuspes, chutes, socos, chicotadas... E, quando chega no alto de uma colina, o Calvário, já extremamente machucado, os guardas ainda martelam pregos em seus pés e mãos, para que ele fique preso à cruz, sendo torturado por horas e horas, até morrer.

O nome dessa pessoa? Você sabe: é Jesus Cristo.

Pronto, o filme agora acaba em sua mente. Mas, apesar da cena final tristíssima, ele teve um final feliz. Ora, como assim? Tudo o que Jesus fez foi movido por um amor incondicional. Preciso que você entenda isto: tudo o que Ele realizou na Terra foi por amor a você, à sua família, a mim e a todos. Ninguém passaria por tanto sofrimento por você se não fosse Jesus. Por isso, essa é a mais bela e verdadeira história de amor que existe na trajetória da humanidade.

Tudo o que Cristo sofreu na cruz foi para perdoar você dos seus pecados. Foi para que você pudesse viver eternamente com Ele no céu.

Tudo o que Cristo sofreu na cruz foi para perdoar você dos seus pecados. Foi para que você pudesse viver eternamente com Ele no céu. Por conta desse ato de se machucar, de se entregar por mim e por você, de morrer na cruz e, principalmente, de ressuscitar no terceiro dia, Ele provou que não era apenas um filósofo ou uma pessoa boa, mas sim o Deus vivo na Terra, com uma missão: morrer e ressuscitar, para que eu e você pudéssemos viver com Ele essa linda história de amor.

E como você faz para acessar esse amor? É só declarar: "Jesus, eu quero viver e desfrutar deste teu amor por mim. Eu te aceito e te confesso como o meu único e verdadeiro amor. Obrigado por tudo o que fizeste por mim!".

#NAPRÁTICA

O título da mensagem de hoje é "Paixão de Cristo", um dos filmes mais icônicos da história do cinema. Então você não pode deixar de assistir, para compreender ainda mais o Amor de Jesus por você! Vale muito a pena assistir a esse filme, eu lhe garanto!

DIA
27

DEUS É CONTIGO

A palavra do Senhor veio a mim dizendo: "Antes de formá-lo no ventre, eu o escolhi. Antes de você nascer, eu o separei e o designei profeta às nações". Então eu disse: "Ah, soberano Senhor, eu não sei falar, pois ainda sou muito jovem". O Senhor, porém, me disse: "Não diga que você é muito jovem. A todos a quem eu o enviar, você irá e dirá tudo o que eu ordenar a você. Não tenha medo, pois eu estou com você para protegê-lo", declara o Senhor. E o Senhor estendeu a mão, tocou a minha boca e disse-me: "Agora, ponho na sua boca as minhas palavras. Veja, eu hoje dou a você autoridade sobre nações e reinos, para arrancar e despedaçar, para arruinar e derrubar, para edificar e plantar".

JEREMIAS 1:4-10

Sempre que leio essa passagem, sinto como se Deus surgisse diante de mim, falando: "Não tenha medo, eu colocarei as palavras na sua boca! Vá para cima, eu estou com você! Vou protegê-lo, não se apavore!". Imagine Deus aparecendo para você lhe dizendo o mesmo, e ainda deixando bem claro que não importa a sua idade nem se você não se sente muito capaz, porque Ele está indo na frente. É muita força, não é mesmo?

Sabe quantas vezes na minha vida já me senti incapaz de realizar algo? Inúmeras! Comecei a empreender aos 14 anos, promovendo matinês para adolescentes e depois vendendo pacotes de viagens para a Disney e o Club Med. Até que, quando eu tinha apenas 17 anos, comecei a carreira oficialmente com o Patati Patatá. Mesmo sendo tão novo, recebi a missão de cuidar dos shows da dupla em circos por todo o Brasil. E olha que, na época, eles já eram extremamente conhecidos. Foi uma grande responsabilidade colocada nas minhas mãos, e eu não podia deixar que qualquer falha acontecesse.

Um ano depois, fui convidado para dirigir o DVD *Coletânea de Sucessos*, do Patati Patatá, com a regravação de músicas de grandes ícones da música infantil. Tive que liderar uma grande equipe de profissionais e, depois de tudo pronto, ainda trabalhei no lançamento em canais de TV e na internet. E por que estou trazendo esses exemplos? Porque, em todas essas oportunidades, me senti sem as habilidades e competências necessárias. Eu ainda era um adolescente. Porém, sempre tive a confiança de que Deus estava cuidando de mim, da minha família e dos nossos negócios. E deu tudo certo!

Nunca estaremos 100% prontos ou preparados.

De fato, nunca estaremos 100% prontos ou preparados, porque os desafios vão aumentando e nem sempre conseguimos estudar e nos desenvolver à altura do que é pedido. A todo momento, teremos algo novo a aprender. Diante disso, surgem duas opções. A primeira é enxergar esses desafios como um gigante e se abater, dizendo: "Meu Deus, eu não consigo, não dá, sou incapaz...". E a segunda é estufar o peito, colocar um sorriso no rosto, olhar para aquele desafio e falar: "Eu realmente não sou capaz, ainda não estou totalmente preparado, mas, em nome do Senhor, que disse que vai colocar as palavras na minha boca, eu aceito".

Pode acreditar: Deus lhe dará as palavras certas na hora certa, os aprendizados perfeitos no momento necessário.

Hoje já passei dos 30 anos, sou casado, tenho dois filhos e, aparentemente, estou mais seguro. A experiência e o tempo me trouxeram isso. Mas, em várias outras áreas, continuo me sentindo incapaz e sem competência. É aí que dobro os joelhos, respiro fundo e digo: "Deus, eu não consigo, mas o Senhor consegue, e se o Senhor está me chamando, eu vou para cima, conte comigo".

Isso vem acontecendo há alguns anos, já que nunca imaginei estar onde me encontro hoje, na frente das câmeras gravando vídeos para encorajar as pessoas, em cima de um palco com microfone nas mãos ou dividindo a Palavra com você neste livro. Deus me deu a habilidade para transmitir os Seus ensinamentos pela minha fala e pela minha escrita. Mas acredite, eu nunca pedi ou sequer imaginei isso. Apenas obedeço ao Senhor e confio nEle, já que, ao abrir a boca, Ele fala por mim.

E você, tem passado por desafios e experiências nas quais não se sente capaz? Tem se sentido de braços atados, sem saber como fazer dar certo? Olha, você precisa dar um jeito de seguir em frente e conseguir, pelo seu sucesso, pelo sucesso da sua família ou para, simplesmente, colocar comida à mesa. Seja qual for o cenário que esteja enfrentando, precisa se jogar, mesmo que não saiba todas as respostas. Para isso, confie nos planos de Deus para a sua vida e lembre-se: Ele vai na frente, preparando a hora certa, o jeito certo, a fala certa. Confie nEle e se coloque ape-

Lembre-se: ele vai na frente preparando a hora certa, o jeito certo, a fala certa.

nas no lugar de instrumento para aquilo que o Senhor quer realizar no seu trabalho, na sua família, na sua vida pessoal. Entenda que não é sobre as suas competências, não é sobre a sua sabedoria, e sim sobre o que o Senhor quer fazer por meio de você. Vá para cima! Seja luz!

#NAPRÁTICA

E você, já se sentiu ou está se sentindo incapaz de realizar algo? Entenda uma coisa: todas as vezes que Deus o chama para algo novo, ele também o capacita com habilidades novas. A Bíblia nos mostra diversas histórias reais que comprovam isso. Você vai ver em detalhes no devocional "DESENVOLVENDO TALENTOS", daqui a alguns dias, aqui em nosso livro *Seja Luz*.

DIA
28

ESSA LEI NÃO FALHA

Lembrem-se, quem lança apenas algumas sementes obtém uma colheita pequena, mas quem semeia com fartura obtém uma colheita com fartura.

CORÍNTIOS 9:6

Em diversos momentos, a Bíblia fala a respeito da Lei da Semeadura: o que você planta é o que você colhe. E isso é uma grande verdade. Só que, muitas vezes, associamos essa passagem apenas a questões financeiras: ou literalmente a árvores, frutos, plantas etc. Porém, neste dia, quero fazer uma reflexão com você a respeito das sementes diárias que você tem aí nas mãos. Mas nem pense que estou dizendo que você é um agricultor... Estou falando que tudo aquilo que você faz ou fala é uma semente.

O que você planta é o que você colhe.

Tudo aquilo que você faz ou fala é uma semente.

Ou seja, o que você declara sobre a sua família, os seus filhos, o seu casamento e o seu trabalho é um plantio por meio da sua boca. Ao falar, está jogando sementes que, com o tempo, vão gerar frutos que voltarão a você. Não tem jeito: você vai colher o mesmo que plantou. Então, o que anda semeando? No seu casamento, por exemplo, tem colocado no "solo" palavras boas, que abençoam o seu cônjuge, que fortalecem e inspiram? E quando precisa corrigir ou dizer não para os seus filhos, como tem agido? Será que faz isso com amor ou com ódio, raiva, braveza?

O que quero deixar bem claro é que essa Lei da Semeadura não é apenas no sentido literal de se plantar e ver depois uma árvore crescendo. Não! Tudo aquilo que você faz é uma semente, e é preciso tomar muito cuidado para não plantar uma coisa e achar que vai colher outra, porque isso não acontecerá. Se hoje, nas suas mãos, há sementes de amargura, falta de perdão, ira ou palavras de maldição sobre as suas relações ou até sobre a sua própria vida, é exatamente isso o que você vai colher. Brotará a mesma coisa em seu dia a dia: falta de perdão, falta de compaixão, inimizades...

É preciso tomar muito cuidado para não plantar uma coisa e achar que vai colher outra, porque isso não acontecerá.

Assim, no seu cotidiano em casa e no trabalho, ao plantar amor, compaixão, perdão e compreensão, você também vai colher isso. Pode acreditar: assim é a vida. E lembre: o que você planta pouco, colhe pouco; o que planta muito, colhe muito. Hoje quero que você reflita sobre o que tem plantado diariamente na vida dos seus filhos; na mente e no coração do seu marido ou da sua esposa; no convívio com os seus colegas de trabalho e com qualquer pessoa com que precise lidar – até mesmo nas relações do dia a dia, como abastecer o carro ou comprar algo numa loja. Quanto mais você plantar boas palavras e ações, mais do mesmo vai colher.

Desejo que você se torne um semeador de muito amor, muita compreensão, muito perdão... Que as suas sementes sejam sempre de frutos que combinam com Deus – e, caso esteja acontecendo o contrário, que o Senhor retire de você essas sementes incompatíveis com Ele. Entenda que todos os dias você planta. Por isso, decida quais sementes jogará ao solo. O plantio é opcional, mas a colheita é obrigatória.

Entenda que todos os dias você planta. Por isso, decida quais sementes jogará ao solo. O plantio é opcional, mas a colheita é obrigatória.

#NAPRÁTICA

Faça uma autoavaliação: em qual área de sua vida você precisa mudar as sementes que já tem plantado? E aquelas sementes que já são positivas, trate de intensificar ainda mais. Expresse isso ainda mais por meio de palavras e gestos a quem você ama hoje mesmo. E pratique atos de amor e generosidade até para aqueles que você não conhece. Acredite, a Lei da Semeadura não falha.

QUANTO MAIS VOCÊ

PLANTAR

BOAS PALAVRAS E AÇÕES,
MAIS DO MESMO VAI

COLHER.

Seja Luz - @oigorfaria

DIA
29

O SEU PASSADO NÃO DETERMINA QUEM VOCÊ É

"Em vez de o matarmos, vamos vendê-lo a esses ismaelitas. Afinal de contas, ele é nosso irmão, é do nosso sangue." Então, os irmãos concordaram.
GÊNESIS 37:27

A história de José, que depois foi chamado de José do Egito, é uma das mais conhecidas da Bíblia. Para chegar à reflexão de hoje, vou resumi-la aqui. José era o filho caçula, preferido de seu pai. Seus irmãos já não aguentavam mais o fato de ele ser o queridinho e decidiram matá-lo. Até que um deles, não querendo ter sangue nas mãos, sugeriu vendê-lo como escravo. E assim foi feito, e o jovem foi parar no Egito.

Então José foi trabalhar para Potifar, que era um grande líder do governo egípcio. Logo conquistou a confiança dele, que o colocou para fazer os serviços de sua casa. Certa vez, a esposa do político quis se deitar com ele. Mas, como José era um homem íntegro, não aceitou. Com raiva, ela o denunciou, mentindo que ele havia tentado abusar dela. José, então, foi preso.

Após anos na prisão, o faraó do Egito ficou sabendo que José estava interpretando sonhos – esse era um dom que ele recebera de Deus. O monarca o chamou e contou um sonho que havia tido. José revelou que significava que o Egito iria passar por um período de sete anos de fartura e, depois, por sete anos de miséria, fome e pragas. Assim, o faraó conseguiu se preparar para que, no período de escassez, houvesse bastante comida estocada, fazendo com que o Egito fosse o único local da região que nada sofreu – pelo contrário, foi nesse momento que o Egito se tornou ainda mais forte e predominante.

Com o acerto da interpretação, o faraó libertou José e fez dele o segundo homem mais importante do país. O próprio Faraó disse: "Somente no trono eu serei maior que você, José". Quando o período de fome chegou para toda a região, seus irmãos apareceram no palácio pedindo ajuda, e então José se revelou para eles: "Eu sou o irmão que vocês venderam. Sou administrador do palácio e governador do Egito. Agora venham e tragam o meu pai, Jacó, que vou proporcionar o melhor desta terra para vocês, mesmo que tenham me humilhado, me vendido e quase me matado".

Essa história nos mostra o coração de José não só na prova, na dificuldade, como também no período de glória e alegria. Veja que incrível: ele foi provado tanto nos dias maus quanto nos dias de fartura. E o coração dele permaneceu o mesmo, sabendo perdoar e dar o seu melhor. A grande lição disso é que José não deixou que o seu passado determinasse quem ele seria para o resto da vida. Não permitiu que todos os dias péssimos de rejeição, escravidão e prisão determinassem o que ele poderia se tornar e impedissem o que Deus tinha para ele.

Muita gente, diante dos problemas e dificuldades, para no meio do caminho. Desiste. Entenda: não são os traumas que você sofreu que vão determinar quem você é, não é o seu passado de dias maus que vai determinar quem você é. José, apesar de todos os abusos, não se corrompeu e não mudou o seu caráter. E foi isso que o habilitou a viver plenamente os planos de Deus para a vida dele.

Então, por que você está deixando que seus traumas do passado, aquilo que disseram sobre você ou lhe fizeram, determinem quem você verdadeiramente é? Você não pode parar, não pode se esconder. Precisa confiar no Criador, porque Ele o criou com habilidades e características únicas e para um propósito específico, para cumprir uma missão na Terra. Perdoe quem o machucou, deixe as ofensas para trás e vá viver os sonhos de Deus para você. Não se deixe apequenar nem se tranque num quarto escuro por achar que a vida não tem mais jeito. Imagine só se José tivesse se revoltado contra Deus ou desistido de sua própria vida quando foi vendido como escravo por seus irmãos? Você foi feito à imagem e semelhança de Deus, você pode tudo nEle. Apenas siga em frente com fé, deixe o passado para trás.

#NAPRÁTICA

Escreva nas linhas abaixo o nome e o local de algum trauma ou rejeição muito séria que você sofreu. E então, ore ao Senhor para que Ele o ajude a perdoar e superar isso. Só assim você irá olhar para o futuro e verdadeiramente não deixar o passado determinar quem você é.

....

....

DIA
30

O MELHOR INVESTIMENTO

Aqueles que não cuidam dos seus, especialmente dos de sua própria família, negaram a fé e são piores que os descrentes.

1 TIMÓTEO 5:8

Não canso de repetir: sou um cara apaixonado por família. Amo estar junto não só da minha esposa e dos meus filhos, como também de meus pais, irmãos, sogros, avós, cunhados, enfim, todos eles. Para completar, trabalho com isso, seja estando à frente do Patati Patatá, seja na emissora fundada pelo meu pai, que, não à toa, se chama Rede Mais Família. Diariamente, 24 horas por dia, vivo nesse ecossistema familiar. Então, com autoridade e tranquilidade, posso dizer a você que sou uma pessoa que estuda, vive e pesquisa sobre essa instituição desde que me conheço por gente.

Recentemente, tive acesso a uma pesquisa revelando que, no estado do Mato Grosso, 92% dos presidiários não tiveram os pais em casa, principalmente a figura masculina. Ou seja, o estudo sugere que, de cada dez presos, nove estão nessa situação por falta de orientação, correção e direção de um pai ou de uma mãe. Realmente, uma criança crescer sem essas referências torna bem mais difícil a conquista de um bom resultado na fase adulta.

Por isso, hoje quero dizer que, muitas vezes, desejamos mudar o mundo, fazer parte de uma causa gigantesca, abrir uma ONG ou sair pelas avenidas em passeata, mas esquecemos que a nossa maior causa está dentro de casa. Se cuidarmos bem da nossa família, o mundo será melhor, com menos violência e com mais cooperação, compreensão e generosidade. Para completar, esse versículo – que é tão forte – diz: quem não cuida da sua família está negando a sua fé. Torna-se totalmente incompatível você dizer que acredita em Deus, que é cristão, mas não se dedicar à sua família.

A instituição familiar é um pilar e, ao mesmo tempo, é a base. Se a nossa base não estiver bem estabelecida, se as nossas raízes não se encontrarem bem firmes abaixo do solo, do que adianta todo o resto? Nossa vida viraria um "oba-oba", só prazer momentâneo e a realização das nossas próprias vontades. Mas não! Temos que construir uma base muito forte, para termos a família, o casamento e os nossos filhos também fortes. Dessa maneira, não será qualquer ventinho, qualquer tempestade, que irá derrubá-los.

Toda noite, quando coloco a cabeça no travesseiro, durmo em paz porque sei que estou fazendo a minha parte como família. Só que isso não é o suficiente para mim, porque quero ver todas as pessoas se sentindo assim também. Então, hoje, quero inspirá-lo a fazer a mesma coisa, a cuidar da sua família e ser luz na Terra. Chega, por exemplo, de conteúdos, programas, músicas, filmes e ações que não combinam com ela. Cada vez mais, temos que tomar cuidado e proteger nossos filhos e nosso casamento de ambientes e pessoas que acham que a instituição família – com um casamento sério, repleto de respeito e fidelidade – está fora de moda.

Não caia nessa! Sou o embaixador dessa causa e quero convidá-lo a também ser o embaixador da verdadeira família e, assim, cumprir o que está sendo pedido a nós na palavra bíblica: cuidar dos nossos, caso contrário estamos negando a nossa fé e sendo piores que os descrentes. Sabe... Existem diversas coisas que a gente faz e das quais depois se arrepende. Principalmente quando perdemos tempo com pessoas e lugares que não nos acrescentam nada e só sugam a nossa energia. Porém, se tem uma coisa que nunca causa arrependimento é passar tempo demais com "os seus". Você nunca vai se arrepender de ter passado tempo demais com seu marido ou sua esposa, seus filhos, pais, irmãos, avós... Isso é prova de que quanto mais, melhor! Agindo assim, cada vez mais estarão blindados, podendo viver a plenitude que o Senhor tem para as famílias que O amam, admiram e respeitam.

#NAPRÁTICA

Nenhum sucesso fora de casa compensa o fracasso dentro de casa. Por isso, hoje decida estabelecer como prioridade nº 1 a sua família. Programe-se para um passeio inédito no fim de semana; se puder, chegue mais cedo em casa de surpresa, ou prepare um jantar com as próprias mãos para mostrar para a sua família que você está fazendo com muito amor. Nesses momentos, desapegue do celular ou das redes sociais, que seja um tempo exclusivo e de qualidade entre você e os seus. Invista tempo com eles diariamente, e lembre-se de que não há investimento melhor neste mundo do que os seus.

NENHUM
SUCESSO
FORA DE CASA
COMPENSA
O FRACASSO
DENTRO DE CASA.

Seja Luz - @oigorfaria

DIA
31

VOCÊ NUNCA ESTARÁ PRONTO

Como a chuva e a neve descem dos céus e não voltam para eles sem regar a terra e a fazer brotar e florescer, para que ela produza semente para o semeador e pão para o que come, assim ocorre com a palavra que sai da minha boca. Ela não voltará para mim vazia, mas fará o que desejo e atingirá o propósito para o qual eu a enviei.

ISAÍAS 55:10-11

Quanto mais você estuda a palavra de Deus, mais percebe que ela é completa: tem encorajamento, sabedoria, correção, direcionamentos, consolo... É impressionante: nos 66 livros da Bíblia Sagrada, há tudo de que você precisa para alcançar uma vida plena, feliz e realmente de acordo com o que o Senhor quer para nós. Porém, muitas vezes, entendemos que, para sermos usados por Deus como um agente do Reino na Terra, precisamos ser extremamente capazes e competentes, formados em teologia etc. Só que, conforme fui conhecendo a Palavra, percebi que Deus quer nos usar da forma que somos hoje, com as habilidades, características, limitações e imperfeições que temos hoje.

Cada pessoa tem sua personalidade, seu histórico e experiências distintas; isso é que faz de nós seres únicos. Por isso, entender que Deus quer usá-lo da maneira que é torna-se libertador e, ao mesmo tempo, encorajador. Ele não está esperando a sua perfeição, a sua competência e o seu diploma, mas, sim, o seu posicionamento, para que possa capacitá-lo com tudo isso.

Ele não está esperando a sua perfeição, a sua competência e o seu diploma, mas, sim, o seu posicionamento.

Na Bíblia, vemos diversos casos de Deus usando pessoas extremamente improváveis. Foi assim com Moisés, por exemplo, que já era um idoso com mais de 80 anos quando o Senhor o convocou para ser o líder de uma nação inteira que sairia da escravidão do Egito, atravessaria o mar Vermelho e andaria pelo deserto em busca da Terra Prometida. Ele não escolheu um homem novo, forte e cheio de energia. E para piorar, Moisés é apresentado nas escrituras como alguém que tinha dificuldade na fala. Agora, imagine só um líder desses, sem o vigor da juventude e gago, sendo o responsável por tirar milhões de pessoas da escravidão?

É o tipo de pessoa que eu jamais escolheria – e você, com certeza, também não.

Da mesma forma, muito possivelmente, você não se imagina falando de Deus e sendo usado por ele, assim como eu não poderia imaginar que isso aconteceria comigo. Mas o ponto é que, quando abrimos a boca e nos posicionamos, dizendo "Senhor, eu quero ser usado por Ti, quero fazer a minha parte aqui na Terra para iluminar a vida das pessoas", Deus nos usa. E o preparo, a competência e a capacitação vêm vindo no caminho. Ele nos capacita e vai nos trazendo as pessoas certas e nos colocando nos lugares ideais.

A palavra vai e nunca volta vazia.

Assim como a chuva cai e não tem como não molhar o solo, levando os nutrientes de que as plantas precisam, não é possível a palavra de Deus ser compartilhada com as pessoas sem fazer a função dela, nem que seja como uma primeira semente. Muitas vezes, levamos a palavra de Deus para alguém e parece que o seu coração está fechado, que não fizemos diferença em sua vida. Mas garanto que isso não existe. A palavra vai e nunca volta vazia. Ela cumpre o propósito. Então, sempre que você compartilha um princípio ou um testemunho que teve com Jesus (algo que transformou a sua família, ou sua maneira de pensar, por exemplo), essa palavra entra no coração da pessoa, mesmo que não pareça surtir efeito imediato.

O meu objetivo com o devocional de hoje é que você não espere decorar toda a Bíblia para levar a palavra de Deus. A cada oportunidade que surgir, fale sobre Jesus, o que ele fez na sua vida. Tenho certeza de que, dia após dia, Ele vai capacitá-lo, fazendo com que você se aprofunde mais e evolua. Você nunca estará pronto. Se ficar esperando por isso, estará atrasado. O Reino dos céus não é sobre os mais preparados ou melhores, mas sim sobre os mais disponíveis. Tudo que Deus faz é improvável. Os humanos precisam de lógica; o Senhor só quer disponibilidade. Afinal, o melhor dia para falar de Jesus é hoje, já que não sabemos quanto tempo temos ainda pela frente. Desapegue-se logo dessa necessida-

Os humanos precisam de lógica; o Senhor só quer disponibilidade.

de de aprovação de terceiros e do perfeccionismo, e se coloque como um agente de luz para todos ao seu redor.

#NAPRÁTICA

Já parou para pensar que hoje pode ter alguém precisando muito de uma palavra de esperança, de consolo ou encorajamento, e você pode ser o instrumento de luz que vai facilitar e melhorar a vida dessa pessoa? Não tenha vergonha ou medo! Hoje você vai falar, para alguém "novo", de Jesus e do que Ele fez e ainda está fazendo na sua vida. Pode ser um desconhecido ou ao menos um colega com quem até então você não falou sobre Jesus. Bora iluminar a vida de alguém hoje!

DIA
32

POR QUE ACREDITAR EM JESUS?

Porque um menino nos nasceu, um filho nos foi dado e o governo está sobre os seus ombros. Ele será chamado maravilhoso conselheiro, Deus poderoso, Pai eterno, príncipe da paz.

ISAÍAS 9:6

Não é novidade para você que, há cerca de dois mil anos, nasceu o menino Jesus. Mas por que realmente devemos acreditar nisso? Por que Ele veio à Terra? O que veio fazer? Por que toda essa importância de, a cada 25 de dezembro (simbolicamente nessa data), bilhões de pessoas ao redor do mundo celebrarem o Natal? Bem, tamanha importância vem de um de fato: quando Jesus nasceu, foi uma promessa de milhares de anos antes. Deus avisou que entregaria o seu filho, o Messias, para podermos ser perdoados de tudo de errado que a humanidade vinha fazendo. Afinal, já fazia muito tempo que o Criador andava insatisfeito e chateado com a humanidade, por conta das más escolhas de homens e mulheres. A única maneira pela qual eles poderiam ser perdoados por Deus seria se alguém sem pecado algum, inocente, se entregasse por todos os seres humanos.

E esse alguém foi Jesus Cristo. Deus deu o seu único filho, que veio à Terra como homem, sentindo fome e sede, por exemplo, tendo vontades e sofrendo angústias como qualquer outra pessoa. Só que Ele passou uma vida inteira sem nenhum pecado, fez milagres, curou pessoas, morreu e ressuscitou, e isso provou, de fato, que Ele era filho do Deus vivo. Foi o que fez dEle o nosso Deus, e não somente um profeta ou uma pessoa com boas ideias que veio nos trazer lições bonitas. Está entendendo aonde quero chegar? Jesus não veio à Terra apenas para ser um bom professor, um bom mestre ou um ícone da história. Acima de tudo, Ele veio para perdoar a mim e a você. Esse é o verdadeiro e único plano da salvação.

Certa vez, ouvi algo que transformou a minha mente e que me fez, de fato, seguir Jesus sem qualquer sombra de dúvida. É o seguinte: ao longo dos milênios, passaram por aqui homens e mulheres incríveis, com ensinamentos superimportantes, como Maomé, Buda, Allan Kardec, Madre Teresa de Calcutá e tantos outros. Foram pessoas que tiveram visões de mundo bem interessantes e que eu respeito muito. Porém, se você for visitar o túmulo deles, verá escrita a mesma frase: "Aqui jazem os restos mortais de...". Sem exceção, todos eles tiveram um "dia final", como todos nós, seres humanos, teremos.

E quanto a Jesus? Se você for a Israel, verá o seguinte aviso. "He is not here, he is risen", ou seja, Ele não está aqui, Ele ressuscitou. Lá dentro, não encontrará absolutamente nada! Simplesmente porque, além de ter sido um exemplo na Terra, um homem perfeito admirado por multidões, o maior líder que a história já teve, Ele simplesmente ressuscitou no terceiro dia. Essa foi a prova de que era o Deus vivo entre nós.

Você consegue, então, perceber que Jesus, dois mil anos atrás, nasceu e morreu por você e por mim? Para nos perdoar, para perdoar a sua família, para redimir tudo o que fizemos de errado e, assim, podermos morar com Ele no céu. Foi para isso que Jesus veio à Terra. É por esse motivo que considero a Bíblia inteira, do começo ao fim, como uma grande história de amor, na qual o tempo inteiro o Cristo está querendo lhe dar a chance de ser perdoado e de viver eternamente ao lado dEle. Você aceita esse convite?

#NAPRÁTICA

Não espere o Natal para celebrar Jesus e dizer com a sua boca e o seu coração: "Jesus, eu acredito que o Senhor é o meu Salvador; e para todo o sempre entregarei os meus sentimentos, as minhas decisões, os meus pensamentos, a minha rotina, o meu ambiente, a minha família, absolutamente tudo a você, Jesus. Obrigado, Pai, por ter morrido e ressuscitado por mim". Fale isso agora e viva o amor do Cristo todos os dias em sua vida!

DIA

33

QUANDO O PLANO É DE DEUS, A CONTA TAMBÉM É DELE

"Porque a sua fé é muito pequena", respondeu Jesus. "Eu lhes digo a verdade: se tivessem fé, ainda que do tamanho de uma semente de mostarda, poderiam dizer a este monte 'Mova-se daqui para lá', e ele se moveria. Nada seria impossível para vocês."

MATEUS 17:20

Como você sabe, a maior parte do meu tempo é dedicada ao setor da economia criativa – televisão, música, entretenimento, arte, audiovisual... Certo dia, eu estava orando e agradecendo a Deus pelo nosso circo, que é um projeto que fundei em 2017. E, então, o Senhor colocou claramente no meu coração que era para eu realizar algo dentro do circo, intencionalmente com os princípios do Reino, e com o objetivo de que mais pessoas conheçam esses princípios.

Chamei um membro de minha equipe, Weslley, que sempre dirige e participa comigo da parte criativa dos projetos, e comentei com ele: "Bora fazer um espetáculo de circo declaradamente cristão, em que vamos aplicar tudo o que sabemos sobre entretenimento, roteiro, figurinos, iluminação... e unir com música gospel ao vivo?". Iniciamos, assim, um processo de criação, que demorou meses para se concretizar. Porém, o mais incrível de tudo isso foi que, no dia seguinte à nossa primeira conversa, veio a confirmação de que esse projeto era mesmo um sonho de Deus.

Era um sábado, logo cedo... Enquanto eu preparava um belo café coado, mandei um áudio para o Wesley dizendo que Deus havia colocado mais um direcionamento no meu coração: além de toda a parte musical, precisávamos trazer os versículos da Bíblia nos diálogos dos artistas, porém de uma forma criativa. E então dei um exemplo para ele: "Antes da música *Marca da Promessa*, que diz 'Deus de alianças, Deus de promessas, Deus que não é homem pra mentir...', vamos colocar a passagem de Gênesis que diz que Deus fez uma promessa, uma aliança com a humanidade após o dilúvio, assegurando que o mundo nunca mais acabaria em água. E o sinal dessa aliança é o arco-íris".

No mesmo minuto, Weslly me respondeu no WhatsApp com a foto da Bíblia da esposa dele, e naquele dia estava justamente na página contendo esse versículo – que, ainda por cima, estava grifado. Ele me mandou essa imagem junto com um emoji de carinha chorando, de tão emocionado que ficou. Aquilo, certamente, foi uma resposta de que Deus estava se agradando do que estávamos fazendo e que estava cuidando para aquele sonho se realizar.

E aí entra outra questão importantíssima: quando o plano é de Deus, a conta também é dEle. Isso porque, naquele momento inicial, não tínhamos os recursos financeiros necessários para investir num

Quando o plano é de Deus, a conta também é dEle.

espetáculo daquele porte. Acredite, é investimento muito alto para um espetáculo como esse se tornar realidade. Foi então que decidi me apegar à palavra que trouxe para você hoje: se eu tivesse a fé do tamanho de uma semente de mostarda, conseguiria mover montanhas!

Literalmente, dei os passos acreditando que Deus colocaria o chão e traria a provisão necessária para o espetáculo acontecer, já que o próprio Senhor havia confirmado que era vontade dEle. E assim os recursos foram chegando de maneira milagrosa – não apenas o dinheiro, mas também as pessoas certas, na hora certa. Deus trouxe os profissionais que colaboraram com seus dons e talentos para o projeto, assim como afastou aqueles que imaginávamos que seriam as pessoas ideais, mas não eram. De maneira leve e sobrenatural, o Senhor foi fazendo tudo o que era necessário para o espetáculo acontecer.

Confesso que, ao longo desse caminho, houve muitos momentos de frio na barriga, porque não tínhamos nenhum histórico para nos basear, para fazer contas e projeções, porque esse tipo de espetáculo nunca tinha acontecido em nosso circo, na verdade em nenhum outro lugar no Brasil e talvez até do mundo. Mas nos apegamos com fé ao plano que o Senhor tinha para nós. E, em junho de 2024, *Seja Luz – O Espetáculo* estreou. Até o momento do fechamento deste livro, realizamos dezoito sessões com ingressos esgotados! Milhares de pessoas impactadas por meio dessa arte com os princípios do Reino, e testemunhos incríveis que enchem o nosso coração de alegria. E agora estamos fechando uma turnê pelo Brasil.... Ele é fiel, meus amigos!

#NAPRÁTICA

Hoje quero encorajá-lo a ter fé. Não duvide de tudo aquilo que Deus colocou no seu coração, tudo aquilo que é um sonho seu, uma realização sua, que combina com os princípios do Reino. Pode ter certeza de que Ele vai prover tudo o que for necessário para isso acontecer. E aí, qual é esse projeto cujo primeiro passo você vai dar HOJE? Vá para cima, seja luz!

DIA 34

O QUE APRENDI NO ROLÊ DE HARLEY DAVIDSON

O que digo a vocês, digo a todos: vigiem.
MARCOS 13:37

Uma frase tão pequena, tão direta, mas tão poderosa. E que me veio à mente quando eu estava dando um rolê de moto. Tenho uma Harley Davidson e sou um motociclista recente. Nunca tinha subido em uma moto até então. Quando alguns amigos me convidaram, comecei a ir com eles, gostei e resolvi comprar a minha Fat Boy. Mas, como é algo novo para mim, fico o tempo todo em alerta enquanto piloto. Não é medo, pelo contrário, sou apaixonado, mas sim cautela e atenção. Afinal, quando se está sobre duas rodas, qualquer pequeno vacilo ou descuido pode acabar em tragédia.

Enquanto eu pilotava a minha Harley, Deus falou ao meu coração: "Olha, tá vendo esse cuidado que você tem em cima da moto? Tá vendo essa cautela, essa atenção que você fica o tempo inteiro? Esse é o 'vigiem' de Marcos, 37". Pois bem... Chega um momento da nossa vida em que fazemos a maioria das coisas no modo automático, nem pensamos direito para realizar algumas coisas, certo? Já aprendemos, sabemos quais serão as ações e reações, e sem nem nos darmos conta estamos realizando. Mas o perigo disso é não vigiar, não tomar cuidado com algumas situações, com algumas ciladas, com algumas portas que se abrem que não são para entrarmos.

Já ouviu aquele ditado "só morre afogado quem sabe nadar"? Quem não sabe nadar simplesmente não entra na água. Agora, quem nada não somente se joga no mar como também começa a ir mais fundo, a pegar algumas ondas, a mergulhar quando ele está agitado...

"Só morre afogado quem sabe nadar."

É fácil entrar no "piloto automático da vida", especialmente em relacionamentos, trabalho e até na nossa caminhada com Deus. Quando estamos desatentos, deixamos portas abertas para distrações e tentações. No casamento, por exemplo. Após alguns anos, a relação pode ficar morna, e aí surgem outros olhares, outras pessoas no trabalho, na academia... Se vamos dando abertura, "de repente" – e você sabe que, no fundo, não é de repente – o casamento acaba e a família é destruída por pequenas ações que deixamos de vigiar no cotidiano. É o deslize, exatamente como um tombo de moto. Na área do trabalho, também não estamos isentos. Se um funcionário – ou o próprio empresário – não toma cuidado dia após dia, pode abrir mão de sua ética, moralidade e credibilidade.

Por isso, Jesus deixa muito claro para nós que devemos vigiar, e isso tem que ser em 360 graus da nossa vida. Em absolutamente tudo! Caso contrário, uma pequena falta de atenção pode acabar com o seu histórico, com a sua reputação, com a sua família. E, infelizmente, todos nós estamos sujeitos a esses deslizes... Mas como evitá-los?

Diariamente, fique alerta e tome muito cuidado. Por exemplo, se você é casado e alguém começa a lhe dar sorrisinhos amistosos ou oferecer caronas no trabalho, vigie e fuja disso. Sim, fuja! Se aquele seu colega começou a fazer fofocas e a falar mal de outras pessoas, saia dessa relação, afinal, pode ter certeza de que ele também faz isso com você. Tudo o que parece pequeno, em breve, fica gigantesco, e chega uma hora em que a "tragédia" acontece. Não tem nada melhor do que dormir e acordar com a consciência tranquila de que estamos fazendo a nossa parte, dando o nosso melhor e sendo fiéis em todos os nossos relacionamentos e em tudo com que nos comprometemos. Esse é o comportamento de um verdadeiro seguidor de Cristo, de alguém que busca ser a sua melhor versão todos os dias.

#NAPRÁTICA

Tire alguns minutos para fazer uma autoavaliação. Onde podem estar as ciladas e armadilhas na sua vida que podem acabar com sua credibilidade, sua família e tudo que você vem construindo até aqui? Tenha consciência das situações, relacionamentos ou hábitos que podem fazê-lo cair e resolva isso rapidamente, antes que seja tarde. Além disso, peça ao Senhor que o blinde e blinde todos os seus, protegendo e afastando-os de qualquer companhia, ambiente, proposta ou negócio que não faça sentido com os princípios e valores do Pai.

DIA
35

CORAGEM CRIATIVA

Alguns homens vieram carregando um paralítico numa maca. Tentaram levá-lo para dentro da casa até Jesus, mas não conseguiram por causa da multidão. Então, subiram ao topo da casa e removeram uma parte do teto. Em seguida, baixaram o paralítico na maca até o meio da multidão, bem na frente dele. Ao ver a fé que eles tinham, Jesus disse ao paralítico: "Homem, seus pecados estão perdoados". (...) "Eu lhes mostrarei que o Filho do homem tem autoridade na Terra para perdoar pecados." E disse ao paralítico: "Levante-se, pegue a sua maca e vá para a sua casa". De imediato, à vista de todos, ou seja, no meio de todo mundo, o homem se levantou, pegou a sua maca e foi para casa louvando a Deus.

LUCAS 5:18-20, 24-25

Visualize comigo esta cena: Jesus estava dentro de uma casa, pregando e fazendo milagres, e do lado de fora havia uma multidão querendo entrar para ouvi-lo e ser curada. Quando o paralítico chegou, trazido numa maca por seus amigos, não havia como passar por aquele mundo de gente para chegar até Jesus. Para uma pessoa com condições normais já seria difícil; imagine para alguém na situação dele. Impossível, não é mesmo? A maioria das pessoas voltaria para casa imediatamente e lamentando por não ter alcançado o seu milagre. Mas este é o grande aprendizado desta mensagem. Os amigos, juntamente do paralítico, insistiram, não desistiram e tiveram uma grande ideia: entrar pelo telhado. Imagine a cena: os amigos subiram com o paralítico, abriram um buraco por entre as telhas e, com a ajuda de cordas, desceram o homem até diante de Jesus. Vendo isso, o Mestre ficou impressionado com a fé que eles tiveram. E, assim, não apenas perdoou os pecados do paralítico como também o curou. Imediatamente, o homem se levantou e saiu andando pela multidão.

Como isso é fantástico! Que coragem eles tiveram de subir naquele telhado e descer o paralítico! É o que chamo de coragem criativa. Precisamos levar esse aprendizado para a nossa vida, usando nos nossos negócios, estudos, relacionamentos... Em tudo! Até porque, muitas vezes, queremos algo e só vamos atrás disso pela "via normal".

Por exemplo, se você está procurando um emprego, envia o seu currículo para várias empresas, certo? Não há nada de errado nisso, já que esse é o caminho que dá resultado para a maioria das pessoas. Porém, se desse jeito não está acontecendo nada, você precisa de uma coragem criativa. Deve pensar fora da caixa e agir diferente, por exemplo, localizar alguém daquela empresa da qual você tanto deseja fazer parte, por meio de algum amigo em comum, mandar mensagem para essa pessoa pelo Instagram ou LinkedIn, telefonar para ela, ir atrás dela no próprio local de trabalho ou no restaurante em que ela almoça...

Peça a Deus para ter uma coragem criativa para alcançar aquilo de que você precisa. Dei o exemplo de um emprego, mas pode ser qualquer coisa: um novo parceiro de negócio, passar no vestibular, resolver um conflito familiar... Não sei o que, neste momento, está se passando no seu coração, mas você sabe. Então, externalize isso pedindo ao Senhor para ser criativo, não ter medo de qualquer rejeição e deixar essa coragem aflorar dentro de você.

Inspire-se na história desse paralítico e inicie agora mesmo a sua coragem criativa. Peça a Deus clareza e inspiração, que pode vir, até mesmo, de um filme que você venha a assistir, de uma história que escute. Busque ter uma criatividade fora do comum, vinda diretamente do Criador. Nós podemos criar, porque somos criaturas do Criador. Dessa maneira, prepare-se para viver o novo – uma nova era, uma nova estação, um novo ciclo.

Nós podemos criar, porque somos criaturas do Criador.

#NAPRÁTICA

Uma boa maneira de ser mais criativo é aumentar o seu repertório. O que isso significa? Novas amizades, novos lugares, novos hábitos, tudo isso lhe traz novas ideias, novos horizontes e, consequentemente, mais criatividade. Não dá para ter novos resultados fazendo sempre as mesmas coisas.

NÃO DÁ PARA TER
NOVOS
RESULTADOS
FAZENDO SEMPRE
AS MESMAS
COISAS.

Seja Luz - @oigorfaria

DIA
36

ONDE ESTÁ A SUA CONFIANÇA?

Alguns confiam em carros de guerra, outros confiam em cavalos.
Nós, porém, confiamos no nome do Senhor, o nosso Deus.
SALMOS 20:7

Será que você está depositando a sua confiança no lugar certo? Nós, seres humanos, temos a mania de colocar as nossas expectativas em pessoas e, pior ainda, em coisas. Confiamos no dinheiro, na empresa, no pai, na mãe, no marido, na esposa, nos políticos... Em nossas habilidades, nosso talento, na força do nosso braço, na nossa competência, na nossa constância... Em tudo isso! Exceto em Deus.

Salmos nos direciona exatamente ao contrário: que tenhamos o hábito de confiar em Deus. Ou seja, confiar única e exclusivamente nEle, e não em cavalos, carros de guerra, instituições ou pessoas. Esse é um exercício que precisamos fazer a cada momento de nossa existência.

Sei bem disso, porque já vivi na pele a necessidade de confiar plenamente em Deus, quando em minha vida eu não estava conseguindo chegar aonde eu queria. Desde os 7 anos, o meu sonho era ser jogador de futebol. Eu me preparava de verdade para isso, abdicando de muitas coisas importantes para uma criança ou adolescente – como dormir até tarde no fim de semana, ir a festas ou me divertir com amigos –, para me dedicar e buscar realizar o meu sonho.

Porém, quem joga futebol ou gosta desse meio sabe que nem sempre é apenas o talento que conta. Mesmo que você seja bom, há muitos outros aspectos que serão levados em conta para chancelar o atleta a participar do elenco daquele time – política, relacionamento, empresários, enfim... Ainda assim, em dia de testes, por exemplo, eu entrava em campo arrebentando! Jogava de meia, de atacante, fazia gols, mas eventualmente não era o escolhido.

Quantas vezes voltei para casa arrasado, destruído mesmo, e puxava o capuz do meu casaco para ir chorando escondido no trem ou no ônibus... Vivi isso até uns 17 anos de idade, sempre batalhando pelo sonho de jogar bola profissionalmente e toda hora me frustrando. Mas foi assim que pude exercitar algo muito importante: confiar nos planos de Deus para a minha vida. Eu podia até ficar triste e me trancar no meu quarto, mas, no dia seguinte, acordava, respirava fundo e dizia: "Deus sabe de todas as coisas... Bora pra próxima!".

Confesso que, desde muito novo, eu já tinha esse entendimento de que um Deus soberano, que me criou e que cuida do planeta – e do universo inteiro –, também estava cuidando da minha vida nos detalhes. E embora eu fizesse planos para mim e buscasse dar o meu melhor para chegar lá, muitas vezes não dava certo. Nessas horas, tive que aprender a confiar em Deus.

Vou dar outro exemplo que certamente o afetou também. Quando a pandemia de covid-19 aconteceu, o planeta todo se trancou dentro de casa. Empresas fecharam, talvez você tenha perdido o emprego, a confiança no seu chefe ou no governo pode ter se abalado, e ninguém sabia como seria o dia seguinte, muito menos se estaria vivo. Mais uma vez, o que aconteceu? A nossa convicção em coisas, pessoas e lugares foi por água abaixo, e um vírus amedrontou a todos. Dessa maneira, fomos obrigados a entender que nada está sob o nosso controle. E, acima de tudo, que não há nada mais correto e mais assertivo do que confiar totalmente em Deus.

A mensagem de hoje, contudo, não é para estimulá-lo a não fazer a sua parte, a não batalhar pelos seus sonhos ou a não buscar ser a sua melhor versão todos os dias. O que desejo é que você mude de mentalidade e pare de colocar as suas expectativas em coisas, pessoas e lugares. Sei que isso é um aprendizado e que você precisará treinar todos os dias. Não basta "virar uma chavinha" para passar a confiar hoje e para sempre em Deus. Diariamente, tome a decisão de depositar a sua crença nEle, tanto nos dias bons quanto nos ruins, tanto nos dias em que rir muito quanto nos em que também chorar. Em todos eles, a sua confiança deve estar somente no Pai. Assim, você não se decepcionará jamais, porque o Senhor não erra e sempre faz o melhor por nós. Acredite nisso!

Mude de mentalidade e pare de colocar as suas expectativas em coisas, pessoas e lugares.

Diariamente, tome a decisão de depositar a sua crença nEle.

#NAPRÁTICA

A partir de agora, todas as vezes que você estiver frente a uma situação que não saiu como planejou, que "não deu certo", você vai se lembrar desta mensagem e trazer à memória aquele que é a sua única e verdadeira esperança: Jesus. Aproveite também para ouvir a música "Nele você pode confiar", de Paulo César Baruk e Lito Atalaia – a canção é muito boa, com letra riquíssima.

DIA
37

COMO REVERTER UM ERRO

Depois de rejeitar Saul, levantou-lhes Davi como rei sobre quem testemunhou: "Encontrei Davi, filho de Jessé, homem segundo o meu coração e ele fará tudo o que for da minha vontade!".

ATOS 13:22

Se eu lhe disser "Este é um homem segundo o coração de Deus", quais características vêm a sua cabeça? Bondade, mansidão, coragem, verdade, justiça, fidelidade, amabilidade, lealdade, entre outras características positivas, certo?

Na passagem que lemos acima, o próprio Deus está falando de Davi. E sabemos que Davi foi um homem corajoso, matou o gigante Golias e depois se tornou rei de Israel, inclusive onde até hoje é extremamente respeitado e admirado. Pude ver isso pessoalmente quando fui para Israel. Até aqui realmente tudo combina com Deus.

Porém, vemos também na história de Davi alguns erros seriíssimos, que nós, seres humanos, podemos até considerar como imperdoáveis.

Vou lhe contar... Davi tinha um homem de confiança em seu exército chamado Urias. Certa vez, enquanto ele estava na guerra, Davi, que já era rei, deitou-se com a mulher dele, e, como se não bastasse esse erro gigante, engravidou-a. Só esse acontecimento já nos choca, não é mesmo? Como pode um homem como esse ser chamado de "homem segundo o coração de Deus"?

Mas se você acha que a história está pesada até aqui, calma, que ainda vai ficar bem pior... Preocupado com a sua reputação, Davi ordenou que Urias fosse para a linha de frente da guerra, garantindo que ele não voltasse vivo – assim, seu erro de engravidar a mulher de Urias não seria exposto.

Resultado: Urias morre na guerra, e agora Davi se casa com a ex-mulher de Urias, chamada Bateseba. Essa atitude desagradou tanto ao Senhor que a consequência disso foi a morte da criança fruto da relação infiel de Davi e Bateseba.

Mas o grande aprendizado de toda a história é o que vem em seguida: Davi se arrependeu profundamente, ficou dias sem comer, sem beber nem tomar banho, em uma tristeza profunda pelo fato de que seu filho estava morrendo, e ele sabia que isso era por consequência dos seus erros. O que aprendemos aqui é: "Não há nada que você faça que seja capaz de afastá-lo do amor de Deus por você...".

Por incrível que pareça. Para nós, humanos, isso pode não fazer sentido, porque temos nossas regras e leis para seguir, além dos conceitos do que achamos ser certo e errado. Daí, olhamos para Davi e questionamos: como um homem que matou, cometeu adultério, pode ser digno desse amor?

Mas isso é o que eu e você pensamos, e não o que Deus pensa sobre a humanidade. Ele enviou o seu único filho, Jesus Cristo, para morrer por nós e no terceiro dia ressuscitar, para perdoar a mim, a você e a todos de qualquer ato errado realizado. Recapitulando, o primeiro grande aprendizado é que não há nada que você faça que seja capaz de anular o amor de Deus por você.

O segundo aprendizado é que Davi tinha um coração absurdamente quebrantado por Deus. Quando ele se arrependia, era profundamente. E não existe nada que mexa mais com o coração de Deus do que alguém que reconheça que falhou, colocando os joelhos no chão e dizendo: "Deus, me perdoe, eu errei. Não quero mais errar. Lave os meus pecados". O Criador ama ver isso!

Davi foi um homem falho – como todos nós. Ele pecou, mas entendia que sem Deus não era nada. Por isso, prostrou-se e pediu perdão. Ele sabia que, obviamente, sofreria as consequências dos erros dele, só que, perante Deus, estaria perdoado.

Durante a vida, todos tomamos decisões erradas. E se você quer ser lavado por Deus, se quer ser perdoado e acessar a intimidade com Ele, arrependa-se de verdade e mude de mentalidade, hábitos, comportamentos e atitudes. O Senhor aceitará o seu pedido de perdão e o receberá de braços abertos para que você continue com os planos que Ele tem para a sua vida. Exatamente como aconteceu com Davi.

#NAPRÁTICA

Quais são os erros dos quais você se arrepende e que precisa confessar ao Senhor? Faça isso agora mesmo em uma conversa sincera com seu Pai eterno e mude o que for preciso em sua rotina para que isso não aconteça novamente.

DIA
38

UNIDADE E LINGUAGEM

"“Vejam!”, disse o Senhor. “Todos se uniram e falam a mesma língua. Se isto é o começo do que fazem, nada do que se propuserem a fazer daqui em diante lhes será impossível.”
GÊNESIS 11:6

Essa passagem de Gênesis é, para mim, uma das mais poderosas de toda a Bíblia. Ela fala das habilidades necessárias para tudo dar certo na vida: *unidade* e *linguagem*. Para explicar esses conceitos, vou contar um pouco sobre essa história bíblica. Desde o início da criação, o ser humano deveria se multiplicar pela Terra, esse foi um direcionamento do próprio Deus. Porém, um grupo de homens muito inteligentes e poderosos quis fazer o contrário. Eles decidiram construir uma torre tão alta, mas tão alta, a ponto de tocar os céus – a chamada torre de Babel –, e por ali ficar, sem que fossem espalhados pela Terra. Ou seja, estavam sendo movidos pelo próprio ego, por orgulho e com a motivação errada, na direção contrária ao que o próprio Deus havia ordenado.

Pesquisadores dizem que essa torre teria 2.400 metros de altura. Para você ter uma ideia, atualmente, o prédio mais alto do mundo fica em Dubai, no Oriente Médio, com 828 metros de altura. O mais interessante é que o próprio Deus diz: “Eles são um só povo e uma só língua... nada do que se propuserem a fazer daqui em diante lhes será impossível". Ou seja, se Deus não interviesse, aqueles homens poderiam realizar absolutamente tudo.

Então, qual foi a solução do Senhor para intervir no plano desses homens vaidosos e poderosos? Trocar os idiomas que eles falavam, ou seja, confundi-los. Se não houvesse mais comunicação entre eles, não teria como haver mais realização, mais crescimento, mais progresso e mais expansão.

No dia de hoje, isso é um valioso aprendizado para nós. Se em tudo que você fizer houver unidade e linguagem, vai dar certo. E o contrário também é verdadeiro: se em tudo o que você fizer não houver linguagem, não vai dar certo.

Se em tudo que você fizer houver unidade e linguagem, vai dar certo.

Por exemplo, pense num relacionamento que é construído com amor e paixão, como um casamento. Essa união entre duas pessoas pode ter frutos lindos, como uma história, filhos e acontecimentos maravilhosos durante anos. Mas, se houver a quebra da linguagem, o casamento também quebra. Se o marido e a esposa não se entendem mais nas suas expectativas, no seu diálogo, dia após dia, esse casamento tende a acabar. Assim também é entre sócios numa empresa, entre líderes e liderados, seja no esporte, seja em empresas ou em um condomínio. A partir do momento em que não há mais comunicação, uma coisa é certa: terá dia e hora para acabar.

Então, entenda esse princípio de uma vez por todas: sem se conscientizar sobre a importância da unidade e linguagem, você não vai conseguir realizar o que deseja e nada na sua vida vai dar certo. Você pode ser o mais competente, ter os melhores dons, ser alguém diferenciado em gestão das emoções e em conhecimentos, ler muitos livros, ter criado muitas empresas e até ser bom em todas as áreas. Mas, se não entender a importância da unidade e da linguagem, nada disso vai dar certo durante muito tempo.

#NAPRÁTICA

Reserve um tempo para se sentar com alguém importante em sua vida – pode ser um cônjuge, um membro da família ou um sócio, por exemplo. Durante essa conversa, foque ouvir ativamente e compartilhar seus pensamentos e sentimentos de forma clara e respeitosa. Para promover um diálogo mais profundo, utilize perguntas como:

- O que você tem sentido sobre nossa relação?
- Como podemos melhorar nossa comunicação e colaboração?
- Quais são seus sonhos e objetivos na vida?
- Existe algo que eu faça frequentemente e de que você não goste?
- Quais foram os momentos mais significativos que vivemos juntos até agora?

Fazendo essas e outras perguntas, vocês irão se conhecer mais profundamente e criar uma unidade e linguagem à prova de tempestades e dias ruins.

DIA 39

DESFRUTANDO OS FRUTOS

Você desfrutará do fruto de seu trabalho, será feliz e próspero.

SALMOS 128:2

Certamente, algo que todos desejamos é ter uma vida próspera, na qual possamos usufruir do melhor e nada nos falte. Saiba que esse também é o desejo de Deus para todos nós. A própria Bíblia diz isso na passagem que lhe trago hoje, revelando que vamos desfrutar do fruto do nosso próprio trabalho, ou seja, do nosso esforço, da nossa dedicação, do nosso suor.

Mas, afinal, o que a palavra "desfrutar" quer dizer exatamente? Se buscarmos a origem, significa "abrir o fruto", usufruir. Dentro desse conceito, as pessoas têm atitudes e mentalidades diferentes diante de um fruto. Uma delas, ao abri-lo, é saciar a fome, se lambuzar, aproveitar todo aquele alimento. Tem gente que praticamente quer comer até o caroço.

Mas aí entra outra função do fruto. Ele traz, dentro de si, a semente. Então, precisamos pegá-la para replantar, com o objetivo de que, tempos depois, ela vire um novo fruto, que iremos colher e do qual novamente usufruir. E, mais uma vez, quando desfrutarmos dele, haverá uma nova semente para dar continuidade ao ciclo da vida: plantar, colher, comer.

Metaforicamente falando, o grande problema nisso é quando comemos o que deveríamos plantar e plantamos o que deveríamos comer. Toda vez que temos um fruto, ou seja, o resultado de algo conquistado por meio do nosso esforço, do nosso trabalho, nos vemos diante de duas funções: de parte dele precisamos usufruir, e a outra parte, replantar.

O grande problema nisso é quando comemos o que deveríamos plantar e plantamos o que deveríamos comer.

Outro problema é quando queremos comer na hora errada e a coisa errada, ou seja, a semente. Ou quando plantamos na hora errada e a coisa errada, que é a carne do fruto. Ela foi feita para nos alimentar, e de nada vai adiantar plantá-la. A carne não tem a função de gerar um novo fruto, mesmo que você se esforce e se dedique para isso. A missão dela é matar a fome. Da mesma forma, não tem como comer a semente, porque ela não irá nos alimentar.

Agora, não há problema algum em você comer o fruto. Muita gente acha que tem que ficar plantando a vida inteira... Assim, quando conquista grandes bens, muitos patrimônios, não usufrui, não desfruta. Isso é um grande erro, porque você precisa trabalhar, se dedicar com intensidade, mas também desfrutar muito e aproveitar tudo aquilo que conquistou. Lembre-se: não dá para carregar seus bens, suas conquistas, dentro do caixão. Dessa vida não levamos nada. Por isso, você precisa usufruir, desfrutar.

Por outro lado, não pode pensar só no dia de hoje e ficar comendo, comendo, comendo todos os frutos, inclusive as sementes. Isso porque precisa plantar, pensar no dia de amanhã. Essa mentalidade de longo prazo também é necessária. Dessa maneira, pode comer toda a carne do fruto, mas deverá plantar a semente depois.

Faça o que compete a cada parte. Coma a carne da fruta e plante a semente.

Hoje o seu aprendizado é: toda vez que desfrutar de algo, faça o que compete a cada parte. Coma a carne da fruta, se lambuze! Mas plante a semente, regue e a adube, para que dê mais frutos e você tenha mais ainda o que comer, e mais ainda o que plantar. Com esse ciclo, você será próspero.

#NAPRÁTICA

Faça uma autoanálise a respeito das sementes que você vem plantando na vida. Têm sido boas? Estão dando bons frutos? Acerte a sua semeadura para que a colheita seja cada vez mais próspera, não apenas financeiramente, mas também em amor, boas amizades, momentos felizes e tudo o mais de melhor.

DIA

40

LIBERTE-SE DA MENTALIDADE DE ESCRAVO

Ali, com fome, ele tinha vontade de comer o que os porcos comiam, mas ninguém lhe dava nada. Caindo em si, ele pensou: "Quantos trabalhadores do meu pai têm comida de sobra, e eu aqui morrendo de fome! Eu me porei a caminho e voltarei ao meu pai, e lhe direi: 'Pai, pequei contra Deus e contra o senhor, e não mereço mais ser chamado de seu filho; me aceite como um dos seus trabalhadores'".

LUCAS 15:16-19

Essa é a parábola do filho pródigo. Uma história bíblica muito conhecida, que o próprio Jesus contou. Nela há dezenas de ensinamentos, mas hoje quero focar um deles: a mentalidade de escravo. Talvez você não conheça essa história, por isso vou resumi-la muito rapidamente. Existia um senhor muito rico, que tinha dois filhos. Certo dia, um deles chegou e disse: "Pai, eu quero a minha parte da sua herança. Quero que o senhor me antecipe o que é meu de direito". E então o pai fez isso. O rapaz saiu de casa e foi viver a vida em outros lugares, fazendo as coisas à sua maneira.

Ele realizou seus desejos e, em pouco tempo, gastou toda a herança que seu pai lhe havia dado. Chegou a perder tudo, a ponto de passar fome. Tentou pedir ajuda às pessoas, tentou conseguir emprego, mas não obteve sucesso. Como está no versículo de hoje, ele chegou a desejar a comida dos porcos. Olhe o nível de miséria e de necessidade por que esse jovem passou! É nessa hora que ele cai em si e realmente se arrepende, decidindo voltar para a casa do pai, mas não como seu filho – já que reconhece que errou –, e sim como um de seus empregados. Assim, pelo menos, teria o que comer. Só que, de maneira surpreendente, o pai não só lhe dá um emprego, como também prepara uma festa para comemorar a volta do filho, lhe prepara as melhores roupas e a comida mais saborosa.

Sabe, muitas vezes tomamos decisões na vida que fazem com que, depois, nos arrependamos profundamente. E ainda bem por isso! Mas é aí que pode surgir a mentalidade de escravo: a de que não merecemos um novo começo, porque erramos e temos que colher os frutos disso. Naturalmente, essa é uma verdade... Vamos sofrer as consequências daquilo que realizamos, colhendo os frutos do que fizemos, sejam bons ou ruins. Mas, quando entendemos que temos um Pai que é o Criador de todas as coisas, que é amoroso e bondoso, até podemos colher os frutos do que plantamos, mas, espiritualmente, temos lugar para um novo começo.

Entenda que o nosso Pai está com muita vontade de que cada um de nós se arrependa, que volte para os braços dEle. Como o pai do filho pródigo, que ficou superfeliz quando ele voltou – mesmo não sendo merecedor, mesmo tendo gastado o dinheiro com prazeres, como a própria Bíblia diz –, assim também é Deus

O nosso Pai está com muita vontade de que cada um de nós se arrependa, que volte para os braços dEle.

quando você se arrepende, quando deixa claro que errou mas que quer voltar aos bons planos do Senhor para a sua vida.

Hoje, então, tudo o que você precisa fazer é deixar essa mentalidade de escravo de lado e acessar o que Deus já fez por você. Quando erramos, é muito normal carregarmos essa culpa pelo resto da vida. Mas não é isso que Deus tem para nós, e sim planos maravilhosos, como um pai com infinito amor pelo seu filho. Acesse isso! Deixe de lado, de uma vez por todas, esses pensamentos de escassez, de escravo, que não combinam com os planos de um pai verdadeiro, amoroso e bondoso. Lembre-se: você é filho dEle.

Quando erramos, é muito normal carregarmos essa culpa pelo resto da vida. Mas não é isso que Deus tem para nós, e sim planos maravilhosos.

#NAPRÁTICA

Hoje leia a história completa do filho pródigo em Lucas, capítulo 15, versículos 11 ao 32. E, além disso, toda vez que vier à sua mente um pensamento de escravo, rejeite e declare em voz alta: "Eu sou filho amado do Senhor. O Criador do Universo também me criou. Deus me ama, Deus me escolheu, Deus tem um propósito específico e único para mim". Em hipótese alguma aceite essa mentalidade de escravo sobre você e sobre a sua vida.

DIA
41

DESENVOLVENDO TALENTOS

Então Deus escolheu o seu servo Davi. Ele o tirou do curral de ovelhas quando ainda pastoreava o rebanho, e Ele o pôs como rei de Israel, como pastor do povo de Deus.

SALMOS 78:70-71

Se há uma história da Bíblia pela qual sou apaixonado é a de Davi. Não é à toa que esse é o nome do meu primeiro filho. Ela nos ensina tanto, e um dos principais aprendizados é a improbabilidade. As pessoas não acreditavam em Davi – aliás, nem o próprio pai dele –, mas Deus, sim. O Senhor escolheu um simples pastor de ovelhas, um menino por quem ninguém dava nada, e realizou o sobrenatural e transformou a vida dele.

Porém, há um lado de Davi cujo mérito não podemos tirar: ele nunca parou de se preparar e não tinha medo de sair da zona de conforto para atender aos próximos estágios a que Deus o convocava. Vou explicar melhor... Quando menino, as habilidades que Davi detinha eram pastorear ovelhas do ataque de predadores, alimentar o rebanho, levar os animais de um lado para o outro e fazer a contagem deles. Pouco tempo depois, ainda garoto, ele decidiu ouvir o senhor e guerrear contra um gigante, Golias, que já havia desafiado e derrubado milhares de soldados. Todos morriam de medo dele, menos o jovem pastor de ovelhas. Ele fez o seu natural – aceitar o desafio –, e Deus, o sobrenatural. Com uma funda e uma pedra, Davi matou o gigante. Ali começou a desenvolver as características de um guerreiro: coragem e ousadia.

Depois desse feito, o rapaz se tornou líder das tribos de Judá. Mais uma vez, saiu da sua zona de conforto e se abriu a novas habilidades – dessa vez um líder, alguém que lida com os problemas do seu povo e aponta caminhos. Mais adiante, a Bíblia revela que Davi se tornou um excelente músico e compositor, tendo, inclusive, inventado alguns instrumentos musicais. Para você ter ideia, o rei Saul só se tranquilizava quando o rapaz tocava e cantava para ele. Assim, outros conhecimentos se somaram a tudo o que ele já vinha desenvolvendo.

Por último, Davi conquistou a sua maior posição: rei de Israel. Nossa! Quantas nuances, quantos aprendizados, quantas novas habilidades ele foi acumulando ao longo da vida. E o que quero trazer para você hoje, a partir dessa história? Que você nunca pare de se aprimorar! Você não pode ficar na sua zona de conforto, não pode parar de estudar, de se colocar em novos ambientes, novos desafios, de conhecer novas pessoas e novos lugares. Busque estar sempre em desenvolvimento, fazendo o natural muito bem-feito. E só assim poderá pedir a Deus para realizar o sobrenatural. Não adianta reivindicar milagres ao Senhor se você não faz nem a sua parte.

Quando olhamos para a vida de Davi, que foi um dos maiores homens da História, percebemos que, além do sobrenatural de Deus, ele tinha também todo um esforço, uma dedicação e uma busca incessante por ser multitalentoso. É como se fosse subindo os degraus de uma escada – primeiro, pastor de ovelhas, depois guerreiro, líder, músico e, finalmente, rei – e, em cada um deles, desenvolvendo muitas e novas habilidades. O ideal seria que todos nós agíssemos da mesma maneira, sempre em busca de evolução. Só que, infelizmente, muitas pessoas não são assim, porque param no tempo e não querem mais aprender, estudar e fazer novas conexões. Ficam estacionadas na zona de conforto.

Não sei de você, mas eu não quero parar de subir essa escada. O tempo inteiro, busco aprender com novas pessoas e novos lugares, me coloco em novos desafios, assim como Davi fez ao longo da vida. Por isso, hoje, quero dar um chacoalhão em você: jamais pare de se desenvolver! Não desanime e não fique estagnado! Saia da sua zona de conforto se realmente quer melhorar a qualidade da sua vida, dos seus relacionamentos e das suas decisões. Suba degrau por degrau. Desenvolva-se. Seja a sua melhor versão. Seja luz!

#NAPRÁTICA

Faça um novo desafio consigo mesmo hoje. Algo que realmente vai requerer muito esforço seu, como uma dieta para perder os quilinhos que você tanto deseja, ou correr 5 km, dia sim, dia não, pelos próximos trinta dias. Para isso, será necessário desenvolver novos talentos, e isso lhe trará novos resultados.

DIA
42

QUAL É O PREÇO DA SUA VIDA?

Mas Deus nos prova seu grande amor ao enviar Cristo para morrer por nós quando ainda éramos pecadores.
ROMANOS 5:8

Quanto vale a sua vida? Dez milhões, 100 milhões, 1 bilhão, 10 bilhões de dólares? Sem dúvida, é um valor imensurável. Não tem como colocarmos um preço em nossa própria vida. Agora, vou fazer outra pergunta: qual o preço da vida do seu filho? Você conseguiria precificar isso? É capaz de imaginar alguém vindo comprar a vida do seu filho? Tenho plena certeza de que não! Você certamente o ama demais e jamais o venderia por preço algum.

Pois foi exatamente isso o que aconteceu com Deus. Em sua infinita bondade, sem ter culpa alguma de tudo o que a humanidade faz de ruim na Terra, Ele entregou seu único filho para morrer por mim e por você. Veja que loucura! Deus deu o único filho dEle para morrer na cruz por nós, sem que merecêssemos nem pagássemos por isso. E mesmo que reuníssemos todas as riquezas do mundo, jamais seria o suficiente para que nos tornássemos merecedores. Porém, Deus teve essa atitude com um único objetivo: para que pudéssemos morar no céu com Ele, sendo perdoados de todos os nossos pecados, de tudo de errado que já fizemos.

E sabe o que Ele pediu em troca disso? Apenas crer. Deus apenas deseja que homens e mulheres creiam que Jesus Cristo veio à Terra, teve uma vida santa – sem pecado e perfeita –, deixou ensinamentos, fez milagres, ressuscitou no terceiro dia e quer que todos morem com Ele no céu.

Para mim, seria inconcebível entregar o Davi e o Lucca... Por isso, fico tentando imaginar qual o tamanho desse amor de Deus a ponto de dar o seu único filho para morrer por pessoas que nem sequer acreditam nEle, e que muitas vezes, inclusive, falam mal dEle, xingam, desrespeitam, insultam e tiram sarro. Sim, Jesus se machucou e morreu por essas pessoas também. E tudo isso para que pudessem ser perdoadas, mesmo sendo pecadoras – bastaria que se arrependessem e confessassem a Jesus, crendo nEle como seu Salvador.

O devocional de hoje é para lembrar algo muito importante: o que você tem de mais valioso é a sua própria vida. E se já é pai ou mãe, sabe que você ama mais o seu filho do que a si mesmo. Então, imagine se o tivesse entregado ao próximo, sem obter qualquer reconhecimento por isso... Hoje reconheça que Deus deu o seu único filho por mim e por você e, crendo nisso, more para toda a eternidade no céu com Jesus Cristo. E, a cada dia, valorize esse ato de infinito amor de Deus por nós.

O que você tem de mais valioso é a sua própria vida.

#NAPRÁTICA

Escute a música "Hoje eu sou pai e entendo", do meu amigo Thalles Roberto. Sou apaixonado por essa canção, é uma das minhas preferidas! Você a encontra facilmente no YouTube ou em qualquer outra plataforma de áudio. E, para se lembrar do amor de Deus por nós, repare bem no seguinte trecho: "Eu não daria o meu filho para morrer por ninguém, só de pensar me dá desespero, mas o Senhor entregou o seu filho para morrer por mim". Lindo demais, não é mesmo?

DIA
43

NA INTIMIDADE DO SEU QUARTO

Mas, quando você orar, vá para o seu quarto, feche a porta e ore ao seu Pai que está em secreto.
Então, seu Pai que vê em secreto o recompensará.
MATEUS 6:6

A oração é uma conversa, literalmente um relacionamento.

Hoje quero compartilhar com você um entendimento que mudou minha maneira de me relacionar com Deus. Vamos lá… Na época de Jesus, as pessoas tinham o costume de orar na rua, fazendo repetições e movimentos que chamavam a atenção, e todos ao redor assistiam a isso. Fazia parte da cultura local, e ainda faz, inclusive, em algumas religiões mundo afora. Contudo, Jesus deixou muito claro que, para se relacionar com o Pai, é mais necessário se trancar sozinho em um quarto do que ficar se expondo em praça pública. A oração é uma conversa, literalmente um relacionamento – e não ficar repetindo várias vezes a mesma coisa apenas por regra ou costume, entende? Deixe-me lhe explicar com ainda mais detalhes. Jesus ensina que, na hora de orar, devemos ir para o quarto. Ou seja, seu lugar de maior intimidade. Afinal, só quem é muito íntimo de você entra lá, como um familiar próximo ou grandes amigos – aquelas pessoas que mais sabem sobre a sua história, os seus segredos, as suas dificuldades e, possivelmente, até os erros que já cometeu na vida. Diante delas, não existe o medo do que vão pensar de você. Já um colega, você não convida para entrar no seu quarto, certo? Jesus ainda orienta: "E feche a porta". Ele quer dizer para você não deixar ninguém atrapalhar nosso momento.

Nossos avós e outras pessoas mais velhas, geralmente, costumavam ter uma visão um pouco diferente sobre o relacionamento com Deus, vivendo algo mais religioso e formal. Porém, a nossa relação com Jesus precisa ser íntima. Afinal, só com quem temos intimidade é que conseguimos abrir o coração e expor tudo o que se passa dentro de nós.

Hoje quero que você direcione os seus pensamentos, as suas falas e as suas emoções a quem realmente pode e deve ser íntimo: Jesus. Ao orar, vá para o seu quarto, feche a porta e ali, secretamente, converse com Ele. Como seu Pai, Ele certamente ouvirá as suas vontades, os seus desejos, os seus medos, os seus erros. Com Jesus podemos ser vulneráveis e falar qualquer assunto sem reservas. Até porque Ele já sabe de tudo mesmo, conhecendo mais o seu coração e o seu íntimo do que você imagina. Tentar esconder algo dEle, na verdade, é burrice.

Porém, existe um grande diferencial quando você vai para o seu quarto, ajoelha-se no chão e ora com o coração quebrantado, verdadeiro e querendo estar com Ele. Isso porque está partindo de você esse desejo de se aproximar dEle e de estar com Jesus na sua intimidade. E assim, cada vez mais, vocês vão fortalecendo o relacionamento.

Pense que Jesus poderia ter dito: quando você for orar, vá para a sua sala. Mas não... Ele quer conversar com você no seu lugar máximo de intimidade, sem que seja necessário impressionar os outros com palavras bonitas, voz alta, gesticulações ou roupas arrumadas. O Senhor não quer saber de nada disso, e sim do seu secreto, dos seus segredos, de tudo o que você talvez nunca tenha contado para ninguém. Mas, Igor, então Jesus não ouve minhas orações em outros lugares, apenas no quarto? Ele o ouve em qualquer lugar. Quando você ora no banho, no carro, dentro do ônibus... O segredo aqui é só você entender que não é preciso nenhum ritual ou palavras específicas, Ele só quer a sua intimidade e a verdade do seu coração. Você e Ele!

Assim, veja só que incrível, você O terá em sua vida não como um simples colega, e sim como o seu melhor amigo, o amigo mais íntimo.

#NAPRÁTICA

Pratique agora mesmo a intimidade com Ele e faça disso um hábito em sua vida. Entenda de uma vez por todas que não tem como você ser íntimo de alguém sem muita conversa, muito bate-papo. Assim é também com nosso Deus Pai. Então ore, fale com Ele agora mesmo!

DIA
44

EXAGERADO

Conta as estrelas e chama cada uma pelo nome. Nosso Senhor é grande! Seu poder é absoluto! É impossível medir seu entendimento.

SALMOS 147:4-5

Em junho de 2024, inaugurei um grande projeto dedicado a espalhar os princípios do Reino por meio da arte, da música e do circo, chamado *Seja Luz – O Espetáculo*. É o primeiro espetáculo circense cristão do Brasil! Numa postagem que fiz a respeito desse lançamento, uma moça escreveu o seguinte comentário: "Nossa, nada a ver. Que exagero isso". O que era para ser uma crítica, na verdade, me acendeu uma ótima reflexão na mesma hora... E é sobre isso que vou conversar com você hoje.

Quando Deus mandou Noé construir um barco, ele fez uma simples canoa para remar num riozinho? Não! Foi uma arca gigantesca para navegar durante um dilúvio, com 135 metros de comprimento, 22 metros de largura e 13 de altura, aproximadamente. Quando Deus pediu uma prova de fé e obediência a Abraão, solicitou algo simples? Não! E sim que ele sacrificasse o seu tão esperado filho, Isaque. Abraão se preparou para realizar esse sacrifício, mas, no último instante, Deus o impediu de fazer isso, pois já estava provado que Abraão era obediente ao Senhor.

E quando Deus quis perdoar os pecados de toda a humanidade, o que Ele fez? Entregou seu único filho, Jesus, mesmo sem erro ou pecado algum, para morrer em uma cruz por todos, inclusive aqueles que nem sequer O aceitam ou concordam com Ele. Sim, Cristo morreu até pelos que não creem nEle e zombam dEle.

Pensando em tudo isso, dizer que o nosso espetáculo é um exagero foi um belo elogio. Isso porque aqueles que verdadeiramente entendem o tamanho de Deus não conseguem fazer algo pequeno ou irrisório para o Reino dEle. Deus é muito grande. Criou o céu, a terra e o mar; os animais, as flores e a vegetação; o homem e a mulher. Tudo isso em seis dias, ainda tendo tempo, no sétimo dia, para descansar. Deus é realmente muito exagerado em tudo o que faz!

Se quisermos viver o que Deus tem para nós, também devemos ser exagerados. É preciso ser exagerado para cumprir o seu propósito na Terra.

Então, aprenda uma coisa: se quisermos viver o que Deus tem para nós, também devemos ser exagerados. É preciso ser exagerado para cumprir o seu propósito na Terra. É preciso ser um profissional exagerado para alçar altos voos na carreira. Só um marido exageradamente apaixonado pela sua esposa é fiel até o fim e não comete adultério. É preciso ser exageradamente comprometido com a sua família para aguentar a pressão de ser pai ou mãe nos dias de hoje.

É preciso ser exagerado ao apresentar Jesus para as pessoas. Muita gente está acabando com suas vidas porque não conhece Cristo e os seus princípios. O mundo está cada vez mais egoísta, com as pessoas pensando apenas no próprio umbigo. Por isso, se quisermos ser agentes de transformação na vida de quem está ao nosso redor – ser luz para todos! –, devemos ser intensos e não perder qualquer oportunidade de apresentar tudo aquilo em que cremos.

Voltando a falar do *Seja Luz – O Espetáculo*, entenda que a vida inteira realizei entretenimento, principalmente com o Patati Patatá, como você já sabe. E resolvi juntar tudo o que sei sobre música, arte e circo para realizar um espetáculo em que 100% do tempo, da primeira à última palavra do roteiro, é dedicado a Jesus. Todas as noites, dezenas de vidas conhecem e se apaixonam mais por Cristo após assistirem a tudo o que realizamos dentro daquela lona de circo.

Então, hoje quero incentivá-lo a não ligar para o que os outros falam, uma vez que o seu coração está em paz. Se você está usando o que sabe – seus dons e talentos – para apresentar Jesus a todos que estão ao seu redor, está sendo luz. Se está cumprindo princípios – sendo obediente ao que Deus pede na Palavra dEle, praticando a generosidade, honrando seus pais, sendo fiel ao seu cônjuge e responsável com seus filhos –, deixe para lá o que outros pensam ou falam a seu respeito. Quem não está com você durante a construção não pode falar nada quando a obra estiver pronta. Não aceite "críticas construtivas" de quem não está construindo nada ao seu lado.

O mesmo Deus do Salmo 147 de hoje, que criou bilhões de estrelas e que as conhece individualmente, chamando cada uma pelo seu nome, também tem um amor exagerado por você. Nunca duvide disso! Seja exagerado em tudo o que faz! Seja luz!

#NAPRÁTICA

Medite em mais um salmo, a seguir. Tenha a certeza de que o Criador conta com um propósito específico para você e o conhece mais até do que você mesmo.

Grande é o Senhor! Ele é digno de muito louvor. É impossível medir sua grandeza.
Que cada geração conte a seus filhos sobre tuas obras e proclame teu poder.
Meditarei em teu majestoso e glorioso esplendor, e em tuas maravilhas.
Todos falarão de teus feitos notáveis, e eu anunciarei a tua grandeza.

SALMOS 145:3-6

QUEM NÃO ESTÁ COM VOCÊ DURANTE A CONSTRUÇÃO NÃO PODE FALAR NADA QUANDO A OBRA ESTIVER PRONTA. NÃO ACEITE "CRÍTICAS CONSTRUTIVAS" DE QUEM NÃO ESTÁ CONSTRUINDO NADA AO SEU LADO.

Seja Luz - @oigorfaria

DIA
45

CONSELHOS INÚTEIS

Alguém pode colher uvas de um espinheiro ou figos de ervas daninhas? Semelhantemente, toda árvore boa dá frutos bons, mas a árvore ruim dá frutos ruins. Uma árvore boa não pode dar frutos ruins, tampouco uma árvore ruim pode dar frutos bons. Toda árvore que não produz bons frutos é cortada e lançada no fogo. Assim, pelos seus frutos, vocês os reconhecerão.

MATEUS 7:16-20

Você já viu uma bananeira dar maçã? Ou um pé de limão dar manga? É óbvio que não, né? Mas, agora, vou lhe fazer outra pergunta: quando você precisa de um conselho, pede para quem tem os frutos de que você precisa ou para uma pessoa qualquer que você encontra na fila do supermercado? O fato é que, diversas vezes, temos decisões sérias para tomar e vamos pedir aconselhamento justamente para quem não tem o fruto de que necessitamos. Quando entendi isso e comecei a aplicar na minha vida, tudo mudou.

Vou dar alguns exemplos. Vamos supor que, durante muitos anos, você foi funcionário de uma firma e, agora, está pensando em abrir uma empresa. Na hora de pedir uma orientação sobre como agir, você procura aquele amigo que foi empresário durante dois anos e faliu, ou pede conselho para aquele tio que é servidor público já faz muito anos. Está certo isso? Olha, não estou criticando essas pessoas. Mas o fato é que elas não têm o conselho de que você precisa, muito menos o resultado que você está buscando.

Logo, para dar o pontapé inicial na sua empresa, você precisa pedir conselhos e orientações para quem já tem uma empresa de sucesso – e, nesse caso, tanto pode ser uma empresa gigantesca, que emprega milhares de pessoas, quanto outra com apenas cinco funcionários, mas que está funcionando bem há alguns anos. Ambas têm sucesso e autoridade para falar sobre empresariado e negócios.

Da mesma forma, se você estiver com problemas no seu casamento, precisa buscar a experiência de quem tem uma vida conjugal vitoriosa. De nada vai adiantar querer conversar com pessoas ainda solteiras ou com aqueles casais juntos há anos, mas que vivem brigando ou são infiéis, com falta de comprometimento um com o outro. Não faz sentido! Você deverá buscar os conselhos de quem já tem bons resultado nessa área.

Ou seja, procure a árvore que você já viu que oferece os mesmos frutos que você deseja alcançar. Caso contrário, perderá o seu tempo. É conselho inútil... E mais: estará indo contra o que realmente precisa, pegando uma estrada que, em vez de levá-lo ao destino final que tanto deseja – uma empresa de sucesso, um casamento saudável –, conduzirá ao caminho contrário (a falência e o divórcio), por exemplo.

Nos dias de hoje, principalmente com muitas pessoas "influentes" e com muitos seguidores na internet, tendemos a dar ouvidos para qualquer um desses que "têm alcance" e que têm voz. Mas números de seguidores ou sucesso financeiro e ostentação no Instagram não chancelam todos os frutos e conselhos dessas pessoas. Tem muito famoso, com milhões de pessoas ouvindo, mas que dentro de si vive um grande vazio, e dentro de sua casa faltam paz e harmonia. Não dê ouvido para tudo e todos, mas sim para aqueles que já têm o resultado específico de que você precisa.

É importante que você entenda isto de uma vez por todas: pare de dar ouvidos para pessoas que não têm o resultado que você almeja, em qualquer área da sua vida. Chega de se enganar com árvores que parecem que dão frutos bons, mas não dão. Se quiser comer uma manga, vá a uma mangueira. Se quiser uma banana, procure uma bananeira. É tão óbvio isso, mas, muitas vezes, nos esquecemos dessa verdade. Então, pare de se enganar com conselhos errados vindos de "árvores" erradas.

Peça a Deus que lhe traga discernimento para você conseguir diferenciar as árvores que verdadeiramente têm bons frutos das que não vão oferecer o que você precisa.

#NAPRÁTICA

Escreva abaixo os conselhos de que você precisa hoje e os nomes das pessoas que já têm os frutos de que você precisa, e então peça esses conselhos para elas.

....

....

....

....

....

DIA
46

DEUS NÃO SE ESQUECEU DE VOCÊ

Não se preocupe com os perversos, nem tenha inveja dos que praticam o mal, pois, como o capim, logo secarão, e, como a grama verde, logo murcharão. Confie no Senhor e faça o bem, e você viverá seguro na terra e prosperará. Busque no Senhor a sua alegria e Ele lhe dará os desejos do seu coração. Entregue o seu caminho ao Senhor, confie nEle e Ele o ajudará. Tornará sua inocência radiante como o amanhecer e a justiça de sua causa como o sol do meio-dia.

Aquiete-se na presença do Senhor. Espere nEle com paciência. Não se preocupe com o perverso que prospera, nem se aborreça com seus planos maldosos. Deixe a ira de lado, não se enfureça, não perca a calma. Isso só lhe trará prejuízo. Pois os perversos serão destruídos, mas os que confiam no Senhor possuirão a terra. Em breve, o perverso desaparecerá, ainda que o procure, não o encontrará. Os humildes possuirão a terra e viverão em paz e prosperidade. O perverso trama contra o justo, rosna e lhe mostra os dentes. Mas o Senhor ri, pois vê que o dia do julgamento se aproxima.

Os perversos puxam suas espadas, preparam seus arcos para matar o pobre e o oprimido, para massacrar os que são corretos. Suas espadas, porém, lhe atravessarão o próprio coração, e seus arcos serão quebrados. É melhor ser justo e ter pouco do que ser perverso e rico. Pois a força dos perversos será despedaçada, mas o Senhor sustenta os justos. A cada dia o Senhor cuida dos íntegros. Eles receberão uma herança que dura para sempre. Em tempos de calamidade, não serão envergonhados. Mesmo em dias de fome, terão mais que o suficiente.

SALMOS 37:1-19

Hoje fiz questão de trazer esse salmo maior para você. Por quê? Porque essas palavras são promessas do Pai diretamente para a sua vida. Muitas vezes, não entendemos por que pessoas ruins, com mau caráter, estão se dando bem. Trocam de carro, compram casa própria, progridem na carreira... Às vezes, isso acontece com o colega que senta ao seu lado na empresa em que você trabalha, trazendo aos seus pensamentos: "Mas não é possível! Ele é mentiroso, engana os outros! Mesmo assim, foi promovido. E eu, que sou justo e honesto, estou aguardando a minha vez, e ela nunca chega...".

Isso já aconteceu comigo! Já orei ao Senhor, dizendo: "Como assim, Pai? A oportunidade se abriu para aquela pessoa que engana todo mundo, e por que essa porta não se abre para mim?". Quando isso acontece, chegamos, até mesmo, a achar que Deus se esqueceu de nós, que não responde às nossas orações. E o pior vem à nossa mente: será que Ele existe mesmo?

Nessas horas, devemos nos lembrar desse salmo. Ele diz que os ímpios passarão. Assim como a grama que hoje é verde e amanhã não será mais, eles também vão murchar. E quem são os ímpios? São os caluniadores, sem caráter, que roubam, enganam e mentem. Fique tranquilo, porque o êxito deles não será duradouro. Por isso, não inveje essas pessoas, nem se sinta um injustiçado diante do sucesso delas. Continue temendo ao Senhor, apaixonado por Jesus, praticando o bem e sendo fiel, porque a sua hora vai chegar.

Acredite: o Senhor vai derramar as bênçãos dEle sobre você, fazendo com que transbordem sobre a sua vida, a sua família, os seus negócios, a sua carreira. Olha só quantas promessas existem para você e sua casa somente nesse salmo! Se necessário leia de novo, para perceber quantas declarações lindas o Senhor fez! Eu creio nisso e é debaixo dessas promessas que vivo diariamente. Então, nada de achar que Deus se esqueceu de você. Tenha a certeza de que Ele está no controle e, sim, permanece ouvindo as suas orações.

Em diversos momentos, o Senhor deixou bem claro que nada nos faltará. E afirmou que vai nos trazer as suas riquezas por herança. Mas o que é a herança de Deus? É tudo aquilo que nos chega de graça – não por mérito. Por isso, acredite nas promessas dEle. Não se incomode com os ímpios, porque, embora eles peguem a espada para tentar matar – os justos, como nós –, essa espada irá contra o coração deles mesmos. E não sou eu, Igor, quem está dizendo isso. Essa é palavra do Senhor, que há milhares de anos permanece intacta, ativa e poderosa. Assim, confie: a sua hora vai chegar, em nome de Jesus!

#NAPRÁTICA

Como você compreendeu no devocional de hoje, o que cabe a você é confiar! Confiar que Deus está no controle e que Ele vai fazer o que prometeu em Sua palavra. Então, nas linhas abaixo, assuma esse compromisso de uma vez por todas, escrevendo: "Eu decidi confiar em Deus. Eu decidi confiar a Ele..." *(inclua o que, neste momento, você deseja que Jesus resolva em sua vida ou algo que você queira muito ter)*. E creia de todo o coração que isso irá se cumprir.

DIA
47

SUPERANDO A REJEIÇÃO

Enquanto estavam lá, chegou o tempo de nascer o bebê, e ela deu à luz o seu primogênito, envolveu-o em panos e o colocou em uma manjedoura, porque não havia lugar para eles na hospedaria.

LUCAS 2:6-7

Quantas vezes você já viu o nascimento de Jesus sendo mostrado – em presépios, peças nas escolas, shoppings… – da seguinte forma: José e Maria num estábulo, Jesus sobre a manjedoura (local onde se depositava comida para o gado) e um monte de animaizinhos ao redor deles? Uma visão muito linda e até romântica, não é mesmo? Mas a história não é tão bonita assim. Vamos lá…

Em primeiro lugar, José era natural de Belém. Assim, quando Maria estava perto de dar à luz, eles foram para essa cidade, provavelmente com o objetivo de ficar perto dos familiares. Em segundo lugar, como eles eram um casal muito simples, com poucos recursos financeiros, não teriam condições de alugar um local para pernoitar, e por isso buscaram a casa de parentes. Mas, como diz a Bíblia, "não havia lugar para eles na hospedaria". E muita gente confunde o termo "hospedaria", achando que se trata de uma pousada ou algo do tipo. Mas não: a origem dessa palavra significa "quarto de hóspedes".

José e Maria, então, não puderem ser hospedados, e há duas possíveis motivações para isso: já havia alguma outra família ocupando o quarto ou, simplesmente, eles não eram bem-vindos. Como assim? O que fizeram de errado? Acontece que a gestação de Maria não era nada comum. Há dois mil anos, em uma sociedade muito preconceituosa, imagine uma mulher que ainda não havia se casado estar grávida. E o pior, a gravidez que não era fruto de relação com seu futuro marido, José. O pensamento de todos deve ter sido que ela traiu José antes de consumarem a união. Mas não, ela está gravida por conta de um milagre, afinal, iria dar à luz o salvador Jesus Cristo. Porém, para a maioria das pessoas, essa história "não colou".

Assim, a própria família de José não quis recebê-los. A única solução foi realizar o parto onde os animais ficavam. Ou seja, um lugar sujo, sem estrutura ou condição alguma sequer. E esse é o motivo de Jesus ter nascido em uma manjedoura. Acredite se quiser: Cristo veio ao mundo já sendo rejeitado. Concorda comigo que isso não é nada romântico, muito menos belo? Atualmente vemos o presépio com o menino Jesus rodeado de bichinhos e achamos aquilo fofo. Mas, na verdade, é o primeiro símbolo da rejeição do filho de Deus.

E, ao longo de sua história na Terra, Ele foi constantemente renegado, apedrejado, xingado, humilhado... Mesmo assim, não se importou com isso e jamais parou o seu ministério. Jesus passou por rejeições o tempo inteiro, mas nunca desistiu de nós, da missão que veio fazer aqui: nos perdoar e nos buscar para morar com Ele para todo o sempre no céu.

Assim como Jesus não abriu mão da humanidade, você também não pode desistir de si próprio, da sua própria vida, da sua família, dos seus objetivos – ou seja lá o que já tenha pensado em deixar para trás. Se por acaso anda triste ou magoado com alguma situação, lembre-se de tudo o que Cristo já enfrentou por nós. Siga em frente e saiba que ainda há tempo de viver os sonhos do Pai para a sua vida. Ainda há tempo de restaurar o seu casamento, a sua família, os seus negócios... Mas não pela força do seu braço, e sim pela Palavra de Cristo. E o que Ele declara sobre nós, dia após dia, é o suficiente para nos curar, transformar, libertar e realizar um milagre em qualquer área que você esteja precisando.

Assim como Jesus não abriu mão da humanidade, você também não pode desistir de si próprio.

Eu vivo sob essa promessa, nos momentos bons e, principalmente, nos momentos ruins. Então, se você agora está passando por uma temporada ruim, creia, verdadeiramente, no poder de Jesus para transformar a sua vida. A minha mensagem para você hoje é esta: não desista!

#NAPRÁTICA

Talvez você se encontre em um momento que em sua família ou em seu local de trabalho não acreditam em você e no seu potencial. Então aprenda com a história do próprio Jesus, não se importe com isso e saiba que o que realmente vale é o que Deus já disse sobre você.

DIA
48

EU APRENDI NO VIDEOGAME

Porém, Ele estava sofrendo por conta dos nossos pecados, estava sendo castigado por causa das nossas maldades. Nós somos curados pelo castigo que Ele sofreu, somos sarados pelos ferimentos que Ele recebeu. Todos nós éramos como ovelhas que se haviam perdido; cada um de nós seguia o seu próprio caminho. Mas o Senhor castigou o seu servo; fez com que Ele sofresse o castigo que nós merecíamos.

ISAÍAS 53:5-6

O que esse título tem a ver com a passagem bíblica? Em princípio, nada. Mas, se analisarmos a fundo, tudo. Tenho um irmão bem mais novo do que eu, são 19 anos de diferença, e, quando ele tinha 7 anos, estávamos jogando videogame e me veio o seguinte *insight*: ninguém usa um manual de instruções para aprender a mexer naqueles botões. Simplesmente, pegamos o controle e saímos jogando, apertando de um lado e vendo subir, apertando do outro e vendo descer. Tentando e errando, até que uma hora a gente aprende. Mesmo quando enfrentamos os chefões do jogo do Super Mario Bros, por exemplo, vamos morrendo uma, duas, três, dez vezes, e finalmente pegamos o jeito e os vencemos.

Nesse sentido, concluí que o videogame e a vida são iguaizinhos. Isso porque o melhor jeito de acertar na vida é tentando e errando. Você tenta, você erra, você tenta, você erra, até que chega um momento em que aprende e acerta. Quando está

O melhor jeito de acertar na vida é tentando e errando. Você tenta, você erra, você tenta, você erra, até que chega um momento em que aprende e acerta.

diante de um problema, não importa a quantidade de erros que você tenha deixado para trás. Eles só vão servir de aprendizado. E assim é a nossa caminhada, dia após dia.

A verdade é que a vida não vem com um manual em que você lê e acerta, simples assim. Em todas as histórias de vencedores que conheço, eles tentaram e erraram muito, até conseguirem conquistar os seus objetivos. Por isso, ao enfrentar seus desafios, você precisa agir, e também precisa errar para aprender. Toda hora virá um erro novo e, consequentemente, um novo aprendizado. Eu aprendi que na vida a gente nunca perde. Ou você ganha, ou você aprende.

E, afinal, o que tem a ver o que descobri no videogame com a passagem de hoje? O fato de que assim também é a nossa caminhada com Jesus: dia após dia, vamos errar (cometer pecados, como é dito em Isaías), mas, a partir daí, também vamos aprender. Ninguém nasce perfeito, ninguém morre perfeito. Até o último dia da nossa vida, vamos aprender alguma coisa. A perfeição, para nós, humanos, não existe. É claro que, nessa caminhada, vamos tentar nos parecer cada vez mais com Jesus, com aquilo que Ele ordenou.

Jesus não veio à Terra para nos mostrar que um dia seremos perfeitos como Ele. Mas, sim, para que possamos entender que, por meio da morte dEle na cruz e da ressurreição no terceiro dia, podemos ser perdoados de todos os nossos erros, sejam eles grandes ou pequenos. Como diz a passagem, Ele sofreu por causa dos nossos pecados e das nossas maldades. E, com isso, fomos curados.

Não se trata de você merecer mais ou menos o amor de Jesus. Afinal, tudo podemos em Cristo, mas não por merecimento, não por sermos mais ou menos corretos, por errarmos mais ou menos. Não é nada sobre nós, e sim sobre o que Ele fez na cruz por nós, pela graça, pelo favor imerecido dEle. E nada pode nos separar do amor de Cristo, o nosso Senhor. Absolutamente nada. Basta você crer, se entregar, tentar, errar, tentar de novo, mas não se cansar de se parecer cada vez mais com Ele. Em Cristo, você é um vencedor. Nunca deixe alguém lhe dizer o contrário disso. Por mais que você já tenha errado e ainda venha a errar, é assim que vai aprender e sair vitorioso.

#NAPRÁTICA

Lembre-se de que errar faz parte do processo; assim como em um videogame, cada erro é uma oportunidade de crescimento. Compartilhe isso com alguém que precisa se lembrar do perdão do Senhor.

EU APRENDI
QUE NA VIDA
A GENTE
NUNCA PERDE.
OU VOCÊ GANHA,
OU VOCÊ APRENDE.

DIA 49

AS PALAVRAS TÊM PODER

A língua tem o poder de vida e morte. Quem a ama comerá do seu fruto.
PROVÉRBIOS 18:21

Hoje desejo que você tenha um dia péssimo, cheio de derrotas, que você receba só más notícias e que nada dê certo na sua vida! Gostou de ler isso? Certamente, não. O problema é que muitos cristãos não acreditam no poder das palavras, dizendo: "Ah, ficar declarando coisas boas a todo momento é positivismo". Já quem não é cristão e não tem fé em nada acha que isso é uma bobeira, pensando: "O destino já está traçado, vai acontecer o que tem que acontecer". O fato é que existe muita gente que não acredita no poder das palavras. Por isso é que resolvi começar este devocional de maneira tão negativa, já que essas coisas de ficar declarando bons pensamentos e palavras positivas é uma grande besteira, não é mesmo?

Tenho certeza de que não é isso o que você quer declarar para a sua vida diariamente, correto? Pelo contrário, sei que você deseja o melhor para si próprio, para a sua família, para os seus negócios, para a sua carreira, não é mesmo? Mas então por que você abre a boca a todo momento para declarar coisas negativas? Mesmo que não acredite que vá atrair coisas ruins com o que fala, no mínimo essas palavras o deixam com uma sensação desconfortável por dentro. E acredito que você também não queira isso, certo?

Como diz em Provérbios, a língua tem poder de vida e de morte. Assim, cuidado com o que você fala sobre a própria vida, sobre o seu casamento, sobre os seus filhos, sobre os seus negócios. Muita gente tem a péssima mania de só reclamar! Confesso que, quando começo a escutar essas lamentações, até saio de perto...

Por exemplo, algumas pessoas vivem falando mal do cônjuge. Você é assim? Tenho certeza de que quem dorme ao seu lado todas as noites não é tão ruim assim, senão você não teria se casado com essa pessoa. Tome cuidado com essa mania de reclamar dele ou dela para a sua mãe, para os seus amigos, para os seus sogros. Ao contrário, procure valorizar o que o seu marido ou a sua esposa tem de bom e externalizar isso: "Amor, você é uma bênção nisso, nisso e nisso". Fortaleça o que já é bom em seu cônjuge, e juntos, com fé e boas ações, melhorem aquilo que hoje não está bom.

Outro exemplo é de quem fica o tempo todo reclamando dos filhos. Você sabia que a maior parte dos traumas adquiridos na infância é ocasionada pelos pais, fazendo com que a pessoa os carregue por toda a vida, a ponto de influenciar muito nos seus resultados na fase adulta? Afinal, não é raro as crianças escutarem frases como "Você não vai ser ninguém se não tirar boas notas", "Você só me dá trabalho" ou "Você só me dá despesa". Falando essas coisas, como você quer que seus filhos tenham sucesso, casem com alguém legal, abram um negócio próspero ou tenham uma carreira boa? Abra sua boca para abençoá-los, incentivá-los e motivá-los.

Talvez você pense agora: "Ah, Igor, então eu nunca tenho que corrigi-los?". Corrigir não quer dizer reclamar deles ou amaldiçoá-los – sim, essa é uma palavra forte, mas é exatamente o que você faz quando decreta que eles não vão ser nada na vida se não tirarem boas notas. Dessa maneira, crescem sem firmar a sua identidade, inseguros e com medo de tudo, porque nem o pai, nem a mãe – que são a base deles – os apoiam.

A língua tem o poder de trazer morte ou vida. Ou seja, o que você fala gera frutos, tem consequências, que podem ser positivas ou negativas. É você quem escolhe. Todos nós temos dias difíceis e enfrentamos problemas, seja qual for a nossa idade ou classe social. Agora, como você reage diante das adversidades é o que realmente mostra quem você é. Se hoje a sua vida não está da maneira como deseja, mais do que nunca você precisa acionar a fé. E o que é a fé? É você ainda não viver algo, mas ter certeza de que já aconteceu! Exercite-a e comece a declarar o contrário: "Meu filho é uma bênção e vai ser muito bem-sucedido em tudo", "Meu casamento está cada vez melhor", "Meus negócios prosperam sempre"... "Eu e minha casa vamos viver plenitude!".

Como você reage diante das adversidades é o que realmente mostra quem você é.

A partir de hoje, procure mudar a sua mentalidade e pare de usar a sua língua para a morte. Busque a vida, comece a

Comece a declarar coisas boas, e tudo melhorará para você e para todos à sua volta.

declarar coisas boas, e tudo melhorará para você e para todos à sua volta. Seja luz!

#NAPRÁTICA

Tem algo de que você anda reclamando muito? Então, faça o exercício de mudar a sua fala, desejando só vitórias, alegrias, sucesso, recursos e tudo de bom para essa situação que o angustia. E tenha a certeza de que vai acontecer, mesmo ainda não vendo.

DIA

50

AMOR DE ORKUT

Mestre, qual é o maior mandamento da lei? Jesus respondeu: "Ame ao Senhor, o seu Deus, com todo o seu coração, com toda a sua alma e com todo o seu entendimento. Este é o primeiro mandamento. E o segundo é semelhante a ele. Ame ao seu próximo como a você mesmo".

MATEUS 22:36-39

Você se lembra do Orkut? Se respondeu sim, certamente já tem mais de 30 anos! Nessa rede social, havia uma ferramenta interessante: os depoimentos. Bastava ir até a página de alguém e escrever, em um espaço determinado, uma declaração de amizade, de amor, ou qualquer elogio que quisesse. Confesso que, naquela época, achava isso muito forçado ou pura falsidade, porque, às vezes, eram pessoas que não se viam havia anos ou que mal se conheciam – por exemplo, foram apresentadas em um evento de final de semana e, logo em seguida, lá vinha aquela postagem repleta de palavras maravilhosas. Esses depoimentos causavam, em mim, o "preconceito do eu te amo".

Anos mais tarde, fui entender que eu estava completamente errado. Afinal, devemos dizer eu te amo e nos declarar a todo momento, não somente a familiares e amigos. Amar precisa ser um comportamento cotidiano, uma decisão diária. Não precisamos esperar uma ocasião especial, um aniversário, uma data de comemoração, não! De fato, é essencial amar e amar e amar diariamente a todos e até àqueles que nem sequer conhecemos.

"Amar ao próximo como a ti mesmo." E o seu próximo pode ser um familiar, assim como pode ser qualquer um. Na época do Orkut, eu deveria ter entendido isso. Porém, nunca é tarde para mudarmos de opinião, e, agora, estou me redimindo. Eu tinha um preconceito bobo e errado, mas hoje trago esse mandamento de forma cristalina em minha vida. Busco seguir o direcionamento de Jesus, praticando diariamente. E quero encorajá-lo a fazer isso também.

Não sei se você alimenta esse preconceito de só dizer "eu te amo" – ou só amar e fazer o bem – para as pessoas que são próximas a você, como amigos e familiares. Caso aja assim, o devocional de hoje é especialmente para você. Mas, se não tem esse comportamento, se já ama as pessoas sem esperar nada em troca, sem nenhum tipo de barganha – principalmente aquelas que nem conhece –, quero dizer que você está no caminho certo, fazendo como Jesus mandou: amar sem limites, sem muros, sem ressalvas.

Cristo nos mostrou que não existe uma condição para amar. Nessa passagem, Ele não nos disse "Ame quem você conhece, ame o seu familiar, ame quem lhe faz bem". Não! Jesus está nos revelando, no seu segundo mandamento, que é preciso amar o próximo como a nós mesmos, e o nosso próximo é todo mundo. Amar ao outro nunca é demais!

O primeiro mandamento é mais fácil, e buscamos praticar diariamente: amar a Deus acima de todas as coisas, acima de qualquer circunstância. Só de você estar dedicando alguns minutos do seu dia para ler este devocional já é um sinal de que você procura amar a Deus, conhecê-Lo mais, ter mais intimidade e relacionamento com Ele. Porém, o convite de hoje é para que você viva o segundo mandamento mais importante que Jesus nos deixou: amar o próximo sem restrições. Um amor realmente exagerado a todo momento e para todo mundo.

Talvez você esteja se perguntando: "Como é esse amar? O que devo fazer?". Há um milhão de formas de demonstrar amor. Mas, hoje, quero que entenda algo: quando você decide viver esse ensinamento de Jesus, é o mesmo que dar o seu melhor ao próximo como a si mesmo, fazer o seu máximo para servir, abençoar e ajudar. Ser luz. É uma decisão. A ferramenta, o jeito, a hora e o dia não importam. O que vale é a sua disposição para amar, independentemente de amizade, de proximidade e até, às vezes, de gostar ou não da pessoa. Agindo assim, você vai se parecer cada vez mais com Jesus. E será, a cada dia, a sua melhor versão. E realmente vai iluminar a vida de todos que estão ao seu redor.

#NAPRÁTICA

Quero encorajá-lo hoje a dizer, seja por mensagem de áudio ou ligação, para pelo menos sete pessoas, que você as ama! Vamos juntos, #naprática, realizar o que Jesus nos mandou!

DIA
51

O GRANDE SEGREDO DA HISTÓRIA DE NOÉ

Esta é a história da família de Noé. Noé era um homem justo, íntegro entre o povo da sua época. Ele andava com Deus. Noé gerou três filhos, Sem, Cam e Jafé.

GÊNESIS 6:9-10

Com certeza você já conhece a história da Arca de Noé, que realmente aconteceu há milhares de anos. Porém, existe um segredo por trás dela, que vou revelar no devocional de hoje. Antes disso, vamos relembrar alguns fatos. Na época de Noé, ele era o único homem íntegro e obediente, que agradava muito a Deus, ao contrário do que acontecia com o restante das pessoas, que eram depravadas e violentas. Extremamente irritado com isso, Deus decide mandar uma tempestade por quarenta dias e quarenta noites, para acabar com a humanidade.

Mas, antes do grande dilúvio, o Criador escolheu Noé para ser o responsável por repovoar a Terra. Em Gênesis vemos que Deus passou para Noé todas as diretrizes para ele construir a arca – o tipo de material, o tamanho etc. – e o que seria necessário fazer para sobreviver. Além disso, pediu que fossem levados na arca um casal de cada espécie animal, para que pudessem procriar e se multiplicar depois que as águas baixassem. O bom homem foi obediente e seguiu tudo o que Deus mandou.

E agora vem o grande detalhe que talvez você não tenha percebido até hoje: Noé também contava com uma família! Na Bíblia, é dito que ele tinha uma esposa e três filhos, Sem, Cam e Jafé. Então, o Criador ordenou: "Noé, leve a sua esposa, os seus filhos e as esposas dos seus filhos para dentro da arca junto com você". Ou seja, desde o início, embora Deus estivesse profundamente chateado com a humanidade, Ele quis preservar a instituição família.

Você já tinha parado para pensar nisso? Mesmo Noé sendo íntegro e justo, se não tivesse constituído uma família, seria inapropriado para a missão que Deus tinha para alguém repovoar a Terra. Por isso, a mensagem de hoje é para encorajá-lo a constituir uma família – ou valorizar a que já tem. Assim como Deus pôde contar com Noé porque ele tinha uma esposa e filhos, creio que Ele também quer contar com você e a sua descendência.

Na Bíblia, não existem acasos ou coincidências. Precisamos estar atentos à leitura, para conseguirmos extrair absolutamente todas as lições. E como começa esse versículo de Gênesis? "Esta é a história da família de Noé" – e não "Esta é a história *apenas* de Noé". Isso mostra o quanto agrada a Deus o fato de que tenhamos uma família, muito embora o mundo tente nos empurrar uma cultura contrária a isso.

Cada vez mais, ouvimos em rodas de amigos ou em conversas no trabalho frases como "Poxa, ter filho é muito difícil... É muito caro... Você já viu quanto é a mensalidade de uma escola? Você já viu quanto é a conta de um hospital se o filho fica doente? Nossa, criança come muito… Dá muito trabalho…". Essa crença de que ter filho não vale a pena também é constantemente bombardeada para nós na TV, nas novelas, nos filmes e na internet.

Mas, olhe, não estou dizendo que ser pai é fácil, porque tenho dois meninos bem pequenos e sei o quanto as noites maldormidas e as idas à emergência do hospital são desafiadoras. Só que preciso alertá-lo: não deixe que essas vozes da cultura atual o desencorajem a constituir uma família. Ter uma família é maravilhoso! Como qualquer outra coisa na vida, também traz dias difíceis, é lógico! Porém, sei que a "instituição familiar" agrada a Deus e é a forma de garantirmos as próximas gerações, e assim a luz que habita em nós continuar iluminando a vida de todos ao nosso redor por meio da nossa descendência.

Não deixe que essas vozes da cultura atual o desencorajem a constituir uma família.

O Criador tem uma missão incrível para nós, pais e mães. E não se preocupe se vai faltar algo em sua mesa, porque o mesmo Deus que ama a família desde a época de Noé vai trazer a provisão para a sua casa e oportunidades para você poder oferecer o melhor a seus filhos. Creio nisso de todo o meu coração e preciso que você também creia. Nutra a mentalidade de confiança de que a sua família estará sempre na presença do Senhor, crescendo dia após dia sob os valores dEle. Então,

O Criador tem uma missão incrível para nós.

com coragem e atitude, escolha um parceiro ou uma parceira, tenha filhos e continue povoando a Terra com homens e mulheres que também serão cheios do Espírito Santo.

#NAPRÁTICA

Faça um compromisso de orar junto de seu núcleo familiar pelos próximos sete dias. Você não faz ideia do poder que há em uma família reunida e orando junto. Escolham uma causa que é importante para vocês e creiam de todo o coração que JÁ ACONTECEU!

DIA
52

ESTÁ TUDO PAGO!

Pois pela graça vocês são salvos, por meio da fé. E isto não vem de vocês, é dom de Deus,
não por obras para que ninguém se glorie.
EFÉSIOS 2:8-9

Possivelmente, você já ouviu a expressão "*all inclusive*". Ela quer dizer que, quando você vai a um restaurante ou hotel, por exemplo, o valor pago permite que você tenha o direito de consumir as comidas e bebidas à vontade. O máximo que conseguir! Certa vez, ouvi uma pregação do pastor André Valadão e achei incrível o fato de ele ter associado esse sistema à graça e ao amor de Jesus Cristo.

Ele veio à Terra, levou uma vida perfeita, sem qualquer erro ou falha, se machucou, foi humilhado e morreu na cruz, ressuscitando no terceiro dia. E, assim, levou com Ele todas as dores e falhas dos seres humanos. Tudo aquilo que eu e você erramos um dia – e ainda vamos errar –, tudo o que os nossos antepassados fizeram e que os filhos dos nossos filhos farão, já está pago pelo sofrimento, pela morte e pela ressurreição de Jesus Cristo. Está tudo pago! Só o que precisamos fazer é compreender, aceitar e confessar com a nossa boca que aceitamos esse sacrifício e o amor dEle. E, como é dito na passagem, todo aquele que, por meio da fé, acreditar em Jesus irá morar com Ele no céu.

Foi por amor que isso aconteceu... Por um favor imerecido de Jesus sobre as nossas vidas. Nós, seres humanos, temos a mania de achar que é pelo nosso mérito, pela força de nossos braços, pelas nossas obras, que vamos conquistar o amor de Jesus e conseguir um lugar ao lado dEle no céu. Mas não temos a capacidade de nos perdoar. Não somos merecedores disso, por conta das inúmeras decisões erradas que os homens vêm tomando desde a época de Adão.

Portanto, a lógica da humanidade associa, a todo momento, o amor à justiça: "Ah, aquela pessoa merece esse amor porque fez algo bom, enquanto a outra não merece porque agiu mal". É como se fosse uma troca. Mas a lógica de Jesus não é essa. Para Ele, o que existe é um amor incondicional pelos seus filhos – que somos eu, você e todo mundo –, não importa o que a gente faça.

Para o merecimento do amor dEle, Jesus já fez por nós, se antecipou. A passagem de Efésios é clara: não é por conta de nossas obras, senão poderíamos nos vangloriar. Assim, eu não mereço, você não merece, ninguém merece. Mas Ele fez porque quis, porque nos ama incondicionalmente, a ponto de se entregar numa cruz. A nós, basta crer, acessar isso e para sempre morar com o Cristo no céu.

Como está em João, capítulo 3, versículo 16, Deus amou o mundo de tal maneira que entregou o seu único Filho para que todo aquele que nEle crer não morra, mas tenha vida eterna.

Tenha sempre gratidão a Jesus por Ele ter quitado a nossa dívida na cruz e nos amar incondicionalmente. Há dois mil anos, o Senhor veio para a Terra, se machucou, morreu e ressuscitou por amor a você que lê este devocional agora. Neste instante, então, agradeça por esse amor extravagante, mesmo que você não o mereça.

Tenha sempre gratidão a Jesus por Ele ter quitado a nossa dívida.

#NAPRÁTICA

Hoje tudo o que quero é que você ore e diga, com todo o seu coração: "Jesus Cristo, tu és o meu Senhor. Eu Te aceito como o meu único Salvador. Eu Te amo e Te entrego a minha vida, e desejo morar eternamente contigo no céu. Me perdoa, Pai, de todos os meus erros, de todos os meus pecados. Escreve o meu nome no Livro da Vida!", em nome de Jesus. Amém!

DIA
53

DIFERENTES FUNÇÕES, A MESMA MISSÃO

Como cada um de nós tem um corpo com muitos membros, e esses membros não têm todos a mesma função, assim, em Cristo, nós, que somos muitos, temos diferentes dons, de acordo com a graça que nos foi dada. Se alguém tem o dom de profetizar, use-o de acordo com a sua fé. Se o dom é servir, sirva. Se é contribuir, que contribua generosamente. Se é exercer liderança, que a exerça com dedicação. Se é mostrar misericórdia, que o faça com alegria.

ROMANOS 12:4-8

Quem é o mais importante numa partida de futebol? O goleiro, o zagueiro, o atacante? Se não houvesse goleiro, os zagueiros fariam o máximo para proteger, mas qualquer chute do adversário seria gol. E se no time apenas existissem goleiro e zagueiro, sem os atacantes, seria muito bom defensivamente, só que não teria quem chutasse a gol e, consequentemente, jamais ganharia uma partida. Agora pense um time sem técnico: os jogadores não conseguiriam se entender, porque faltaria alguém para liderá-los, montar a melhor tática e corrigir o que fosse necessário.

Goste ou não de futebol, se você é brasileiro entende um pouquinho desse esporte. Por isso estou fazendo essa analogia, para que possa compreender melhor o versículo de hoje. Saiba, então, que não é somente o pastor, ou qualquer outra liderança da igreja, que pode servir ao Reino de Deus. Você, com suas habilidades e características, com a sua profissão, pode atuar para o Reino de Deus, para que Ele seja conhecido e as pessoas o entendam, aceitem e vivam a verdade dEle.

Para isso, você não precisa se moldar a um formato religioso, já que não é mais ou menos importante do que aquele que vive dentro da igreja. Cada qual é um membro, que faz parte de um corpo maior: o corpo de Cristo. Porém, cada um tem a sua linguagem, o seu jeito de ser, a sua história. Até mesmo erros e cicatrizes do passado podem servir de testemunho, e Deus também será glorificado por isso. Vou dar um exemplo na prática para demonstrar isso: quando um ladrão entrega a sua vida para Jesus e verdadeiramente se arrepende, ele tem autoridade para chegar em outros criminosos e dizer: "Deus me tirou desta vida e pode tirar você também. Existe uma saída! Eu já passei exatamente pelo que você está passando, tive um histórico complicado como o seu, e Jesus transformou a minha história". Concorda comigo que esse ladrão que ainda está perdido vai dar mais ouvidos para esse "ex-colega" do que daria para mim, por exemplo? Isso comprova que todos nós temos a nossa importância para o Reino de Deus.

O mesmo ocorre em todas as áreas da nossa vida. Se você for empresário, pode ser muito útil no Reino de Deus aconselhando, dando mentorias, direcionando e corrigindo iniciantes nesse ramo. Se for cozinheiro, faxineiro, médico, dentista, cabeleireiro, ou exercer qualquer outra profissão ou função, será possível servir ao Reino.

Portanto, não se deixe enganar quanto ao fato de que você precisa caber em um molde, um formato, para ser luz na vida das pessoas. Você é capaz disso de qualquer maneira! Uma vez que optou por Cristo e fez uma oração do fundo do seu coração – "Jesus, transforma a minha vida, tira tudo aquilo que não Te interessa, limpa o meu coração das sujeiras, das bagunças..." –, conseguirá ser luz na vida das pessoas do jeito exato que você é.

Escute: há muita gente que ainda não se conectou com Jesus justamente porque você se mantém calado. Isso se dá pela sua omissão, porque está tentando se adequar à maneira que acredita ser a ideal. Porém, absorva de uma vez por todas: você já faz parte do Reino de Deus e tem tudo para iluminar o caminho dos demais, exatamente da maneira como é. Assim como diz a passagem, cada um com suas habilidades pode fazer a sua parte: aqueles que são bons em ensinar devem ensinar; aqueles que são bons em liderar devem liderar; aqueles que são bons em produzir riqueza, que deem generosamente. Tome posse disso e assuma o seu lugar como membro do corpo de Cristo. Seja luz!

#NAPRÁTICA

Que tal hoje mesmo procurar uma pessoa, uma igreja ou uma ONG à qual você pode servir com seu conhecimento? Oferecer nosso tempo e aquilo que sabemos é uma linda forma de amar o próximo e verdadeiramente ser luz.

DIA
54

NOS MOMENTOS DIFÍCEIS, ONDE ESTÁ DEUS?

"Porque sou Eu que conheço os planos que tenho para vocês", declara o Senhor. "Planos de fazê-los prosperar, não de causar dano. Planos de dar a vocês esperança e um futuro."

JEREMIAS 29:11

É muito fácil confiar e acreditar em Deus quando tudo na nossa vida está indo bem – a conta bancária está cheia, o casamento flui harmoniosamente, os filhos seguem bons passos... Mas e quando chega o dia mau? Vou contar para você o que aconteceu com a minha família: minha esposa, no sétimo mês de gestação de nosso segundo filho, caiu da escada e quebrou quatro ossos do pé. Onde é que está Deus nessas horas?

Se fosse com você, como se sentiria? Como reagiria diante de uma situação como essa? É estranho porque, como nos diz a passagem de hoje, o Senhor tem bons planos para nós... Nossa, mas que planos são esses que permitem que a minha esposa grávida caia, se machuque feio e precise ficar com o pé levantado num sofá, sem poder fazer nada, necessitando de ajuda para ir ao banheiro, tomar banho, comer e, para piorar, cuidando de nosso primeiro filho, que estava com dez meses quando isso aconteceu? Por que Deus permitiu a uma mulher que não faz mal a ninguém passar por isso?

Que estranho... Onde está Deus? É muito difícil aceitar certas situações! Enquanto eu orava ao senhor nesse sentido, me veio à cabeça uma música do meu amigo Thalles Roberto, que se chama "Mesmo sem entender". Ela diz: "Mesmo sem entender, eu confio em Ti. Eu sei que é o melhor pra mim". Foi então que senti Deus falar ao meu coração: "Igor, se eu tivesse realizado todas as suas orações com pedidos para mim, você não estaria vivendo o que tem hoje". Foi como um murro na minha cara! Se eu tivesse recebido todas as sociedades, todos os negócios, todas as namoradinhas que desejei como esposa, não contaria com a profissão que tanto me alegra, com o meu casamento saudável, com meus filhos maravilhosos... Certamente, estaria bem distante do que vivo hoje, Nossa... Ainda bem que Deus não realizou tudo que um dia já pedi para ele.

Mas, afinal, por que a minha esposa se machucou? Não sei! Não sou Deus para ter todas as respostas. Mas Ele sabe. Inclusive, estávamos com uma viagem marcada para dois dias depois do acidente. Então, será que alguma coisa ruim iria acontecer nessa viagem? Será que, por algum motivo, eu precisava me manter no Brasil? Não sei mesmo! Mas confio. Mesmo sabendo que ela ficaria sentindo dores e teria que ficar de bota até bem pertinho do parto, precisei confiar que Deus tinha os melhores planos para a minha família, porque Ele sempre sabe o que está fazendo e tudo fica bem.

Tenho certeza de que o Deus que sirvo tem bons planos para você, preparando uma vida próspera e plena em todas as áreas.

No devocional de hoje, trouxe esse exemplo bem íntimo, pois quero que sirva de inspiração para você que está sentindo na pele o que é encarar a falta de provisão financeira, um casamento quebrado, um problema de saúde... Não sei do que você está precisando agora, mas tenho certeza de que o Deus que sirvo tem bons planos para você, preparando uma vida próspera e plena em todas as áreas.

Assim como eu entendi, espero que você também entenda que Ele está no controle e sabe o que é melhor para você e para todos os seus. Pode até parecer que suas orações não estão sendo atendidas, mas o Senhor não mente. A palavra dEle vai e nunca volta vazia. E as promessas que Deus fez para você e sobre a sua vida serão realizadas de verdade. Mas é o que Ele quer, não o que você quer. Isso porque somos falhos, cometemos erros, achando que algo é o melhor para nós...

Assim como você fica confiante quando Ele atende às suas orações, faça o mesmo quando um dia ruim chega.

Então, no dia bom ou no dia ruim, confie em Deus. Assim como você fica confiante quando Ele atende às suas orações, faça o mesmo quando um dia ruim chega. Se Deus é o Criador dos céus e da Terra, se criou tudo o que há neste planeta em seis dias e descansou no sétimo, se é poderoso nesse nível, resta a nós acreditar que Ele também é poderoso para fazer o melhor em nossas vidas.

#NAPRÁTICA

Hoje procure no YouTube pela música "Mesmo sem entender", de Thalles Roberto, feche os olhos e a escute com todo o seu coração. Deixe vir à sua mente algum desafio que você esteja enfrentando. E declare que confia em Deus e que sabe que Ele o ajudará a passar pelos desertos, pelos dias difíceis, e que está preparando o melhor. Lembre-se: o Senhor está no controle, e essa dificuldade irá passar muito em breve.

LEMBRE-SE:
O SENHOR ESTÁ
NO CONTROLE, E
ESSA DIFICULDADE
IRÁ PASSAR MUITO
EM BREVE.

Seja Luz - @oigorfaria

DIA

55

O CAMINHO TRAZ RESPOSTAS

Pela fé, Abraão, quando chamado, obedeceu, a fim de ir para um lugar que devia receber por herança; e partiu sem saber aonde ia.

HEBREUS 11:8

Existe uma frase de Martin Luther King que sempre me inspira: "Suba o primeiro degrau com fé. Não é necessário que você veja toda a escada. Apenas dê o primeiro passo". Essa sabedoria reflete uma verdade profunda sobre a jornada da vida.

"Suba o primeiro degrau com fé. Não é necessário que você veja toda a escada. Apenas dê o primeiro passo".

Muitas pessoas ficam paralisadas e não realizam os seus sonhos porque ainda não têm um plano perfeito, a programação completa, o passo a passo detalhado que vai fazer com que aquele objetivo realmente dê certo – o *pseudoplano infalível*! Mas, se você quer mesmo saber a verdade, isso é sempre uma utopia. E o pior: acaba se tornando uma armadilha que o impede de agir.

Aprenda uma coisa: se você começou com tudo perfeito, começou tarde e está atrasado! Não podemos esperar todo o cenário favorável para dar início a algo. Deus não revelou a Abraão a localização exata para onde ele deveria ir; ele simplesmente confiou e partiu. Isso é o que distingue aqueles que vivem pela fé: eles não têm todas as respostas, e ainda assim avançam. Afinal, a fé é a certeza daquilo que se espera, mas que não se vê.

Pense, por exemplo, na vida de um empreendedor. É tudo muito volátil – ele até pode saber as respostas para algumas perguntas, porém nunca para todas elas. Precisa aprender a lidar com incertezas, mudanças políticas ou econômicas, frios na barriga, funcionários que se revoltam, concorrentes inescrupulosos... Enfim, nada disso é possível prever. Ou seja, é necessário viver em fé 24 horas por dia.

Quantas vezes você se preparou muito para algo, estudou, passou semanas treinando e se dedicando, mas na hora foi tudo completamente diferente? Não digo isso para estimulá-lo a ser negligente ou preguiçoso, a ponto de não fazer a lição de casa necessária ao que precisa, mas sim para o encorajar a dar o primeiro passo e se preparar no caminho.

Muitas barreiras que você acredita que existem são, na verdade, ilusões.

Muitas barreiras que você acredita que existem são, na verdade, ilusões. Os monstros que teme ao encarar novos desafios podem não ser tão assustadores quanto parecem. Graças a Deus, aprendi algo muito cedo e que sempre digo para todos que estão ao meu redor: "O caminho traz respostas". Só que, para isso, você precisa andar, avançar, prosseguir.

O que mais vejo são pessoas capazes, inteligentes e preparadas não realizando o que sonham e não começando um projeto que desejam porque "ainda não estão 100% preparadas". Elas dizem: "Ah, ainda não é o momento". O resultado disso é quase sempre o mesmo: acomodação. Elas permanecem na zona de conforto, vivendo uma vida mediana, porque é mais fácil e previsível.

O melhor momento para realizar o que você deseja é o agora. O ontem já passou, e o amanhã não existe.

Por isso, coloque em sua mente: o melhor momento para realizar o que você deseja é o agora. O ontem já passou, e o amanhã não existe. Agora!!!

#NAPRÁTICA

Você vai, hoje mesmo, dar o primeiro passo rumo ao seu objetivo. Não titubeie, não tenha dúvida. Caia pra dentro!!! E se der medo? Vá com medo mesmo – como já vimos aqui no dia 4. Lembre-se: você nunca estará pronto ou totalmente preparado; é o caminho que vai trazer as respostas de que você precisa. Vá e faça!

DIA
56

RENOVAM-SE TODA MANHÃ

Graças ao grande amor do Senhor, nós não somos consumidos, pois as suas misericórdias são inesgotáveis. Renovam-se a cada manhã. Grande é a sua fidelidade.
LAMENTAÇÕES 3:22-23

Você já precisou do perdão de alguém? Eu já. Por erros que cometi, tive a necessidade de receber a compaixão e a misericórdia de outras pessoas. E você, com certeza, já deve ter passado pela mesma situação. Todos nós erramos... Isso é normal, já que somos humanos e falhos.

No entanto, hoje a minha intenção não é fazê-lo se sentir culpado nem o levar a revisitar o passado. O meu objetivo é lembrar que, embora já tenhamos buscado a misericórdia de alguém – e nem sempre a recebemos –, para o Senhor essa misericórdia se renova a cada manhã. Cada novo dia traz consigo a promessa de um recomeço, uma oportunidade de reescrever nossa história com "a tinta do perdão divino".

Cada novo dia traz consigo a promessa de um recomeço.

Um exemplo poderoso de misericórdia na Bíblia é a história de Pedro. Após caminhar anos lado a lado de Jesus e prometer-lhe que nunca o negaria, Pedro, com medo de ser morto, negou-o por três vezes na noite da prisão de

Cristo. Imagine a dor e a culpa que ele sentiu após perceber a gravidade de sua traição! No entanto, após a ressurreição, Jesus não apenas o perdoou, mas também o restaurou, dizendo: "Pedro, você me ama?" (João, 21:15-17). Esse diálogo é um testemunho da renovação da misericórdia e da fidelidade de Deus. Pedro inclusive foi um dos grandes responsáveis por continuar a espalhar as boas-novas do Reino e fazer discípulos de Jesus por várias nações por onde passava. Isso mostra que não importa o que você faz ou o tamanho do seu erro, Jesus está sempre disposto a nos dar uma nova chance.

É importante refletir: a renovação diária da misericórdia de Deus não deve ser encarada como um convite à indiferença com nossos erros. Isso não é uma licença para vivermos em constante falha, acreditando que sempre seremos perdoados sem uma mudança de coração. É fundamental que entendamos a profundidade desse amor: Ele não apenas perdoa, mas também nos chama a uma vida de transformação. Um arrependimento genuíno em cada erro nosso que houve, aí, sim, há perdão!

Pense na fidelidade de Deus como um farol em meio à tempestade. Se daqui a um ano, dez anos ou cinquenta anos você falhar, saiba que a misericórdia do Senhor continuará a alcançá-lo, oferecendo o perdão que traz renovação. Todos nós temos lembranças de erros cometidos, feridas abertas e palavras ditas que não deveriam ter sido pronunciadas. Contudo, é maravilhoso saber que, ao acordar, podemos contar com

Pense na fidelidade de Deus como um farol em meio à tempestade.

A misericórdia de Deus se renova nesta manhã e amanhã de manhã se renovará mais uma vez.

a compaixão do Senhor. A misericórdia de Deus se renova nesta manhã e amanhã de manhã se renovará mais uma vez. Daqui a dois dias, novamente... E assim será para sempre.

Que hoje seja um dia de renovação, em que possamos não apenas receber a misericórdia, mas também compartilhá-la com aqueles ao nosso redor. Que nossos corações estejam abertos para perdoar, assim como fomos perdoados. E que, ao final do dia, possamos olhar para trás e ver não apenas os erros, mas também a graça abundante que nos sustenta e nos transforma.

#NAPRÁTICA

Ore ao Senhor de todo o seu coração, e com sua boca confesse os seus erros e declare arrependimento. É através de uma oração simples e genuína como essa que a misericórdia do Senhor vai alcançá-lo.

DIA
57

A IMPORTÂNCIA DO DESCANSO

No sétimo dia, Deus já havia concluído a obra que realizara, e nesse dia descansou.
GÊNESIS, 2:2

Você já sabe que Deus criou absolutamente tudo em seis dias. UAU! Haja competência e produtividade, não é mesmo? Isso demonstra a grandeza do Criador. Contudo, o que mais me chama a atenção é o que Deus realizou no sétimo dia. Você sabe o que foi? Nada! "Como assim, Igor?", você deve estar me perguntando. Pois é, no sétimo dia, Deus descansou. Será que Ele, que é onisciente, onipotente e onipresente, precisava necessariamente desse descanso? Não, creio que não. Na minha opinião, o Criador agiu assim para nos ensinar.

Deus descansou para mostrar a mim e a você a importância disso em nossas vidas. Principalmente depois de realizarmos coisas grandes, como trabalhar, nos dedicar à nossa família e cumprir nossos compromissos, precisamos dar essa parada. Descansar o nosso corpo físico, a nossa alma, a nossa mente... Devemos descansar, assim como Deus fez.

Deus descansou para mostrar a mim e a você a importância disso em nossas vidas.

Se você vem se esforçando demais, batalhando bastante, continue agindo dessa forma para oferecer tudo à sua fa-

Pare por um período de reconexão, para repensar momentos e etapas da sua vida. Ao fim dos ciclos, descanse.

mília e para usufruir do melhor desta Terra. Porém, nunca se esqueça de descansar – por um dia, um final de semana, no período de férias ou de um feriado. Ou até, quem sabe, pare por um período de reconexão, para repensar momentos e etapas da sua vida. Ao fim dos ciclos, descanse.

Existe um poder gigantesco no descanso. E você precisa entender a importância dele: assim como o Senhor descansou, nós também precisamos. Então, aprenda a fazer isso de verdade, sabendo que o Senhor está cuidando. Mas não é somente dormir ou relaxar no sofá, e sim um descanso sabendo que Deus sabe de todas as coisas. Ele conhece o tempo certo de cada etapa, de cada ciclo. Precisamos levar a sério o descanso, assim como fazemos com nosso trabalho, por exemplo.

Vou confessar uma coisa para vocês: sempre fui péssimo em descansar! Para mim, isso era uma perda de tempo, a ponto de eu dizer a seguinte frase inúmeras vezes: "deixa pra eu descansar quando eu morrer". Por mim, estaria 24 horas por dia produzindo. Isso não quer dizer apenas trabalhando, necessariamente, mas ao menos realizando algo que me deixasse ativo, como fazer um esporte, encontrar amigos, estudar, sair com a família ou algo do tipo. No mínimo, meu descanso era ler um livro todo, e esse livro deveria me ensinar aprendizados valiosos.

Mas aprendi, na raça e muitas vezes pagando um alto preço de cansaço e até estresse, que posso, sim, realizar e produzir tudo isso, mas, se meu corpo, minha mente e minha alma não estiverem com "as baterias devidamente recarregadas", não estarei em minhas melhores condições e consequentemente não darei o melhor de mim, nem para as minhas tarefas nem para os que estão ao meu redor.

Por isso, Deus nos ensina que é necessário o descanso, quando Ele mesmo fez isso no sétimo dia.

#NAPRÁTICA

Então, hoje o meu pedido a você é que descanse o seu corpo, a sua mente, a sua alma e o seu espírito no Senhor. E confie, porque Ele está sempre cuidando de você.

DIA
58

LIDANDO COM PROPOSTAS SEDUTORAS

Assim, deixou aos cuidados de José tudo o que tinha e não se preocupava com coisa alguma, exceto com a própria comida. José era atraente e de boa aparência. Depois de certo tempo, a mulher do seu senhor começou a olhar para ele, José, com desejo e o convidou: "Deite-se comigo". Ele, porém, recusou e lhe disse: "O meu senhor não se preocupa com coisa alguma da sua casa e deixou tudo o que tem aos meus cuidados. Não há ninguém nesta casa maior do que eu. Ele nada me negou, a não ser a senhora, porque é a mulher dele. Como poderia eu, então, cometer algo tão perverso e pecar contra Deus?". Assim, embora ela insistisse com José dia após dia, ele se recusava a deitar-se com ela e evitava ficar perto dela. Certo dia, José entrou na casa para fazer as suas tarefas, e nenhum dos empregados se encontrava ali. Ela o agarrou pelo manto, dizendo: "Deite-se comigo". Ele, porém, fugiu da casa, deixando o manto na mão dela.

GÊNESIS 39:6-12

Você consegue imaginar alguém saindo correndo pelado, para não se deitar com a mulher de seu patrão e não pecar contra Deus? Foi exatamente isso o que José fez. Nessa passagem, a Bíblia deixa muito claro que ele era a maior autoridade dentro da casa do oficial, o seu homem de confiança. E mesmo sendo seduzido várias vezes pela esposa de seu patrão – que, certamente, devia ser uma mulher muito bonita –, José não o traiu. Em seguida, por vingança, ela o acusou injustamente, e José passou vários anos na prisão.

Só que, mesmo dentro de uma cadeia, José também foi ganhando a confiança de todos os oficiais e, depois, conquistou a do faraó, ao interpretar o sonho dele, como já vimos no

Dia 29. O fato é que, desde que ele disse não à esposa do oficial, Deus sondou aquele coração e concluiu: "Em José eu posso confiar, a ponto de deixá-lo governar todo o Egito. Posso confiar as minhas missões e os meus sonhos a ele, porque ele é digno de confiança". Tenho certeza de que, se José tivesse se deitado com aquela mulher, Deus jamais teria colocado todo o reino do Egito sob o seu comando.

Se José tivesse se deitado com aquela mulher, Deus jamais teria colocado todo o reino do Egito sob o seu comando.

E você, é digno da confiança do Senhor? Se for, jamais lhe faltará nada. Pelo contrário: ao ser uma pessoa íntegra e honesta, o Pai vai colocá-lo em lugares mais elevados e lhe trazer realizações que você nem imaginava.

Mas, nos dias de hoje, como não se corromper? Você precisa ficar atento aos detalhes! Por exemplo, se for um homem casado, jamais dê carona para uma mulher colega sua. Um olhar ou algum gesto descuidado pode acabar com a sua família. Já se você é uma mulher que pratica exercícios na academia, tome muito cuidado com os homens que a "ajudam" nos treinos. Por uma bobeirinha, quando você menos perceber, pode cair numa cilada e pôr fim ao seu casamento. Já se você é adolescente ou jovem adulto, fuja dos convites de seus amigos para irem a um cantinho fazer algo errado, como usar drogas ou consumir bebidas alcoólicas.

Para termos êxito nas "fugas", não podemos nem sequer começar a flertar com o que tem a aparência do mal. Precisamos

Precisamos viver longe dos nossos limites.

viver longe dos nossos limites. Se dermos uma pequena brecha, na hora em que começarmos, vai ser difícil sair... Por isso, lembre-se de José e corra! Você não será menos homem porque fugiu do convite de uma mulher, nem menos mulher porque desviou de um homem que a olhou de forma diferente. Pelo contrário: será alguém digno de confiança – um homem e uma mulher de verdade!

"Você demora anos para conquistar confiança, mas segundos para perdê-la."

Hoje vivemos em uma cultura em que está tudo bem dar uma curtida na foto daquela mulher que não é a sua esposa ou responder à mensagem de um homem que ficou falando palavras bonitas para você. "Não tem problema, é só uma mensagenzinha" é o que vão dizer!... Tem, sim! Caia fora. Há uma frase que traduz muito bem o que estou dizendo: "Você demora anos para conquistar confiança, mas segundos para perdê-la".

Afinal, que pessoa você quer ser? Aquela que aproveita um prazerzinho momentâneo, que diz sim para qualquer brecha que surja? Saiba que, dessa maneira, você se corrompe, vende seus valores... Ou será que prefere ser aquela pessoa digna de confiança, que receberá em sua vida os sonhos elevados de Deus?

Gênesis, o primeiro livro da Bíblia, fala de histórias de milhares de anos atrás, mas os aprendizados continuam atuais até os dias de hoje. Na verdade, muito mais do que os conselhos que ouvimos em rodas de amigos ou em reuniões de negócios. Por isso, para ser digno da confiança de Deus, siga o exemplo de José. Vivemos em uma geração que se contenta com migalhas, sendo que o Senhor tem um banquete para nós. Então, seja alguém que foge das ciladas. Que o seu espírito tenha o discernimento para dizer não a tudo aquilo que não combina com Deus, porque só assim você será merecedor da confiança e dos sonhos dEle.

#NAPRÁTICA

Pegue uma folha de papel e escreva a seguinte frase: "Eu quero e vou ser digno da confiança de Deus!". Guarde e releia sempre que você sentir que está diante de uma cilada. E tenha atitudes como a de José, e viva os sonhos de Deus para você, como ele viveu.

VIVEMOS EM UMA

GERAÇÃO

QUE SE CONTENTA COM

MIGALHAS.

SENDO QUE O SENHOR TEM UM

BANQUETE

PARA NÓS.

Seja Luz - @oigorfaria

DIA 59

∞ + INFINITAMENTE MAIS

Aquele que é capaz de fazer infinitamente mais de tudo o que pedimos ou pensamos, segundo o seu poder que atua em nós, esse é o nosso Deus.

EFÉSIOS 3:20

Hoje a minha reflexão com você em cima dessa passagem não será sobre o que li ou ouvi alguém falar. E sim sobre o que vivi – e vivo – na pele. Como você já sabe, a empresa de minha família, Patati Patatá, existe há quarenta anos. Diariamente, somos surpreendidos por Deus, recebendo e usufruindo muito mais do que pedimos ou pensamos. Mas isso está muito além de questões financeiras e patrimônio. É algo bem maior! Com o nosso trabalho, temos a consciência de que levamos princípios, alegria e diversão genuína e pura para crianças e famílias do Brasil e do mundo.

Já recebemos diversos testemunhos de pessoas comprovando isso. Já houve até casais que estavam prestes a se separar e, ao irem a um espetáculo no nosso circo e verem os filhos se divertindo, decidiram reatar e batalhar pela família. Isso porque queriam viver mais momentos como aquele. São esses depoimentos que nos motivam a prosseguir.

Se formos olhar para o passado, quando tudo começou, em 1984 – e eu ainda não era nascido –, nem em seus maiores sonhos o meu pai havia imaginado que o Patati Patatá seria esse sucesso por tantos anos, alcançando enorme relevância no público infantil e nas famílias. Dar certo em um negócio pontualmente, por alguns anos, já é uma bênção, uma grande vitória. Agora, estar presente há quarenta anos e, nos últimos quinze, ser uma das maiores marcas do Brasil em número de espectadores nos espetáculos e em visualizações no YouTube, por exemplo, é algo que jamais pensamos, nem sequer pedimos.

Por que estou falando tudo isso? Porque, quando confiamos em Deus, oramos e esperamos pela realização de nossos sonhos. Ele é capaz de fazer infinitamente mais! Muito além do que imaginamos, como nos diz a palavra de Efésios. A minha família vive isso dia após dia, e vou dar mais um exemplo. Jamais passou pela nossa cabeça que concorreríamos a um prêmio na categoria de licenciamentos, disputando – entre outras empresas – com a gigantesca corporação Disney. E o Patati Patatá conquistou o primeiro lugar como a marca mais importante no Brasil para o público pré-escolar, enquanto a Disney ficou na segunda posição.

Como poderíamos imaginar que uma dupla de palhaços chegaria tão longe? Assim, alcançamos algo infinitamente maior do que os nossos sonhos. Vivemos na pele essa passagem bíblica. E hoje quero convidá-lo a também viver isso na sua pele. Faça sempre a sua parte: dedique-se e batalhe muito pelo que deseja em sua vida, sejam os seus planos pessoais, sejam os para a sua família ou para a sua carreira. Não há colheita sem plantio e dedicação diária. E, acima de tudo, confie que Deus fará muito mais do que você pode imaginar. Mas

Não há colheita sem plantio e dedicação diária.

não uma confiança de um dia, de uma semana, de um mês, de uma temporada... E sim da vida inteira! Assim como aconteceu com a minha família, sei que também vai acontecer com a sua. Basta colocar a sua certeza em Deus e manter vivo, em seu coração, que Ele pode fazer muito mais do que você imagina.

#NAPRÁTICA

Hoje quero que você olhe para trás e avalie o que já aconteceu na sua vida que foi infinitamente além do que você imaginava. Seja grato por isso e, principalmente, entenda como um sinal de que ainda há muito que Deus irá fazer por você. Traga isso à sua memória constantemente, para que cada vez mais você aumente a sua fé.

DIA
60

"O QUÊ" *VS.* "COMO"

"Assim, quer vocês comam, quer bebam, quer façam qualquer coisa, façam tudo para a glória de Deus.

1 CORÍNTIOS 10:31

Quando lemos um versículo como esse, dizendo para fazermos tudo para a glória de Deus, parece até que nas 24 horas do nosso dia devemos estar com uma Bíblia na mão, pregando a Palavra, ou vivendo integralmente dentro de um "sistema religioso", como templos e igrejas. Mas, na verdade, o que você precisa entender hoje é que, dentro do contexto em que vive (seu bairro, sua escola, seu trabalho, sua família...), tudo aquilo que você faz deve apontar para Deus e para aquilo que combina com Ele. E, mais do que isso, entendi algo que mudou para sempre a minha percepção a respeito dessa passagem: não importa o que eu faço, e sim como eu faço.

Não importa o que eu faço, e sim como eu faço.

Existem muitas pessoas que têm cargos altíssimos e alcançaram sucesso nos seus negócios, mas não têm valor algum – sem princípios, passam por cima de qualquer um para alcançar seus objetivos. Da mesma forma, há quem realize coisas simples, em cargos mais operacionais e financeiramente não tão bem remunerados, e que também não têm princípios. Porém, o contrário é verdadeiro em ambos os casos: tem gente que vive praticamente na miséria e, mesmo assim, é honesta, assim como alguns bilionários também são supercorretos e generosos. Tenho certeza de que você já conheceu pessoas com todo tipo de caráter nas duas classes sociais... Isso prova que não se trata do "quê", mas do "como".

Recentemente, ouvi a história da mãe de um membro de minha equipe, o Bruno, que é psicóloga da rede pública. Com estabilidade no trabalho, cumpria o básico bem-feito atendendo crianças com necessidades especiais. Até que ela teve uma incrível ideia: ao ver que as mães ficavam sem fazer nada enquanto os filhos estavam na consulta, decidiu capacitá-las para que aprendessem atividades manuais, como crochê. Depois elas vendiam suas produções, e os recursos eram destinados para levar as crianças em passeios à praia, ao zoológico etc. Então, uma mulher que não tinha obrigação alguma de realizar algo a mais no trabalho decidiu atuar com excelência, cumprindo seu propósito verdadeiramente na Terra para ajudar aquelas mães a realizar os sonhos de seus filhos. Isso mostra que sempre podemos fazer mais...

Outro exemplo que trago é também parte de nossa equipe, Nayara, que antes trabalhava como assistente do financeiro. Ela é muito boa com números, mas, durante as reuniões, percebemos que sempre gostava de trazer ideias e novas possibilidades. Nayara não se limitava ao trabalho dela na área financeira. Com isso, conquistou oportunidades que, se ficasse presa às suas funções, talvez não conseguisse, como viajar para outras cidades, conhecer novas pessoas, aprender outras habilidades e ser mais bem remunerada. Mais um exemplo para você: durante doze anos, minha assessora pessoal foi a Débora Aquemi, que, por cumprir com tanta excelência e integridade seu trabalho, se tornou nossa amiga pessoal e foi nossa madrinha de casamento. Eu e Marcella temos profunda gratidão e carinho por ela. Para você ter uma ideia, com sua dedicação, ela conquistou tamanho espaço em nossos corações que, mesmo depois de decidir sair de nossa empresa para se dedicar integralmente à sua família, continua frequentando nossa casa, festas da família etc.

O meu objetivo com essas histórias é mostrar que a excelência pode levá-lo a lugares a que você nunca chegaria sendo mediano.

O meu objetivo com essas histórias é mostrar que a excelência pode levá-lo a lugares a que você nunca chegaria sendo mediano. Tudo o que se faz com excelência aponta para Deus! O Senhor é perfeito – nós nunca seremos, mas podemos ser excelentes. Então, quando fazemos mais do que nos pedem, é como se estivéssemos glorificando Deus. Tudo isso nos leva ao reconhecimento de que somos melhores naquilo que fazemos, e mais: mostramos para a sociedade, para as outras pessoas, que quem serve a Deus é excelente, honesto e correto, e cumpre princípios.

Isso também é glorificar Deus, e não apenas estar dentro de uma igreja com as mãos levantadas. Gosto de uma frase de Madre Teresa de Calcutá: "O que fazemos é apenas uma gota no oceano, mas, se a gota não estivesse lá, o oceano seria menor". Ou seja, muitas vezes achamos que o que realizamos não vai mudar nada, que não fará diferença alguma. Imagine só se a mãe do meu funcionário tivesse pensado assim... Ela não teria conseguido reunir as mães para proporcionar momentos felizes às crianças... Muitas vezes, é necessário que uma pessoa levante a bandeira de fazer a diferença, de ser luz, para que outras a sigam. É preciso ter atitude e coragem! Ative a sua luz e a faça brilhar todos os dias, em todos os lugares e em todos os momentos. É dessa forma que você vai ser a sua melhor versão.

Ative a sua luz e a faça brilhar todos os dias, em todos os lugares e em todos os momentos.

#NAPRÁTICA

Hoje quero que você adquira a consciência do que pode fazer melhor com aquilo que já sabe, com aquilo que já faz no seu trabalho. Dei dois exemplos de como pessoas executaram algo que vai além do pedido, podendo surpreender. Seja qual for a sua atividade profissional ou pessoal, reúna alguns amigos ou pessoas da sua família para fazer mais, para glorificar Deus por meio das suas habilidades.

DIA

61

A MANSIDÃO TE PROTEGE

A resposta calma desvia a fúria, mas a palavra ríspida desperta a ira.
PROVÉRBIOS 15:1

Durante toda a minha infância e adolescência, cresci ouvindo o seguinte ditado popular: "A palavra mansa desvia a ira". Trata-se, na verdade, de uma adaptação desse provérbio. E ainda bem que guardei esse ensinamento dentro do meu coração, porque, certa vez, precisei usar.

Fazia pouco tempo que eu tinha tirado a habilitação para dirigir e estava ao volante em um daqueles trânsitos terríveis de São Paulo. Chovia fininho e, lá adiante, o farol vermelho ficava abrindo para o verde, mas os carros mal andavam. Após alguns minutos nessa situação, tive a infelicidade de pegar o celular. Quem nunca cometeu esse erro?

Enquanto mexia no aparelho e andava lentamente com o carro, me distraí e encostei em um motociclista, que tombou com a moto. Naquele momento, como era muito imaturo no trânsito, fiquei um tanto quanto desesperado, pensando se o havia machucado. Rapidamente abri a porta do carro e fui conversar com ele, para ver se precisava de ajuda. O motociclista, então, veio para cima de mim cheio de raiva – e com razão, claro –, me xingando e estufando o peito, querendo me bater.

Na mesma hora, eu me lembrei desse versículo e do ditado – a palavra mansa desvia a ira. Com toda a calma e educação, disse: "Meu irmão, tá tudo bem? Você se machucou? Te peço desculpas, o erro foi totalmente meu. Eu me distraí e bati em você. Mas você tá bem?". Instantaneamente, ele baixou a rotação, murchou. E me respondeu: "Pô, cara, tá tudo bem, não me machuquei, não. Mas cuidado aí!".

Bastou eu falar de forma mansa para ele também amansar. Trocamos telefone para que eu pudesse pagar os danos na moto e, em cerca de um minuto, tudo estava resolvido. Ele continuou a vida dele, e eu segui com a minha. Mas por que teve esse final feliz? Porque eu soube me desviar da reação de ira do motociclista oferecendo palavras respeitosas. Esse acontecimento poderia ter me marcado muito negativamente, mas acabou me deixando uma lembrança positiva e um aprendizado valioso.

Muitas brigas e discussões feias, entre casais, no trânsito ou entre desconhecidos em uma festa, por exemplo, poderiam ter sido evitadas pelo simples uso de palavras mansas em um momento de ira. Aliás, tragédias muito mais sérias, casos até de mortes e atos inconsequentes, não teriam nem acontecido se houvesse essa prudência com as palavras.

Em muitos momentos da vida, queremos ganhar tudo no grito. Ficamos bravos, queremos partir para a agressão física... E isso não acontece só quando estamos com a razão. Às vezes, até quando somos o lado errado da história, somos orgulhosos, temos vergonha de pedir desculpa, reconhecer o equívoco, ter calma e buscar resolver tudo pacificamente.

Por isso, hoje, quero encorajá-lo a sempre se desviar da ira com uma palavra mansa. Aja dessa maneira na sua casa, no seu trabalho, no seu local de estudo, no trânsito... Se você deseja ser a sua melhor versão, não caia nessas armadilhas da ira. Procure desenvolver a mansidão, o domínio próprio, a calma e a tranquilidade para lidar com todas as situações do dia a dia. É isso que nos diferencia dos demais. Toda pessoa que é luz busca desenvolver isso continuamente. Lembre-se: todos nós temos problemas e desafios, mas a forma como reagimos a eles é o mais importante. Desejo, então, que você viva em harmonia, hoje e sempre.

Lembre-se: todos nós temos problemas e desafios, mas a forma como reagimos a eles é o mais importante.

#NAPRÁTICA

A próxima vez que um problema inesperado aparecer na sua frente, você vai lembrar-se imediatamente desse provérbio, respirar bem fundo e reagir de maneira mansa. E vai presenciar o quanto isso foi positivo para toda a situação.

DIA
62

INGREDIENTES PARA O MILAGRE

Certo dia, a mulher de um dos discípulos dos profetas foi falar a Eliseu: "Teu servo, meu marido, morreu, e tu sabes que ele temia o Senhor. Mas agora veio um credor que está querendo levar meus dois filhos como escravos". Eliseu, então, perguntou-lhe: "Como posso ajudá-la? Diga-me o que você tem em casa". E ela respondeu: "Tua serva não tem nada além de uma vasilha de azeite". Então, disse Eliseu: "Vá pedir emprestadas vasilhas a todos os seus vizinhos, mas peça muitas. Depois, entre em casa com seus filhos e feche a porta. Derrame daquele azeite em cada vasilha e vá separando as que você for enchendo". Depois disso, ela foi embora, fechou-se em casa com seus filhos e começou a encher as vasilhas que eles lhe traziam. Quando todas as vasilhas estavam cheias, ela disse a um dos filhos: "Traga-me mais uma!". Mas ele respondeu: "Já acabaram". Então, o azeite parou de correr.

2 REIS 4:1-6

Essa é uma das histórias da Bíblia de que mais gosto. Constrange o meu coração ver o cuidado de Deus por aquela viúva e me emociona profundamente. Na passagem, fica claro que ela tinha acabado de perder o marido e, por conta de uma dívida dele, credores queriam levar os dois filhos dela como escravos. Além disso, ela estava em profunda miséria, tendo apenas uma vasilha de azeite. A viúva vai até o profeta Eliseu, pedindo uma intervenção do Pai na vida dela. E o milagre acontece com a multiplicação do azeite para que ela pudesse vender e, assim, ter recursos não só para pagar a dívida, como também para sustentar os filhos.

Com essa história, aprendi três ingredientes necessários para um milagre acontecer. O primeiro deles – e o mais importante – é crer. Aquela viúva fez o que o profeta mandou sem titubear, sem duvidar. Assim, se você também estiver precisando de um milagre para a sua casa, para a sua família, para os seus negócios, precisa acreditar. Isso parece fácil, não é mesmo? Mas não é tanto assim, porque estou falando aqui do crer de verdade! A ponto de realmente ter fé de que Deus pode fazer um milagre na sua vida, da mesma maneira como aquela mulher acreditou.

Qualquer matéria-prima é o suficiente para o Senhor transbordar e realizar um milagre.

O segundo ingrediente poderoso para você viver um milagre é oferecer ao Senhor tudo o que tem. A viúva agiu assim quando Eliseu perguntou o que ela possuía em casa, tendo como resposta "nada além de uma vasilha de azeite". E foi exatamente isso o que foi usado para o milagre acontecer. Se você for analisar, para que serve o azeite se não há mais nada em casa, nem uma salada, nem uma carne, nem um arroz? O azeite sozinho não alimenta ninguém. Mas entenda, qualquer matéria-prima é o suficiente para o Senhor transbordar e realizar um milagre. Até o que parece inútil em nossas mãos, quando vai para as mãos de Deus, Ele transforma. Então, sem reservas, entregue tudo ao Pai.

O terceiro ingrediente é: prepare-se! Como assim? Na história, Eliseu a orientou a pedir vasilhas emprestadas a todos os vizinhos, e salientou: "Mas peça muitas". Assim ela fez, e o milagre realmente aconteceu em todas elas. Quando a viúva pediu mais uma vasilha ao filho, ele disse que não havia mais. E a Bíblia deixa claro! No mesmo instante, o azeite parou de correr. Uau! Isso é impressionante! Ou seja, não foi o azeite que finalizou, e sim as vasilhas que acabaram.

CRER, OFERECER E PREPARAR.

E o que isso significa? Enquanto você continuar trazendo o que Deus lhe pede, o milagre continuará.

#NAPRÁTICA

Você está precisando de um milagre agora? Então siga os três ingredientes usados pela viúva, porque, assim, o Senhor vai intervir e solucionar situações mal resolvidas, problemas na justiça, falta de trabalho, desafios no seu casamento ou uma cura física, emocional ou mental. Seja qual for a sua necessidade, creia no Pai, entregue tudo a Ele e prepare-se. Pois enquanto houver vasilhas, o azeite não vai cessar.

DIA
63

A LOUCURA DE DEUS

Porque a loucura de Deus é mais sábia que a sabedoria humana.
E a fraqueza de Deus é mais forte que a força do homem.
1 CORÍNTIOS 1:25

Acredito muito nesse versículo, porque já vi isso acontecer com muita gente ao meu redor e, inclusive, comigo. Quantas vezes me senti incapaz de assumir determinadas tarefas, enquanto havia à minha volta outras pessoas mais inteligentes e mais bem preparadas do que eu? Foi assim que fui entendendo a "loucura" de Deus. Percebi que não era sobre mim... Ele me mostrou que não é pela força do nosso braço, nem pela nossa competência, que as coisas acontecem, e sim pelo que Ele quer fazer nas nossas vidas para que sejamos luz na vida dos outros.

Quando lemos a Bíblia, conseguimos compreender melhor esse versículo ao encontrarmos dezenas de histórias de pessoas improváveis, mas que estavam disponíveis a Deus. Assim, vemos que a loucura de Deus é mais sábia do que a sabedoria humana. Um exemplo é o de Moisés. Como já contei para você no Dia 31, ele tinha mais de 80 anos e, ainda por cima, era gago. E qual foi a missão que recebeu? Libertar um povo que estava sendo escravizado, atravessar o mar com eles e levá-los rumo à Terra Prometida.

Daí, quando você pensa na figura de um líder para conseguir realizar essa proeza, o que vem à sua mente? O Homem de Ferro, a Mulher-Maravilha, o Super-Homem... Ou, ao menos, um homem ou uma mulher que seja destemido, corajoso, forte, cheio de energia e comunicativo. Jamais um idoso com dificuldades para falar... É algo que, humanamente, não faz sentido algum. Deus foi muito "louco" ao escolher Moisés para essa missão, mas assim o fez.

Da mesma forma, optou por um menino pastor de ovelhas chamado Davi para acabar com um gigante de mais de três metros. E quanto a Jesus, que elegeu o seu discípulo Pedro para dar continuidade à sua missão na Terra? Um simples pescador, nervosinho, acabou se tornando uma das figuras mais importantes da história do cristianismo.

E você, como se sente? Será que fica olhando para dentro de si mesmo e se autossabotando, dizendo frases que só você acha que são verdades – "Eu não sou capaz, eu tenho esse defeito, me falta isso, me falta aquilo..."? Saiba que, ao ficar se colocando para baixo, se menorizando, não está entendendo que Deus quer usá-lo e fazer algo incrível por meio da sua vida, da maneira exata como você é. Caso contrário, Ele não o teria criado assim. O fato é que todos temos um conjunto de características e habilidades que pode ser usado para o nosso bem e para o bem dos outros.

Diante das histórias improváveis de Moisés, Davi e Pedro, vemos que as pessoas que estão disponíveis são as que Deus mais gosta de usar. Então, coloque-se à disposição do Senhor, para Ele fazer na sua vida – e na sua família, nos seus negócios, na sua carreira, em tudo! Entenda de uma vez por todas: a questão não está nas suas habilidades e nos seus talentos – o Senhor não vai lhe pedir preparo, apenas disposição. Por isso, esteja sempre de coração aberto ao Pai. E, sobretudo, confie e entregue os seus caminhos a Ele.

Entenda de uma vez por todas: a questão não está nas suas habilidades e nos seus talentos - o Senhor não vai lhe pedir preparo, apenas disposição.

#NAPRÁTICA

Escreva abaixo alguns temas ou situações que lhe causam medo, e que você sabe que precisa desbloquear, entendendo que não é sobre você, mas sim o que Deus quer fazer por meio de você, e ore intencionalmente sobre esses temas nos próximos dias.

....

....

....

....

....

....

....

....

....

....

DIA
64

OS TRÊS PORQUINHOS

Portanto, quem ouve estas minhas palavras e as pratica é como o homem prudente que construiu a sua casa sobre a rocha. Caiu a chuva, transbordaram os rios, sopraram os ventos e deram contra aquela casa, mas ela não caiu, porque estava alicerçada na rocha. No entanto, quem ouve estas minhas palavras e não as pratica é como o insensato que construiu a sua casa sobre a areia. Caiu a chuva, transbordaram os rios, sopraram os ventos e deram contra aquela casa. Ela caiu e foi grande a sua queda.

MATEUS 7:24-29

Com toda a certeza, você conhece a história dos Três Porquinhos. De qualquer forma, vou relembrar. Havia três porquinhos, cada um decidiu construir a própria casa. O primeiro fez de palha, e, assim que o Lobo Mau soprou, a casa desmoronou. O segundo a produziu de madeira, um pouco mais resistente, mas, quando o Lobo Mau soprou duas vezes seguidas e bem forte, essa casa também desmoronou. O terceiro, por sua vez, ergueu sua casa de tijolos e pedras – dessa vez o Lobo Mau tentou, tentou e tentou soprar muito para derrubar, mas não conseguiu, e a casa se manteve de pé. No final, os outros dois porquinhos foram morar com ele, porque ali sentiram segurança.

Veja só que interessante: uma história para crianças tem o mesmo fundamento que a parábola contada por Jesus há dois mil anos, dizendo que todo aquele que constrói a sua casa sobre a rocha não cairá. Não é à toa que considero a Bíblia um

A Bíblia é o manual para obter plenitude em nossa vida.

manual para obtermos plenitude em nossa vida. Se seguíssemos exatamente o que o Livro Sagrado fala, não "bateríamos tanto a cabeça", porque ali estão não só conselhos, mas também princípios, ordenanças e valores que não nos deixam seguir por caminhos errados, nos afastando dos frutos ruins que nascem a partir das nossas más escolhas. Tudo aquilo que construímos e que tem um firme fundamento permanece de pé quando os dias maus chegam. E sabe o que precisamos reparar? Geralmente essas "tempestades" chegam bem no momento em que menos esperamos, e não dá tempo de "arrumar" a casa. Por isso é necessário ter construído na rocha, só assim você não será pego desprevenido.

Para nós, cristãos, essa rocha tem um nome: Jesus. Existem várias passagens bíblicas que dizem que devemos construir a nossa vida em Jesus, tomando as nossas decisões com base em tudo aquilo que Ele nos disse. "O senhor é a minha rocha, a minha fortaleza e o meu libertador. O meu Deus é o meu rochedo, em quem me refugio. Ele é o meu escudo. E o poder da minha salvação, a minha torre segura" – então, mesmo que as tempestades ou pessoas más se aproximem de nós e da nossa casa, não seremos abalados.

Seja o que for, se for construído em Jesus, vai ter como resultado o sucesso e a plenitude na vida.

Assim, não edifique a sua "casa" sobre a areia, ou seja, não faça escolhas que você sabe que são erradas. Você precisa erguê-la sobre a rocha, que é o próprio Jesus Cristo. E garanto a você que Ele estará, dia após dia, cuidando de tudo, da sua família, do seu casamento, da sua carreira, dos seus estudos, dos seus negócios. Seja o que for, se for construído em Jesus, vai ter como resultado o sucesso e a plenitude na vida.

#NAPRÁTICA

Se você é pai ou mãe, conte a história dos Três Porquinhos relacionada ao versículo que lemos hoje, e aproveite para mostrar aos seus filhos os princípios do Reino por meio de um conto infantil. Caso ainda não tenha filhos, faça uma reflexão sobre se suas decisões e escolhas têm sido baseadas na rocha ou não.

DIA
65

COMO AS CRIANÇAS

Alguns traziam crianças a Jesus para que ele tocasse nelas, mas os discípulos os repreendiam. Quando Jesus viu isso, ficou indignado e lhes disse: "Deixem vir a mim as crianças, não as impeçam, pois o Reino de Deus pertence aos que são semelhantes a elas. Digo a verdade, quem não receber o Reino de Deus como uma criança nunca entrará nele". Em seguida, tomou as crianças nos braços, impôs-lhes as mãos e as abençoou.

MARCOS 10:13-16

Como você sabe, a minha família é proprietária do Patati Patatá há mais de quarenta anos. Então, com toda a humildade e modéstia do mundo, entendemos muito de crianças. Sabemos dos seus comportamentos, do que elas gostam, assim como seus pais e mães. Ao longo de todos esses anos, estudamos, pesquisamos e vivemos diariamente o universo infantil. E uma coisa que aprendemos com as crianças é a espontaneidade. Não tem como uma delas fingir que gosta de algo durante muito tempo. Ela pode até tentar para agradar ao pai por algum momento. Mas não adianta: criança é espontânea e só gosta de fazer aquilo que de fato curte.

Quando vejo essa passagem de Jesus com as crianças, em que elas queriam estar perto do Mestre, fico pensando em como Ele devia ser alguém leve, divertido, alegre, de bem com a vida. Afinal, não sei você, mas eu nunca vi uma criança gostar de algum estranho que não tenha essas características. Elas não desejam ficar perto de uma pessoa que é brava, irritada, grosseira e mal-educada. E olha que conheço muitas delas! Pelo contrário, só querem estar com aquele "titio" ou "titia" que faz brincadeiras, que abraça, que demonstra afeto e carinho. Então, se havia crianças querendo estar perto de Jesus – fazendo aquela algazarra típica, a ponto de os discípulos precisarem barrá-las para não atrapalharem o Mestre –, é porque elas estavam adorando aquele "tio" para lá de especial e amoroso.

Só que, ao contrário do esperado, Jesus deu aquela chamada de atenção nos seus discípulos e não só autorizou que elas viessem para perto dEle, como também transmitiu uma lição de moral: quem não for puro, simples e ingênuo como aquelas crianças jamais entrará no Reino dos Céus. Isso mostra que Ele se importava com a essência das crianças e dos seres humanos, com o coração.

Jesus não é um Deus de castigo, de braveza, pesado, e sim um Deus alegre, divertido, comunicativo. Não à toa, como é dito ao final do versículo, em seguida tomou as crianças nos braços, lhes impôs as mãos e as abençoou. Ou seja, pegou no colo, abraçou, demonstrou afeto. Olha que maravilhoso esse Jesus!

Então, neste dia, quero que você entenda duas coisas de uma vez por todas. A primeira: Jesus não quer castigá-lo, nem pesar a mão sobre você. Ele não é um Deus irado, um Deus bravo. Nenhuma criança suporta alguém assim... E se os pequenos gostavam tanto dEle, pode ter certeza de que Ele não era nada disso.

A segunda: reparou com o que Jesus se importa? Com o seu coração, com a sua pureza, com a sua ingenuidade. Por isso é que disse que, se nós, seres humanos, não formos iguais a uma criança, não faremos parte do Reino dos Céus. Ele quer essa pureza! Portanto, hoje Jesus está te convocando a ser puro como uma criança.

#NAPRÁTICA

Como será que você pode ser puro como uma criança? Que tal convidar sua família hoje para sair e tomar um sorvete? Ou tirar um tempo para brincar com o seu filho, neto ou passear com o seu cachorro? Dê uma volta no bairro onde você passou sua infância, revisite algumas fotos dessa época. Deixe a sua criança interior vir à tona e busque ter um dia alegre como nos seus tempos de infância. Procure fazer algo que lhe traga essa inocência que você deixou lá para trás. Resgate-a para que seus dias fiquem mais leves.

DIA
66

LAMENTO LHE DIZER, MAS NÃO VÃO APOIAR VOCÊ!

Quando acabou de contar essas parábolas, Jesus saiu dali. Chegando à sua cidade, começou a ensinar o povo na sinagoga. Todos ficaram admirados e perguntavam: "De onde lhe vem esta sabedoria e este poder para realizar milagres? Não é este o filho do carpinteiro? A sua mãe não se chama Maria e os seus irmãos não são Tiago, José, Simão e Judas? Não estão conosco todas as suas irmãs? De onde, pois, ele obteve todas essas coisas?". E encontraram motivo de tropeço nEle. Jesus, porém, lhes disse: "Um profeta tem honra em todos os lugares, menos na sua terra e na sua própria casa". Por causa da incredulidade deles, não realizou muitos milagres ali.

MATEUS 13:53-58

Quantas vezes você foi realizar algo e a sua família não o apoiou? Agora imagine Jesus, dentro de sua cidade e de sua própria casa, passando pela mesma situação. Parece inacreditável, mas aconteceu, como nos conta Mateus nessa passagem. E por que ali Ele não realizou milagres? Pois o tempo inteiro estavam diminuindo Jesus, duvidando dEle. E, nesse ambiente de tanto desencorajamento, houve também falta de milagres, falta do mover de Deus. Não por incapacidade de Jesus, mas sim por incredulidade das pessoas ali presentes.

Isso parece não fazer o menor sentido. Afinal, a família, os amigos e as pessoas mais próximas de nós, do mesmo bairro e da mesma cidade, deveriam ser as primeiras a nos encorajar, impulsionar, incentivar. Mas infelizmente, muitas vezes, quem nos viu crescer não acredita em nós, algo doloroso. Por outro lado, pode ser que essa ausência de apoio da família surja como uma forma de proteção, para evitar sofrimentos e decepções. Eles temem que, ao alçarmos grandes voos, possamos dar com a cabeça no chão.

Porém, também acontece de você, que está lendo estas palavras agora, ser o grande culpado por esse balde de água fria. Isso porque não se posicionou, não trouxe o que queria como uma verdade absoluta em sua vida e não tomou posse daquilo que sabe que é para você – aquilo que acredita que Deus lhe preparou –, seja uma profissão, seja a formação de sua família, seja qualquer outra decisão nas mais diferentes áreas. Ao agir assim, demonstra insegurança e falta de preparo, e as pessoas enxergam isso e não conseguem acreditar em você.

Agora imagine só se Jesus tivesse sentido essa rejeição, se tivesse realmente se magoado, ficado triste e decidido parar toda a missão dEle na Terra por conta disso? Imagine-O falando: "Quer saber de uma coisa? Vou jogar tudo pro alto, não quero mais saber de ninguém, muito menos de morrer pelas pessoas. Não quero mais fazer milagres. Vou apenas levar a minha vida numa boa, tomar um suquinho aqui com as pernas pro ar e vocês todos que se virem!". Nossa! Ainda bem que Jesus foi firme e constante, indo até o final de sua missão por mim e por você.

Precisamos, de uma vez por todas, parar de querer viver agradando a todo mundo.

Essa atitude de Cristo não parar, mesmo com toda a rejeição e as dúvidas dos outros, também vale para você e para todos nós. Se Deus lhe entregou um sonho, não pare até realizá-lo. Se lhe deu uma missão, um chamado, um propósito, siga em frente até a conclusão. Precisamos, de uma vez por todas, parar de querer viver agradando a todo mundo. Jamais conseguiremos isso. Se nem Jesus, que era perfeito, agradou a todos e foi parar na cruz, imagine nós...

Então, por que você está querendo a aprovação dos seus pais, dos seus filhos, do seu chefe? Ou, pior ainda: por que está querendo a aprovação do seu amigo do futebol ou da sua vizinha? Pelo amor de Deus! Se Ele lhe deu um propósito, vá firme nesse caminho e o realize. Em geral, a maioria das pessoas – e às vezes até as mais importantes da sua vida – não vai apoiá-lo. Entenda isso antes que seja tarde.

Assim como Jesus não parou diante das críticas, você também não deve parar. Vá para cima e realize tudo aquilo que o Senhor preparou. Não se importe se as pessoas duvidarem de você ou se não concordarem com o que está fazendo. Jamais deixe alguém te desencorajar. Se você tem no coração que está obedecendo aos princípios do Reino, apenas faça a sua parte e deixe o sobrenatural com Ele. Confie nisso e irá prosperar e realizar tudo aquilo que o Senhor tem para você. Tome posse disso agora e siga em frente! Seja luz!

Jamais deixe alguém te desencorajar.

#NAPRÁTICA

Escreva na linha abaixo quais as realização que você irá "tirar do papel", independentemente de quem vai apoiá-lo ou não.

....

....

....

....

....

....

....

....

....

....

Em seguida, escreva pelo menos sete passos que você precisa realizar nos próximos dias, ore especificamente por isso e execute um por um. E não deixe que o parem!

1. ....
2. ....
3. ....
4. ....
5. ....
6. ....
7. ....

LAMENTO LHE DIZER, MAS NÃO VÃO APOIAR VOCÊ!

Seja Luz - @oigorfaria

DIA
67

TODO DIA É DIA DE FAZER O BEM

No outro sábado, Jesus entrou na sinagoga e começou a ensinar. Estava ali um homem cuja mão direita era atrofiada. Os fariseus e os mestres da lei estavam procurando um motivo para acusar Jesus. Por isso, o observavam atentamente, para ver se ele iria curá-lo no sábado. Mas Jesus sabia o que eles estavam pensando, e disse ao homem da mão atrofiada: "Levante-se e venha para o meio". Ele se levantou e foi. Jesus lhes disse: "Eu lhe pergunto, o que é permitido fazer no sábado, o bem ou o mal, salvar a vida ou destruí-la?". Então, olhou para todos os que estavam à sua volta e disse ao homem: "Estenda a mão". O homem a estendeu, e ela foi restaurada.

LUCAS 6:6-10

Na época de Jesus, a lei dizia que não se podia trabalhar aos sábados. Era considerado um dia de descanso, e nada se podia fazer. E sabemos que os mestres da lei estavam procurando algum errinho de Jesus para começar a persegui-lo. Até que o Mestre, com a sua inteligência divina, faz uma pergunta para todos que estão ao seu redor: "No sábado, fazemos o bem ou o mal?". Fico imaginando todo mundo, naquele momento, olhando um para o outro, questionando o fato de que, culturalmente, o correto seria deixar para lá. Mas, ao mesmo tempo, por que não tomar uma atitude? Por que não fazer o bem?

Jesus, ali, deixa muito claro que todo dia é dia de fazer o bem, inclusive aos sábados, que era um dia sagrado na época e ainda permanece para algumas religiões. E quero encorajar isto em você: não tome atitudes positivas somente no tempo que estiver sobrando ou apenas quando a sua situação financeira estiver mais favorável. Não ajude apenas seus amigos ou familiares. O bem deve ser feito todo dia e para todos. Inclusive, isso me faz lembrar outro ensinamento de Jesus: "Amar o próximo como a si mesmo".

Junte-se, então, aos grupos, às nações e à multidão de pessoas que saem por aí sendo luz em todos os lugares – na escola, na faculdade, no trabalho, na vizinhança, na sociedade e até na internet. Pare de julgar os outros, de fazer comentários afiados nas redes sociais, de criticar como faziam os fariseus e os mestres da lei naquela época. Estenda a mão até mesmo para aquela pessoa de que não gosta muito ou para um possível inimigo. Faça o bem sem olhar a quem: para o desconhecido, para o doente, para o ferido... Para absolutamente todos que passam pela sua vida. Todo dia é dia. No sábado, no domingo, para quem você conhece e para quem não conhece.

Estenda a mão até mesmo para aquela pessoa de que não gosta muito ou para um possível inimigo.

É isso o que o Senhor nos mandou. Jesus não nos ensinou que as boas ações tinham que ser em um dia específico, uma hora determinada e para certa pessoa. Ao contrário, disse para fazermos o bem a todos, em qualquer dia, e nos mostrou isso claramente curando o homem da mão atrofiada. Motive-se, então, a ser essa pessoa iluminada para realmente iluminar o caminho

Seja luz o tempo inteiro, para todos e em qualquer lugar.

de todos que estão ao seu redor. Em nome de Jesus. Seja luz o tempo inteiro, para todos e em qualquer lugar.

#NAPRÁTICA

Enquanto você lia estas duas páginas de hoje, possivelmente veio alguém à sua mente, a quem você pode fazer o bem de alguma forma: dando uma oportunidade, talvez um conselho, ao menos uma ligação declarando boas-novas. Um abraço em alguém triste, uma doação ou um sorriso largo para um desconhecido, enfim, há milhares de maneiras de fazer o bem e ser luz. Escolha a sua e faça, sempre!

DIA
68

BUSQUE A RIQUEZA!

Pois vocês conhecem a graça do nosso senhor Jesus Cristo, que, sendo rico, se fez pobre por causa de vocês, para que por meio da pobreza dele vocês se tornassem ricos.

2 CORÍNTIOS 8:9

Hoje trouxe para você um tema bastante sensível: a riqueza. Quantos de nós já ouvimos dentro da igreja que é pecado ser rico, que todo milionário é um usurpador, um explorador? Ou até mesmo dentro de casa, vindo de nossos pais, que são pessoas que amamos muito... Já escutei isso inúmeras vezes e tenho certeza de que você também. Mas a verdade é que, assim como todo ser humano, existem ricos que são generosos, bons, que abençoam e servem a outras pessoas. Porém, também é verdade que há ricos que só pensam no próprio umbigo, alimentando prazeres egoístas, e não estendem a mão para ninguém que precisa ao seu redor.

Por outro lado, existe uma mentalidade contra a qual todos nós precisamos lutar e quebrar em nossa cabeça, que é a de romantizar a pobreza. Durante muito tempo, a igreja foi a responsável por isso – principalmente a católica –, pregando a ideia de que só seríamos merecedores do amor de Deus e iríamos para o céu quando abríssemos mão de tudo o que temos (até de nossas roupas!) e vivêssemos, digamos assim, como um pobre, como alguém que depende só do básico e do que Deus envia.

Nesse sentido, há uma falha gigantesca no entendimento do Evangelho. Jesus veio à Terra e, pela sua graça e de graça, nos deu o amor dEle. Não porque merecemos. Então, esse é o primeiro ponto. Não faz sentido você se vangloriar de abrir mão de algo para se aproximar de Deus. Não. Ele já fez isso há dois mil anos, e você não precisa realizar mais nada – somente acessar, crer e andar conforme os seus ensinamentos e os seus princípios.

O segundo ponto a respeito dessa crença de romantizar a pobreza é: quanto mais somos prósperos e temos o nosso caráter alinhado a Deus, mais podemos produzir, abençoar e enviar pessoas pelo mundo para praticar o bem, para falar sobre Jesus. E mais podemos abençoar a nossa família, provendo os melhores estudos, viagens, comidas, momentos, roupas e tudo o mais que o dinheiro é capaz de proporcionar.

O dinheiro é um multiplicador do seu caráter.

Na verdade, o dinheiro é um multiplicador do seu caráter. Se você só vive para ficar em festas com a mulherada, gastando com bebidas e noitadas, quer tenha R$ 1 mil ou R$ 10 milhões na conta bancária, continuará fazendo as mesmas coisas com esse dinheiro. E o contrário é muito verdadeiro: quem está sempre buscando

Você entende que o problema não está na quantia, e sim na essência da pessoa? O dinheiro só vai potencializar aquilo que ela é.

ajudar o próximo e levar alívio aos seus familiares continuará agindo assim com pouco ou muito dinheiro. Você entende que o problema não está na quantia, e sim na essência da pessoa? O dinheiro só vai potencializar aquilo que ela é.

Então, hoje quero encorajá-lo a quebrar esses paradigmas que colocaram na sua cabeça, de que enriquecer é um pecado e de que todo rico é uma pessoa má. Não, não, não! Busque, sim, prosperar e enriquecer, mas procure, acima de tudo, alinhar o seu caráter, para que você faça bom uso desse recurso. E, principalmente, compreenda que não somos donos de nada neste mundo. Somos apenas mordomos... E eu provo isso de maneira bem simples: quando você morrer, não vai levar nada do que tem. Hoje você é apenas uma espécie de gestor, de administrador dos recursos que Deus lhe dá.

Não somos donos de nada neste mundo. Somos apenas mordomos...

Quando você adquire esse entendimento, sempre vai fazer bom uso do seu dinheiro. Isso porque, ao se enxergar como o mordomo de algo que não é seu, e sim de alguém – e esse alguém é Deus –, vai ter muito temor e responsabilidade para utilizar os seus recursos financeiros da melhor forma. Essa é a mentalidade de que você precisa cuidar.

Busque, sim, prosperar e enriquecer, mas procure, acima de tudo, alinhar o seu caráter, para que você faça bom uso desse recurso.

#NAPRÁTICA

Você sonha em enriquecer? Ou já possui dinheiro o suficiente para usufruir de muitas coisas materiais? Seja qual for a sua situação, faça a seguinte pergunta a si mesmo: "No dia a dia, em que eu gasto o meu dinheiro? Uso apenas para os meus prazeres e necessidades ou lembro-me de abençoar quem precisa?". De acordo com a sua resposta, você saberá se precisa melhorar a sua mentalidade financeira. E lembre-se: cuide bem do seu caráter, para que, assim, possa fazer um bom uso desse "empréstimo" de Deus.

DIA
69

O ENCONTRO QUE VAI MUDAR A SUA HISTÓRIA

Havia ali uma mulher que padecia de hemorragia por 12 anos mas ninguém podia curá-la. Aconteceu que ela chegou por trás de Jesus e tocou na borda do seu manto. Imediatamente, a hemorragia cessou. "Quem tocou em mim?", perguntou Jesus. E porque todos negavam, Pedro disse: "Mestre, a multidão se aglomera e o comprime". Jesus, porém, disse: "Alguém me tocou, pois sei que de mim saiu o poder". A mulher, ao ver que não conseguiria passar despercebida, veio tremendo e prostrou-se aos seus pés. Na presença de todo o povo, contou por que tinha tocado nele e como fora instantaneamente curada. Então, Jesus lhe disse: "Filha, a sua fé curou você. Vá em paz".

LUCAS 8:43-48

Para mim, essa é uma das histórias mais lindas que a Bíblia relata! Imagine uma mulher que há doze anos sofre de hemorragia – não são doze dias, nem doze semanas, nem doze meses... É tempo demais! Ainda mais naquela época em que as pessoas consideravam esse problema como algo impuro e amaldiçoado. Essa mulher não era bem-vinda nos lugares, e todos se mantinham a certa distância dela, tamanho o medo e o nojo. Então, pense como foi horrível para alguém viver assim por tantos anos...

Mas, em seu coração, ela sabia que seria curada se encontrasse Jesus. Mesmo que Ele estivesse no meio de uma multidão, bastava para ela tocar na borda de seu manto. E assim aconteceu: o encontro com Jesus transformou a vida dela para sempre.

O que essa bela história tem a ver com a sua vida? Certamente você também deseja ter paz, ser curado, se sentir amado ou ser a sua melhor versão, dia após dia. O problema é que nós, seres humanos, entendemos que devemos merecer para conquistar algo. Por exemplo, só vou ter um carro bom se trabalhar muito; só vou encontrar um amor verdadeiro se fizer por onde... Essa é a dinâmica natural da Terra, e, no fundo, é assim mesmo que funciona. Porém, a dinâmica do céu não é dessa forma. Jesus faz por você primeiro.

Sob essa ótica, você não precisa parar de realizar algo, largar certo vício ou mudar o seu jeito para sentir a paz e o amor de Jesus. É o contrário: a partir do momento em que tiver um encontro verdadeiro com o Senhor, aí, sim, Ele arruma toda a sua vida. É nessa hora que você começa a usufruir dessa paz e desse amor incomparáveis.

Vou explicar mais a fundo. Jesus veio à Terra, morreu e ressuscitou por mim e por você. Esse foi o plano da salvação, da redenção. E aconteceu para que fôssemos perdoados e pudéssemos morar com Jesus no céu. Esse é o plano de Jesus, que Ele realizou de maneira perfeita. Quando entendemos isso, sabemos que tudo de bom em nossa vida não é por merecimento, e sim porque Ele já fez. Jesus já morreu por você, ressuscitou e o perdoou. Você só precisa acessar isso, ou seja, abrir o seu coração e realmente deixar que Ele entre e transforme a sua vida.

Imagine se a mulher com a hemorragia tivesse pensado assim: "Eu sou impura, as pessoas me rejeitam... Preciso primeiro me limpar para depois ir até Jesus". Provavelmente, ela não teria sido curada nunca. Mas, como o próprio Senhor disse, foi pela fé que ela foi curada. Tocar num pedacinho do manto de Jesus foi o suficiente para ela. Veja o nível de fé dessa mulher! Por isso, temos muito a aprender com ela.

Quantas vezes você se coloca metas naturais – fazer exercício todo dia, seguir uma dieta... – e não consegue cumprir? Agora, pense naqueles verdadeiros milagres que deseja em sua vida, como largar um vício, eliminar alguns maus hábitos, criar uma estação no seu casamento ou nos seus negócios, superar dificuldades na criação de seus filhos... Só mesmo tendo Jesus ao seu lado! Por isso, pare de acreditar que é apenas pela força do seu braço que você vai merecer realizar algo ou não. Lembre-se: Jesus já fez. Você só precisa aceitar e acessar essa paz e esse amor gigantescos, que excedem todo o entendimento.

#NAPRÁTICA

Hoje reflita sobre esta verdade: você não precisa mudar algo para encontrar Jesus. Não deixe que essa dinâmica natural invada o seu coração e domine o sobrenatural, porque o seu relacionamento com Jesus é algo muito maior e divino, bem longe do que a nossa sociedade prega. Para encontrar-se com o Pai, antes você não tem que parar de mentir, falar palavrões, beber, fumar... É exatamente o oposto: nesse encontro, tudo o que o incomoda, que você sabe que lhe faz mal e que não o levará a lugar algum, vai ser limpo, restaurado e renovado por Jesus.

DIA 70

PERDOANDO UMA TRAIÇÃO

Então Jesus sentiu uma profunda angústia e exclamou: "Eu lhes digo a verdade, um de vocês vai me trair". Os discípulos olharam uns para os outros, sem saber a quem Ele se referia. O discípulo a quem Jesus amava ocupava o lugar ao lado dEle na mesa. Simão Pedro lhe fez um sinal, para que perguntasse a quem Jesus se referia. Então, o discípulo se inclinou para Jesus e perguntou: "Senhor, quem é?". Jesus respondeu: "É aquele a quem eu der o pedaço de pão que molhei na tigela". E depois de molhar o pedaço de pão, deu-o a Judas Iscariotes. Quando Judas comeu o pão, Satanás entrou nele. Então, Jesus lhe disse: "O que você vai fazer, faça logo". Nenhum dos outros à mesa entendeu o que Jesus queria dizer. (...) Judas saiu depressa, e era noite.

JOÃO 13:21-30

Essa, provavelmente, é a passagem de traição mais conhecida da história do planeta. E, nela, existem alguns ensinamentos valiosíssimos que quero compartilhar com você hoje. Jesus estava ceando com seus doze discípulos e, naquele momento, sabia que, para a profecia se cumprir – Ele ser morto na cruz e ressuscitar ao terceiro dia –, alguém precisaria entregá-lo. Ali, já sabia que Judas havia se corrompido e estava a ponto de traí-lo. Então, com o seu jeito sincero, deixou claro para Judas: "O que você vai fazer, faça logo". Em seguida, Judas saiu da mesa e foi embora.

Esse discípulo era o tesoureiro de Jesus. Por ser quem cuidava das finanças, tinha a confiança de todo o grupo. Mesmo assim, Judas decidiu denunciar o seu Mestre em troca de trinta moedas de prata. Porém, isso não mudou quem Jesus era. Ou

Quem o traiu é que tomou a decisão errada. Não você.

seja, quando alguém trai a sua confiança, você permanece o mesmo, e quem muda é o traidor. Certamente você já foi traído algum dia... Talvez até por alguém bem próximo, como seu marido ou sua esposa, um sócio, um colega de trabalho ou um amigo. Não importa quem tenha sido, você não deve viver para sempre numa prisão emocional, na qual não libera o perdão e fica ali amargurado, remoendo a situação internamente, triste, chorando... Afinal, quem o traiu é que tomou a decisão errada. Não você.

E não importa o que lhe fizeram. Entenda que perdoar não é uma opção, e sim uma obrigação. Como assim? É simples: quando você não perdoa a traição, essa amargura fica no seu coração 24 horas por dia, todos os dias. E isso faz muito mal a você. O pior é que o seu sofrimento não vai mudar em nada a atitude da pessoa em relação a você, nem a vida dela. Mas vai mudar a sua. A falta de perdão lhe trará doenças e angústia, e você se tornará um ser humano pesado. Por isso digo que você é obrigado a perdoar.

Hoje quero estimulá-lo a não deixar esse sofrimento corroer o seu coração. Libere o seu perdão, seja para quem for. Você precisa fazer isso, primeiramente, por sua causa, porque assim abre caminho para o novo na sua vida – como novos relacionamentos ou um novo momento em seu trabalho. Ao perdoar, você se liberta de tudo o que passou de ruim. Deixar esse sentimento ir embora vai fazer muito bem a você. Passado não é lugar para se habitar, afinal, a própria palavra já diz: passou!

De uma vez por todas, precisamos aprender com Jesus e copiar o que Ele fez. E, para imitá-Lo o máximo possível, nem precisamos ser muito inteligentes ou megaestudiosos. Basta entender que, mesmo sentindo na pele a dor de uma traição, Ele aceitou o que iria acontecer e perdoou Judas. Será que você consegue ser parecido com o Mestre?

Sei que é difícil liberar o seu perdão... Mas perdoar é uma decisão sua. Não é que alguém esteja com uma faca no seu pescoço obrigando-o a desculpar alguém e esquecer todas as ofensas. Não é isso! E sim uma obrigação pelo seu bem, pela sua felicidade. Embora essa pessoa, possivelmente, tenha feito algo horrível que marcou a sua história, permita-se perdoar para que o Senhor encontre espaço para trazer o novo à sua vida. Perdoe, perdoe, perdoe... Assim como Jesus nos ensinou.

#NAPRÁTICA

Hoje quero encorajá-lo a fazer algo bastante difícil, mas que tenho certeza de que vai conseguir. Tire foto dessas duas páginas e mande para aquele cujo perdão você precisa liberar, para aquela pessoa com quem você rompeu e talvez não fale há anos. E diga: "Olha, eu te perdoo". Esse vai ser um ato poderoso, que vai libertá-lo de tanta amargura e fazer com que a sua vida ganhe um novo sentido. Seja corajoso. Você precisa fazer isso...

PERMITA-SE
PERDOAR
PARA QUE O
SENHOR
ENCONTRE
ESPAÇO PARA
TRAZER O NOVO
À SUA VIDA.

Seja Luz - @oigorfaria

DIA
71

A CRISE DO GARFO

"Cada um exerça o dom que recebeu para servir aos outros, administrando fielmente a graça de Deus nas suas múltiplas formas."
1 PEDRO 4:10

Hoje quero contar para você a história de um garfo. Sim, um garfo, um talher normal como outro qualquer. Ele fazia seu trabalho todos os dias sem ser nada além de um instrumento para que as pessoas pegassem o alimento no prato, levassem até a boca e, depois, novamente pegassem o alimento no prato e levassem até a boca. De manhã, à tarde, à noite... Um dia, dois dias, um ano, dez anos... Durante toda uma vida, esse garfo executou a mesma tarefa.

Certa vez, porém, ele começou a observar ao seu redor e reparou que vários outros objetos pareciam ter muito mais funções do que ele, muito mais utilidade. Por exemplo, o celular. Ele olhava para os seres humanos com o aparelho na mão e via que eles o usavam para postar e compartilhar fotos, comunicar-se com pessoas distantes – até mesmo fora do país –, comprar coisas, enviar e-mails... E, assim, o garfo entrou em crise, pensando: "Poxa, quantas diferentes utilidades tem um celular, né? Como ele é útil, como ele é valioso. É até mais caro por conta disso. Vale muito mais do que eu, que sou apenas um garfo".

Para piorar, ele começou a reparar em outros objetos, como um remédio. Ali estava um pouquinho de pó com o poder de curar dor de cabeça, dor no corpo e aliviar vários problemas de saúde. E pensou: "Poxa, eu podia ser um remédio, né? Olha só como ele é relevante! Um simples 'pó' consegue realizar tantas coisas, controla a pressão, alivia náuseas, dores, gases...". Diante dessa constatação, o garfo entrou em uma profunda depressão, uma verdadeira crise existencial. Afinal, o seu trabalho era muito maçante, muito repetitivo e, aparentemente, não tinha muito valor.

E você, o que acha disso? Concorda com o garfo ou acha que ele não apenas leva arroz e feijão para a boca das pessoas, mas também está sempre presente em celebrações e festas de aniversário, de casamento? Até porque não existe qualquer comemoração sem alimento. Além disso, o garfo também cumpre um papel essencial na vida das pessoas: quem não se alimenta não tem energia e disposição para fazer as tarefas, muito menos se divertir ou até navegar no celular. Se a pessoa não tem o básico, que é estar nutrida – e parte disso também é papel e função do garfo –, não consegue realizar nada.

Da mesma forma, quando você se senta com seus filhos, com sua esposa, com seu marido ou com amigos que ama, já percebeu que, naquele momento, na maioria das vezes, sempre tem um garfo presente? A verdade é que sempre o que você realiza por meio do seu trabalho é importante, seja ele remunerado ou não, inclusive – e isso não está relacionado ao seu salário apenas. Quer uma prova? Pense, por exemplo, nos faxineiros. Imagine o caos que o seu bairro se tornaria se todos esses profissionais decidissem não realizar seu trabalho porque é cansativo e repetitivo demais. Veja só o grande problema que toda a sociedade enfrentaria! Pessoas de todas as classes sociais seriam extremamente impactadas por essa decisão.

Entenda que aquilo que você faz diariamente é valioso. A remuneração é mais ou menos valorizada de acordo com o país e o lugar onde está. Isso não tem nada a ver com o valor do seu trabalho. Então, seja qual for a sua atuação profissional, encare isso com bons olhos. Faça as pazes com a sua realidade e entenda que há muito valor no que você realiza. Não é o preço das coisas que determina o valor que isso tem.

Faça as pazes com a sua realidade e entenda que há muito valor no que você realiza.

Lembre-se: tudo deve ser feito para a glória de Deus, e não para os homens. Por isso, tudo o que você fizer, em qualquer atividade, faça com muita excelência, como se fosse para o Senhor. Afinal, mesmo que os homens não o honrem e recompensem, tenho certeza de que o Senhor vai honrá-lo e recompensá-lo.

#NAPRÁTICA

Qualquer tipo de comparação é burrice. Uma coisa é se inspirar na vida e na história de outras pessoas. Outra coisa é se comparar. Então escreva na linha abaixo com o que e com quem você irá deixar de se comparar hoje mesmo. Praticar o autoconhecimento e decisões como essa são atos fundamentais para quem deseja ser a sua melhor versão.

DIA
72

45 DO SEGUNDO TEMPO

Um dos criminosos que ali estavam, dependurados, lançava-Lhe insultos: "Você não é o Cristo? Salva-se a si mesmo e a nós". Mas o outro criminoso o repreendeu, dizendo: "Você não teme a Deus, nem estando sob a mesma sentença? Nós estamos sendo punidos com justiça, porque estamos recebendo o que os nossos atos merecem. Mas este homem não cometeu nenhum mal". Então, ele disse: "Jesus, lembra-te de mim quando entrares no teu Reino". E Jesus lhe respondeu: "Eu lhe garanto: hoje você estará comigo no paraíso".

LUCAS 23:39-43

Aqueles que gostam de futebol já entenderam o objetivo do título da mensagem de hoje. Quero mostrar a você que, aos "45 minutos do segundo tempo" – ou seja, no final da vida –, um homem conseguiu mudar completamente a sua história. Nessa passagem de Lucas, vemos algo incrível: dois ladrões, a mesma circunstância, o mesmo lugar, o mesmo minuto, e possivelmente até erros muito semelhantes, mas dois finais completamente diferentes e, principalmente, eternidades diferentes. Um dos ladrões que estava na cruz ao lado de Jesus manteve a sua vida errada, cheia de pecados e de escolhas equivocadas. Já o outro, mesmo carregando uma história parecida, antes de seu último suspiro foi perdoado dos seus pecados e, agora, está ao lado do Pai no céu.

Para nós, seres humanos, pode ser difícil aceitar que um ladrão, digno de morte na cruz (uma das piores sentenças da época!), hoje esteja junto ao Cristo. Mas esse é o tamanho do amor de Jesus por nós! Quero propor a você uma reflexão, e peço que pense que há duas opções à sua frente. Numa delas, o seu coração é parecido com o do ladrão orgulhoso, que não se arrepende de seus pecados e não aceita Jesus como o seu Salvador. Na outra, ele se assemelha ao daquele homem que, aos 45 do segundo tempo, se arrependeu. Qual das duas você escolhe? Quer conquistar o mesmo final do ladrão que caçoava de Jesus? (E eu lhe garanto que não é o céu...) Ou prefere não se importar com o seu passado e com as más decisões que tomou na sua vida, e ser merecedor do céu?

Entenda que o que vale é reconhecer Jesus como seu Salvador e se arrepender dos seus pecados. Assim, o seu lugar ao lado de Cristo está garantido. Não é preciso mais nada! Não será uma vida perfeita que o levará para o céu. Nem mesmo um caminhão cheio de dinheiro ou seguir um manual de boas ações. O que assegura o seu passaporte divino é aceitar Jesus como seu único e suficiente Salvador.

E aí, qual final você escolhe?

Até em seus minutos finais aqui na Terra, Jesus continuava nos ensinando. Por meio desses dois ladrões na cruz, fica claro que Ele não está se importando com a sua situação atual, sua condição social, nem mesmo com o seu histórico. Ele quer saber do seu coração e se você tem fé nEle. Isso basta! Eu lhe confesso que esses minutos finais de Jesus na cruz me constrangem em amor. Mesmo muito machucado, ferido, humilhado, Ele continuava amando o ser humano incondicionalmente.

Entenda: não há nada que Ele não possa restabelecer ou curar. Se perdoou um criminoso aos 45 do segundo tempo, não tem como Jesus fazer diferente na sua vida.

#NAPRÁTICA

Então, aja como aquele ladrão arrependido na cruz. Peça perdão por seus pecados e por todas as suas más escolhas. Deixe que Jesus entre no seu coração e tire de lá tudo o que não Lhe agrada, transformando a sua vida de acordo com a vontade dEle. Aceite ser salvo, para ir morar com o Pai na eternidade.

DIA
73

SOFRA À VONTADE

No mundo, tereis aflições, mas tende bom ânimo. Eu venci o mundo.
JOÃO 16:33

Jesus chorou. Sim, o homem mais incrível da história de toda a humanidade chorou. Algumas vezes, inclusive. Uma delas foi quando Ele descobriu que seu amigo Lázaro tinha morrido. Mesmo sabendo que dias depois iria ressuscitá-lo, chorou de tristeza e, principalmente, de compaixão pelos familiares de Lázaro, que sofriam muito com a perda dele.

Na Bíblia, também vemos diversos outros casos de sofrimento. Um deles é a história de Jó. Ele era um homem muito temente a Deus, que tinha uma família maravilhosa e lindos filhos, além de ser muito rico. Mas perdeu completamente tudo: suas riquezas, seus filhos e até a própria saúde. Jó, contudo, não perdeu a confiança em Deus. Ele próprio disse: "Nasci nu, sem nada, e sem nada vou morrer. O Senhor deu, o Senhor tirou, louvado seja o Seu nome". Em nenhum momento Jó pôs a culpa em Deus. Porém, isso não o impedia de chorar, de sentir muito tudo aquilo que estava acontecendo com ele. A Bíblia deixou claro que ele sofreu – e muito.

Então, hoje, entenda que Jesus chorou e sofreu, assim como Jó. Mas Ele jamais nos prometeu que não teríamos dias ruins, dias tristes. Às vezes, confundimos as coisas, achando que ter uma caminhada com Deus é levar uma vida sem sofrimento, sem medos, em que tudo dá certo. Essa não foi a promessa de Jesus para nós. Ele nos disse que isso aconteceria na vida eterna, não aqui na Terra. E nos avisou isso na passagem de João 16:33.

Por outro lado, no mesmo versículo Jesus nos pede para termos bom ânimo, porque Ele – apesar de suas próprias aflições – venceu o mundo e a própria morte. Cristo nos aconselha a ficarmos em paz, alegres... Então, quando algo muito triste acontecer, uma perda de um familiar, um luto ou algum episódio complicado, pode sofrer à vontade. Sim, sofra, chore, não tem problema! Faz parte, não se culpe por isso. Não tenha uma falsa sensação de que, por você acreditar em um Deus que venceu a morte, não terá dias ruins. Isso não existe, não tem como acontecer na Terra.

Sofra à vontade, mas com uma condição: de que a sua esperança em dias melhores não esteja em você mesmo, nem em ninguém. Ela tem que estar na maior esperança da humanidade: Jesus Cristo. Voltando à história de Jó, a Bíblia diz que, depois de todo esse período de sofrimento, ele teve a vida restituída por Deus. E recebeu tudo em dobro: riquezas, uma nova família e filhos. Jó viveu por 140 anos, feliz, podendo ver os seus netos e bisnetos crescerem. Tudo na vida dele foi restabelecido.

Então, podemos não entender muitas coisas que nos acontecem... Podemos passar por fases muito ruins, de choros e angústias. Mas precisamos ter a seguinte certeza: a solução de nossos problemas não está nas nossas mãos, na sorte, no destino, em placas ou estátuas, e sim nas mãos de Jesus Cristo. Em Provérbios 19, versículo 21, é dito: "Muitos são os planos no coração do homem, mas o que prevalece é o propósito do Senhor".

Todos nós temos e teremos dias difíceis. Não estamos isentos disso. Mas traga em seu coração a mensagem que quero transmitir a você hoje: Deus está no controle de tudo. Só entregue e confie. Ele sabe o que está fazendo.

#NAPRÁTICA

Talvez neste exato momento você esteja sofrendo por algo. Se esse for o seu caso, chore, permita-se ter um dia ruim. Mas não faça isso sem desabafar com alguém – um familiar ou amigo próximo. Diversos estudos comprovam que, ao externalizar e verbalizar o problema, isso se torna mais leve. E também não deixe de clamar ao Senhor por uma cura emocional completa. Ele é capaz!!!

DEUS ESTÁ NO CONTROLE DE TUDO. SÓ CONFIE, E ENTREGUE.

DIA
74

O QUE ELE DIZ

"E depois disso derramarei do meu espírito sobre todos os povos, os seus filhos e as suas filhas profetizarão, os velhos terão sonhos, os jovens terão visões."
JOEL 2:28

Em geral, costumamos ter o errado hábito de a toda hora declarar sobre nós "verdades" humanas através de crenças limitantes ou o que terceiros disseram sobre nós. Mas na maioria das vezes, estas não são verdades divinas, que o Criador disse sobre nós. Pense, por exemplo, em um idoso que já está com seus oitenta e poucos anos. Por conta da idade, ele acha que não pode mais ter sonhos. Afinal, já é um senhor, já viveu tudo o que poderia, como assim ainda ousaria sonhar?... Imagine, agora, uma criança de 10 anos. Se ela começar a profetizar sobre a vida de alguém, declarando o que essa pessoa viverá no futuro, vamos acreditar que não é madura o suficiente e que não tem o conhecimento necessário para fazer isso, certo? Porém, essas são as conclusões que nós, humanos, fazemos, mas não o que Deus diz.

Para o Criador, os idosos sonharão, as crianças profetizarão e os jovens terão visões. Um excelente exemplo disso é a história de Abraão. Quando Deus fez uma aliança com ele, já em idade avançada, prometeu que ele seria pai de uma grande nação, mesmo que Sara fosse estéril e eles fossem considerados muito velhos para ter filhos. Sara chegou até a dar risada da promessa de Deus para eles, de tão absurda que parecia ser. Abraão, com fé, acreditou na promessa divina, e em sua velhice teve Isaque, o filho da promessa. Essa história ilustra perfeitamente que, para Deus, a idade ou as circunstâncias não definem a capacidade de sonhar e realizar.

Por isso, hoje quero declarar a você que não importa o que você pensa sobre a sua vida ou o que imagina sobre si mesmo, sobre a sua família e sobre o seu futuro. O mais importante é o que Deus pensa a seu respeito. Não interessa a sua idade, o seu cenário, se você é rico ou pobre. Para o Senhor, absolutamente nada disso é relevante, porque Ele pode tudo na sua vida.

O mais importante é o que Deus pensa a seu respeito.

Se o Criador é capaz de dar sonhos a pessoas que já estão nos seus momentos finais de vida e se permite que seres ainda ingênuos e puros possam profetizar sobre a vida de alguém, imagine o que Ele pode fazer pela sua vida? Tudo! Absolutamente tudo! Creia nisso e deixe de lado o que você mesmo pensa sobre si. Esqueça também o que familiares e outras pessoas já declararam sobre você. Tome posse – agarre mesmo! – somente daquilo que Deus diz sobre você.

Assim como Abraão, que se tornou o pai de multidões por meio da fé nas promessas de Deus e cujo nome é lembrado nos quatro cantos da Terra até hoje, o que realmente conta são os sonhos e as visões do Deus Todo-Poderoso para você. Não se apegue ao passado – às maldições, inverdades, mentiras e traições que o afetaram. Apenas creia e viva os sonhos do Senhor, que, com certeza, é o que há de melhor para você e todos os seus. E lembre-se: não importa a sua idade ou a fase em que se encontra; Deus tem sonhos gigantescos e quer realizá-los em sua vida. Nunca é tarde para cumprir o propósito. Acredite! Seja luz!

#NAPRÁTICA

Reflita sobre as perguntas abaixo: "Qual o sonho que deixei de realizar por causa da opinião de terceiros?". "Qual era a atividade ou ocupação que parei de fazer porque, algum dia, 'aquela pessoa' tirou sarro da minha cara?" "Eu tenho me importado com as críticas dos outros?" Silencie tudo o que a sua mente ou outras pessoas dizem sobre você e acredite apenas na palavra do Senhor, neste devocional de hoje, pois isso é suficiente para você cumprir o seu propósito.

NUNCA É TARDE PARA CUMPRIR O PROPÓSITO.

Seja Luz - @oigorfaria

DIA
75

VAI VALER A PENA

Esforcem-se para ter uma vida tranquila, cuidar das coisas que lhes dizem respeito e trabalhar com as próprias mãos, como nós os instruímos, a fim de que andem decentemente aos olhos dos que são de fora e não dependam de ninguém.

1 TESSALONICENSES 4:11-12

O começo desse versículo parece trazer duas ideias contraditórias: "Esforcem-se para ter uma vida tranquila". Se você for parar para pensar, esforçar-se é totalmente o contrário de estar tranquilo. Em geral, dizemos para alguém: "Fique tranquilo, porque estou cuidando disso" ou "Esforce-se para cuidar disso aí". Não costumamos usar as duas expressões na mesma frase.

Acontece que, para termos o menor tipo de problemas na vida – sejam pessoais, sejam profissionais –, precisamos nos esforçar. Isso é óbvio. Mas vamos esmiuçar... Para ter uma relação incrível com seu marido ou sua esposa, muitas vezes deve haver sacrifício de suas próprias vontades e desejos, para agradar ao cônjuge. No seu trabalho, para você ter uma carreira respeitada, será necessário batalhar muito. E essa é a única forma de alcançarmos uma vida tranquila; a própria Bíblia confirma isso.

A conclusão a que cheguei é que devemos acordar diariamente sabendo que teremos, sim, de nos esforçar e usar a força das nossas mãos, ou seja, a nossa própria dedicação. Devemos excluir aquela ideia de que, um dia, vamos usufruir de uma vida sem nenhum tipo de problema. Chega de pensar "Ah, quando eu me aposentar e tiver feito o meu pé-de-meia – ou acumulado um grande patrimônio –, vou ter uma vida tranquila". Olha, sinto lhe informar, mas isso é uma utopia.

Hoje, na internet, vemos muita gente falando sobre "colocar o dinheiro para trabalhar para nós" ou "não trabalhar muito, e sim com inteligência". Até entendo essas pessoas que divulgam isso, e, de certa forma, concordo com elas. Precisamos trabalhar e produzir de forma inteligente. Mas isso não anula o esforço, a dedicação, a batalha, o suor, a força do braço – eles precisarão existir por um longo período de nossas vidas. Haverá épocas em que você dormirá tarde e acordará cedo, e isso será extremamente necessário para se alcançar a tal da tranquilidade.

Pense naquelas histórias de profissionais de sucesso e observe o quanto eles batalharam, se dedicaram e abdicaram de vontades próprias, de prazeres, de momentos em família e de lazer em prol dos seus negócios. No campo pessoal, a mesma coisa. Por exemplo, para você criar seus filhos de uma maneira realmente honrosa, não tem como dedicar apenas meia horinha por dia a eles e achar que vão se dar bem na escola, respeitá-lo, dar bons frutos e ser seres humanos exemplares.

O fato é que é impossível levarmos alguma área da vida sem muito esforço. E você pode dizer assim: "Ok, Igor, já entendi que não posso ter preguiça e devo me esforçar muito. E onde entra a parte de Deus nessa história toda?". A equação correta é a seguinte: você faz o natural muito bem-feito. E deixa que o sobrenatural Deus faz. Sempre realize o seu possível com muito amor, dedicação e excelência. Já o impossível ficará sob a responsabilidade de Deus. Não recorra a Deus para realizar o que é a sua responsabilidade fazer. Tenha compromisso, seja constante, estude, cuide dos seus, esforce-se e dedique-se muito! E conte com Ele quando o que parece impossível se apresentar para você. Vá para cima, vai valer a pena! Seja luz.

#NAPRÁTICA

Escolha uma (ou algumas) áreas da sua vida em que você precisa se esforçar mais. Coloque tarefas e metas específicas e comece a realizar hoje mesmo. Após sete dias, faça uma autoavaliação para ver se houve progresso. Em seguida, inicie mais um ciclo desses, até que se torne um hábito em sua vida.

DIA

76

O QUE UMA GOTEIRA PODE NOS ENSINAR?

Assim, aquele que considere estar de pé, cuide-se para que não caia.

1 CORÍNTIOS 10:12

Recentemente, o banheiro do segundo andar da minha casa começou a infiltrar para a sala, que fica no primeiro pavimento. Se eu não arrumasse logo esse problema, em pouco tempo estaria pingando água em nossas cabeças enquanto estivéssemos sentados no sofá. Situação nada agradável, né? Na vida, acredito que os nossos erros são exatamente assim: se não fecharmos logo as brechinhas, as pequenas goteiras, a "água" vai se alastrar e, uma hora, vai cair.

Só que muita gente não se dá conta disso. Vamos vivendo no modo automático, fazendo as atividades normais do cotidiano sem muitas vezes prestar atenção a alguns detalhes que, mais dia, menos dia, podem manchar toda a nossa história. Por isso, essa passagem de Coríntios é uma grande verdade. Algumas atitudes na nossa vida são irreversíveis, então precisamos ter muita cautela. É assim em todas as áreas. Por exemplo, no casamento. Ele não acaba da noite para o dia, isso não existe, e sim porque algo já vinha acontecendo pouco a pouco – brechas que não foram fechadas, microcoisinhas que, quando o casal vê, viraram um problema gigantesco. Muitas vezes, essa brecha que abrimos também é a arrogância, por não nos permitirmos ser corrigidos e acreditarmos que somos "a última bolacha do pacote". Resultado: tomamos decisões e ações sem pensar nas consequências, afinal, "eu sei o que tô fazendo, eu sou bom!".

No meio artístico em que vivo, conheço inúmeras histórias de homens e mulheres que estavam no topo, vendendo muitos shows, com suas músicas sendo as mais tocadas nas rádios ou plataformas de streaming, e, de repente, um errinho, uma falha, fez com que tudo desmoronasse. Tudo! No mundo dos esportes, quantos atletas que são os melhores em seus clubes e começam com noitadas, bebidas, muitas mulheres e "de repente" não são mais os melhores atletas e afundam suas carreiras? Frequentemente vemos notícias como essa, frutos de escolhas erradas que a princípio pareciam inofensivas. Cuidar-se para que não caia é uma mentalidade essencial para todos que desejam ser luz e viver plenitude a vida toda, e não apenas uma vez ou outra.

Na mensagem de hoje, o meu objetivo é alertá-lo: tome cuidado em todas as áreas da sua vida. Vigie, realmente, porque um simples deslize pode fazer tudo desmoronar à sua volta. Não troque o que você construiu ao longo de anos por um prazer momentâneo ou pela ideia de alguém que veio com um papo docinho, uma conversa boa... Não troque mesmo,

Não troque o que você construiu ao longo de anos por um prazer momentâneo.

porque poderá não ter uma segunda chance. Lembre-se, uma pequena infiltração e uma simples goteira podem se tornar um grande problema e dor de cabeça em sua vida.

Mas se, por acaso, você já errou feio em alguma área e está precisando, justamente, dessa segunda chance, tenho uma boa-nova para você: Jesus está sempre disposto a lhe dar outra oportunidade. Para isso, você precisa abrir o seu coração de uma maneira que jamais fez e deixar que Ele arrume toda a bagunça, limpe toda a sujeira e afaste as pessoas e os projetos que não combinam com tudo o que está na palavra dEle. Feito isso, cultive a humildade, seja manso e tenha mais ouvidos do que boca. Esse é um conselho deste amigo que já falhou e que recebeu essa segunda chance de Jesus.

Cultive a humildade, seja manso e tenha mais ouvidos do que boca.

#NAPRÁTICA

Tenha muito cuidado para não se tornar uma pessoa arrogante e orgulhosa. Ouça conselhos daqueles que o amam, coloque-se à disposição para servir ao próximo constantemente, tenha o hábito de praticar caridade e doações, entre outras ações que irão preservar a sua humildade e a pureza do seu coração.

CULTIVE A HUMILDADE, SEJA MANSO E TENHA MAIS OUVIDOS DO QUE BOCA.

Seja Luz - @oigorfaria

DIA
77

GAROTO-PROPAGANDA

Sabemos, irmãos amados de Deus, que Ele os escolheu.
1 TESSALONICENSES 1:4

Como você sabe, trabalho com entretenimento e televisão. Nesse ambiente, existe a expressão "garoto-propaganda". Ela se refere àquela pessoa, seja homem ou mulher, que é uma espécie de embaixador, de símbolo de uma marca. Duvido que você não se lembre do rosto que aparecia nos anúncios de um produto de limpeza que dizia ter mil e uma utilidades. Ou, mais recentemente, do apresentador Marcos Mion com Sylvester Stallone no comercial de um grande banco.

São campanhas publicitárias que marcaram a vida das pessoas, e, como essas, há milhares pelo Brasil e pelo mundo, em todos os tempos. Porém, existiu um homem que dividiu a cronologia ao meio – antes e depois dEle – e que se tornou memorável não só para mim, não apenas para um país, mas para o planeta inteiro. Todos reconhecem a importância desse homem, que se chama Jesus Cristo. Não sei se você tem noção disso, mas Ele é, definitivamente, a personalidade mais conhecida da história da Terra.

Quando uma empresa procura por um garoto-propaganda, quer uma pessoa que tenha credibilidade e sucesso no que faz. Essa instituição deseja associar sua imagem ao legado ou ao propósito de alguém. Essa é a lógica corporativa e, de certa forma, também a lógica humana. Mas, com Jesus, não foi isso o que aconteceu. Como assim? Deixe-me lhe explicar: quando ele escolheu os doze discípulos que iriam caminhar com Ele, nenhum deles tinha algo de excepcional. Não eram juízes, imperadores, por exemplo... Eram pessoas comuns, como pescadores e cobradores de impostos, que se tornaram os garotos-propaganda do Mestre – ou os seus "influenciadores" daquela época.

Atualmente, eu me considero um garoto-propaganda de Jesus. Sou apaixonado por Ele e amo viver os seus princípios. E você, que está lendo agora este devocional, também pode se tornar um deles. Está certo que o Senhor poderia preferir os melhores, os mais capacitados, os com melhores resultados. Mas não: Ele escolhe seres humanos "comuns".

Como diz a passagem de Tessalonicenses, Ele escolheu a mim, a você e à sua família para continuarmos a missão dEle na Terra. A ideia, então, é sermos garotos-propaganda de Jesus diariamente. Mas não se preocupe: para ocupar essa posição, você não precisa ser perfeito. Quando se equivocar, sempre terá uma nova chance. E não entenda isso como um incentivo para sair por aí errando e pecando. O que quero dizer é que você, embora seja um simples ser humano, tem todos os requisitos para ser um embaixador do Reino na Terra, um influenciador da missão e do legado de Jesus. O que o Mestre quer, simplesmente, são pessoas que estejam disponíveis e abram o coração para Ele.

E, no final das contas, como deve ser um garoto-propaganda de Jesus? Basta procurar ser conhecido por suas boas atitudes, palavras e exemplos no dia a dia. Honrar o seu casamento, cuidar e orientar os seus filhos no caminho correto, perdoar com facilidade, amar o próximo. Buscar ser luz diariamente. Ser um "garoto-propaganda" de Jesus é uma grande responsabilidade, mas, ao mesmo tempo, uma alegria e honra gigantesca.

#NAPRÁTICA

Imagine só poder ser escolhido como embaixador do próprio Deus, que veio à Terra e mudou para sempre a história da humanidade? E que continua cuidando, protegendo e tendo bons planos para você e todos os seus? E aí, topa o desafio?

Em uma era em que existem muitas pessoas influenciando negativamente, eu e você precisamos nos posicionar e decidir iluminar tudo e todos por onde passamos. Bora ser luz!

DIA
78

SEJA O PORTADOR DE BOAS NOTÍCIAS

Como água fresca para a garganta sedenta, é a boa notícia que chega de uma terra distante.

PROVÉRBIOS 25:25

Hoje vou começar com uma pergunta: quem é você quando chega de uma terra distante? É a pessoa que traz boas notícias e mata a sede de pessoas sedentas? Ou é a que leva más notícias, uma pessoa pesada que, quando chega, os outros querem sair correndo e fugir de você? Talvez a sua resposta não seja das melhores, mas é muito importante fazer essa autoavaliação. Embora ter a noção disso possa não lhe fazer muito bem inicialmente, saiba que é muito necessário, porque devemos sempre ser mensageiros de boas notícias. Precisamos agir como se fôssemos os pés de Jesus andando por aí, iluminando os caminhos, auxiliando o próximo, abençoando pessoas. Servindo e amando, como um estilo de vida.

Porém, entenda que essa sede não é de água ou de qualquer outro líquido. E sim uma necessidade de ouvir boas mensagens, ouvir tudo o que combina com Cristo, ou seja, tudo o que é bom e que traz paz, amor e perdão. Não tem como nós, que somos imagem e semelhança dEle, nos declararmos cristãos – pessoas que creem em Jesus – e chegar nos ambientes tornando-o mais pesado, carregado, e causando polêmica, discórdia e briga. Isso não combina com Jesus.

Hoje, então, quero convidá-lo para ser luz por onde anda – você sempre será capaz de fazer isso, é uma decisão. E não importa se é bom ou ruim, melhor ou pior do que qualquer outro ser humano. As pessoas passarão a olhar para você e perceber que há algo diferente: está mais alegre, divertido, deixando o ambiente leve, mais amável, empático.

Pregue o Evangelho em todo o tempo, e se necessário for, use palavras.

Gosto muito de uma frase que diz: "Pregue o Evangelho em todo o tempo, e se necessário for, use palavras". O que ela quer dizer? Que não precisamos usar as palavras para sermos iguais a Jesus. Em princípio, basta fazermos tudo o que combina com Ele. Mostre isso no seu dia a dia, na maneira como lida com as pessoas, como entra nos lugares, como reage aos maus momentos, às infelicidades, ao estresse, às injustiças da vida. Na verdade, isso diz muito mais sobre nós do que somente as nossas palavras. Mostre isso por meio de como você trata seu cônjuge, como cuida dos seus filhos. Como você trata todas as pessoas, principalmente aquelas que não têm "nada" a lhe oferecer em um primeiro momento, afinal, tratar bem somente quem tem algo de que você precisa não é amor ao próximo, mas sim interesse.

Um bom exercício para lidar com as situações do cotidiano é fazer a seguinte pergunta para si mesmo: "OQJF?" – O que Jesus faria?

“OQJF” se alguém o fechasse no trânsito? “OQJF” se recebesse esse convite desta mulher que não é a sua esposa? “OQJF” se, após realizar compras no mercado, o operador do caixa lhe devolvesse mais dinheiro em troco do que é seu de direito? “OQJF” se um amigo distante lhe ligasse pedindo conselhos por problemas pelos quais ele está passando? Todos os dias, temos diversas situações em que devemos nos questionar: “O que Jesus faria” nessa situação?

“OQJF?” - O que Jesus faria?

Então, se você é um seguidor de Jesus, precisa levá-Lo aos quatro cantos desta Terra, sempre por meio de boas-novas, de boas notícias. Acha difícil para você? Pois então vamos para...

#NAPRÁTICA

Ore, pedindo: “Pai, eu quero ser alguém parecido contigo, quero ser alguém que ilumine o caminho de todos aqueles que estão ao meu redor e também o daqueles que eu nem sei quem são. Eu lhe peço, Jesus, que o Senhor me use todos os dias, a todo momento, mesmo que eu esteja de boca fechada. Que o Senhor me use para parecer com o Senhor, tornando o Seu nome bem conhecido”. E acredite: você é capaz!

DIA

79

O BOM PAI

Vocês, mesmo sendo maus, sabem dar coisas boas aos seus filhos.
Quanto mais o Pai de vocês, que está no céu, dará coisas boas aos que lhe pedirem.
MATEUS 7:11

Não faz muito tempo me tornei pai do Davi. Esse era o maior sonho da minha vida! Meses depois, chegou o meu segundo filho, Lucca: eles têm apenas um ano de diferença. Ainda são muito pequenos, mas fico imaginado como será quando eu for ao shopping com os dois e eles começarem a me pedir as coisas. Como vou lidar com cada pedido? Afinal, não vou poder dar tudo o que eles quiserem. Isso faz parte do processo de educação dos filhos, para que entendam que não podemos ter tudo o que desejamos na hora em que bem entendermos. Eu, inclusive, vim de uma criação muito "rígida", tinha que "andar na linha", e pretendo educar meus filhos de maneira bem parecida.

Essa passagem de Mateus diz que nós, homens e mulheres, não temos uma natureza maravilhosa como a de Deus. Só que, mesmo sendo maus – ou seja, um ser humano comum, com nossas falhas e erros –, vamos dar coisas boas aos nossos filhos, proporcionar momentos felizes e cuidar bem deles. E se já somos assim, imagine como é Deus em relação a seus filhos na Terra?

Quando você entra em comunhão com o Pai e pede algo, Ele será capaz de lhe dar o melhor. Mas preste bastante atenção ao que vou falar... Existe algo que é capaz de tornar qualquer relação ainda melhor: chama-se intimidade. Há uma frase, inclusive, que tem tudo a ver com a passagem de hoje: "Quem tem intimidade fura a fila". A intimidade gera uma conexão mais profunda, daquelas que a gente reconhece só de olhar, só pelo tom da voz. Se um filho que é íntimo de seu pai já pede e recebe, pense no quanto a nossa intimidade com Deus pode trazer para as nossas vidas!

Mas será que todos nós somos filhos do Senhor? Veja bem, de acordo com o entendimento bíblico, há uma diferença entre você ser criado por Deus – portanto, uma criatura dEle – e ser Seu filho. Isso porque filho é só aquele que O aceita como Pai. Dentro desse raciocínio, 100% da humanidade é criatura de Deus, mas nem todo mundo é necessariamente filho dEle. Ainda assim, Deus ama todas as suas criaturas, exatamente como os pais que dão vida a mais de um filho e, mesmo que haja afinidade maior com um do que com outro, o amor incondicional jamais excluirá esse sentimento pelo filho menos obediente ou mais distante.

Porém, não podemos esquecer a frase que diz que quem tiver mais intimidade vai furar a fila. Se humanamente falando já é assim, pois muitas vezes acabamos privilegiando os "filhos mais chegados", imagine divinamente? E, para que haja essa conexão profunda, é essencial que você alimente o relacionamento com o Senhor no dia a dia. Esse Pai maravilhoso responderá realizando planos perfeitos ao longo de toda a sua existência.

Hoje, então, quero encorajá-lo a se aproximar cada vez mais de Deus. Entenda que Ele é seu Pai e quer fazer coisas maravilhosas na sua vida, mas está só esperando você aceitar se tornar filho íntimo dEle. O Senhor espera, também, que você – com o coração quebrantado e arrependido – peça perdão por todas as suas más escolhas do passado e realmente se entregue a Ele. Com o seu amor incondicional, Deus vai perdoá-lo e, assim, você conseguirá acessar esse amor tão generoso, exatamente como o de um pai com o seu filho.

Agora, vamos voltar à figura do shopping. Quando você estiver lá com os seus filhos e eles lhe pedirem um presente, será muito difícil negar, não é mesmo? Mas, no processo de educação, nem sempre você deverá dizer sim. Por isso, sinta-se livre para pedir tudo o que quiser ao Pai. Porém, em suas orações, lembre-se sempre: o seu Pai sabe o que é o melhor para você! Acredite e confie!

#NAPRÁTICA

Leia e medite sobre estas três passagens abaixo para compreender ainda mais a paternidade de Deus e assim sentir-se ainda mais amado:

1) João 1:12-13

2) Isaías 64:8

3) Salmos 103:13

DIA
80

LUA DE MEL

Aquele que habita no abrigo do Altíssimo e descansa à sombra do Todo-Poderoso pode dizer ao Senhor: "Tu és o meu refúgio e a minha fortaleza, o meu Deus em quem confio".

SALMOS 91:1-2

Hoje quero compartilhar com você algo que aconteceu em minha lua de mel com a Marcella. Calma, não é isso que você está pensando... rs.

Somos aquele tipo de casal que gosta de "bater perna", como a gente diz. Não faz muito nosso estilo ficar parado, apenas descansando. Gostamos mesmo é de visitar lugares diferentes, curiosos ou históricos, principalmente quando vamos para fora do Brasil; conhecer as demais culturas nos fascina.

Logo após nos casarmos, fomos para Cancún e Tulum, no México. Lá, além daquelas praias paradisíacas, também há muitas ruínas maias a serem visitadas, que são como museus a céu aberto. E bota aberto nisso! Ficávamos o passeio inteiro com o sol literalmente nas nossas cabeças. Muito quente! Lembro que, enquanto estávamos ouvindo o guia turístico falar, virei para a Marcella e disse: "Amor, não tem uma bendita árvore nesse lugar. Não tem uma sombra". Na mesma hora, veio à minha cabeça o Salmo 91: "Descansa à sombra do Todo-Poderoso".

Instantaneamente, fiz a ligação entre o calor por que estávamos passando e essa passagem bíblica. Uma sombrinha é algo tão gostoso e bem-vindo durante uma caminhada, ao longo da prática de um esporte ou enquanto se trabalha exposto ao sol, não é mesmo? Basta ficar embaixo de uma simples árvore para usufruir dela. Agora, pense na maravilha que é caminhar e viver à sombra do Todo-Poderoso, do Criador do Céu e da Terra, do Criador de mim e de você. Olhe que coisa mais linda! E, para isso, não precisamos fazer nada demais além de crer e entregar de todo o coração a nossa vida nas mãos de Deus, e aí, sim, viver à sombra dEle.

Imagine passar 24 horas por dia, sete dias da semana, 365 dias no ano à sombra do Todo-Poderoso. Então, hoje, quero convidá-lo a fazer isso. Coloque à sombra do Pai a sua família, os seus sonhos, os seus projetos, a sua carreira, absolutamente tudo! Ponha-se à disposição para viver de acordo com a vontade do Pai, sentindo-se protegido. Tenha a certeza e a consciência de que isso já acontece todos os dias de sua vida. E seja grato a Deus por lhe proporcionar tamanha misericórdia e a graça dEle, que se renova a cada manhã.

Entregue, de todo o coração, o seu dia a dia a Deus. Só assim poderá descansar e andar à Sua sombra, confiante de que está sempre protegido e livre do sol escaldante que muitas vezes as situações e complicações da vida nos trazem.

Entregue, de todo o coração, o seu dia a dia a Deus.

#NAPRÁTICA

Faça agora mesmo esta oração comigo: "Senhor, eu quero viver protegido por ti. Cuide de mim em todo lugar que eu entrar, me afaste de pessoas perigosas e que não querem o meu bem. Da mesma forma, proteja os meus, minha família, minha casa. Todo-Poderoso, eu te amo e te entrego tudo! Em nome de Jesus, amém!".

DIA 81

QUER SER O MAIOR?

Jesus os chamou e disse: "Vocês sabem que os governantes das nações as dominam e as pessoas importantes exercem autoridade sobre elas. Não será assim entre vocês. Ao contrário, quem quiser tornar-se importante entre vocês deverá ser servo, e quem quiser ser o primeiro deverá ser servo dos demais, tal como o Filho do Homem, que não veio para ser servido, mas para servir e dar a sua vida em resgate por muitos".

MATEUS 20:25-28

O versículo de hoje estabelece um estilo de vida, uma cultura para aqueles que seguem Jesus. No momento em que Ele mesmo diz que não veio para ser servido, e sim para servir, Ele quebra a dinâmica humana de poder e influência não só da época em que Ele vivia, mas até hoje. Sem dúvida alguma, Jesus foi o homem mais influente da humanidade. Isso é o que dizem historiadores, independentemente da questão espiritual. São bilhões de cristãos espalhados pelo mundo até hoje exercendo princípios que Ele deixou dois mil anos atrás. E o interessante é que ele poderia ter escolhido governar, reinar, sentar-se em um alto trono, ser o mais rico, o mais relevante e o mais poderoso de todos os homens. Mas Ele não quis isso para si próprio. Optou por ser exemplo para nós, demonstrando como devemos agir, dia após dia, um com o outro, entre irmãos, entre amigos, entre família. Jesus deixou bem claro: se quisermos ser os maiores, os principais, precisamos ser aquele que mais serve, o primeiro a se colocar à disposição.

Assim, toda vez que começarmos a nos achar importantes, toda vez que ganharmos uma promoção no trabalho, fizermos um bom negócio ou conquistarmos algum mérito sobre qualquer coisa, precisamos nos lembrar que, para sermos maiores, o que conta não são esses resultados, e sim nos colocar à disposição para servir. Não é sobre o resultado apenas, mas sim o quanto utilizamos daquele resultado para ser luz na vida dos demais.

Por muito tempo, achei que servir a Cristo era só estar dentro da igreja. E, por isso, acreditava não ser um dos melhores servos. Não me sentia digno porque não sabia cantar, nem pregar, não era formado em teologia, por exemplo. Então, pensava que jamais poderia ser relevante no Reino de Deus. Até que, por diversas vezes, Deus falou comigo, e foi um longo processo até eu entender que, na minha área de atuação, com aquilo que eu tinha nas mãos, posso servir de uma maneira extraordinária.

A verdade é que todos nós temos habilidades e características que podemos, sim, usar a favor do Reino. Imagine, por exemplo, que você é advogado. Como poderia servir a Deus? Se você tira uma parte do seu tempo para atender ao próximo com o seu *know-how*, com as suas competências, estará, sim, servindo a Ele. Caso seja médico ou nutricionista, quando abençoa os outros com os seus talentos, com tudo aquilo que aprendeu por meio de muito estudo, está fazendo com que o Reino de Deus seja cumprido.

Você que é do lar e sabe cozinhar muito bem e organizar uma casa como ninguém pode auxiliar outras famílias que não se saem tão bem assim nas tarefas domésticas, e isso acaba gerando atritos familiares. Ao ensinar a quem precisa como gerir os cuidados com o lar, estará servindo e ajudando a levar a paz àquela casa. Faz ideia da importância disso?

Consegue compreender como cada área de atuação tem a sua importância no Reino de Deus? Então, viva sob essa missão de enxergar o mundo como se estivesse servindo a Deus em todas as oportunidades. Não é somente servir a Ele dentro da igreja – se puder também fazer isso, maravilhoso, porque a igreja é o local em que nos reunimos e aprendemos sobre Jesus. Mas não se limite a ela.

Existe uma frase muito poderosa que diz: "Quem não vive para servir não serve para viver". Ela nos faz entender que, quanto mais estamos com o coração disposto e com o tempo disponível, mais Deus derrama sobre nós. Talvez agora você esteja pensando: "Ah, Igor, mas eu não tenho tempo!". Sei que o tempo é escasso e valioso para todo mundo. Mas garanto que você tem, sim, uma hora por semana ou um pouquinho todo dia para ajudar o próximo.

Quem não vive para servir não serve para viver.

Porém, mais do que esse tempo que você separa pontualmente para servir a alguém, saiba que o seu cotidiano tem que ser totalmente de servidão. Adquira essa consciência, porque Jesus veio para servir, e não para ser servido. Se você vive sob essa visão, tudo o que faz passa a ter significado, é por algo maior: para o Reino de Deus. Foi Jesus quem nos pediu isso. Então, faça por Ele e pelo próximo como o seu *lifestyle*.

Ser luz dia após dia, em tudo que fizermos, falarmos e tocarmos deve ser literalmente o nosso estilo de vida.

#NAPRÁTICA

Hoje quero que você reflita sobre quais são as suas maiores habilidades, os seus recursos, o seu conhecimento e o que mais gosta de fazer, e como pode usar isso para servir ao Reino de Deus. Nas linhas a seguir, escreva as suas conclusões:

Suas habilidades:

....

....

....

....

....

Como servir:

....

....

....

....

....

....

DIA 82

UMA PALAVRA DE DEUS MUDA TUDO

Depois de dizer isso, gritou: "Lázaro, venha para fora!". E o morto saiu. Os seus pés e as suas mãos estavam enfaixados com tiras de pano, e o seu rosto estava enrolado com um pano. Então, Jesus disse: "Desenrolem as faixas e deixem que ele vá".

JOÃO 11: 43-44

Quando Jesus chegou ao sepulcro e mandou que removessem a pedra que fechava a gruta em que o corpo de seu amigo estava, Maria, irmã de Lázaro, disse: "Senhor, já cheira mal, porque é já de quatro dias" (João, 11:39). Mesmo assim, Cristo gritou: "Lázaro, venha para fora". Uma palavra de Jesus foi o bastante para o morto ressuscitar e sair andando.

Também com o poder da palavra de Deus todo o universo foi constituído: a Terra, o Sol, a Lua, o céu, os mares, os animais, o homem e a mulher. Absolutamente tudo!

Por isso, hoje quero lembrar a você: a mesma palavra que há dois mil anos ressuscitou Lázaro e a filha de Jairo, que curou enfermos, fez cegos enxergarem e paralíticos andarem, também é capaz de realizar milagres na sua vida. Até hoje ela é suficiente para transformar qualquer coisa de que você esteja necessitando.

Então, agora lhe pergunto: por que acha que o seu casamento, os seus filhos, a sua família, os seus negócios não têm mais jeito? Assim como aconteceu com Lázaro, saiba que uma palavra de Deus é o suficiente para transformar toda a sua história.

Do que você precisa hoje? De uma cura física ou emocional? De um milagre financeiro? Da restauração de seu casamento falido? Da recuperação de seus filhos revoltados, nas drogas e nas bebidas? Peça ajuda a Deus! Não tenho qualquer dúvida de que Ele é capaz de atender aos seus pedidos, de transformar tudo o que está errado em sua vida, tudo o que está falido, quebrado.

Peça ajuda a Deus! Não tenho qualquer dúvida de que Ele é capaz de atender aos seus pedidos.

Eu creio nisso! A sua oração ao Pai tem a capacidade de curar, salvar, restaurar, libertar. E não é porque você vai orar, já que é um ser humano falho... E sim porque o poder que há no nome de Jesus é capaz de tudo isso. Confie. Uma única palavra dEle é o suficiente para curar órgãos desfuncionais, curar um câncer. Existem milhares de testemunhos que comprovam isso.

Esse mesmo poder é capaz de restaurar a sua família. Se maridos e esposas não acreditam mais no amor de um pelo outro, se não se perdoam por algum erro que aconteceu, seja pequeno ou gigantesco, o nome de Jesus também é capaz de ressignificar. Já vi isso diversas vezes. O nome dEle também tem poder de fazer com que um filho que esteja perdido e só venha tomando decisões erradas se arrependa e retome o caminho de casa.

A distância entre você e o seu milagre está apenas a uma Palavra de Deus. Ore de todo o coração e confie que tudo irá mudar.

Tenha fé, acredite e entregue o seu problema nas mãos do Senhor, seja ele qual for.

A distância entre você e o seu milagre está apenas a uma Palavra de Deus.

#NAPRÁTICA

Faça um propósito de oração por alguma causa que tira sua paz ou que está levando mais tempo do que deveria para ser resolvida. Peça para seus amigos da igreja e familiares orarem com você. Creia de todo o coração que Jesus é poderoso para realizar!

DIA
83

ALEGRE-SE NO PROCESSO

O diabo o levou a Jerusalém, colocou-o na parte mais alta do templo e lhe disse: "Se és o Filho de Deus, joga-te daqui para baixo, pois está escrito. Ele dará ordens a seus anjos a seu respeito, para o guardarem, com as mãos eles o segurarão, para que você não tropece em alguma pedra". Jesus lhe respondeu: "Dito está, não ponha à prova o Senhor, o seu Deus". Tendo terminado todas essas tentações, o diabo o deixou até ocasião oportuna.

LUCAS 4:9-13

Durante os quarenta dias em que Jesus ficou de jejum no deserto, por três vezes o diabo tentou acabar com a missão dEle. A Bíblia é muito clara quanto a isso: não foi qualquer pessoa que teve essa atitude, e sim o próprio Satanás. E esse é um ponto muito importante que você precisa observar: Jesus, sendo o Filho do Deus vivo que veio à Terra para morrer por nós, também precisou passar por alguns processos para conseguir concluir a sua missão na Terra.

Então, a pergunta que faço é: por que você acha que, nos dias difíceis por que passa – o deserto que enfrenta –, Deus se esqueceu de você? Acredita que Ele não o ama, só porque está encarando um processo em sua vida, uma luta, uma fase ruim? Não! Deus jamais o perde de vista e segue amando-o.

Saiba que o processo faz parte da promessa de Deus para você, assim como acontece com qualquer outra coisa. Vou lhe dar um exemplo mais simples. Na prática, quando decidimos preparar uma refeição bem gostosa em casa, primeiro precisamos ir ao supermercado comprar os ingredientes, depois temos que separar tudo, higienizar, cortar, temperar, colocar no fogo... Viu? Um simples prato de comida envolve todo um processo.

Outro exemplo: o carro que você dirige no dia a dia (ou o ônibus que costuma pegar). Ele também passou por um processo para ficar pronto: desde a concepção do carro, o desenho, as medidas, a fabricação das peças, montagem, pintura, customização... até chegar à sua casa para conseguir ser usado por você. Então, se tudo passa por um processo, por que você acha que não precisa de um também na sua vida, na vida da sua família, nos seus negócios ou no seu trabalho? Pare de acreditar que basta um estalar de dedos para que surja o que você deseja.

Não faz sentido você pensar coisas do gênero: “Poxa, Deus me prometeu, mas não aconteceu...”, “Deus se esqueceu de mim...”, “Estou aqui no fundo do poço e Ele não me responde”. Entenda que para tudo existe um processo, e o processo faz parte da promessa.

Com o devocional de hoje, o meu intuito não é somente lhe dizer “Calma, vai passar... É só uma fase...”. Não! Meu desejo é que você se conscientize de que, se até Jesus passou por um processo contra o próprio diabo, por que você não vai? Todos nós precisamos de um processo. Por isso, seja qual for a situação difícil que você esteja enfrentando, procure lidar com ela com mais leveza, mais calma, até chegar a sua promessa, e compreenda que isso faz parte. Caso contrário, pode ser que nesse processo você se perca, se revolte, se entristeça, se deprima, e assim a promessa não chega.

Voltando a Jesus no deserto, foram quarenta dias de jejum, sem comer nada, e com o diabo ali o tentando, provocando, fazendo de tudo para que não cumprisse o seu propósito nesta Terra. Mas o Senhor é perfeito e resistiu. Por isso, seja qual for a dor pela qual você esteja passando hoje – na vida pessoal, em sua família, nos seus negócios ou no trabalho –, tenha a grande esperança de que Deus está no controle e vai dar tudo certo. A sua promessa vai se cumprir. Alegre-se no processo!

O processo faz parte da promessa de Deus para você.

#NAPRÁTICA

Encontre um amigo, um familiar ou até um grupo de apoio e compartilhe suas lutas e processos. Conversar sobre suas experiências pode trazer alívio e novas perspectivas. Além disso, ouvir histórias do outro pode encorajá-lo a perseverar ainda mais.

DIA
84

O QUE DEUS QUER DE NÓS?

Então, Jesus se aproximou deles e lhes disse: "Toda a autoridade me foi dada nos céus e na terra. Portanto, vão e façam discípulos de todas as nações, batizando-os
em nome do Pai, do Filho e do Espírito Santo, ensinando-os a obedecer a tudo o que eu ordenei a vocês. E eu estarei sempre com vocês até o fim dos tempos".

MATEUS 28:18-20

Quando nasci, meus pais já eram evangélicos. Todos os meus domingos, sem exceção, eu passava dentro da igreja aprendendo sobre Jesus, desde a minha infância até me tornar adulto. Em casa, nos outros dias, não era diferente. A nossa rotina, as nossas refeições e tudo o que acontecia em família eram pautados nos princípios bíblicos e no que combinava com Jesus. Foi essa a atmosfera em que cresci.

Só que, infelizmente, como a maioria dos jovens, houve um momento em que passei a me questionar se de fato eu era cristão, se realmente acreditava em Jesus. Foi então que tomei algumas decisões erradas. Não foi nada tão grave, mas, certamente, tive atitudes que não agradaram a Deus. Nesse período, comecei a fazer sonhos e planos que eu achava que seriam bons para mim, relacionados a carreira, negócios e família. Por exemplo, pensava: "Eu só vou me casar com tal idade, porque antes quero aproveitar bastante a vida" ou "Vou trabalhar em tal setor, porque dá muito dinheiro e status".

Na verdade, comecei a fazer escolhas que frequentemente me seduziam para continuar fora dos caminhos do Senhor. Meus sonhos e planos se tornaram bastante carnais e de certa forma egoístas. Eu estava me transformando em um homem que não orava, não consultava Deus para saber se o que eu queria era o melhor para a minha vida. Até que, algum tempo depois, tive um segundo encontro com Jesus, dentro do meu quarto, após alguns episódios tristes, e eu orava clamando muito ao Senhor, então decidi largar todos os hábitos, pessoas e lugares que não me faziam bem e me afastavam de Deus. Fiz uma limpa na minha vida e realmente entendi e aceitei que os planos do Senhor para mim eram muito melhores do que aquilo que eu estava programando.

Já tem alguns bons anos que decidi me afastar de tudo o que me tirava – nem que fosse um pouquinho – do centro da vontade de Deus. E mergulhei no meu relacionamento com Jesus, dia após dia, aprendendo, estudando e O compreendendo mais. Desde então, tenho vivido situações extraordinárias, me sentindo tão completo e cheio de paz, alegria e tranquilidade. Ao transformar o meu jeito de ser e pensar, só consegui colher frutos bons. A verdade é: quando você está no centro da vontade do Pai, passa a colher frutos que nem sequer imaginaria. É tudo muito mais extraordinário do que um dia eu poderia pensar.

Hoje tenho uma família linda, um casamento saudável, dois filhos maravilhosos e um trabalho com propósito, que é o Patati Patatá, além, é claro, do nosso movimento e missão de vida “Seja luz”, aos quais, por meio deste livro, dos vídeos do YouTube, da rede de TV Mais Família, do espetáculo circense e algumas outras atuações me dedico para compartilhar o que Deus coloca em meu coração para milhares de pessoas diariamente. Aliás, isso que vivo hoje de estar na frente das câmeras, escrevendo livros e em cima de palcos Brasil afora, nunca imaginei ou sequer orei pedindo a Deus. Sempre fui o cara de bastidores, da estratégia, sempre avesso a muita exposição. E o mais interessante em tudo isso é que não sou pastor, nem filho de pastor. Foi realmente uma escolha, uma decisão de confiar que os planos de Deus para a minha vida são muito melhores que os meus. Mas estou obedecendo a Jesus, exatamente como está na passagem de Mateus.

Acredite se quiser: sou um cara reservado e até um pouco tímido. Mas Deus me mandou compartilhar ensinamentos com você, e aprendi que a obediência me leva a lugares que nem imagino. E esses lugares com Ele sempre são incríveis. Hoje, então, quero encorajá-lo a também ser obediente. Não sei os planos de Deus para a sua vida, mas posso afirmar que, desde que passei a viver os sonhos dEle para mim, me tornei um homem muito mais feliz. Viva, também, no centro da vontade de Deus, e você verá a sua vida se transformar para melhor.

Viva, também, no centro da vontade de Deus, e você verá a sua vida se transformar para melhor.

#NAPRÁTICA

Está pronto para viver os planos do Pai, que são sempre bons, agradáveis e perfeitos? Então, escreva aqui embaixo a seguinte frase: "Eu quero os sonhos de Deus para a minha vida!".

Agora, leia em voz alta.

Entenda que escrever também é uma maneira de confessar com as mãos e a mente o que você realmente quer.

DIA 85

CHAPEUZINHO VERMELHO

Tenham cuidado com os falsos profetas. Eles vêm a vocês vestidos de peles de ovelhas, mas por dentro são lobos devoradores.

MATEUS 7:15

Uma das históricas infantis mais icônicas do mundo inteiro, quem diria, tem tudo a ver com a Bíblia Sagrada. Estou falando de Chapeuzinho Vermelho! Para quem não lembra, Chapeuzinho era uma menina que estava indo pelo bosque até a casa da vovó, para quem levaria uma cesta de doces. No meio do caminho, um lobo cruza com ela e começa a puxar papo: "O que você está indo fazer, de onde vem, para onde vai?". E ela, confiando, contou todos os seus planos e projetos para aquele estranho, sem saber que ele era mau.

Então, o que aconteceu? O lobo cortou caminho pelo bosque e chegou mais rapidamente à casa da vovó. Primeiro, a engoliu. Depois, se disfarçou e devorou a menina. Até que um caçador passou por lá e retirou as duas de dentro da barriga do malvado animal. Foram ressuscitadas e viveram felizes para sempre.

É claro que se trata apenas de um conto. Mas, por trás dele, há um aprendizado extremamente importante, que nós, adultos, muitas vezes insistimos em ignorar. Essa lição, da mesma forma, está presente no versículo que eu trouxe hoje:

não podemos confiar em estranhos, em pessoas que aparentemente não merecem.

Se seguirmos a leitura da passagem até o versículo 20, é dito: "Pelos seus frutos vocês os reconhecerão [os falsos profetas]. Alguém pode colher uvas de um espinheiro ou figos de ervas daninhas? Semelhantemente, toda árvore boa dá frutos bons, mas a árvore ruim dá frutos ruins. Uma árvore boa não pode dar frutos ruins, tampouco uma árvore ruim pode dar frutos bons. Toda árvore que não produz frutos bons é cortada e lançada no fogo. Assim, pelos seus frutos, vocês os reconhecerão".

A Bíblia está dizendo que é pelas roupas que você reconhecerá um falso profeta? Pelo gênero? Pela conta bancária? Não! Será pelos frutos das pessoas que iremos reconhecer em quem podemos confiar. Voltando à Chapeuzinho, se ela tivesse olhado para o lobo com mais atenção e tempo, para ver quais frutos ele produzia, não teria caído no papinho dele ali no bosque. Da mesma forma, se você houvesse reparado, analisado e estudado um pouquinho mais as pessoas com quem conviveu, tenho certeza de que poderia ter evitado muitas das traições, decepções e enganações que já sofreu.

Assim, daqui em diante, se quiser ficar livre de novas decepções, pare e olhe o fruto de cada uma das pessoas que chegam até você. Avalie: como é a família dela? Como é o casamento? Como são os negócios? Em cada área que você for se relacionar com essa pessoa, precisa verificar os frutos. Não adianta apenas se levar pelo que ela fala, pelo que aparenta ser. Alguém bem-vestido pode se passar por um empresário de sucesso, um homem fiel à sua esposa, um bom pai... Só que as aparências enganam, como já dizia o ditado. Porém, os frutos não enganam. Eles dizem exatamente quem é aquela árvore.

A Bíblia oferece um manual de vida para nós: é avaliando os frutos que descobrimos se estamos diante de uma ovelha ou de um lobo devorador, como aconteceu com Chapeuzinho Vermelho. E será que, dessa maneira, você nunca mais vai se decepcionar com as pessoas? Claro que vai! Até Jesus Cristo foi traído por Judas... Mas, ao seguir essa orientação, tem mais chances de selecionar melhor com quem se relacionar, porque estará passando as pessoas por um filtro, sem se deixar levar apenas pelas aparências.

Minha proposta, hoje, é que você passe a usar esse filtro bíblico em todas as suas relações futuras, sejam amizades, relacionamentos amorosos, sociedades... Em absolutamente tudo na vida! Ao nos trazer o exemplo das árvores e de seus bons e maus frutos, Jesus nos mostrou, na prática, que é possível se decepcionar menos e sofrer menos traições. Então, fique de olho vivo nos frutos e não se deixe mais enganar pelos lobos em pele de ovelhas, assim como aconteceu com Chapeuzinho.

#NAPRÁTICA

Hoje convido-o a orar, pedindo ao Pai que afaste do seu dia a dia aqueles "lobos devoradores", pessoas que desejam fazer o mal e não querem o seu bem, e que chegam à sua convivência com interesses malignos. Peça ao Senhor que blinde a sua família, o seu coração, os seus negócios, a sua carreira e tudo o mais em sua vida.

DIA
86

O DEUS DO IMPOSSÍVEL

Jesus olhou em volta de si e viu que uma multidão estava chegando perto dEle. Então, disse a Felipe: "Onde vamos comprar comida para toda essa gente?". Ele sabia muito bem o que ia fazer, mas disse isso para ver qual seria a resposta de Felipe. E Felipe respondeu assim: "Para cada pessoa poder receber um pouco de pão, nós precisaríamos gastar mais de 200 moedas de prata". Então, um dos discípulos, André, irmão de Simão Pedro, disse: "Está aqui um menino que tem cinco pães de cevada e dois peixinhos. Mas o que é isso para tanta gente?". Jesus disse: "Digam a todos que se sentem no chão". Então, todos se sentaram. Havia muita grama naquele lugar. Estavam ali quase 5 mil homens. Em seguida, Jesus pegou os pães, deu graças a Deus e os repartiu com todos e fez o mesmo com os peixes. E todos comeram à vontade.

JOÃO 6:5-11

Eu me emociono demais com essa passagem! Levo a minha mente àquele lugar e fico imaginando a cena: Jesus, mesmo diante da incredulidade de Felipe e André, multiplica pães e peixes para matar a fome de uma multidão. Assim, Ele realizou um dos maiores milagres da história. Algo totalmente incrível e sobrenatural.

De acordo com a Bíblia, estavam ali mais de 5 mil homens. Mas havia muito mais gente! Naquela época, não se tinha o hábito de contar mulheres e crianças. Então, segundo pesquisadores, os 5 mil mencionados eram do sexo masculino – no total, devia haver, pelo menos, 15 mil pessoas no local para ouvir Jesus.

E sabe outra coisa que para mim é muito impressionante? Quem levou a comida para ser feita a multiplicação? Um menino! E olha que incrível: para fazer o milagre, Jesus usou quem nem sequer era considerado pelos homens da época, tanto é que seu nome não é citado. E o que quero que você entenda com isso? O Senhor não é um Deus da lógica. Não é um Deus do natural. Ele faz o sobrenatural!

Por isso, entenda de uma vez por todas: não coloque Deus numa caixinha, preso a um único cenário. Por exemplo, quando estiver pedindo algo em suas orações, não diga "Senhor, se não for assim, não vai dar certo... Se não for assim, não terei a oportunidade...". Atenção: você serve a um Deus do sobrenatural! O que é natural e possível nós, seres humanos, fazemos. Mas deixe o impossível para o Pai.

Jesus usou um menino para realizar um milagre maravilhoso, que é contado nos quatro cantos do planeta Terra. Multiplicou pães e peixes na frente de todo mundo. E, assim como Ele fez isso por intermédio de uma criança, pode usar você também, com as suas habilidades e características – mesmo que você ache que elas não são boas o suficiente e que existem por aí pessoas melhores e mais capacitadas. Isso não importa! Deus lhe deu ferramentas e insumos para Ele fazer o impossível por meio da sua vida. Aceite isso de todo o seu coração e creia sem duvidar!

Assim, na hora em que colocar os seus joelhos no chão para orar diante de uma dificuldade ou quando estiver chorando debaixo do chuveiro ou dentro do seu quarto pedindo uma resposta para Deus, não tente dar opções a Ele sobre o que fazer na sua vida. Não O coloque preso a um formato. O Senhor criou o Céu e a Terra, os animais, a mim e a você. E tudo isso em sete dias, UAU! Então, pare de achar que Ele não pode fazer algo em sua vida ou para a sua vida. Confie no nome de Jesus.

Deus é capaz de fazer absolutamente tudo, sem limites. A todo momento, Ele mostra que não está preocupado com as nossas capacidades, se somos melhores ou piores do que os outros. O Senhor quer saber apenas do nosso coração e da nossa disponibilidade. Por isso, creia nos milagres de Deus em sua vida, na vida da sua família, nas suas finanças, no seu trabalho, na sua saúde. Faça a sua parte e deixe o sobrenatural com Ele.

#NAPRÁTICA

Você está precisando de uma multiplicação? Naquela ocasião o menino tinha em mãos cinco pães e dois peixinhos, e Jesus realizou esse lindo milagre. E você, o que tem em mãos e vai oferecer ao Senhor para ele multiplicar? Simbolicamente, pegue seu instrumento de trabalho ou algo para o que você precise de um milagre e ore entregando ao Senhor, faça isso de todo o coração, e creia na multiplicação divina, em nome de Jesus!

DEUS

É CAPAZ DE FAZER ABSOLUTAMENTE TUDO,

SEM LIMITES.

DIA
87

QUEM É O SEU SENHOR?

Portanto, não deixem que o pecado domine o corpo mortal de vocês e faça com que vocês obedeçam aos desejos pecaminosos da natureza humana. E também não entreguem nenhuma parte do corpo de vocês ao pecado, para que ele a use a fim de fazer o que é mau. Pelo contrário, como pessoas que foram trazidas da morte para a vida, entreguem-se completamente a Deus, para que Ele use vocês a fim de fazerem o que é direito. O pecado não dominará vocês, pois vocês não são mais controlados pela lei, mas pela graça de Deus.

ROMANOS 6:12-14

Quando Jesus veio à Terra, Ele tinha um plano: perdoar os nossos pecados e, assim, fazer com que eu e você pudéssemos morar com Ele no céu. Só que, nessa passagem de Romanos, fica bem claro que, dia após dia, mesmo Jesus já tendo nos perdoado, precisamos batalhar para não errar novamente.

A questão é que, muitas vezes, pensamos que pecado diz respeito apenas a fatos muito sérios, como matar ou trair alguém. Mas, em nosso cotidiano, precisamos tomar cuidado com alguns hábitos que também podem se tornar pecado. Quer um exemplo totalmente corriqueiro? As redes sociais.

Eu uso, você usa, todos usamos! E, em princípio, não há mal nisso. Porém, se esse aparelho em que você passa horas no Instagram, no YouTube e em outras redes dominar o seu coração a ponto de você não conseguir viver sem, abdicando da sua família, do cuidado com sua saúde e da sua relação com Deus, isso se torna um pecado. Sabia que tem gente que não cuida da higiene, não se alimenta direito e não faz exercícios físicos de tanto que fica no celular? O uso vira um vício, e nenhum vício agrada a Deus. Pelo contrário, toma o lugar dEle. Tudo o que domina as suas emoções, o seu tempo, a sua atenção e os seus dias se transforma no senhor da sua vida – e, consequentemente, você está pecando.

Vamos a outro exemplo. Particularmente, sou um cara apaixonado por trabalho. Gosto de realizar e sei que cumpro o meu propósito no que faço. Se deixar, fico trabalhando o dia inteiro por prazer. Mas tenho que me policiar a todo momento! Preciso tomar cuidado porque, se me tornar um "viciado" em minhas realizações profissionais, vou parar de dar atenção à minha família, ao meu casamento, aos meus filhos... Vou parar de cuidar de mim, da minha saúde, da minha alimentação, das minhas atividades físicas... E, assim, o meu trabalho acabará se tornando o senhor da minha vida, o meu pecado. Diga lá: quantas e quantas pessoas você conhece que não saem do celular ou que vivem para a sua carreira, deixando tudo de lado? Muitas, não é mesmo?

Temos que tomar cuidado, ainda, com o que parece ser saudável, mas que, se passar da medida, também vira pecado. É o caso daquelas pessoas que têm tanto cuidado com o corpo, mas tanto, que começam a idolatrar a si mesmas, seus músculos, dietas rigorosas, procedimentos estéticos. A busca excessiva pela vaidade e pelo corpo perfeito pode se tornar algo tão neurótico que não lhe sobra tempo para mais nada – principalmente para Deus.

Então, nesta mensagem de hoje, quero ligar o farol amarelo para você. Fique alerta e faça uma autoavaliação para entender o que possivelmente está roubando em sua vida o lugar de Deus e o da sua família, que é a instituição mais poderosa na Terra. Pense muito bem, porque atitudes aparentemente pequenas também podem se tornar um grande pecado. É como se fosse um remédio. Se o tomarmos pontualmente para resolver algum problema de saúde, ele é maravilhoso. Mas se passarmos a ingerir todos os dias, sem motivo, vamos nos tornando dependentes, e isso também pode ser um pecado.

Desejo que essa passagem de Romanos faça com que você jamais se esqueça: não se deixe dominar por nada! O pecador não é apenas aquele que está nas trevas e toma atitudes horrendas. Se você for dominado por situações muito mais sutis do que imagina, também estará pecando. Então, encontre harmonia em tudo o que faz, para construir uma vida feliz, saudável, plena e próspera em todas as áreas.

#NAPRÁTICA

Neste momento, ore a Deus pedindo para Ele lhe mostrar o que você precisa reduzir em sua vida para não dominar o seu coração e acabar virando um pecado. Em seguida, faça um exercício de autoavaliação e escreva os seus *insights* nas linhas abaixo: Deus é capaz de fazer absolutamente tudo, sem limites.

DIA

88

ESCOLHAS PARA VIVER A VERDADEIRA PLENITUDE

Ora, as obras da carne são manifestas. Imoralidade sexual, impureza, devassidão, idolatria, feitiçaria, inimizades, desavenças, ciúmes, ira, egoísmo, dissensões, facções, inveja, embriaguez, orgias e coisas semelhantes a estas. Eu os advirto, como antes já os adverti: aqueles que praticam essas coisas não herdarão o Reino de Deus. Entretanto, o fruto do Espírito é amor, alegria, paz, paciência, amabilidade, bondade, fidelidade, mansidão e domínio próprio. Contra essas coisas não há lei. Os que pertencem a Cristo Jesus crucificaram a carne com as suas paixões e os seus desejos. Já que vivemos no Espírito, andemos também pelo Espírito.

GÁLATAS 5:19-25

Vivemos em uma era em que o que importa é o prazer, a "felicidade" a qualquer custo. Entre aspas porque, hoje, quantos casos conhecemos de pais ou mães que abandonam os filhos ainda pequenos para viver uma "paixão avassaladora"? Não se importam se vão ser criados pela avó ou se só verão as crianças uma vez ao ano. Não valorizam a aliança do casamento – e não estou falando do ponto de vista material, e sim da união de almas.

Atualmente, tudo está muito descartável. Na primeira briga, no primeiro problema a ser enfrentado, as pessoas se separam em nome da busca pelo prazer. Afinal, o que importa nesta vida é ser "feliz", e mais nada. Isso se estende para outras áreas da vida. Por exemplo, se alguém não está contente no emprego, no qual está há apenas algumas semanas, cai fora para buscar outro. Se isso acontecesse apenas uma vez, ok, mas vão trocando de emprego como se trocassem de camiseta.

Porém, não é bem assim que o mundo real vive. Esse papo de "não devo satisfações para ninguém" ou "meu corpo, minhas regras" é uma gigantesca utopia. Sabe por quê? Porque vivemos em sociedade, e, por mais que queiramos fazer as coisas do nosso jeito e na nossa hora, isso é impossível. Quando somos crianças, devemos satisfações aos pais. Quando nos casamos, ao cônjuge. Quando trabalhamos em uma empresa, ao chefe. Quando somos empresários, ao nosso sócio e aos nossos funcionários. E por aí vai...

Então, a busca sem fim pelo prazer, pelo "ser feliz", não é a qualquer preço. Pelo contrário, deve ser uma decisão interna, um posicionamento. E quem vive pulando de galho em galho buscando novas experiências, outras pessoas, é porque não decidiu internamente ser feliz, e fica buscando no externo, em lugares, em terceiros a sua própria felicidade. E como fazer para decidir por essa felicidade plena em seu interior? Basta viver pelos frutos do Espírito.

E tudo isso está acessível a quem? Para quem é mais rico? Para quem é mais bonito? Não. Está ao alcance de qualquer pessoa que deseje viver pelo Espírito. Ou seja, que decida abandonar as vontades da carne, que compõem a outra lista citada: imoralidade sexual, devassidão, inimizades, ciúmes, ira, egoísmo, inveja etc.

O fato é que a todo momento a nossa carne e o nosso Espírito brigam. Eles têm vontades diferentes, e isso é normal.

O fato é que a todo momento a nossa carne e o nosso Espírito brigam.

Acontece com 100% das pessoas. Ainda mais porque, hoje em dia, viver os frutos do Espírito é totalmente contra a cultura. Basta ligar a televisão ou redes sociais para ver que a maioria das novelas, séries, filmes e músicas está sintonizada com as "obras da carne". Eles mostram que o legal é sair com dez pessoas na mesma noite, se divorciar para ir curtir a vida com os amigos ou deixar a família para ir viajar pelo mundo. Isso tudo hoje "tá na moda", é "*cool*", é *sexy*, *style*.

Não estou falando isso porque sou alguém que só vive de igreja e tem uma vida perfeita. Nada disso. Sou uma pessoa que diariamente, por conta do meu trabalho, está em contato com tudo isso. Mas escolho abrir mão de algumas opções que não combinam com o fruto do Espírito. E o que quero que você entenda é que não adianta ficar pedindo e orando por plenitude em sua vida se continuar fazendo as velhas coisas, tomando decisões erradas. Não adianta pedir a Deus para que realize os sonhos dEle para a sua vida se não está disposto a sacrificar as suas paixões e os seus desejos que não combinam com os princípios do Senhor.

Por isso, em todas as áreas da vida, precisamos abdicar das vontades da carne para viver os frutos do Espírito. Só alcança a verdadeira plenitude quem obedece a princípios. E o que seria plenitude? É deitar a cabeça no travesseiro todas as noites e dizer: "Hoje eu fiz as escolhas certas".

Plenitude é transbordo de paz e amor, saindo de dentro de você, a ponto de você doar, transbordar ao próximo, à sua família e aos colegas de trabalho. Plenitude é você ser como uma tomada, uma fonte, onde outros irão sentir segurança e buscar em você. Isso é ser luz!

"Ok, Igor, mas e a minha fonte, onde é? Onde eu irei recarregar minhas baterias quando estiver fraco?" Não é nos seus prazeres carnais, na noitada, na bebida, na promiscuidade, em jogos, porque você sabe que tudo isso no dia seguinte terá passado e você voltará a estar vazio, mais uma vez... Você precisa quebrar esse ciclo e viver a verdadeira plenitude, que são os frutos do Espírito, e não da carne: amor, alegria, paz, paciência, amabilidade, bondade, fidelidade, mansidão e domínio próprio.

Confie nisso e viva a verdadeira plenitude.

#NAPRÁTICA

A partir das orientações detalhadas na mensagem de hoje, reflita e avalie os hábitos, companhias e lugares que você deve mudar para viver a verdadeira plenitude.

SÓ ALCANÇA A VERDADEIRA PLENITUDE QUEM OBEDECE A PRINCÍPIOS.

DIA

89

O PLANO PERFEITO PARA MINHA VIDA

Não se amoldem aos padrões desse mundo, mas transformem-se pela renovação da sua mente, para que vocês experimentem a boa, agradável e perfeita vontade de Deus.

ROMANOS 12:2

Quantas vezes você já fez planos e mais planos que não deram certo? Já parou para pensar que existe um Planejador cujos planos são infalíveis, perfeitos e agradáveis? É sobre isso que o versículo de hoje fala. O mesmo Criador do Universo também criou você e eu, e lhe garanto que Ele sabe os melhores planos para a sua vida, muito mais do que você mesmo. Agora repare que Romanos, 12:2 traz a seguinte expressão: "para que vocês experimentem". Ou seja, é uma condição para algo. O quê? Que as pessoas não se amoldem ao padrão desse mundo, para que possam experimentar a boa, agradável e perfeita vontade de Deus.

O mesmo Criador do Universo também criou você e eu, e lhe garanto que Ele sabe os melhores planos para a sua vida, muito mais do que você mesmo.

Neste dia, quero convidá-lo a soltar o controle da sua vida e deixar que Deus a conduza. Mas, antes disso, você precisa tomar uma decisão: parar com os comportamentos e as mentalidades que o mundo apresenta. Como assim, o "mundo"? Seria o planeta Terra? Não. Nesse caso, estou me referindo às pessoas que não acreditam em Deus e que não vivem conforme os Seus mandamentos. Então, tudo aquilo a que você assiste, que ouve e faz não pode ser parecido com o padrão deste mundo.

Se você mantiver hábitos, características e atitudes que não combinam com Deus, jamais experimentará a boa, perfeita e agradável vontade dEle.

Se você mantiver hábitos, características e atitudes que não combinam com Deus, jamais experimentará a boa, perfeita e agradável vontade dEle. Eu sou o exemplo vivo disso. Como já contei aqui, nasci em um lar cristão, todos os domingos estava na igreja e conhecia muito bem a palavra de Deus e tudo aquilo que eu podia ou não fazer. Mas, como muitos adolescentes, um dia resolvi não mais seguir o Pai e realizar as minhas vontades, fazer tudo o que outros jovens faziam e ir a lugares a que todo mundo estava indo.

Com essa minha escolha, "bati com a cabeça na parede". Cometi erros e chateei pessoas. E, claro, acabei colhendo os frutos ruins de tudo isso. Até que me deixei retornar para o lugar de onde jamais devia ter saído, que é onde Deus transformava a minha mente. Nesse local, os princípios e mandamentos do Senhor habitavam o meu coração, as minhas atitudes, as minhas companhias, os ambientes a que eu ia e tudo o que eu ouvia e assistia.

Desde então, posso garantir a você que vivo a boa, perfeita e agradável vontade de Deus. Construí uma família maravilhosa, não me falta nada à mesa e tenho um trabalho no qual não apenas ganho dinheiro, mas também faço a diferença na vida das pessoas, levando para elas princípios, valores, diversão e alegria.

Hoje vivo a plenitude de Deus. Isso porque, alguns vários anos atrás, decidi abdicar das minhas vontades "carnais", aqueles desejos e prazeres que só satisfazem o nosso próprio ego, para viver os planos e sonhos que Deus tem para mim. Aceita fazer o mesmo? É um passo de fé, é uma decisão. E entenda que, a princípio, você não precisa mudar nada para decidir se entregar a Deus. Entregue-se primeiro a Ele para, aí sim, pouco a pouco, dia após dia, ir transformando a sua mente, a sua casa, os seus hábitos e tudo o que está ao seu redor.

Foi o que aconteceu comigo. E tenho a certeza de que vai acontecer com você também. O seu casamento vai ser restaurado, se ainda não é casado encontrará uma esposa ou um marido, seus filhos crescerão saudáveis e bem instruídos e o seu trabalho será transformado de acordo com a vontade dEle para a sua vida.

Todos nós temos uma missão na Terra, um chamado, um legado para o qual Deus conta conosco. Para colocarmos isso em prática, o que precisamos fazer é apenas decidir de coração – é querer, de fato – operar uma transformação em nossa mente e nos nossos hábitos. Abra a porta para o Senhor entrar e deixe que faça morada em sua vida.

Lembre-se, existe um "para quê", uma condição para viver a boa, agradável e perfeita vontade de Deus. Experimente!

#NAPRÁTICA

Escreva nas linhas abaixo hábitos, pessoas, vícios, lugares que você tem a consciência de que não agregam positivamente à sua vida, e dia após dia ore ao Senhor para que Ele possa ajudá-lo a transformar isso.

DIA

90

A LINGUAGEM DO AMOR DE DEUS

Jesus respondeu: "Se alguém me ama, obedecerá à minha palavra. O meu Pai o amará e nós viremos a Ele e faremos morada nEle. Aquele que não me ama não obedece às minhas palavras".

JOÃO 14:23-24

Você já parou para pensar quais são as formas de expressão do amor entre os seres humanos? No livro best-seller *As cinco linguagens do amor*, Gary Chapman informa que há cinco maneiras de demonstrarmos e recebermos amor: através de serviço, palavras de afirmação, toque físico, presentes e tempo de qualidade. Todos nós usamos pelo menos uma delas quando queremos demonstrar que amamos alguém. Essas linguagens, porém, são para os seres humanos. E quando se trata de mostrarmos o nosso amor por Deus, como seria?

A linguagem, nesse caso, é a obediência. E não se trata de um "achismo" meu. Está escrito na Bíblia! Nessa passagem acima, isso é muito literal: se você ama Jesus, obedeça às palavras dEle para fazer morada junto ao Pai; se não ama, é porque não Lhe obedece. Como sempre são os assuntos do Senhor, trata-se de uma mensagem reta, clara e direta. Sim, sim; não, não!

Para nós, homens e mulheres, há as cinco maneiras de expressar amor citadas no livro. Porém, para Deus, somente uma: obedecer à Sua palavra. Vou lhe dar um exemplo prático do nosso dia a dia, para ficar ainda mais fácil de entender. Em um casamento, essa obediência entre marido e mulher também deve existir. Mas não estou falando de autoritarismo, e sim de respeito, fidelidade e compromisso um com o outro. Você pode até dizer que ama a sua esposa, porém, quando sai de casa, começa a xavecar outras mulheres – ou fica fazendo comentários em fotos alheias de menininhas no Instagram. Olha, me desculpe, o amor que você diz sentir não é verdadeiro. Afinal, não está obedecendo ao combinado que fizeram no altar. E isso se refere, da mesma forma, à mulher. Se você fica trocando mensagens com outros homens, dá brechas e gosta de receber elogios e flertar por aí, também não está obedecendo aos princípios de um verdadeiro casamento que se propôs ao casar-se.

Por isso, se até nas nossas relações humanas não podemos apenas falar que amamos, mas sim obedecer por meio das atitudes, imagine em nosso compromisso com Deus! Então, na reflexão de hoje, quero que você pense bem se está amando Deus somente com a sua boca ou se realmente tem recusado propostas que não combinam com Ele – e, por extensão, com o seu casamento e a sua família.

Obedecer aos princípios de Deus é realizar tudo aquilo que está alinhado com Ele. Agindo assim, você provará se é um verdadeiro discípulo, que vive um relacionamento real com o Pai, ou se não passa de um personagem, de um ator, fingindo que O ama. Há uma grande diferença entre ser um "simpatizante" de Jesus e suas ideias e escolher ser parte da família de Deus. Todas as promessas e planos que estamos lendo aqui neste livro estão disponíveis para todos, sem exceção, mas para isso há uma condição: "Obedeça à minha palavra". E aí, bora ser a nossa melhor versão? Bora ser luz?

#NAPRÁTICA

Agora falando a respeito de seres humanos, você sabe qual é a forma pela qual você mais gosta de receber amor, e de oferecer amor? Qual é? Se você ainda não leu o livro que mencionei no início, indico fortemente, vale muito a pena. Você vai aprender e evoluir demais sobre relacionamentos.

DIA
91

CONEXÃO DIRETA

Mas virá o tempo, e de fato já chegou, em que os verdadeiros adoradores vão adorar o Pai em espírito e em verdade, pois são esses que o Pai quer que O adorem. Deus é espírito e, por isso, os que O adoram devem adorá-lo em espírito e verdade.

JOÃO 4:23-24

Muitos de nós fomos ensinados que, para nos conectarmos com Deus, era preciso uma igreja, um altar, um padre, um pastor, um santo... Mas, na verdade, a Bíblia não diz nada disso. Ao contrário, deixa bem claro que, para termos uma conexão direta com o Pai, basta adorá-lo em espírito e em verdade. Como assim?

Se Deus é espírito, nossa conexão com Ele tem que vir do nosso espírito. Assim, a sua relação com Deus tem que começar dentro de você. O Senhor não está ligando para a roupa que você veste ou se está numa igreja grande ou pequena. O único interesse dele é o seu coração. Na verdade, o Pai não se preocupa com nada... Mas o que Ele quer de você é uma adoração em espírito e verdade, ou seja, da sua parte mais íntima.

Durante certo tempo, vemos na Bíblia que até havia intermediadores entre Deus e os homens, além de lugares sagrados para essa conexão. Porém, tudo isso foi antes de Jesus Cristo. Depois dEle, isso não faz mais sentido. Só que, muitas vezes, deixamo-nos levar por pessoas, hábitos e doutrinas que ditam o que devemos ser por fora. Ou seja, o que podemos comer ou não, o que vamos vestir ou não, para onde devemos ir ou não. Mas tudo isso não quer dizer nada sobre o nosso relacionamento com Deus.

Olha, não sei se você sabe disso, mas quando Jesus fala a respeito de nós, Ele nos chama de "sua noiva". Ele diz que nós, seres humanos que O entendemos como o nosso Salvador, somos a noiva dEle. Isso porque não existe um relacionamento de maior intimidade do que o de um noivo e uma noiva. Literalmente, é alguém com quem você se deita, fica nu, sabe de cada detalhe... Claro que a intimidade a que Jesus se refere não é essa, e sim a de saber o nosso íntimo. Além disso, não quer ter conosco aquela relação distante de "ó Senhor Todo-Poderoso dos Altíssimos", muito menos ser intermediado apenas por pessoas, pastores ou padres. O que Ele mais deseja é um relacionamento íntimo e direto com cada ser humano.

Que maravilha, então, você ter com Jesus uma intimidade ainda maior do que com o seu próprio cônjuge. Uma relação na qual pode confiar os seus segredos, sonhos e medos. E o melhor: mesmo reconhecendo que o Senhor é poderoso, sempre saberá que, nesse relacionamento, Ele estará acessível a você o tempo todo.

Quero deixar uma coisa bem clara aqui. Sou um dos maiores defensores da instituição igreja. Desde que me conheço por gente, todos os meus domingos são dentro de uma igreja, e assim farei com meus filhos também. Porém, de nada adianta estar no "prédio igreja" toda semana e não ter relacionamento de intimidade com o Pai. Isso é religiosidade, e não ser verdadeiramente um seguidor de Cristo. Então quero lhe mostrar, por meio deste devocional, a importância de ter conexão direta com o Pai, sem depender de terceiros.

Quando entendi isso, virou uma chavinha na minha cabeça. Compreendi que Deus não estava querendo saber como eu me vestia ou dos meus hábitos religiosos, e sim apenas o que vinha do meu coração, da minha intimidade. Não é à toa, inclusive, que o próprio Jesus diz: "Quando vocês forem orar, vão para o seu quarto, fechem a porta e falem com o seu Pai em secreto." Nessa conexão com Ele, ninguém pode atrapalhar você.

Quando vocês forem orar, vão para o seu quarto, fechem a porta e falem com o seu Pai em secreto.

A todo momento, Jesus quer saber dos nossos medos, das nossas angústias, dos nossos receios. Quer saber quais são nossos sonhos e desejos. Ele quer, de fato, nos conhecer no mais íntimo. Talvez, agora, você me questione: "Mas, Igor, Deus não sabe todas as coisas?". Sim, é claro, mas é pelo seu bem que Ele quer a sua intimidade, para que você, por meio desse relacionamento, saiba os planos dEle para a sua vida.

Para você se conectar ao Pai, basta obedecer a Ele, aos princípios dEle, em uma relação direta como se houvesse um wi-fi divino. Ele está pronto e só esperando você ter a atitude de se aproximar dEle. Bora começar esse relacionamento hoje?

#NAPRÁTICA

O hábito mais poderoso para tornar seu relacionamento com Jesus mais íntimo é a oração. Nada mais é do que uma conversa com o Pai. Então não deixe para fazer isso só na hora de dormir ou antes de cada refeição. Converse com ele enquanto você está a caminho do trabalho ou dos estudos, durante o banho ou enquanto está puxando ferro na academia, por exemplo. Toda hora é uma boa hora para bater um papo com o seu Pai.

DIA 92

ISSO VOCÊ NÃO PODE CONTROLAR

Muitos me dirão naquele dia: "Senhor, Senhor, não profetizamos em teu nome? Em teu nome não expulsamos demônios e não realizamos muitos milagres?". Então eu lhes direi claramente: "Nunca os conheci, afastem-se de mim, vocês que praticam o mal".

MATEUS 7:22-23

Existe algo que acompanha o ser humano em toda a sua vida: a desconfiança. Somos naturalmente desconfiados, e acredito que isso seja uma herança que trazemos lá da Pré-História, quando tínhamos que ficar o tempo todo alertas para não sermos devorados por algum animal. Com o passar do tempo, as formas de ameaça foram mudando, mas a desconfiança permaneceu.

Infelizmente, faz todo sentido essa característica ainda permanecer, porque vivemos sendo decepcionados e, fatalmente, às vezes também decepcionamos alguém. Por isso, pertence à natureza do ser humano ser cauteloso e ter um pé atrás com algumas pessoas, até por proteção. Mas o problema é quando deixamos isso dominar o nosso coração, a ponto de pararmos de confiar em tudo e em todos. E, principalmente, parar de confiar no Senhor.

Quando a desconfiança se associa à religião, fé ou crença, torna-se pior ainda. Por exemplo, o pastor está lá falando e você, no seu íntimo, fica pensando: "Hum... Será mesmo que esse homem ou essa mulher que se diz ser de Deus vive o que está falando? Será que é fiel no casamento? Será que o dízimo ou a oferta que dou são realmente bem investidos?". Acredite: as perguntas do ser humano em relação a esse cenário acontecem muito. Quem nunca? É um questionamento natural, para tentarmos descobrir se estamos em um lugar seguro, onde há pessoas em quem podemos confiar.

Isso também já aconteceu comigo, claro. Pouco tempo atrás, Deus falou claramente ao meu coração sobre essa passagem de Mateus, dizendo: "Igor, pode confiar. Faça por mim, e não pelos homens. Confie no seu pastor, nos seus amigos e nas pessoas, porque, se o decepcionarem, a conta deles será comigo, e não com você". Isso explodiu a minha mente!

Essa desconfiança surge não só em um ambiente de fé, mas também em um novo negócio, um novo relacionamento... A nossa parte está em confiar e dar o nosso melhor, buscando jamais decepcionar o próximo – senão, quem vai prestar contas a Deus seremos nós. Não devemos deixar de viver algo com medo do que o próximo possa fazer conosco. Quanto a isso, não temos controle algum – só podemos controlar as nossas atitudes e os nossos pensamentos. Então, nem adianta gastarmos energia, nos preocuparmos e nos chatearmos com o que alguém seja capaz de fazer de ruim contra nós. Se agirmos assim, estaremos errando tanto quanto o outro.

Quando você honra os seus compromissos e a sua palavra e, mesmo assim, algo não dá certo pela atitude de alguém, o problema está com o outro. Você está limpo, em paz consigo mesmo e até em relação a Deus. Por isso, hoje quero encorajá-lo a não se preocupar com o que os outros possam fazer, não tente controlar as pessoas. Controle apenas a si próprio, sendo excelente, fiel, obediente e bom na sua entrega. E se os outros vacilarem, aí é problema deles.

Voltando à passagem, Jesus diz claramente que nunca conheceu aquelas pessoas que estavam falando com Ele. Só que o verbo "conhecer", nesse caso, não tem o sentido de simplesmente saber quem é alguém, e sim ter intimidade. Ou seja, para você ter a confiança do Senhor, precisa construir um relacionamento com Ele. E isso passa por acreditar nos planos de Deus para você, independentemente do que outros possam lhe fazer.

Só quem já foi traído e enganado sabe a dor que isso causa... Mas, para os planos de Deus se realizarem em sua vida – e eles são sempre bons, perfeitos e agradáveis –, você precisa confiar nEle, e não nos homens. Permita-se viver assim e afaste a desconfiança de seu dia a dia. Ele tem o melhor para você. Sempre!

#NAPRÁTICA

Reflita sobre esta pergunta: quais são as situações e pessoas a que você precisa se permitir dar uma chance a partir de hoje? Lembre-se: tudo que é novo pode ser desconfortável e de certa forma até causar medo, mas só assim é possível viver novas coisas. No dia de amanhã, você vai aprender como avaliar em quem deve confiar.

TUDO QUE É NOVO PODE SER
DESCONFORTÁVEL
E DE CERTA FORMA ATÉ
CAUSAR MEDO,
MAS SÓ ASSIM É POSSÍVEL
VIVER NOVAS COISAS.

DIA
93

A SABEDORIA PARA ENRIQUECER

De que serve o dinheiro na mão do tolo, já que ele não quer obter sabedoria?
PROVÉRBIOS 17:16

A maioria das pessoas acha que o dinheiro é a solução de todos os problemas. É, sim, a saída para alguns deles, mas não todos. Se fosse assim, todo rico seria feliz. E não é bem isso o que vemos por aí, já que há tantos milionários se afundando em depressão, tomando decisões erradas e morrendo sozinhos. Então, riqueza não é sinônimo de sabedoria. Ter muito dinheiro na conta não o torna sábio.

Agora, você deve estar pensando: "Ah, Igor, você está condenando o dinheiro? Devemos ser todos pobres e não buscar prosperar?". Não, pelo contrário! Precisamos batalhar muito, nos dedicar e buscar riqueza, para oferecer o melhor à nossa família e também poder usufruir das melhores coisas da Terra. Já falei sobre isso aqui no livro inclusive, no dia 68. Eu mesmo trabalho e me dedico bastante para conquistar tudo isso. Portanto, sou super a favor da prosperidade e realmente busco oferecer o melhor financeiramente para a minha família. Mas o fato é: muito dinheiro na mão do tolo é um gigantesco problema.

Quantas vezes você já ouviu histórias de artistas, esportistas e outras pessoas que enriqueceram rápido e depois acabaram perdendo tudo? Ou cuja vida pessoal e familiar, mesmo que ainda permaneçam bem financeiramente, estão falidas? Isso prova que a riqueza sem sabedoria não leva a lugar algum.

Para ser rico e sábio ao mesmo tempo, vou lhe ensinar a orar da forma certa: passe a fazer orações no plural. Peça não somente por você e sua família, mas também por seus amigos, por seu bairro, por seus funcionários, colegas de trabalho e por terceiros que você nem sequer conhece. Ore ao Senhor dizendo que, por meio de você, da sua riqueza, você quer aumentar a quantidade de famílias que serão abençoadas, você quer ser como um instrumento disso. Quando mostra a Deus que o seu coração está pronto para receber as bênçãos dEle, mas que isso não vai ficar retido só para as pessoas que você ama, para a sua casa e para os seus desejos e prazeres, tudo muda. Ao se tornar mais generoso, Deus lhe dará cada vez mais. "O generoso prosperará" (Provérbios, 11:25).

O Senhor vai trazer o novo para a sua vida, porque você está se colocando no lugar certo, que é o de ser um agente de transformação na vida de tanta gente, de transbordar o que Ele vai derramar por meio de você.

Ou seja, a sua oração não pode ser apenas para o seu ego, para as suas vontades. Ela precisa incluir o "nós" – e isso não se refere apenas a quem mora sob o mesmo teto que você, e sim uma causa maior, que ilumine e mate a sede de outras pessoas, outras famílias e outros lugares. A partir de hoje, ore a Deus dessa forma.

Se você ficar orando a Deus e batalhando apenas por mais e mais dinheiro, sem propósito na hora em que esses recursos chegarem, você não terá mentalidade para lidar com isso. É como construir uma mansão, mas, sem uma boa fundação, vai desmoronar.

Muitas vezes, Deus não derrama as bênçãos dEle sobre a vida de algumas pessoas porque conhece o coração delas e sabe que vão largar a família, pisar na cabeça dos outros, deixar o orgulho crescer e tomar decisões erradas. Ou seja, muitas vezes, é por amor e proteção que Deus não abre as portas do céu para alguém, porque o seu coração não está pronto para isso.

Agora, se você passar, daqui para a frente, a fazer as suas orações da maneira como ensinei, tenho certeza de que Deus abrirá as comportas do céu sobre você. Isso porque se posiciona como um agente do Reino e busca sabedoria e transbordo, não somente dinheiro. Apenas dessa forma estará pronto para usufruir do melhor com a sua família e, com a sua generosidade, fará a diferença e será luz na Terra.

#NAPRÁTICA

Você tem o hábito de ser generoso? Pode ser com seus recursos financeiros, ou com seu tempo. "O generoso prosperará", ou seja, quanto mais você pensar e agir por todos ao seu redor e até por aqueles que você nem sequer conhece mais, Deus irá fazê-lo prosperar!

DIA 94

ANTES QUE A TRETA COMECE

Começar uma discussão é como abrir uma brecha num dique.
Por isso, resolva a questão antes que surja a contenda.
PROVÉRBIOS 17:14

Você sabe o que é um dique? É uma barreira entre o solo e a água, para evitar inundações na área seca. Em resumo, é uma construção que impede que a água invada uma cidade, por exemplo. Na passagem deste dia, essa é mais uma forma de linguagem usada pela Bíblia para nos ajudar a entender os ensinamentos de Deus.

E o que Provérbios quer nos dizer exatamente? Que, quando começamos uma discussão, é como se abríssemos uma brecha nessa construção. E se ela não for reparada logo, a água pode invadir o solo. Assim, a mensagem é muito clara: antes que surja uma contenda (ou seja, uma discussão), precisamos resolver o que está nos incomodando. Como? Por meio de uma conversa, sem briga! Se dermos espaço para a brecha no "dique", ela vai crescer e, mais dia, menos dia, assim como a água invade e acaba com toda a cidade, nossa relação também pode sofrer algo irreversível.

Quando estudei essa passagem pela primeira vez, aconteceu algo inacreditável. Um dia antes, eu e a minha esposa, Marcella, discutimos. Acredite se quiser! E não acho que isso tenha sido uma coincidência, e sim uma "jesuscidência" mesmo. Era Deus falando conosco, nos dando uma orientação, uma chamada de atenção: "Olha, vocês precisam resolver essa questão num bate-papo, antes que vire uma briga ou algo irreparável".

Se deixássemos o problema crescer, abriríamos uma fenda no dique do nosso relacionamento. E olha que a nossa questão não foi nada grave... Era apenas uma discussão boba do dia a dia de um casal. Mas Deus foi bem claro: "Resolvam logo, enquanto é apenas uma brechinha. Se não a taparem, a água vai invadir e a situação vai se tornar insustentável". Diante dessa intervenção tão bonita do Pai em nosso casamento, mudamos a nossa maneira de lidar com a questão e acalmamos o nosso coração por meio de uma conversa conciliadora. E pronto, tudo resolvido!

Mas é preciso ficar de olho, porque isso pode acontecer não só entre marido e mulher, como também em todos os tipos de relacionamento: entre pais e filhos, amigos, parentes, sócios... Aposto que você já ouviu diversas histórias de pessoas que, após várias pequenas coisinhas no dia a dia, acabaram com um casamento ou com uma sociedade. Pode acreditar: a maioria das relações não se encerra por conta de uma traição ou uma agressão, e sim pelo acúmulo de várias minibrechas que não são resolvidas no cotidiano.

Por isso, hoje gostaria que você avaliasse quais são essas brechinhas que está deixando surgir nos seus relacionamentos sem procurar fechá-las antes da briga. Não sei quais são, mas tenho certeza de que você – como pai, mãe, marido, esposa, filho, filha, sócio, chefe, funcionário ou amigo – tem a exata noção do que estou falando. Desejo que você alcance discernimento, coragem, atitude e iniciativa para consertar o que é preciso e, assim, preservar os seus valiosos relacionamentos.

#NAPRÁTICA

Um grande erro nos relacionamentos é querer encontrar um único culpado para todas as questões, assim, as duas pessoas ficam apontando o dedo e acusando uma à outra. Então faça o seguinte daqui para a frente: todas as vezes que um problema aparecer, entenda-o como uma terceira pessoa, e então as duas pessoas em questão irão se unir e combater o problema juntos, e não uma contra a outra. Esse nível de consciência frente ao problema muda tudo!

DIA

95

DECIDA GOVERNAR

Contudo, esmurro o meu corpo e faço dele meu escravo, para que, depois de ter pregado aos outros, eu mesmo não venha a ser desqualificado.

1 CORÍNTIOS 9:27

Todos os dias, dezenas de acontecimentos externos nos atacam – notícias negativas sobre a economia ou a política do nosso país, colegas de trabalho que fazem fofocas e dizem mentiras sobre nós, familiares que nos magoam e, às vezes, até mesmo acontecimentos dentro da nossa própria casa nos tiram a paz e ativam em nós a ira, a raiva e outros sentimentos negativos. Contudo, se você de fato deseja viver uma vida plena, precisa aprender algo mais importante do que qualquer faculdade ou curso: exercer domínio próprio e gerir suas emoções. Sem essas duas habilidades, garanto que não vai muito longe!

A maneira como você reage ao que lhe acontece diz muito sobre quem você é. Afinal, não é possível controlar acontecimentos externos, nem o que terceiros fazem ou falam de você, mas pode escolher quais são suas reações a partir disso. Entenda que a nossa carne tem desejos próprios. Assim como a nossa alma também tem os seus desejos. Porém, é o nosso espírito que deve governar o nosso corpo. Os frutos do espírito são verdadeiramente os resultados que devemos buscar – isso está em Gálatas, 5:22-23 –, e o fruto que quero focar hoje é o domínio próprio.

Vou dar um exemplo. Muitas vezes, a nossa alma está ansiosa ou triste, e qual é a "solução" para isso? Tem gente que "resolve" o problema comendo uma barra inteira de chocolate. É como um acalento para a alma, como se equilibrasse as emoções. Só que, horas depois, isso acontece de novo, e de novo... Por isso, todos nós sabemos que essa nunca foi e nunca será uma verdadeira solução.

Da mesma forma, há pessoas que perdem o domínio sobre o seu corpo, deixando de lado a prática de esportes, os exercícios físicos, o fortalecimento muscular, que são importantíssimos para uma vida longa e saudável. Em vez disso, preferem ficar jogadas no sofá vendo TV ou fuçando nas redes sociais alheias. Afinal, isso é muito mais confortável do que suar, correr ou puxar ferro por aí... Da mesma forma, todo mundo já sabe que esse não é o melhor caminho.

Mas, então, por que fazemos escolhas erradas com constância? Por que deixamos o conforto falar mais alto do que a disciplina de praticar exercícios físicos regularmente? Por que insistimos em nos alimentar com porcarias dia após dia, mesmo existindo milhares de estudos demonstrando que causam sérias doenças em longo prazo? Por que negligenciamos a importância de uma alimentação equilibrada e de um prato com alimentos bem coloridos a cada refeição?

Isso acontece quando o nosso espírito não está em domínio do nosso corpo e da nossa alma. Deixamos nossas emoções e tudo aquilo que fala ao nosso redor ditar o que pensamos, comemos e fazemos. A verdade é que é difícil exercer disciplina para obter bons resultados nas principais áreas da nossa vida. É mais fácil e cômodo atender aos desejos fúteis do nosso corpo e da nossa alma.

Porém, para realmente viver uma vida plena, você precisa exercer domínio próprio sobre sua alma e seu corpo. Deve governar sobre si mesmo. A própria Palavra diz: "Esmurro meu corpo e faço dele meu escravo". Ou seja, não são as vontades da minha carne que me governam. Pelo contrário, o meu corpo obedece a tudo o que meu espírito quer.

Como Deus vai confiar uma grande missão para alguém que nem sequer consegue controlar as próprias vontades? Como Deus vai lhe permitir liderar ou viver grandes projetos e grandes acontecimentos se você perde a cabeça facilmente e nem consegue gerir as próprias emoções?

Quando entendemos a importância de cumprir os princípios espirituais, como a fidelidade, anulamos a vontade da nossa carne de olhar e paquerar outros homens e mulheres. Fazemos isso por amor ao nosso cônjuge, é claro, mas também porque sabemos que, espiritualmente, quebraríamos um princípio inegociável do Reino de Deus. E existem mais outros vários exemplos como esse, que na verdade você já até sabe quais são – e que você precisa dominar, e não se deixar ser dominado por eles.

Então, hoje, quero convidá-lo a ser um governante. Governe seu corpo, suas emoções, suas vontades e seus desejos. Assim, terá uma vida abundante em todas as áreas.

#NAPRÁTICA

Faça um jejum espiritual para fortalecer o seu espírito e enfraquecer a sua carne. Você pode escolher ficar sem comer por algum período de horas, ou abrir mão de algum alimento de que gosta muito. Precisa haver um sacrifício, bastante esforço. E tão importante quanto isso é você estar em constante oração e santificação, em verdadeira conexão com o Pai em todo o tempo. Essa é a forma mais poderosa de lutar contra as vontades da carne que não fazem de você a sua melhor versão! Faça disso um hábito na sua vida.

A MANEIRA COMO VOCÊ

REAGE

AO QUE LHE ACONTECE

DIZ

MUITO SOBRE

QUEM

VOCÊ É.

DIA 96

ESSA É A SUA PARTE

Estando Jesus em uma das cidades, encontrou um homem coberto de lepra. Quando ele viu Jesus, prostrou-se com o rosto em terra e suplicou: "Senhor, se quiseres, podes purificar-me". E Ele, estendendo a mão, tocou-lhe, dizendo: "Quero. Seja purificado". Imediatamente, a lepra o deixou.

LUCAS 5:12-13

Nos tempos de Jesus, a lepra era uma doença contagiosa, que criava feridas terríveis no corpo, a ponto de partes dele caírem – hoje é conhecida como hanseníase, tem cura e não há mais o perigo de contágio. Mas, naquela época, estar com lepra era como uma sentença de morte, e os doentes eram considerados impuros, imundos e pecadores. Ninguém ousava se aproximar deles. Mas Jesus era Jesus. Então, quando o leproso passou ao seu lado e pediu para ser curado, o Mestre não o afugentou. Ao contrário, o curou.

Esse lindo milagre já poderia ser suficiente para a mensagem de hoje. Porém, o aprendizado que quero deixar neste dia para você está no pedido que aquele homem com lepra fez. Ele se prostrou e disse: "Se quiseres, podes purificar-me" – ou seja, pode me curar. E Jesus disse: "Quero". A lição é: muitas vezes em nossa vida, não recebemos o que quere-

Não recebemos o que queremos simplesmente porque deixamos de pedir.

mos simplesmente porque deixamos de pedir. E aqui me refiro a pedir a Deus mesmo, naquela oração que fazemos com vontade, suplicando.

Diante disso, talvez algumas perguntas venham à sua mente: "Mas, Igor, você não acha que temos que agradecer mais do que pedir? Se a vontade de Deus é soberana, para que precisamos pedir?". Sim, é verdade... Mas precisamos fazer o que cabe a nós, e hoje é sobre isso que quero fazer você refletir. Afinal, Jesus, em várias passagens, nos dá essa permissão, como "Tudo o que pedirdes em oração, crendo, o recebereis" e "Peçam e será dado". Então, não sou eu quem está falando para você pedir, e sim o próprio Senhor.

Mas há um detalhe importante nisso: seja específico em seus pedidos feitos nas orações. Diga com detalhes o que você quer. Eu, por exemplo, fiz isso quando pedi a Jesus como eu gostaria que fosse a minha esposa. E, acredite se quiser, Deus me surpreendeu me mandando a Marcella, que é muito mais do que pedi ou imaginei.

Fui específico, intencional. Por isso, quero encorajá-lo a fazer o mesmo quando realizar os seus pedidos. Senão, pode cair no risco do "deixa a vida me levar, vida, leva eu". Agir dessa maneira é o mesmo que dizer: o que vier está bom, tanto faz... – e não foi isso o que Jesus mostrou durante toda a sua história aqui na Terra. Assim, independentemente da vontade soberana de Deus, de o seu pedido ser atendido ou não, você precisa ser específico.

Ah, mas quer dizer que Deus nem sempre nos atende? Claro! Se você é pai ou mãe, por acaso satisfaz todos os pedidos dos seus filhos? Muitas vezes, por proteção, sabe que eles ainda não estão prontos para receber o que pedem, ainda não é o momento certo – e, às vezes, simplesmente não estão merecendo. Lembre-se: Jesus é nosso Pai! Então, por que você acha que Ele vai realizar todos os seus desejos? Ele não é o "gênio da lâmpada", que vem só para satisfazer os seus desejos. Ele é Deus! E quer realizar em sua vida os planos dEle, que são sempre os melhores, e não necessariamente só o que você quer.

Porém, você precisa fazer a sua parte: declarar com a sua boca o que quer e pedir de verdade, com o coração, sendo bem específico nas suas palavras. Faça exatamente como Jesus nos ensinou. E pode acreditar: Deus vai realizar grandes coisas em sua vida!

#NAPRÁTICA

Leia e medite sobre os versículos abaixo, e veja como é importante e bíblico ser intencional em suas orações. Abra a Bíblia que você tem aí na sua casa ou no aplicativo do seu celular:

- Mateus 7:7-11
- 1 João 5:14-15
- Mateus 21:21-22
- Salmos 37:4

DIA
97

PLANO ORIGINAL

Esta é a palavra que veio a Jeremias da parte do Senhor: "Levante-se e desça à casa do oleiro e ali você ouvirá a minha mensagem". Então, desci à casa do oleiro e o vi trabalhando com a roda, mas o vaso de barro que ele estava formando estragou-se nas suas mãos. Por isso, ele o refez, moldando outro vaso de acordo com a sua vontade. Então, a palavra do Senhor veio a mim: "Ó Israel, será que eu não posso agir com vocês como fez o oleiro?", pergunta o Senhor. "Como barro nas mãos do oleiro, assim são vocês nas minhas mãos, ó Israel."

JEREMIAS 18:1-6

No início de 2024, foi estimado que já existem 8 bilhões de pessoas no planeta. Cada uma tem a sua própria impressão digital e um conjunto de DNA exclusivo. Cientificamente falando, são seres únicos. A partir daí, imagine o quão criativo Deus é, a ponto de não criar nenhuma pessoa igual à outra. E digo isso, claro, do ponto de vista do natural. Quando pensamos no Criador, sabemos que Ele tem infinitas ideias e possibilidades para nós, de forma sobrenatural.

Somos como um vaso de barro na mão do oleiro. O que isso significa? Que Deus nos criou e planejou a nossa vida pensando em cada detalhe. A questão é que nós, seres humanos, temos vontade própria. Temos livre-arbítrio. Entenda melhor: o Criador nos molda como um vaso. Só que, depois de prontos, podemos realizar escolhas

Somos como um vaso de barro na mão do oleiro.

equivocadas, já que somos seres humanos falhos. E aí o que Deus faz? Permite que esse vaso quebre, para que algumas reformas aconteçam e, assim, ele possa efetivamente retomar para o plano perfeito do "Oleiro".

Então, nunca podemos culpar o Senhor por decisões que tomamos. Não dá para colocar na conta dEle os "boletos" que nós mesmos adquirimos. E bem longe da conotação financeira, isso tem a ver com as atitudes que fazemos e as palavras que falamos – todas são consequência do nosso livre-arbítrio. Deus jamais tem culpa. Ele está sempre certo e elabora planos ótimos e perfeitos para os seres humanos. Mas, infelizmente, o vaso pode se comportar de maneira diferente da idealizada pelo Criador. O Criador sempre tem os melhores planos para a sua criação.

O Criador pode estar moldando você neste exato momento. Amassando-o, quebrando, esculpindo...

A mensagem de hoje é para mostrar que o Criador pode estar moldando você neste exato momento. Amassando-o, quebrando, esculpindo... Para fazer com que nasça a versão que Ele verdadeiramente preparou para você ser. Às vezes, fugimos do plano perfeito de Deus para a nossa vida. Isso já aconteceu comigo e, com certeza, com você também. Faz parte, mas, agora, Deus o chama para uma nova oportunidade, uma nova chance de seguir, de viver e de sentir os planos dEle para a sua vida – os quais, segundo a Bíblia, são bons, agradáveis e perfeitos. Então, não tem por que querermos ir para outros caminhos, fazendo tudo do nosso jeito.

O CRIADOR SEMPRE TEM **OS MELHORES PLANOS** PARA A SUA CRIAÇÃO.

Esteja aberto e disponível para Deus moldá-lo. Permita que o seu coração, a sua mente e os seus desejos sejam quebrados, esculpidos e lapidados. Afinal, Deus já tinha planos para você antes mesmo do seu nascimento. E se a sua vida saiu dos trilhos, por atitudes suas, pode acreditar: o Pai vai lhe dar uma nova oportunidade. Você tem tudo para ser um vaso novo, dentro do ideal que o Senhor sempre teve para você. Deixe-se moldar e prepare-se para o melhor.

#NAPRÁTICA

A última palavra grifada é a pergunta que você precisa fazer para si mesmo hoje: "Eu vou permitir que o meu Criador me molde da maneira que Ele achar melhor?". Esta é uma reflexão que deve acontecer de uma maneira muito sincera, e a resposta é que vai determinar se você viverá os planos sobrenaturais sobre a sua vida ou apenas as suas ideias naturais sobre si mesmo. A escolha é sua!

DIA

98

ETERNIDADE

Ele enxugará dos seus olhos toda lágrima. Não haverá mais morte, nem aflição, nem choro, nem dor, pois as coisas antigas já passaram. Aquele que estava sentado no trono disse: "Vejam, eu farei novas todas as coisas". E acrescentou: "Escreva isto, pois estas palavras são verdadeiras e dignas de confiança". Disse-me ainda: "Está feito, eu sou o alfa e o ômega, o princípio e o fim. A quem tiver sede, darei de beber gratuitamente da fonte da água da vida. Aquele que vencer herdará tudo isso, e eu serei o seu Deus e ele será o meu filho".

APOCALIPSE 21:4-7

Existe uma crença errada de que ter Jesus é a ausência de problemas. Muita gente vende essa ideia: "Se você aceitar Jesus, os seus problemas se acabam". Mas não é verdade, porque em nenhum momento da Bíblia Ele nos prometeu isso. Ao contrário, ele disse: "No mundo, tereis aflições, mas tende bom ânimo, eu venci o mundo". Entende que, para vencer algo, você vai precisar batalhar antes? E batalhar é sinônimo de problemas. Por exemplo, em um jogo de futebol, só se vence após se dedicar, batalhar, sofrer e suportar os ataques do adversário. Por outro lado, ter Jesus é a certeza de que Ele está cuidando de tudo – inclusive de nossas aflições e

Entende que, para vencer algo, você vai precisar batalhar antes? E batalhar é sinônimo de problemas.

angústias – e que, estando com ele, tudo podemos e venceremos, porque Ele não nos desampara ou abandona.

Diante disso, tenho uma boa notícia para você: esses dias difíceis que você está enfrentando – uma temporada que parece não ter fim – vão passar! Não sei qual é a sua dificuldade hoje, se é um problema de saúde, brigas familiares, possibilidade de divórcio ou falta de recursos financeiros. Mas tenho certeza de que Deus sabe. E se você tem no seu coração que Jesus é o seu Senhor, o seu Salvador, que Ele morreu e ressuscitou por você e vive debaixo desses princípios, garanto que nada vai lhe faltar. É só uma fase ruim que logo irá embora. Depois de todas essas noites escuras, o sol voltará a aparecer, acredite!

Talvez você agora me pergunte: "Mas como faço para ter essa certeza? Já estou há tanto tempo esperando uma resposta e ela não vem...". Ora, peça para a pessoa certa! Aquele que tem nome e sobrenome: Jesus Cristo. Com o seu coração quebrantado, entregue a sua vida, a sua família, todos os seus planos nas mãos do Pai, e só assim vai poder experimentar essa certeza de que Ele está no controle. Não sou eu que estou lhe prometendo isso, porque sou um ser humano comum, com minhas falhas e defeitos. Porém, asseguro que, se você dobrar os joelhos e entregar o que precisa nas mãos da pessoa certa, os seus problemas podem até permanecer durante um tempo, mas vão passar!

A palavra garante que Ele tem planos maravilhosos para você, incluindo aqueles tão bons, tão incríveis, que você nem sequer imaginou um dia – “Ele é capaz de fazer, infinitamente, mais de tudo o que você pensa ou pede” (Efésios, 3:20).

Jesus é capaz de transformar toda a sua vida, de mudar, de fazer tudo melhor, tudo mais abundante, mais incrível e mais lindo do que você sonha. Lembre-se: mesmo que ele tenha nos alertado de que teríamos dias ruins e aflições, o nosso Salvador nunca nos abandona ou nos esquece. Ele é poderoso para curar, salvar e libertar, fazendo com que o seu deserto acabe e a sua escuridão passe. Peça, então, para a pessoa certa, porque Jesus é milagre, é provisão, é cura. E Ele pode todas as coisas.

#NAPRÁTICA

Hoje quero lhe fazer uma pergunta: você já sabe onde irá passar a sua eternidade?

As promessas do versículo que lemos hoje são para aqueles que acreditam em Jesus como seu único senhor. Meu amigo ou minha amiga que está lendo comigo aqui em toda esta jornada de ser luz durante 101 dias, não faz sentido acreditar que essa vida tem um ponto-final. O melhor ainda está por vir, a nossa morte aqui na Terra não é o fim. Há um lugar perfeito, onde mora um Ser perfeito, esperando por mim e por você quando a nossa missão por aqui acabar. Tudo o que você precisa fazer é uma oração. E amanhã vamos falar sobre isso!

DIA

99

TOC-TOC, TEM ALGUÉM QUERENDO ENTRAR...

Eis que estou à porta e bato. Se alguém ouvir a minha voz e abrir a porta, entrarei e cearei com ele e ele comigo.

APOCALIPSE 3:20

Imagine Jesus, neste exato momento, batendo à porta da sua casa ou do seu apartamento. Ele pede para entrar e ter um tempo de qualidade com você. Veja que oportunidade fantástica! Mas será que, nessa passagem, o que Ele quer, literalmente, é estar com você no local em que mora? Não! O convite de Jesus, aqui, é para você abrir a porta do seu coração a Ele.

E por que isso? Porque é do coração que partem as suas emoções, as suas decisões, os seus sentimentos. Mas atenção: Jesus não é mal-educado, muito menos grosseiro. Ele não mete o pé na sua porta para abri-la, nem grita lá de fora mandando-o deixá-lo entrar. Não, essas não são as características do Pai. Ele, educadamente, faz um convite para cear em sua casa, para entrar no seu coração e mudar a sua vida. E a resposta pode ser sim ou não, mas não cabe a nenhum familiar seu abrir a porta. Na verdade, não cabe a mais ninguém. Aceitar o convite depende única e exclusivamente de você.

Aceitei esse convite quando era adolescente, lá pelos meus 14 anos. Permiti que Jesus entrasse na minha vida para, assim, de fato viver os sonhos dEle para mim – e não os meus sonhos, aquilo que eu achava ser bom para a minha vida. E, agora, ele está aí batendo à porta do seu coração. Jesus quer organizar a bagunça que houver por aí, seja na sua vida pessoal, seja no seu casamento ou no seu trabalho (ou um pouco de tudo, como geralmente acontece em nossas vidas).

O Senhor quer arrumar tudo isso e fazer com que você viva a plenitude dEle, a verdadeira prosperidade, harmonia, paz, amor e união. Tudo aquilo que combina com Ele. Jesus quer que você viva bem, e, para isso, basta aceitar a presença dEle no seu coração.

Durante toda a jornada deste livro, busco levá-lo a ser a sua própria melhor versão, em todas as áreas da sua vida, e sempre baseado nos princípios da Bíblia Sagrada. No devocional de ontem, lhe fiz uma pergunta: "Você já sabe onde vai passar a eternidade?".

Aqueles que já ouviram Jesus bater à sua porta e já abriram para ele entrar certamente já sabem que estarão morando com Ele quando a sua missão finalizar aqui nesta Terra.

Mas se você que está lendo agora ainda não tem essa certeza, quero muito convidá-lo a abrir a porta do seu coração para Jesus. Não tem como viver a plenitude dEle para a sua vida, sua casa e tudo o que você faz sem que Ele esteja habitando em seu coração. Sem a presença de Jesus, é impossível viver as promessas dEle, a prosperidade dEle. O meu objetivo é que você viva diariamente a paz que excede todo entendimento, e isso você só acessa estando conectado a Ele.

Eu seria um mentiroso se dissesse que é possível você ser luz, ser a sua melhor versão, sem estar conectado a Ele. É nisso que acredito, é isso que vivo há anos, e meu maior desejo é que você viva isso também. Então, se você deseja viver diariamente tudo o que falamos até agora neste livro (e ainda tem mais, calma, que não acabou!), quero que você repita em voz alta a oração do #NAPRÁTICA comigo, com toda a verdade e sinceridade possível...

#NAPRÁTICA

Jesus, eu abro o meu coração para o Senhor fazer morada. Pode entrar, arrumar o que for preciso, jogar fora o que for necessário. Faça de mim seu filho(a) amado(a). Eu lhe confesso como meu Pai e meu único Senhor e salvador. Eu quero morar eternamente com você no céu. Perdoe os meus pecados, apague o meu passado e faça tudo novo em minha vida. Eu Te amo! Em nome de Jesus, amém! Pronto, agora prepare-se para viver os sonhos dEle para você, em todas as áreas da sua vida.

PREPARE-SE PARA VIVER OS

SONHOS

DE DEUS PARA VOCÊ,
EM TODAS AS ÁREAS DA SUA

VIDA.

DIA

100

É COMO TERMINA QUE SE CONTA

Olhe firme para a frente com toda a confiança. Não abaixe a cabeça envergonhado. Pense bem no que você vai fazer e todos os seus planos darão certo. Evite o mal e caminhe sempre em frente.
Não se desvie nem um só passo do caminho certo.

PROVÉRBIOS 4:25-27

Certa noite, jantando em minha casa com meu amado amigo Deive Leonardo, que é um dos maiores evangelistas deste país – e do mundo, para dizer a verdade – e que me honrou escrevendo o prefácio deste livro, ele me compartilhou um ensinamento que jamais esquecerei. Falávamos sobre relacionamentos, caráter e condutas do ser humano. E então ele fez uma analogia muito valiosa...

Deive disse que nós, seres humanos, somos como um navio. Como você sabe, todo barco é direcionado por um leme, espécie de pá que fica abaixo da linha do mar, sendo movimentada pelo timão (o "volante" da embarcação). Assim, o timoneiro consegue mudar a direção na água para chegar ao destino que quiser. Através da longa trajetória no oceano, o leme precisa ser mudado poucas vezes.

Então um leve desvio no leme faz com que o destino final seja totalmente diferente. Uma mudança realmente muito sutil no ângulo daquela "pá" quase imperceptível aos nossos olhos faz o resultado ser completamente outro.

E, afinal, qual a grande lição que aprendi para a minha vida? Os nossos grandes erros ficam claros e palpáveis para todo mundo, mas os nossos pequenos erros – "os pequenos desvios de caráter" – nos levam a um destino totalmente diferente daquele em que gostaríamos de estar. Então, se não corrigirmos os mínimos equívocos de caráter, conduta, posicionamento, comportamento, atitude e até pensamento, o ponto de chegada não será o que você desejou.

Vou colocar isso em prática usando o exemplo do casamento. Quando existe uma traição, não é pelo ato ali de beijo ou de "ir pra cama". Mas sim quando a primeira mensagem que não devia foi respondida. O primeiro elogio de um homem ou mulher que não o seu cônjuge que foi retribuído. Entende o que é a "pequena" mudança no ângulo do leme?

Olhe para a frente, não baixe a cabeça, não olhe para um lado, não olhe para o outro, vá em frente, não desvie.

Aplicando isso na área profissional... O seu emprego não acabou quando você não alcançou aquelas metas estabelecidas, mas sim quando você teve a preguiça de fazer um esforço a mais naquele dia em que precisava, ou quando negligenciou aquela tarefa que parecia bobinha, mas era muito importante para o sucesso de toda a sua equipe.

Provérbios, que é um livro de conselhos, está dizendo: olhe para a frente, não baixe a cabeça, não olhe para um lado, não olhe para o outro, vá em frente, não desvie. Na verdade, todos temos um senso comum do que devemos e do que não devemos fazer ou falar. Mas vamos negociando, abrindo concessões, trazendo para a nossa cabeça e para o nosso coração explicações e justificativas que sabemos que não são verdades. Porém, as autorizamos... E, sem nos darmos conta, chegamos a um destino que não era o desejado.

Tenho certeza de que você sabe qual é o destino certo para o seu barco. Então, persista, olhe para a frente, não abra concessões, não escute maus conselhos e não vá a lugares que estão fora do seu "itinerário". Lembre-se, é como termina que se conta. Todos irão lembrar de como você terminou a sua trajetória. Não vacile. Permaneça firme. Seja luz!

#NAPRÁTICA

Obedecer a princípios leva-o a lugares muito melhores e mais altos do que você pode imaginar. Ser fiel, ser excelente, cumprir com sua palavra e seus combinados, honrar sua família, entre outras coisas, faz de você a sua melhor versão e faz você cumprir o seu propósito nesta Terra, não tenha dúvidas disso!

....

....

....

....

....

....

UM LEVE

DESVIO

NO LEME FAZ COM QUE O

DESTINO

FINAL SEJA TOTALMENTE

DIFERENTE.

Seja Luz - @oigorfaria

DIA 101

ENTÃO... SEJA LUZ!

Vocês são a luz do mundo.

MATEUS, 5:14

Chegamos ao fim da nossa jornada de 101 dias para você ser a sua melhor versão em todas as áreas da sua vida. Foram mais de três meses em que estive na sua companhia, buscando, junto com você, evoluir, melhorar e ser luz.

Nesse nosso encontro diário, vimos e aplicamos diversos conceitos nas áreas de desenvolvimento pessoal, casamento, negócios, carreira, educação de filhos, gestão de emoções, superação e desenvolvimento de novos talentos. Salientei hábitos que podem fazer de nós seres humanos piores, mostrando os caminhos para sempre sermos melhores. Mas o principal que este livro buscou ativar em você é a sua fé. A sua fé em um Pai que tem o melhor para a sua vida, para a sua família. A sua fé de que tudo vai dar certo.

Precisamos entender que não há luz se não estivermos conectados ao Pai das Luzes, à Fonte. Nós, seres humanos, somos apenas um pedaço de carne e osso, falhos. Quando verdadeiramente nos conectamos à Fonte, podemos ser transformados de fato e fazer a diferença nesta Terra. É isso que fomos chamados a realizar e é para isso que vivemos. Então, nunca duvide do amor de Deus por você. Nunca duvide do sacrifício que Ele fez por você e por todos. Sempre lembre que os planos dEle são muito melhores e maiores do que os seus.

Para finalizar, gostaria de compartilhar com você uma história que me marcou recentemente. Fomos comemorar o primeiro aniversário do meu filho Davi no zoológico – a Marcella estava nos últimos dias de gravidez do Lucca. E assim que chegamos ao local, eu, minha esposa e o Davi paramos em uma área onde havia vários passarinhos. Ficamos ali encantados... Quando decidimos partir em busca de animais mais diferentes, o Davi "bateu o pé" e não queria sair dali de jeito nenhum. E eu dizia para ele: "Filho, bora ver outros animais lindos, mais impressionantes, como elefantes, macacos, hipopótamos, girafas, leões ... Bora, filho... Passarinhos a gente vê a todo momento e em qualquer lugar – na praça perto de casa, em nosso quintal... Já os animais maiores, não". E o Davi insistia em ficar olhando os passarinhos.

Na mesma hora, Deus falou muito claro ao meu coração: "Igor, tá vendo? Você, que é pai, sabe o que é melhor para o seu filho. E assim sou Eu com a humanidade. Tenho planos bons, perfeitos e agradáveis, planos maravilhosos, sonhos lindos para cada um dos meus filhos. Mas eles se contentam com seus próprios sonhos, que são muito pequenos. São teimosos, não me ouvem e não permitem que Eu realize os melhores sonhos, os melhores planos para a vida deles".

Então, depois desses 101 dias lendo, vivendo e aprendendo sobre o Senhor, de uma vez por todas você precisa entender que Ele tem planos muito melhores para você, para a sua casa e para tudo na sua vida. Acredite nisso, confie e faça a sua parte. Esforce-se, dedique-se, desenvolva-se. Seja excelente, seja a sua melhor versão, em tudo que você se determinar a fazer. Não se esqueça disso.

Martin Luther King certa vez disse: "O que me preocupa não é o barulho dos maus, mas o silêncio dos bons". Portanto, deixe a sua luz brilhar intensamente através de você e faça a diferença. Seja em "pequenos grandes gestos", como sorrir para o porteiro do seu prédio, ser gentil com alguém desconhecido, oferecer consolo e um abraço a quem necessita. Seja honrando o seu casamento e a sua palavra, ajudando uma instituição e sendo fiel à sua igreja e aos princípios do Senhor com seus recursos. Amar o próximo, manter o otimismo, cuidar da sua família antes de qualquer sucesso externo ou profissional... São várias formas de ser a sua melhor versão e iluminar todos que estão ao seu redor! Eu desejo, de todo o meu coração, que você aplique e viva isso na prática todos os dias. Vá e seja luz!

Que Deus o abençoe! Um grande abraço, com muito carinho e amor.

Vá e seja luz!

“O QUE ME PREOCUPA NÃO É O BARULHO DOS MAUS, MAS O SILÊNCIO DOS BONS.”

- MARTIN LUTHER KING

NÃO HÁ
LUZ SE NÃO
ESTIVERMOS
CONECTADOS
AO PAI DAS
LUZES...
SEJA LUZ!

Seja Luz - @oigorfaria

CITADEL
Grupo Editorial
Livros para mudar o mundo. O seu mundo.

Para conhecer os nossos próximos lançamentos e títulos disponíveis, acesse:

www.**citadel**.com.br

/citadeleditora

@citadeleditora

@citadeleditora

Citadel – Grupo Editorial

Para mais informações ou dúvidas sobre a obra, entre em contato conosco por e-mail:

contato@**citadel**.com.br

CB125432

CATALISADORES HETEROGÊNEOS POROSOS

DEFINIÇÕES, PROPRIEDADES, CARACTERIZAÇÕES, SÍNTESES E APLICAÇÕES

Editora Appris Ltda.
1.ª Edição - Copyright© 2024 dos autores
Direitos de Edição Reservados à Editora Appris Ltda.

Nenhuma parte desta obra poderá ser utilizada indevidamente, sem estar de acordo com a Lei nº 9.610/98. Se incorreções forem encontradas, serão de exclusiva responsabilidade de seus organizadores. Foi realizado o Depósito Legal na Fundação Biblioteca Nacional, de acordo com as Leis nos 10.994, de 14/12/2004, e 12.192, de 14/01/2010.

Catalogação na Fonte
Elaborado por: Dayanne Leal Souza
Bibliotecária CRB 9/2162

M386c
2024

Martins, Leandro Pierroni
Catalisadores heterogêneos porosos: definições, propriedades, caracterizações, síteses e aplicações / Leandro Pierroni Martins e Célio Loureiro Cavalcante Jr. – 1. ed. – Curitiba: Appris, 2024.
167 p. : il. ; 23 cm. – (Geral).

Inclui referências.
ISBN 978-65-250-6778-0

1. Zeólitas. 2. Sólidos microporosos. 3. Difusão. 4. Reatores. I. Martins, Leandro Pierroni. II. Cavalcante Jr., Célio Loureiro. III. Título. IV. Série.

CDD – 621.483

Livro de acordo com a normalização técnica da ABNT

Editora e Livraria Appris Ltda.
Av. Manoel Ribas, 2265 – Mercês
Curitiba/PR – CEP: 80810-002
Tel. (41) 3156 - 4731
www.editoraappris.com.br

Printed in Brazil
Impresso no Brasil

Leandro Pierroni Martins
Célio Loureiro Cavalcante Jr.

CATALISADORES HETEROGÊNEOS POROSOS

DEFINIÇÕES, PROPRIEDADES, CARACTERIZAÇÕES, SÍNTESES E APLICAÇÕES

Appris editora

Curitiba, PR
2024

FICHA TÉCNICA

EDITORIAL Augusto Coelho
Sara C. de Andrade Coelho

COMITÊ EDITORIAL
Ana El Achkar (Universo/RJ)
Andréa Barbosa Gouveia (UFPR)
Antonio Evangelista de Souza Netto (PUC-SP)
Belinda Cunha (UFPB)
Délton Winter de Carvalho (FMP)
Edson da Silva (UFVJM)
Eliete Correia dos Santos (UEPB)
Erineu Foerste (Ufes)
Fabiano Santos (UERJ-IESP)
Francinete Fernandes de Sousa (UEPB)
Francisco Carlos Duarte (PUCPR)
Francisco de Assis (Fiam-Faam-SP-Brasil)
Gláucia Figueiredo (UNIPAMPA/ UDELAR)
Jacques de Lima Ferreira (UNOESC)
Jean Carlos Gonçalves (UFPR)
José Wálter Nunes (UnB)
Junia de Vilhena (PUC-RIO)
Lucas Mesquita (UNILA)
Márcia Gonçalves (Unitau)
Maria Aparecida Barbosa (USP)
Maria Margarida de Andrade (Umack)
Marilda A. Behrens (PUCPR)
Marília Andrade Torales Campos (UFPR)
Marli Caetano
Patrícia L. Torres (PUCPR)
Paula Costa Mosca Macedo (UNIFESP)
Ramon Blanco (UNILA)
Roberta Ecleide Kelly (NEPE)
Roque Ismael da Costa Güllich (UFFS)
Sergio Gomes (UFRJ)
Tiago Gagliano Pinto Alberto (PUCPR)
Toni Reis (UP)
Valdomiro de Oliveira (UFPR)

SUPERVISORA EDITORIAL Renata C. Lopes

PRODUÇÃO EDITORIAL Bruna Holmen

REVISÃO Pâmela Isabel Oliveira

DIAGRAMAÇÃO Luciano Popadiuk

CAPA Carlos Pereira

REVISÃO DE PROVA Sabrina Costa

AGRADECIMENTOS

Agradecemos a todos os estudantes que integram e integraram o Grupo de Pesquisa em Catálise (GPCat) da Universidade Estadual Paulista (UNESP) e o Grupo de Pesquisa em Separações por Adsorção (GPSA) da Universidade Federal do Ceará (UFC) por permitirem, ao longo de muitos anos, discussões importantes, ganho de conhecimento e consolidação de nossa experiência, que compartilhamos em alguns capítulos deste texto.

O presente trabalho foi editado com apoio da Coordenação de Aperfeiçoamento de Pessoal de Nível Superior – Brasil (Capes) – Código de Financiamento 001 (n.º do Auxílio: 0355/2021 e Nº do Processo: 23038.005511/2021-29).

LISTA DE SÍMBOLOS

a_H	parâmetro do arranjo mesoporoso hexagonal
A	área geométrica externa
A_P	área do poro determinada por porosimetria de mercúrio
b	parâmetro de equilíbrio da equação de Langmuir
c	parâmetro da equação de BET
C	força compressiva
C_A, C_A^*	concentração de A no fluido, concentração de A no fluido que estaria em equilíbrio com q_A
C_{A0}	concentração inicial de A no fluido
C_{Af}	concentração de A no fluido
C_{AS}	concentração de A na superfície do catalisador (em ambiente de reação)
C_R, C_P	concentração do reagente R e do produto P
C_{R0}	concentração inicial do reagente R
d_{100}	distância interplanar (100)
D	diâmetro do poro
D_G	diâmetro do grão
D_R	diâmetro do reator
D_A	difusividade de transporte de A
D_{AB}	difusividade de A no meio B
$D_{AB,ef}$	difusividade efetiva de A no meio B em sistemas porosos
D_{A0}	difusividade de transporte de A corrigida
$D_{A\infty}$	difusividade pré-exponencial
$D_{k,AB}$	difusividade de Knudsen
D_Z	coeficiente de dispersão axial
E	energia de ativação
E_a	energia de ativação da reação térmica
E_{cat}	energia de ativação da reação catalítica

$E_{cat,ap}$	energia de ativação aparente da reação catalítica
f	coeficiente de fricção
f_c	fator de constrição
F_1, F_2	forças envolvidas na porosimetria de mercúrio
F_P	vazão do gás no método ZLC
G	energia livre de Gibbs
h	coeficiente convectivo de troca térmica
H	entalpia
ΔH_r	calor de reação
$\Delta H_{ads,1}$	calor de adsorção na primeira camada
$\Delta H_{ads,2}$	calor de adsorção na segunda camada
$\Delta H_{ads,i}$	calor de adsorção na camada i
$\Delta H_{latente}$	calor latente
J_A	fluxo difusivo de A
k, k'	constantes cinéticas das reações térmica e catalítica, respectivamente
k_0, k_0'	constantes pré-exponenciais das reações térmica e catalítica, respectivamente
k_a, k'_a	constantes cinéticas de adsorção
k_d, k'_d	constantes cinéticas de dessorção
k_f	coeficiente de transferência de massa no filme fluido ao redor do grão de catalisador
k_{sb}	resistência associada às barreiras de superfície
K_p	constante de equilíbrio
L	carga de ruptura ou parâmetro do método ZLC
L_i	comprimento do poro cilíndrico
m	parâmetro do módulo de Thiele
m_t, m_∞	massa adsorvida no tempo t, massa adsorvida no equilíbrio
M_i	massa molecular do componente i
n	ordem de reação
N_{AX}	quantidade de sítios ativos com A adsorvido
N_V	quantidade de sítios ativos vazios

N_X	quantidade de sítios ativos
N_A^i	número de sítios na camada i
P	pressão
p^0	pressão de saturação
p/p^0	pressão relativa
P_A, p_A	pressão parcial de A
P_G	pressão na fase gás
P_L	pressão na fase líquida
P_T	parâmetro empírico da equação de Ternan
q	vetor espalhamento, nas medidas de SAXS
q_A	concentração do componente A na fase adsorvida no interior do sólido
q_0	concentração do componente na fase adsorvida no interior do sólido no tempo zero
$q(t)$	concentração do componente na fase adsorvida no interior do sólido no tempo t
q_∞	concentração do componente na fase adsorvida no interior do sólido no equilíbrio
Q	calor liberado ou consumido na reação
Q_f	fluxo (vazão mássica por área da seção transversal ao escoamento)
r	raio da gota esférica ou coordenada radial
$-r_A$	taxa de reação de A
$-r_R$	taxa de reação do reagente R
$-r_{A,ad}$	taxa de adsorção de A no sítio $X_{(S)}$
$-r_{AX,des}$	taxa de dessorção de A presente no sítio $AX_{(adsorvido)}$
r_c	raio do cristal
r_K	raio de Kelvin
r_P	raio médio do poro
R	constante universal dos gases
R^2	coeficiente de regressão do ajuste estatístico
$-R_A$	taxa global de reação
R_C	raio do cristal microporoso

R_G	raio do grão, $D_G/2$
S	entropia
S_{BET}	área específica BET
t	espessura da camada de adsorbato ou tempo
t_P	espessura de parede
T	temperatura absoluta
T_f	temperatura de fusão
T_F	temperatura do fluido no reator
T_H	temperatura de Hüttig
T_S	temperatura na superfície do catalisador
T_T	temperatura de Tammann
u_A	velocidade do componente A no meio poroso
v_i	velocidade intersticial do gás
v_S	velocidade superficial do gás
V	volume
V_A	volume aparente
V_C	volume da amostra no método ZLC
V_{CNTP}	volume do gás nas condições normais de temperatura e pressão
V_E	volume envelope
V_{EG}	volume de vazios entre grãos
V_G	volume molar do gás
V_L	volume molar do líquida
V^M	volume da monocamada completa
V_P	volume de gás adsorvido nos poros
V_{PF}	volume de poros fechados
V_{PA}	volume de poros abertos
V_S	volume real do sólido
V_T	volume total
V_{TR}	volume total do reator
V_V	volume de vazios

$\Delta V/\Delta D$	derivada numérica da variação do volume (mercúrio ou nitrogênio) pelo diâmetro do poro
ΣV_i	soma dos volumes de difusão
y, y^i	parâmetros usados na formulação da equação de BET
x	coordenada linear de direção
X	conversão da reação
$X_{(S)}$	componente sítio ativo no modelo de Langmuir
W	trabalho
z	comprimento do leito catalítico

LETRAS GREGAS

α	parâmetro usado na formulação da equação de BET representando a relação $k_a^{'} / k_d^{'}$
β	relação entre as áreas perpendiculares ao fluxo difusivo (Fig. 3.4)
δ	espessura do filme estagnado ao redor do grão de catalisador
δ_m	variância da curva de concentração no método cromatográfico
ε	porosidade
ε_c	porosidade do grão do catalisador
ε_r	porosidade do leito catalítico
φ	módulo de Thiele
φ_n	módulo de Thiele para uma reação de ordem *n*
γ	tensão de superfície
μ	viscosidade do fluido
μ_A, μ_A^o	potencial químico e potencial químico padrão de A
μ^G	potencial químico na fase gás
μ^L	potencial químico na fase líquida
μ_m	tempo de retenção médio no método cromatográfico
Ω_{AB}	integração de colisão para a difusão
ρ	densidade do fluido

ρ_E	densidade envelope do grão
ρ_L	densidade em fase líquida
ρ_R	densidade real do sólido
σ	diâmetro cinético da molécula
σ_A	área ocupada por uma molécula, na equação de cálculo de S_{BET}
σ_{AB}	diâmetro de colisão médio de A e B
τ, τ_p	tortuosidade, tortuosidade do poro
θ	ângulo de contato do mercúrio (ou nitrogênio) com o sólido
θ_A	fração de sítios com adsorção de A
θ_v	fração de sítios vazios

LISTA DE NÚMEROS ADIMENSIONAIS

Pr	Prandtl
Re	Reynolds
Sc	Schmidt
Sh	Sherwood

RELAÇÃO DE ALGUNS DOS PESQUISADORES MENCIONADOS NESTE TEXTO

Adolf Eugen Fick, ✸1829-†1901
Armand Levy, ✸1794-†1841
Cyril Norman Hinshelwood, ✸1897-†1967
Daniel Douglas Eley, ✸1914-†2015
Douglas M. Ruthven, ✸1938-†2021
Edward Teller, ✸1908-†2003
Edward W. Washburn, ✸1881-†1934
Elliott P. Barrett
Eric Keightley Rideal, ✸1890-†1974
Ernst Schmidt, ✸1892-†1975
Ernest W. Thiele, ✸1895-†1993
George Dawson Halsey Jr., ✸1925-†2016
George Jura, ✸1911-†1997
Henri Sainte-Claire Deville, ✸1818-†1881
Irving Langmuir, ✸1881-†1957
James William McBain, ✸1882- †1953
Jimmie L. Huitt
Leslie G. Joyner
Maling Barrer, ✸1910-†1996
Martin H. C. Knudsen, ✸1871-†1949
O. Weigel, ✸1881-†1944
Osborne Reynolds, ✸1842-†1912
Paul Burg Weisz, ✸1919-†2012
Paul Hugh Emmett, ✸1900-†1985
Paul P. Halenda
Robert M. Milton, ✸1920-†2000
Sabri Ergun, ✸1918-†2006

Stephen Brunauer, ✸1903-†1986
Svante August Arrhenius, ✸1859-†1927
Thomas Kilgore Sherwood, ✸1903-†1976
Wilhelm Nusselt, ✸1882-†1957
William Draper Harkins, ✸1873-†1951
William Thomson – Lord Kelvin, ✸1824-†1907

SUMÁRIO

1

A CATÁLISE HETEROGÊNEA E A POROSIDADE

A conversão de reagentes em produtos por meio de reações químicas é a força motriz da indústria química. Um extenso conjunto de produtos é obtido por síntese química. Amônia, ácido sulfúrico, etileno, propileno, metanol, etileno glicol são apenas alguns exemplos de produtos químicos produzidos em bilhões de quilograma anualmente. A produção desses compostos tem em comum o uso de catalisadores heterogêneos.

Vários processos químicos são processos catalíticos, e estima-se que mais de 80% dos produtos da indústria química envolvem um catalisador em alguma etapa da sua fabricação. De acordo com dados da Organização para a Cooperação e Desenvolvimento Econômico (OCDE), uma boa parte do Produto Interno Bruto dos países desenvolvidos depende de alguma forma das tecnologias catalíticas. As reações químicas com interesse industrial têm que ser rápidas e seletivas, o que se consegue frequentemente utilizando catalisadores. Muitas das propriedades dos catalisadores heterogêneos podem ser modificadas atentando-se à organização de suas estruturas porosas primárias, ou seja, aquela que está relacionada à natureza dos materiais, como observado, por exemplo, nas zeólitas (sólidos microporosos), nas famílias MCM-41, SBA-15 etc. (sólidos mesoporos) e nos sólidos macroporosos. No entanto, antes de discutir sobre as propriedades porosas dos catalisadores, vamos tratar dos conceitos iniciais da catálise e da cinética química, pois o sucesso de uma instalação química depende também do entendimento desse fenômeno para uma intervenção eficiente no projeto e na operação do reator químico.

1.1 Aspectos cinéticos e termodinâmicos da catálise

Consideremos uma reação química elementar de primeira ordem reversível, em que um reagente R é convertido em um produto P, de acordo com o mostrado na Figura 1.1a.[1] A expressão cinética dessa reação, $-r_R = k_1(T)C_R - k_2(T)C_P$, indica que a taxa $-r_R$ da reação química pode ser aumentada alterando-se três parâmetros: (1) aumentando a concentração inicial do reagente R (C_R); (2) aumentando a temperatura T da reação, que segue a equação de Arrhenius $k_i(T) = k_0 exp(-E_a / RT)$; e (3) diminuindo a energia de ativação E_a. A principal razão de adição do catalisador ao sistema reacional é aumentar a velocidade da reação pela diminuição da energia de ativação na Figura 1.1c de E_{a1} para E_{cat1} (a constante cinética pré-exponencial, k_{01}, mantém-se inalterada).

O catalisador é um material estranho à estequiometria da reação, ou seja, uma quantidade relativamente pequena é suficiente para atingir a taxa desejada para o processo. Na presença de um catalisador X, uma nova rota reacional aparece (Figura 1.1b). Se o processo é mais rápido na presença de X, então X é um catalisador, que é liberado ao final do ciclo e pode retornar ao início e se interagir com uma nova molécula de R. No caso específico em que mais do que um reagente estiver presente, ou seja $R_1 + R_2 \rightarrow P$, pelo menos um deles deve adsorver quimicamente na superfície do catalisador. Para dois reagentes, se ambos adsorverem e reagirem na superfície, temos o mecanismo conhecido como Langmuir-Hinshelwood. Quando apenas um dos dois se adsorve, com o segundo reagindo em seguida com o complexo ativado do primeiro, temos o mecanismo de Eley-Rideal.[2]

Fig. 1.1 – (a) Reação reversível de R formando P, em que $E_{cat1} < E_{a1}$ e $k'_1 > k_1$; **(b)** ciclo catalítico: R se adsorve em um sítio ativo do catalisador X convertendo-se em P; **(c)** diagrama de entalpia: coordenada de reação para uma reação térmica e catalítica (mostrada a reação direta R à P)

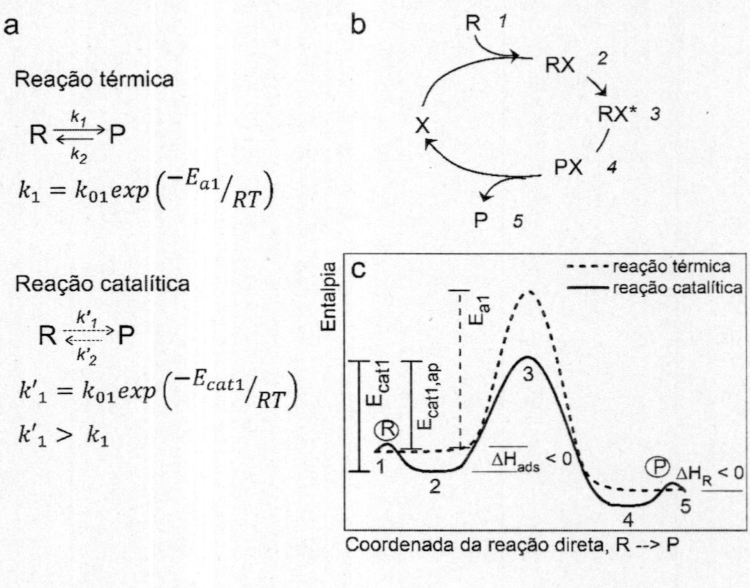

A reação catalítica é dessa forma um conjunto de etapas elementares. O catalisador intervém no mecanismo, sendo recuperado ao final do ciclo reacional. Em decorrência da definição, pode-se supor que o ciclo catalítico seja interminável, mas na prática isso não é verificado, pois, em maior ou menor frequência, o catalisador pode desativar. Nesse caso, há a necessidade de sua regeneração ou substituição.

A adição do catalisador no sistema reacional proporciona um novo percurso reacional energeticamente mais favorável pela diminuição da energia de ativação, conforme mostra o diagrama de entalpia-coordenada de reação. Na Figura 1.1c, é mostrado o percurso de uma reação química térmica (linha tracejada) em que a entalpia do reagente R está acima da entalpia do produto P, ou seja, nesse exemplo trata-se de uma reação exotérmica ($\Delta H_r < 0$). Comparando-se com uma reação catalítica (linha contínua), observamos que o estado inicial e o estado final são os mesmos, ou seja, a variação da energia livre de reação (ΔG) é igual nos dois processos. Então, tem-se que a posição de equilíbrio não é alterada pelo catalisador.

As constantes cinéticas das reações térmicas, direta e inversa, são dadas por $k_1 = k_{01}exp(-E_{a1} / RT)$ e $k_2 = k_{02}exp(-E_{a2} / RT)$, respectivamente, seguindo a Lei de Arrhenius, que permite calcular a variação da constante de velocidade de uma reação química com a temperatura através da energia de ativação, E_a. Conhecida a energia de ativação da reação direta E_{a1} e ΔH_r, pode-se calcular E_{a2}, pois $E_{a2} = E_{a1} - \Delta H_r$. Com relação à curva catalítica, há um poço de entalpia entre os pontos 1 e 2, que representa a adsorção de R em X, antes de passar pelo complexo ativado RX* no ponto 3. A adsorção de R na superfície do catalisador necessita de alguma energia de ativação, de natureza semelhante a uma reação química, antes de atingir o poço de entalpia em 2 (ou em 4, quando tratar-se do processo inverso para a dessorção do produto P). A adsorção é um processo invariavelmente exotérmico, ou seja, apresenta o poço de entalpia. A explicação é que a energia livre de Gibbs deve diminuir para qualquer evento espontâneo, de acordo com a relação $\Delta G_{ads} = \Delta H_{ads} - T \cdot \Delta S_{ads}$. O processo de adsorção, pela sua natureza, implica diminuição da entropia ($\Delta S_{ads} < 0$ e $-T{\times}\Delta S_{ads} > 0$), pois o número de graus de liberdade de uma molécula adsorvida é menor do que na fase fluida. Para que $\Delta G_{ads} < 0$, ΔH_{ads} deve ser negativo.

A "energia de ativação" da reação catalítica direta, isto é, E_{cat1}, é calculada como a diferença de energia entre os pontos 3 e 2. Na condução dos experimentos de catálise, são utilizadas as informações de taxa de consumo de reagentes e formação de produtos para a construção do gráfico de Arrhenius,

$\ln(-r_R)$ versus 1/T. Se for calculada como a diferença entre 3 e 1, chamamos de "energia de ativação aparente", $E_{cat1,ap}$. A relação entre essas duas denominações de energia de ativação é atribuída à energia de adsorção (ΔH_{ads}), devendo ser cuidadosamente analisada para um projeto adequado do sistema catalítico.

A distinção entre "energia de ativação" (E_{cat1}) e "energia de ativação aparente" ($E_{cat1,ap}$) não se dá apenas devido à etapa de adsorção. Essa distinção também ocorre em casos nos quais a sequência de etapas elementares da reação catalítica é mais complexa, como na síntese da NH_3.

A construção de diagramas temperatura-conversão-velocidade pode auxiliar na compreensão das questões cinéticas e termodinâmicas de uma reação química, seja catalítica ou térmica. O diagrama da Figura 1.2 foi construído considerando valores hipotéticos de energia de ativação (E_{cat1} e E_{a1}), ΔH_r, ΔG e k_{01}, para uma reação reversível de R formando P. Para a reação térmica, a expressão cinética é $-r_R = k_1 C_R - k_2 C_P$, que foi utilizada para determinar as curvas de conversão, X, a valores constantes de $-r_R$ (0,25, 0,5, 1,0, 2,0 e 4,0 mol/L.min). A expressão foi escrita em função da conversão de R como $-r_R = k_1 C_{R0}(1-X) - k_2 C_{R0} X$ ou $-r_R = C_{R0}\left[k_1(1-X) - k_2 X\right]$, e considerando C_{R0} igual a 1 mol/L. A curva de equilíbrio, obtida quando $-r_R = 0$, ou seja, $k_1(1-X) = k_2 X$, indicada no diagrama, mostra que, nesse exemplo, a reação é exotérmica, pois ao aumentar a temperatura a conversão no equilíbrio diminui.

Um balanço de energia para a reação adiabática de R formando P resulta em uma expressão de X em função de T, que pode ser aproximada por uma reta,[3] conforme mostrado entre os pontos de a até e na Figura 1.2a. No ponto a, a temperatura é de 20 °C e a conversão é zero, assinalando o começo do processo reacional com a presença apenas do reagente R. Nesse ponto a velocidade da reação que se inicia está em 1,0 mol/L.min. Com o avanço da reação para o ponto β, a temperatura do meio reacional aumenta naturalmente, pois trata-se de uma reação exotérmica adiabática, em que o calor gerado não é removido do meio reacional. A velocidade da reação aumenta para 2,0 mol/L.min. Esse comportamento está de acordo com a Lei de Arrhenius, a de que a taxa da reação química aumenta com o aumento da temperatura. Esse comportamento segue com o avanço da reação até que se aproxime do equilíbrio, quando a taxa da reação cai drasticamente para zero, indicando que as reações direta e inversa têm a mesma taxa. No ponto e, por volta de 80 °C, não há mais geração de calor; no entanto, se a temperatura for aumentada para cerca de 100 °C (ponto ϕ), por fornecimento de calor externo, ocorrerá a diminuição da conversão, seguindo o comportamento previsto pela curva de equilíbrio.

Fig. 1.2 – Diagrama temperatura-conversão-velocidade (construído considerando-se uma energia de ativação térmica de 10 (linha contínua) e catalítica de 9,5 kcal/mol (linha tracejada), ΔHr de -18 kcal/mol, ΔG de -3 kcal/mol e k_{01} de 3×10^7 min^{-1}); **(a)** influência da temperatura na taxa da reação química e na conversão e **(b)** comparação de reações catalítica e térmica

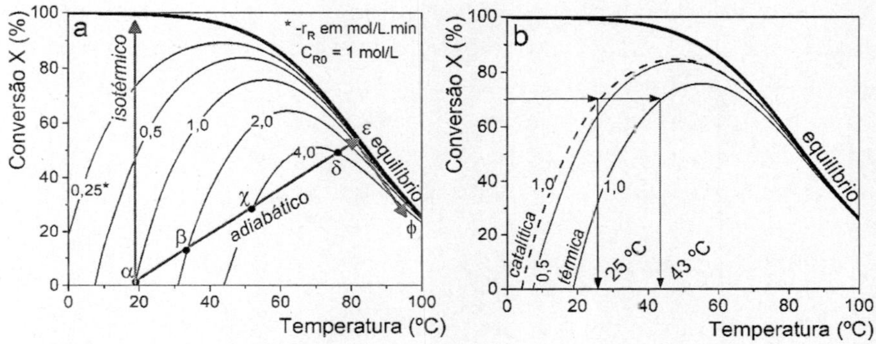

A taxa da reação química não é influenciada apenas pela temperatura de reação. Ela depende também da concentração dos reagentes e produtos, conforme a expressão inicial $-r_R = k_1C_R - k_2C_P$. Por exemplo, se traçarmos uma reta na vertical a partir do ponto a, ou seja, uma reação que ocorre isotermicamente, podemos verificar esse comportamento. Nesse caso, para manter a temperatura constante precisaremos retirar calor do meio reacional. A partir do ponto a, a reação avança, ocorrendo o aumento da conversão e diminuição das taxas de reação química. Conforme mostrado na Figura 1.2a, a redução na concentração do reagente C_R provoca a diminuição da taxa da reação química. Isso é válido para reações de ordem positiva, ou seja, para a grande maioria das reações químicas.

Com relação ao catalisador, outra propriedade importante é que ele permite realizar as reações em temperaturas mais baixas. Ao comparar a curva de conversão de uma reação térmica com outra catalítica, podemos confirmar, em uma mesma temperatura (25 °C) e considerando taxas de reações iguais (1 mol/L.min), a curva de conversão do catalisador está mais próxima do equilíbrio (Figura 1.2b). Para uma determinada conversão *X* de 70% (indicada com uma seta), a mesma produção é atingida em temperaturas menores quando em presença do catalisador (25 °C ao invés de 43 °C). Isso porque o aumento da constante cinética *k*, em decorrência da diminuição da energia de ativação, é compensado pela diminuição da temperatura. Apesar desse importante papel do catalisador na reação química, não há como impedir a reação térmica, que ocorre fora da superfície ativa do catalisador. Se compararmos as taxas das reações catalítica e térmica a 25 °C e na conversão de 70%, nota-se que as taxas são 1,0 e aproximadamente 0,4 mol/L.min (curva não desenhada, pois se sobrepõe a de 1,0), respectivamente, ou seja, ambas ocorrem, mas a catalítica tem mais do que o dobro do valor. Essa diferença será tanto maior quanto menor for a energia de ativação da reação catalítica. Por causa desse comportamento, é sempre adequado conduzir experimentos de reação sem a presença do catalisador para verificar a influência da reação térmica. Se o resultado não for diferente, o material utilizado como "catalisador" é inerte e não tem atividade.

1.2 A porosidade de catalisadores

Muitas propriedades dos materiais porosos podem ser relacionadas através de suas porosidades, como visto na Figura 1.3. Porém a forma e orientação dos poros também influenciam nas diferentes propriedades e aplicações.[4] Muitos materiais sintéticos, tais como concreto e cerâmicas, e naturais, tais como solos e zeólitas, e tecidos biológicos, tais como madeira e cortiça, são meios porosos.

Fig. 1.3 – Influência da porosidade de sólidos em suas propriedades físicas, químicas e elétricas

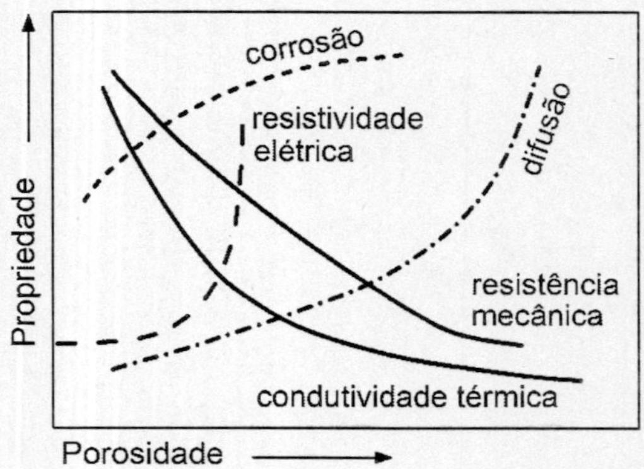

As propriedades dos meios porosos são usadas em muitas áreas, da ciência básica à Engenharia. Por exemplo, é conhecido na Engenharia Civil que a existência de poros no concreto favorece a sua secagem, mas a difusão

de água e de diferentes gases, que ocorre em regiões de muito frio e de intensa poluição atmosférica, associados ao gelo e degelo, rapidamente o danifica. Na Engenharia Ambiental, a porosidade é importante no projeto de filtros industriais, que devem proporcionar não somente eficiência de retenção de sólidos e permeabilidade ao meio fluido, mas também uma resistência mecânica adequada para não se romper durante a operação. Esses parâmetros são influenciados de formas distintas pela estrutura porosa do meio filtrante. Os poros grandes beneficiam a permeabilidade, mas diminuem a eficácia de coleta das partículas poluentes. Os poros pequenos, por outro lado, aumentam a eficiência de retenção, mas aumentam a resistência ao escoamento e consequente perda de pressão no filtro.[5]

Os poros, quando expostos ao ambiente, normalmente apresentam baixa condutividade térmica, pois estão preenchidos com gás que não é um bom condutor de calor, como ilustrado na dependência entre a condutividade térmica e a porosidade na Figura 1.3. Por outro lado, os sólidos porosos, associados a altas áreas específicas, estão sujeitos à corrosão generalizada com perda constante de espessura; consequentemente, torna-se difícil a adoção de formas de proteção a integridade do material, especialmente os metálicos. Quando houver alguma questão relacionada à resistência mecânica, a porosidade precisa ser controlada, porque poros fechados podem causar tensões internas no material que levam ao surgimento de trincas ou alterações dimensionais do material.[6]

Todos esses exemplos mostram que a modificação da porosidade de sólidos é necessária quando se deseja melhorar a sua funcionalidade. Na catálise heterogênea, o controle da porosidade dos catalisadores tem um papel fundamental na sua aplicação, e a busca por essa ação tem sido objeto de inúmeros estudos, como pode-se verificar na Figura 1.4 para estudos publicados em um período de 25 anos.

Fig. 1.4 – Evolução de publicações, de acordo com busca na base de dados da *Web of Science* com as palavras-chave *"catalysis"* e *"porosity"*

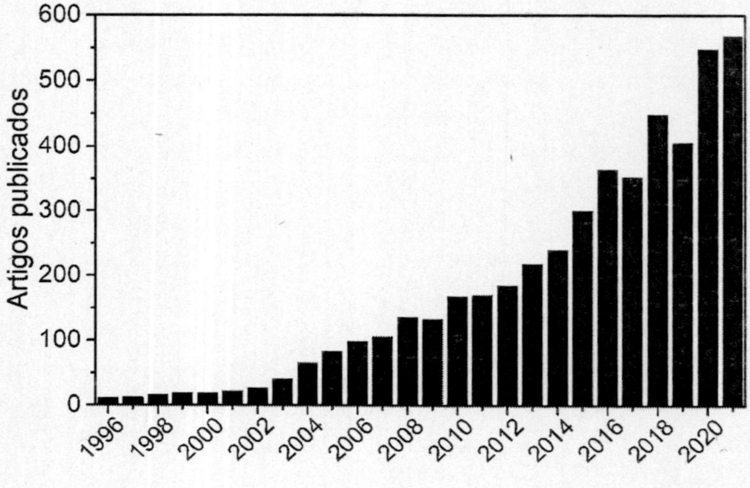

Apesar da importância da porosidade na catálise, há situações em que se desejam catalisadores pouco porosos, nos quais a superfície disponível para a reação química é formada essencialmente pela superfície geométrica externa do material. Esses catalisadores são empregados em duas situações: em reações muito exotérmicas e/ou quando ocorrem reações em série ($A \rightarrow B \rightarrow C$) em que o produto desejado B é um intermediário. Por exemplo, altas temperaturas na superfície do catalisador acarretam taxas de reação elevadas, tornando desnecessário o emprego de catalisadores porosos. Nesse caso a porosidade de nada serviria, pois praticamente a reação ocorre na superfície externa, não havendo difusão dos reagentes ao interior dos poros.[7] De fato, se a reação ocorresse no cerne do grão de um catalisador com a liberação de grande quantidade de energia, haveria um amplo gradiente de temperatura com a formação de pontos quentes e consequente sinterização ou mudança da fase ativa do catalisador, com acentuada diminuição de sua eficiência. Como geralmente os catalisadores são constituídos por suportes que apresentam baixa condutividade térmica, ou seja, alta inércia térmica na dissipação do calor de reação, esse efeito torna-se mais grave. Em se tratando de reações químicas em série, os catalisadores não porosos também são empregados, pois a reação pode prosseguir com a formação de outros produtos como consequência da conversão de um intermediário que esteve mais tempo em contato com a superfície do catalisador por processos seguidos de quimissorção e dessorção.[2]

Um exemplo clássico de catalisador não poroso é o catalisador de prata suportado em α-alumina para a produção de óxido de eteno, de acordo com a Figura 1.5. O processo atual de produção do óxido de eteno, a partir da oxidação direta do eteno com o emprego de oxigênio, foi desenvolvido simultaneamente nos Estados Unidos e na França em meados de 1937. Nos Estados Unidos, em 1930, S. Lenher[8] descobriu que na temperatura de 375 °C o eteno na presença de oxigênio poderia ser transformado em óxido de eteno, formaldeído, acetaldeído, ácido fórmico, dióxido de carbono, monóxido de carbono e água. Nenhum catalisador foi utilizado, a distribuição de produtos foi bastante ampla, e houve pouca seletividade ao produto mais valioso dessa oxidação. Mas essa descoberta foi o impulso para que em 1931 T. Lefort, na França, descobrisse que catalisadores à base de prata metálica são seletivos ao óxido de eteno. O ponto central no desenvolvimento desse catalisador é que o suporte é composto de uma fase densa de alumina, a α-alumina, produzida por aquecimento dos precursores a 1200 °C. As características texturais do suporte são essenciais na manutenção da dispersão da fase ativa, e consequentemente na vida útil do catalisador, e na formação preferencial do óxido de eteno, evitando-se a sua isomerização a acetaldeído. Em um estudo sistemático com suportes contendo áreas específicas de 3 a 100 m^2/g, F. Wolf e H. Goetze verificaram que os suportes de menor área foram os mais seletivos ao óxido de eteno.[9] Em seguida em uma patente, R. P. Nielsen e J. H. La Rochelle, da *Shell Oil Company*, descreveram que os melhores catalisadores são aqueles que utilizaram α-alumina com uma área específica de 0,1 a 0,3 m^2/g e porosidade de 46 a 52%, ou seja, significativamente baixas.[10]

Fig. 1.5 – Etapas na oxidação do eteno a óxido de eteno

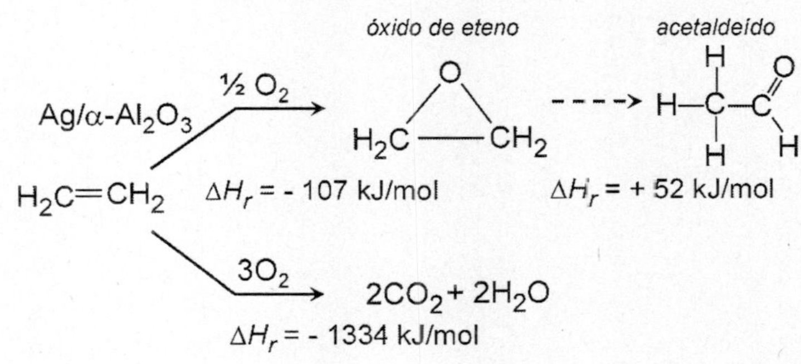

Por outro lado, em reações químicas lentas, quanto maior a superfície exposta do catalisador, maior será o contato do reagente com a superfície ativa, e, portanto, maior será a conversão dos reagentes. A solução para esse fim é o uso de catalisadores porosos, que apresentam uma superfície interna até milhares de vezes superior à superfície externa. O interessante no desenvolvimento de catalisadores porosos é que a criação e desenho dos poros não somente interfere na difusão facilitada de reagentes, produtos e de calor, como também surgem algumas propriedades singulares de atividade da superfície.[11] Dessa forma, a eficiência do material poderia ser ampliada modificando-se sua propriedade química, ou seja, a composição e organização dos átomos da superfície que está exposta aos reagentes e produtos.

Para catalisadores, sempre que falamos em porosidade, pensamos basicamente em difusão mássica de reagentes e produtos. No entanto a porosidade pode trazer vários benefícios:

(1) difusão de reagentes e produtos: transporte facilitado de reagentes e produtos nos poros do catalisador aumentando a disponibilidade de compostos químicos e, consequentemente, a velocidade com que a reação química ocorre;

(2) seletividade de forma: esta é uma propriedade clássica de sólidos microporosos, que, por apresentarem uma complexa rede de poros e canais, podem influenciar na seletividade a reagentes, a produtos e no estado de transição de moléculas reativas;

(3) efeito de confinamento: está associada à proximidade do tamanho das moléculas reativas ao tamanho dos poros e cavidades do catalisador, causando alterações na molécula por sua interação com a superfície do sólido por ligações de hidrogênio, interações van der Waals, dipolo-dipolo etc., e acelerando, consequentemente, o efeito catalítico;

(4) dispersão da fase ativa: os catalisadores porosos apresentam uma alta superfície para a dispersão de fases ativas, o que é particularmente importante no caso de metais de alto custo, como ouro ou ródio;

(5) resistência à sinterização: os suportes porosos melhoram a estabilidade do catalisador, evitando a sinterização da fase ativa metálica com a temperatura. A dispersão do metal no suporte na forma de partículas de dimensões muito pequenas garante uma área metálica específica elevada. No entanto essa condição é termodinamicamente instável, pois a aglomeração das partículas leva à diminuição da energia livre

de superfície. O processo que é controlado pelo transporte do metal normalmente é lento. Inicia-se em temperaturas conhecidas como temperatura de Hüttig ($T_H \approx 1/3\ T_f$) e de Tammann ($T_T \approx 1/2\ T_f$),[12] em que T_f é a temperatura de fusão, ou seja, o processo ocorre em temperaturas bastante inferiores à sua fusão;

(6) resistência ao coque: os poros secundários podem funcionar como bolsões para acúmulo do coque que é formado inevitavelmente no curso da reação, diminuindo a desativação;

(7) dependência das propriedades químicas do catalisador com a forma: ao sintetizar um catalisador poroso, pode ocorrer a alteração de algumas propriedades químicas da superfície em comparação com o mesmo catalisador na forma densa — por exemplo, com a formação de mais hidroxilas ou mudança na densidade de sítios ativos, melhorando a sua atividade.[13]

2

A POROSIDADE DO LEITO CATALÍTICO, DO CATALISADOR E A CLASSIFICAÇÃO DO TAMANHO DOS POROS

A porosidade, usualmente representada pela letra grega épsilon (ε), descreve a fração de espaço vazio no catalisador, que contém em seu interior, por exemplo, ar ou água, ou para o catalisador no interior de um reator químico em funcionamento, os reagentes, os produtos e os inertes. A porosidade pode referir-se à porosidade do ε_c catalisador (na forma de monólito ou granulado) ou à porosidade ε_r do leito do reator. Na situação particular em que um catalisador, originalmente na forma de pó, é granulado e colocado em um leito, o sólido passa a conter além da porosidade gerada pelos poros e cavidades do material, o vazio entre os grânulos. Dessa forma, a porosidade depende das fronteiras definidas para o sistema, pois pode referir-se apenas a um grão de um catalisador ou a todo o leito (Figura 2.1).

Fig. 2.1 – **(a)** Reator contínuo de leito empacotado (PBR, do inglês *packed bed reactor*) de volume total V_{TR}, **(b)** grãos porosos em uma seção circular do reator PBR indicando o volume de vazios do reator, **(c)** um grão isolado (de geometria irregular), contendo poros (abertos e/ou fechados), **(d)** características porosas do grão isolado: volume envelope (V_E), volume aparente (V_A) e volume real do sólido (V_S) e **(e)** o grão é composto de partículas micrométricas individuais (μm), com poros primários nanométricos (nm), aglomeradas em grãos milimétricos (mm)

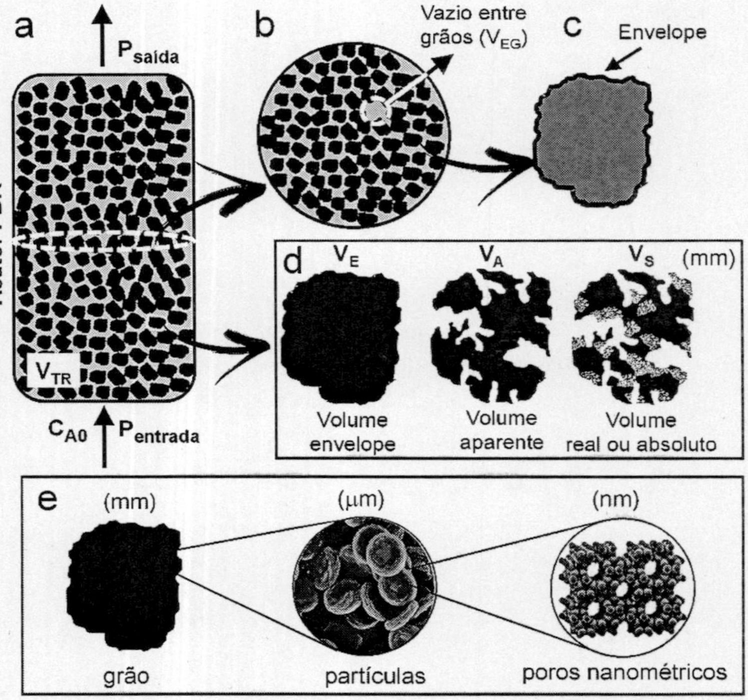

A porosidade é definida pela razão V_V/V_T, em que V_V é o volume de vazios e V_T o volume total, que pode ser o volume geométrico do grão do catalisador (V_E, para obter ε_c) ou o volume total do leito catalítico (V_{TR}, para obter ε_r). A porosidade é um número adimensional, uma fração compreendida entre 0 e 1, e que pode também ser representada, em termos percentuais, pela multiplicação da fração por 100. Alternativamente, a porosidade e_c também pode ser calculada a partir da densidade envelope (ρ_E) dividida pela densidade real (ρ_R) do material que compõe o grão de catalisador da seguinte forma $\varepsilon_c = 1 - \rho_E/\rho_R$.

O volume de vazios depende do tamanho e forma dos grânulos e como estão empacotados. Existem quatro acepções principais de volume que se aplicam ao reator empacotado e ao grânulo de catalisador, conforme ilustra a Figura 2.1. Existe o volume total do reator (V_{TR}), o volume envelope (V_E), o volume aparente (V_A) e o volume real do sólido (V_S). O "volume total do reator" representa o volume geométrico do sistema que contém os grânulos, ou seja, o leito catalítico. O "volume envelope" corresponde ao volume deslocado por um grão ao ser mergulhado completamente em um líquido, considerando que o líquido não penetra espontaneamente nos poros (é comum utilizar mercúrio, pois o seu ângulo de contato é elevado, acima de 90º para a maioria dos materiais, não "molhando" o grânulo, mas apenas o envolvendo). O "volume aparente" representa o volume efetivamente acessado pelas moléculas reagentes e produtos. Usualmente utiliza-se a técnica de porosimetria de intrusão de mercúrio até elevadas pressões para se determinar V_E e V_A (conforme descrito no item 4.1). O "volume real" é determinado por picnometria. Nesse caso, o hélio (com raio atômico de apenas 28 pm) é o fluido mais adequado para preencher os poros do material. Definido o material que constitui o catalisador, V_S é sempre constante (por exemplo, para a alumina o V_S é 0,25 cm^3/g e para a sílica é 0,45 cm^3/g). Considerando essas definições, o volume total do reator pode ser calculado da seguinte forma:

$$V_{TR} = V_S + V_{PA} + V_{PF} + V_{EG}$$

em que,

$$V_{PF} = V_A - V_S$$
$$V_{PA} = V_E - V_S - V_{PF}$$

onde V_{PF} é o volume de poros fechados, V_{PA} é o volume de poros abertos e V_{EG} o volume de vazios entre grãos.

O reator químico heterogêneo é uma estrutura hierárquica, com diversos níveis de porosidade. A Figura 2.1 mostra um reator PBR (*packed bed reactor*), que é um reator operado continuamente, ou seja, com alimentação de reagentes a uma determinada vazão e retirada constante de produtos e reagentes não convertidos. Em termos de preparação de catalisadores e empacotamento de leitos catalíticos, podemos sempre interferir em todos os volumes, com exceção de V_S.

O poro de um material pode ser desorganizado e não ter uma forma definida, ou organizado de algumas formas.[14] Para materiais cristalinos ou organizados, o poro pode ser um canal, que é um poro de dimensão única estendido infinitamente em pelo menos uma direção. Em certas estruturas, esses canais se cruzam formando sistemas de canais bi- ou tridimensionais. A dimensionalidade do sistema tem importância na desativação do catalisador, pois a obstrução em um sistema de canais unidimensionais impede completamente o acesso aos sítios ativos mais internos, enquanto caminhos de difusão alternativos estão disponíveis em sistemas de canais bi- e tridimensionais. O poro de material cristalino pode também conter janelas de dimensões menores que as cavidades nele existentes que podem limitar estericamente a entrada e saída de moléculas. Para materiais não cristalinos, podemos nos referir a bolsões, que são poros que também contêm janelas, mas geralmente têm dimensões maiores e sem a forma específica definida pela estrutura cristalina.

Na catálise heterogênea, a taxa de transporte em massa de reagente(s) (gás ou líquido) à superfície ativa do catalisador sólido pode influenciar significativamente a taxa de reação, seletividade e até mesmo o mecanismo. Dessa forma, é muito importante analisar a cinética da reação intrínseca adquirindo dados cinéticos em condições isentas de limitações de transporte de massa e calor. Uma das formas de minimizar esses efeitos são utilizando catalisadores em pó (ao invés da forma granulada apresentada na Figura 2.1) e uma pequena quantidade de catalisador. Chamamos esse reator de "reator diferencial".

Teremos um "reator diferencial" puro contínuo quando a taxa de reação for constante em todos os pontos do leito do reator. Visto que as taxas dependem da concentração, essa suposição é geralmente razoável somente para pequenas conversões ou para reatores de pequena profundidade, assim como para pequenos gradientes de temperatura. Esse reator consiste em um tubo contendo uma quantidade muito pequena de catalisador na forma de uma lâmina fina ou disco (Figura 2.2). O reator diferencial é de fácil construção, de baixo custo e é largamente utilizado nas pesquisas fundamentais da catálise heterogênea. Durante a operação desse reator, tanto com reagentes líquidos ou gasosos, precauções devem ser tomadas para evitar o surgimento de caminhos preferenciais e canalizações, garantindo assim um escoamento uniforme através do leito catalítico. Para reações altamente exotérmicas ou endotérmicas, o catalisador pode ser misturado com quartzo ou carbeto de silício em pó, que são materiais quimicamente inertes e ajudam a minimizar a formação de pontos quentes e gradientes de temperatura. Geralmente o carbeto de silício é preferido, pois apresenta uma condutividade térmica de 55 em comparação com o quartzo de 5 W/m.K.

Fig. 2.2 – Reator diferencial, um reator de bancada em que é utilizado uma lâmina ou um disco de catalisador (geralmente entre 50-200 mg). Na representação, o reator é alimentado com reagentes gás ou líquido, que é vaporizado ao passar por um misturador líquido-gás aquecido

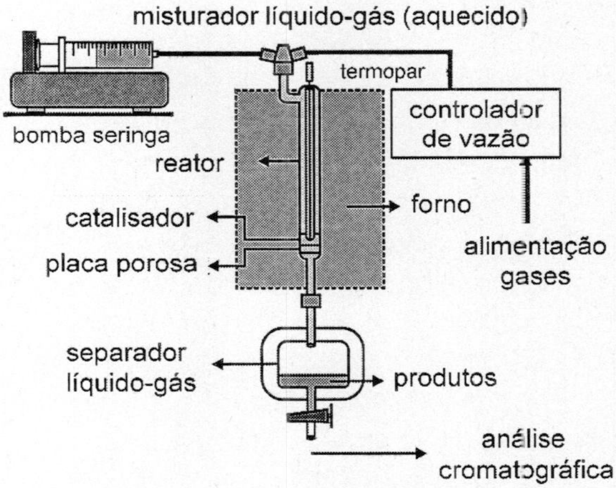

Apesar desses cuidados no preparo do reator para minimizar os efeitos difusionais de massa e calor, o catalisador ainda poderá apresentar uma porosidade primária, que depende de sua estrutura e do processo de síntese (por exemplo, zeólitas que têm uma estrutura cristalina definida, e os sólidos mesoporosos, tal como a MCM-41, que tem um arranjo hexagonal de poros). Por serem poros pequenos, em comparação com a dimensão das moléculas, a porosidade primária leva a propriedades catalíticas importantes dos materiais e é uma característica largamente pesquisada nos meios acadêmicos e na indústria. Seguindo as recomendações da IUPAC, a porosidade primária dos sólidos porosos é classificada de acordo com as dimensões de seus poros em micro, meso e macroporosos, para poros menores do que 2 nm, na faixa de 2 a 50 nm, e maiores do que 50 nm, respectivamente (Figura 2.3). O termo "dimensão" refere-se ao tamanho limitante de acessibilidade das moléculas que se difundem ao seu interior, ou seja, refere-se à sua menor dimensão. Essa classificação foi revisada em 1985 e é utilizada desde então.[15] Um dos problemas dessa classificação é que o termo "microporo" (< 2 nm) não tem qualquer relação com o sistema internacional de unidades micrometros, μm. O mesmo ocorre com mesoporo e macroporo. Várias propostas surgiram com o intuito de corrigir essa discrepância, mas são muito pouco usuais. Por exemplo, T. J. Mays sugere o uso dos termos "nanoporo", "microporo" e "miliporo" para designar poros menores do que 100 nm, entre 100 nm e 100 μm e maiores do que 100 μm, respectivamente.[16] Apesar disso, o uso da nomenclatura IUPAC está fortemente presente no dia a dia dos cientistas, e essa desconexão entre o tamanho e a nomenclatura é ajustada apresentando-se juntamente com a nomenclatura a real dimensão dos poros determinada pelas diferentes técnicas de caracterização.

A Figura 2.3 mostra o exemplo de alguns aluminossilicatos e comparativamente a dimensão de algumas moléculas que podem acessar seus poros. Os materiais micro e mesoporosos podem ser denominados também de peneiras moleculares, a depender do tamanho das moléculas que acessam os seus poros. O termo foi criado em 1932 por J. W. McBain para definir os sólidos porosos que atuam como peneiras em uma escala molecular.[17] Pouco tempo antes, em 1925, O. Weigel e. Steinhoff observam pela primeira vez o efeito das peneiras moleculares com a chabazita, um mineral microporoso, que rapidamente adsorvia água, álcool metílico, álcool etílico e ácido fórmico, mas não adsorvia acetona nem éter etílico ou benzeno.[18]

Fig. 2.3 – (a) Classificação IUPAC de poros primários de catalisadores na escala nanométrica: zeólita ZSM-5 (*Zeolite Socony Mobil*), sílica mesoporosa MCM-41 (*Mobil Composition of Matter number 41*) e alumina macroporosa (espuma cerâmica); e **(b)** dimensões das moléculas que podem acessar os seus poros

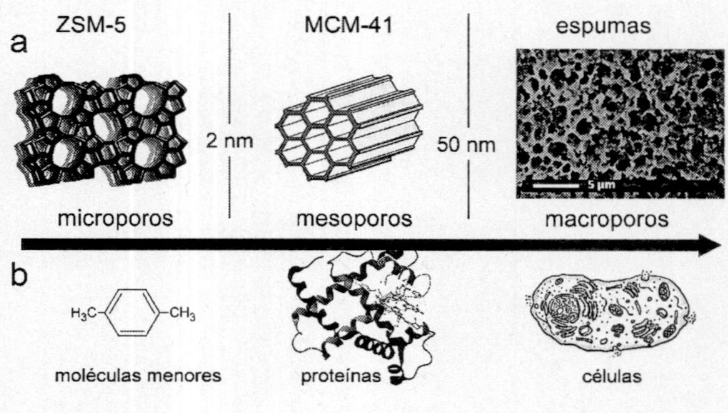

2.1 Sobre a nomenclatura de materiais porosos

A nomenclatura de sólidos porosos não segue uma regra muito definida. Em geral, o descobridor da estrutura é quem a batiza, utilizando o nome da empresa, do local, da Universidade ou do laboratório onde ocorreu a descoberta. Os sólidos com a mesma composição podem receber diversos nomes, a depender de sua estrutura porosa. Por exemplo, as zeólitas, catalisadores microporosos largamente utilizados na indústria química, são em sua grande maioria aluminossilicatos contendo cátions alcalino ou alcalino-terrosos como cátions de compensação. As moléculas de água ocupam posições extraestruturais, solvatando os cátions ou preenchendo os poros e cavidades. Apesar de muitas dessas estruturas apresentarem a mesma composição, recebem nomes distintos a depender de sua organização cristalina. Os exemplos são a Faujasita (em homenagem a Barthélemy Faujas), LTA (Linde Type A), ZSM-5 (*Zeolite Socony Mobil*, e Socony, refere-se a *Standard Oil Company of New York*), VPI-5 (*Virginia Polytechnic Institute*), ITQ-2 (*Instituto de Tecnologia Quimica*) e CAL-1 (Campinas-Alessandria). O mesmo se aplica aos sólidos mesoporosos como a SBA-15 (*Santa Barbara Amorphous*) e MCM-41 (*Mobil Composition of Matter*) e aos macroporosos, 3DOM (*three-dimensional ordered macroporous materials*).

Com o intuito de uniformizar a nomenclatura, a *International Zeolite Association* criou um código de três letras maiúsculas, atribuídas por uma comissão de estruturas. Existem cerca de 250 estruturas zeolíticas e o mesmo número de códigos para descrevê-las. Dessa forma, as zeólitas mencionadas anteriormente recebem as seguintes nomenclaturas: FAU (Faujasita), LTA, MFI (ZSM-5), MWW (ITQ-2) e CHA (CAL-1). Infelizmente não há regras de nomenclatura para os sólidos meso e macroporosos. Os números que aparecem logo após o nome também foram atribuídos pelo descobridor da estrutura e pode ser simplesmente uma anotação ou o número de procedimentos experimentais até que se obtivesse sucesso na síntese.

Para as zeólitas e materiais da mesma família, as descrições completas dos tipos de estrutura são fornecidas no *Atlas of Zeolite Framework Types*.[19] O código de três letras por si só transmite uma riqueza de informações sobre a estrutura do material e o sistema de poros, portanto deve ser anexado à fórmula química cristalina após um traço. A composição da fórmula química cristalina segue a célula unitária da zeólita, por exemplo $|Na_{12}(H_2O)_{27}|\ [Al_{12}Si_{12}O_{48}]$ - LTA e $|Na_{55}|\ [Al_{55}Si_{137}O_{384}]$ - FAU. Os valores entre | | indicam a proporção molar do cátion de compensação e a quantidade de água de hidratação, os valores entre [ ] indicam a composição da estrutura seguindo o tamanho da célula unitária. Dessa forma, a estrutura LTA tem 24 tetraedros por célula unitária (átomos de Al + Si) e a estrutura FAU 192. Se houver substituição isomórfica de algum dos dois elementos, Si ou Al, a indicação da quantidade substituída na rede cristalina ocorrerá entre os [ ]. Se houver elemento extra rede, o que pode ocorrer com zeólitas desaluminizadas por tratamentos com vapor de água em alta temperatura (ou em amostras dessilicalizadas), a quantidade de material externo à estrutura deverá ser indicada entre os | |. A quantidade de água de hidratação precisa ser determinada por método termogravimétrico. Para isso, convenciona-se manter a amostra em dessecador em contato com o vapor de uma solução saturada de cloreto de cálcio por, geralmente, 24 h, em temperatura ambiente, seguido de tratamento térmico para verificar a massa perdida, que corresponde à água de hidratação. Quando essa medida não é feita, o valor não é apresentado.

3

PROPRIEDADES DO LEITO CATALÍTICO ASSOCIADAS À POROSIDADE

A porosidade tem consequências não apenas na catálise desempenhada por catalisadores sólidos heterogêneos, mas também no projeto do reator químico como um todo. Por exemplo, muitas reações em escala industrial são catalisadas passando-se o reagente através de um leito recheado com grãos de catalisador, conforme ilustrado na Figura 2.1a[20],[3] Em geral, não é com os grãos isolados que se tem que tratar, mas com o leito constituído pelo conjunto deles. O leito pode ser fixo ou fluidizado. Utiliza-se fluidização quando a desativação é rápida para facilitar a regeneração frequente do catalisador. Para o leito fixo, uma das características mais importantes do leito é a fração de vazios ou porosidade do leito do reator (ε_r), pois influencia a resistência ao escoamento, a condutividade térmica, a área reativa, e, na realidade, acondiciona as propriedades inerentes ao leito como um todo.

A presença simultânea de grãos finos e grossos leva a leitos de porosidade mais baixa que a dos leitos com grãos uniformes, pois os grãos finos escorregam entre os grandes e preenchem as frestas.[21],[22] Nessa situação, a perda de carga aumenta significativamente e o desempenho do reator é prejudicado. Uma das formas de evitar que isso ocorra é preocupar-se com a resistência dos grãos em relação à estabilidade mecânica (compressão) e à erosão ao atrito. O tamanho dos grãos e o tamanho do reator estão inter-relacionados na influência que exercem sobre a porosidade do leito do reator e escoamento dos reagentes e produtos. O diâmetro do reator também importa, pois a parede do reator interrompe a distribuição dos contatos entre os grãos e provoca maior fração de vazios. Esse efeito pode ser reduzido com o projeto de leitos porosos constituídos por anéis concêntricos, um deles junto à parede, com maior porosidade, e outro, central, com menor porosidade. No cálculo da queda de pressão através do leito, parte da vazão é atribuída a um dos anéis e parte ao outro, de modo que a queda de pressão através das duas seções fique equilibrada. Um tratamento que é mais simples considera a porosidade como uma função da razão entre os diâmetros dos grãos (D_G) e do reator (D_R), D_G/D_R. Para um leito de um reator PBR, a porosidade ε_r, considerando o empacotamento de grãos esféricos, pode ser descrita de acordo com a equação 3.1.

$$\varepsilon_r = a + b\left(\frac{D_G}{D_R}\right)^c \qquad (eq.\ 3.1)$$

em que a, b e c são constantes a serem determinadas experimentalmente.[23]

Furnas propôs a relação da equação 3.2.[24]

$$\varepsilon_r = 0{,}375 + 0{,}34\frac{D_G}{D_R} \qquad (eq.\ 3.2)$$

Ao fazer com que uma corrente fluida escoe por um leito poroso de catalisadores em grãos com diâmetro médio D_G, a consequência é a queda de pressão. Ou seja, a entrada do reator deve operar com uma pressão de fluido ($P_{entrada}$ na Figura 2.1a) maior que a pressão de saída. A diferença de pressão é a força motriz que faz com que o fluido escoe por entre os grãos. Para calcular essa queda de pressão, utiliza-se a equação de Ergun, equação 3.3.[25] Na equação, o termo $150(1-\varepsilon_r)\mu/D_G$ é dominante para escoamento em regime laminar, e o termo $1{,}75Q_f$, para escoamento turbulento.

$$\frac{dP}{dz} = -\frac{Q_f}{\rho D_G}\left(\frac{1-\varepsilon_r}{\varepsilon_r^{\,3}}\right)\left[\frac{150(1-\varepsilon_r)\mu}{D_G} + 1{,}75Q_f\right] \qquad (eq.\ 3.3)$$

em que, P = pressão, N/m^2

ε_r = porosidade do leito

D_G = diâmetro médio do grânulo, m

μ = viscosidade do fluido, Pa.s

ρ = densidade do fluido, kg/m^3

Q_f = fluxo (vazão mássica por área da seção perpendicular ao escoamento), kg/m^2.h

Se considerarmos um caso hipotético em que a densidade do fluido varia pouco com a pressão, ou seja ρ constante, a integração da equação de Ergun leva a equação 3.4, em que P(z) corresponde a pressão ao longo do leito catalítico com comprimento z.

$$P(z) = P_{entrada} - \frac{Q_f}{\rho D_G}\left(\frac{1-\varepsilon_r}{\varepsilon_r^{\,3}}\right)\left[\frac{150(1-\varepsilon_r)\mu}{D_G} + 1{,}75Q_f\right]\cdot z \qquad (eq.\ 3.4)$$

Com o aumento do diâmetro do grão, diminuímos a queda de pressão e, portanto, diminuímos o custo de processamento do reator. Contudo essa diminuição no custo nem sempre ocorrerá, e é preciso encontrar o tamanho de grão ideal — e a geometria, que nem sempre é esférica — para cada processo. Para grãos maiores, leva mais tempo para um dado número de moléculas de um reagente A e do produto se difundir tanto para o interior quanto para fora do catalisador quando estão reagindo (difusão interna). Consequentemente a velocidade global da reação diminui com o aumento do tamanho do grão. A Figura 3.1 ilustra que no interior do grão a concentração do reagente A (C_A) é menor do que a sua concentração na superfície (C_{AS}) e menor do que a sua concentração na corrente fluida (C_{Af}). Para o caso hipotético de que na superfície do catalisador ocorre uma reação irreversível de ordem n, a expressão cinética é $-r_A = k' \cdot C_A^{\,n}$, em que k' é a constante cinética e n a ordem da reação. Dessa forma, para quaisquer valores de $n > 0$, a taxa global da reação química sempre será menor quando houver uma diminuição de C_A. O termo $-r_A$ tem a unidade de mol/(volume.tempo) para reações em meios contínuos. No entanto, quando se utilizam catalisadores é comum representar na unidade de mol/(massa.tempo), ou seja, normaliza-se pela massa de catalisador ao invés de volume de reator (porque o volume depende da porosidade do catalisador e da forma de empacotamento dos grãos). Dessa forma, para uma reação de primeira ordem ($n = 1$), a constante cinética k, no sistema internacional, tem a unidade de $m^3/kg_{catalisador}.s$.

A Figura 3.1a mostra que a concentração de A varia ao longo do filme estagnado de espessura δ que circunda os grãos de catalisador (difusão externa) e ao longo dos poros do catalisador (difusão interna). É possível prever o perfil da concentração interna. Entretanto precisamos inicialmente idealizar que o grão é uma esfera, os poros do grão são cilíndricos, sem intersecções, e com comprimento máximo $D_G/2$. Considera-se ainda que a difusão interna ocorre somente na direção x do cilindro, conforme indicado na Figura 3.1a. Dois mecanismos ocorrem simultaneamente ao longo do cilindro assim idealizado: o reagente flui no interior do poro por difusão, ao mesmo tempo que reage com os sítios ativos do catalisador ao longo de suas paredes. Considerando o modelo de difusão pela primeira Lei de Fick ($J_A = -D_A \cdot dC_A/dx$) e uma reação elementar irreversível de primeira ordem (ou seja $-r_A = k' C_A$), obtém-se a relação matemática para a concentração de A ao longo do comprimento x de poros de comprimento $D_G/2$ (apresentada na Figura 3.1b).

Fig. 3.1 – **(a)** Perfil de concentração de um reagente A ao longo de um grão esférico de diâmetro D_G: (1) difusão externa (δ refere-se a espessura da camada de fluido estagnado ao redor do grão) e (2) difusão interna; **(b)** Perfil de concentração do reagente A, que difunde-se e reage de acordo com uma reação elementar de primeira ordem, ao longo de um poro cilíndrico de comprimento $D_G/2$; estimado a partir de diferentes valores do módulo de Thiele ($m.D_G/2$).

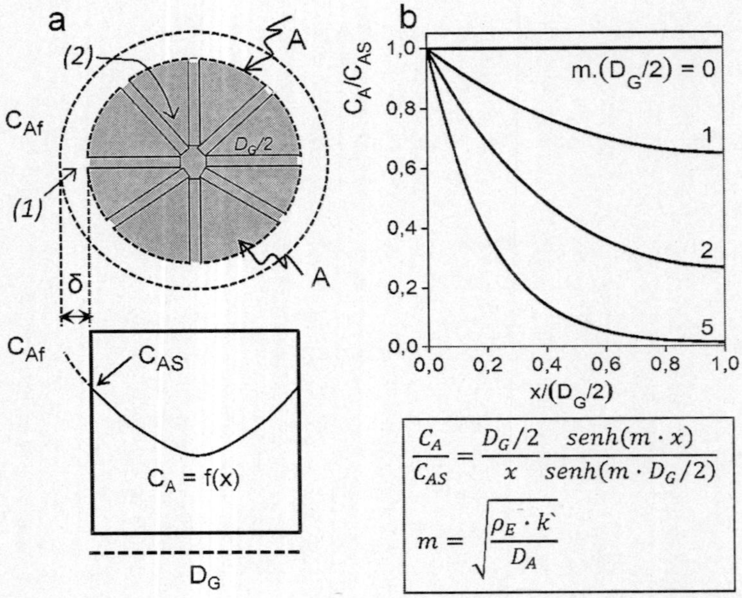

$$\frac{C_A}{C_{AS}} = \frac{D_G/2}{x}\frac{senh(m \cdot x)}{senh(m \cdot D_G/2)}$$

$$m = \sqrt{\frac{\rho_E \cdot k`}{D_A}}$$

A equação $C_A/C_{AS} = f(x)$ fornece a variação da concentração de A em função da posição x no poro do catalisador e em função do módulo de Thiele, $\varphi = m{\cdot}(D_G/2)$, um parâmetro adimensional.[26] A concentração normalizada C_A/C_{AS}, para distintos valores do módulo de Thiele, está apresentada na Figura 3.1b. Para baixos valores de φ, ou seja << 1, a concentração do reagente não diminui significativamente, o que pode indicar reação lenta (baixo valor de *k'*) ou uma difusão rápida (alto valor do coeficiente de difusão, D_A). Para valores grandes de φ, ou seja >> 1, a concentração do reagente cai rapidamente a zero no interior do grão, logo a difusão influencia fortemente a taxa de reação. Para as situações de altos valores do módulo de Thiele (*k'* grande e D_A pequeno), não há sentido preservar a existência de poros muito longos no catalisador, ou seja, trata-se da situação em que o uso de catalisadores não porosos é preferível.

Para uma reação de ordem *n*, o módulo de Thiele é representado pela equação 3.5:

$$\varphi_n = D_G / 2 \cdot \sqrt{\frac{(n+1)\cdot \rho_E \cdot k' \cdot C_A^{\,n-1}}{D_A}} \qquad (eq.\ 3.5)$$

A Figura 3.2 mostra que a conversão dos reagentes e a queda de pressão em um reator de leito fixo são propriedades antagônicas. Na Figura 3.2a, para catalisador pouco poroso, com diâmetro D_G, a perda de carga ΔP_1 é desprezível e a pressão de saída se aproxima da pressão de entrada, mas a difusão interna limita o acesso do reagente aos sítios ativos presentes no interior do grão do catalisador, fazendo com que a conversão global seja pequena. Com a diminuição de D_G (por exemplo, $D_G/4$), apesar de a difusão interna ser pequena e ocorrer o aumento da conversão global, a perda de carga ΔP_1 é grande. Para a situação em que os grãos são mais porosos (Figura 3.2b), por conta da existência de uma porosidade intragranular secundária, a perda de carga pode ser reduzida ($\Delta P_2 << \Delta P_1$), e a conversão, aumentada. O aumento de porosidade pode ser obtido durante a granulação dos catalisadores, secagem, rápida eliminação de compostos voláteis durante o tratamento térmico, manipulação de monólitos etc., que originam vazios nos grãos, propositadamente ou não.

Fig. 3.2 – Relação entre conversão do reagente A, queda de pressão e diâmetro D_G dos grãos de catalisador para **(a)** grão de catalisador não poroso e **(b)** grão de catalisador poroso

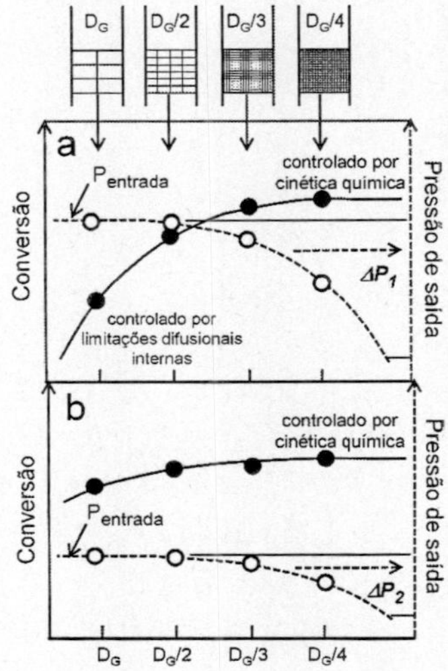

Em reatores com catalisadores granulados, a reação global é muito frequentemente limitada pela difusão. O outro extremo é a reação global limitada pela reação, quando a difusão é rápida o suficiente para que a taxa de reação intrínseca seja observada. Certamente, regimes intermediários também são possíveis. A diferença entre esses dois regimes pode ser verificada na dependência da temperatura em que ocorre a reação com a taxa medida, uma vez que as energias de ativação são geralmente maiores para etapas de reação química do que para difusão. Um exemplo da transição de uma reação global limitada pela reação para uma reação global limitada pela difusão é apresentado na Figura 3.3a, que mostra que a constante cinética *k'* cresce mais rapidamente que a difusão D_A em função da temperatura. Se a equação de Arrhenius é apresentada em sua forma linearizada em toda a faixa de temperatura ($lnk' = lnk_0' - E_{cat}/RT$, Figura 3.3b), verifica-se que, a baixas temperaturas, a inclinação corresponde à energia de ativação E_{cat} da reação na superfície. À medida que a temperatura aumenta, é observado um outro comportamento, com brusca redução da inclinação ($-E_{cat}/R$), sinalizando que a taxa da reação global passa a ser fortemente limitada pela difusão.

Fig. 3.3 - **(a)** Constantecinética (linha contínua) e de difusão efetiva (linha tracejada) em função da temperatura e **(b)** gráfico de Arrhenius para uma reação sem e com resistência externa à transferência de massa.

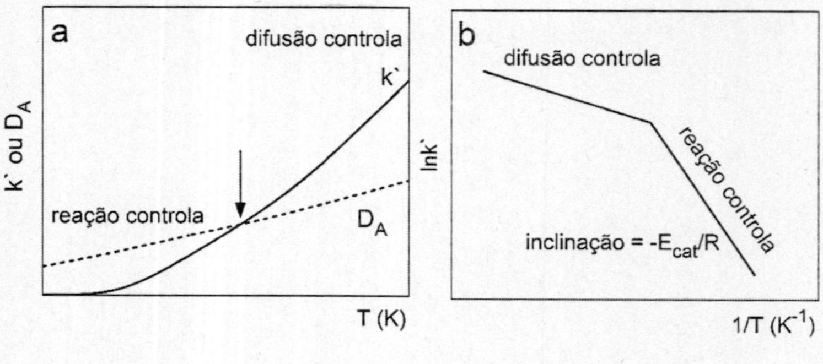

Quando um sistema reacional é limitado pela difusão externa, as limitações de transporte podem ser reduzidas aumentando a vazão do fluido para aumentar a turbulência do escoamento, garantindo que o tempo de contato entre os reagentes e o catalisador permaneça constante. Se a turbulência de escoamento do fluido ao redor do grão é aumentada e a conversão não se altera, significa que a resistência ao transporte de massa externo é insignificante. A avaliação do transporte interno é mais difícil, pois muitos catalisadores heterogêneos apresentam porosidade primária inerente à sua estrutura em uma ampla gama de escalas (micro, meso e/ ou macroporos), e a difusividade de moléculas confinadas nesses poros é muito mais complexa. No entanto a engenharia de poros dos catalisadores nessas escalas pode trazer benefícios na catálise ao melhorar o desempenho global dos processos catalíticos, e, dessa forma, a restrição difusional interna pode ser desejada.

Para a estimativa do perfil de concentração nos poros de um catalisador, precisamos determinar a difusão efetiva de uma molécula A no meio B ($D_{AB,ef}$), que está relacionada com a difusão molecular D_{AB}, ou seja, difusão de A em B sem a influência de choques com as paredes internas ou poros, que retardem a transferência de massa no interior dos poros. Dessa forma, $D_{AB,ef}$ é sempre menor que D_{AB} (Figura 3.4).[27] O coeficiente de difusão é o fator de proporcionalidade na lei de Fick, geralmente dependente do tamanho da molécula e de outras propriedades das moléculas (densidade, viscosidade, interações químicas etc.), bem como da temperatura e da pressão. Os coeficientes de difusão de uma substância em outra são comumente determinados experimentalmente e apresentados em tabelas de referência. Uma das equações mais comuns usadas na previsão de difusividade de gases A-B devido a seus fundamentos teóricos é a equação de Hirschfelder-Bird-Spotz (equação 3.6).[28],[29] Com base em diversos valores experimentais das difusividades de vários gases binários, Fuller determinou os coeficientes dessa equação obtendo a equação 3.7.[30] Nessas equações, P é a pressão em atm; M_i é a massa molecular do componente i em g/mol; T é a temperatura em K; σ_{AB} é o diâmetro de colisão médio de A e B em Å; Ω_{AB} é a integração de colisão para a difusão (adimensional); ΣV_i é a soma dos volumes de difusão (consultar a tabela no trabalho de Fuller); e D_{AB} é fornecido em cm^2/s. Por exemplo, o coeficiente D_{AB} do hélio difundindo-se no nitrogênio é de 0,75 cm^2/s.

Fig. 3.4 – **(a)** Regimes difusionais internos em catalisadores porosos, **(b)** representação da difusão Knudsen em catalisadores mesoporosos e configuracional em catalisadores microporosos, **(c)** definição do fator de constrição (f_c, em que A_i é a área da seção transversal perpendicular à direção do escoamento) e da tortuosidade (τ, que no exemplo de poros com angulo reto - triângulo retângulo - tem o valor de 1,41)

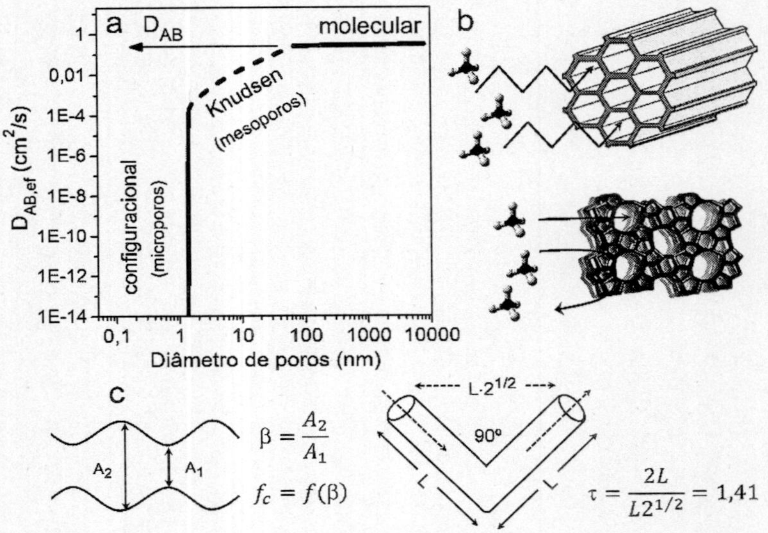

$$D_{AB} = \frac{0{,}00266T^{3/2}}{P \cdot M_{AB}^{0,5} \cdot \sigma_{AB}^{2} \cdot \Omega_D} \qquad (eq.\ 3.6)$$

$$D_{AB} = \frac{10^{-3}T^{1,75}\left(\frac{1}{M_A}+\frac{1}{M_B}\right)^{1/2}}{P\left[(\Sigma V_A)^{1/3}+(\Sigma V_B)^{1/3}\right]^2} \qquad (eq.\ 3.7)$$

Existem três regimes difusionais que são classificados de acordo com o tamanho dos poros do catalisador em que se difundem e de acordo com a faixa de valores de $D_{AB,ef}$. Para poros muito grandes, onde o percurso livre médio das moléculas (distância média percorrida entre duas colisões sucessivas de uma molécula) é muito pequeno quando comparado com o diâmetro dos poros, a difusão é apenas de natureza molecular. Nesse regime, o valor de $D_{AB,ef}$ é usualmente maior do que 1×10^{-1} cm^2/s.[31] Já o regime de Knudsen, normalmente aplicável a materiais com poros entre 10 e 100 nm, ocorre quando o percurso livre médio das moléculas é da mesma ordem de grandeza do diâmetro dos poros. Na difusão Knudsen, a colisão das moléculas com a parede do sólido é mais importante do que as colisões intramoleculares decorrentes do movimento Browniano, pois, ao colidir e interagir por um curto período de tempo com a parede do poro, a molécula pode mudar a direção natural da difusão em movimento aleatório.[32] O coeficiente de difusão Knudsen pode variar entre 1×10^{-5} e 1×10^{-1} cm^2/s. Finalmente, o regime configuracional aplica-se para moléculas de reagentes e produtos que tenham diâmetro cinético da mesma ordem de grandeza que o diâmetro dos poros do sólido. Isso ocorre nos sólidos microporosos com $D_{AB,ef}$ normalmente compreendido entre 1×10^{-14} e 1×10^{-5} cm^2/s.

Podemos determinar $D_{AB,ef}$ por meio da equação 3.8, em que ε_c é a porosidade do catalisador, f_c é o fator de constrição (função de β, relação entre as áreas perpendiculares ao fluxo difusivo), e τ é a tortuosidade (Figura 3.4). Todos esses parâmetros são adimensionais. A tortuosidade é calculada como a distância efetivamente percorrida pela molécula dividida pela menor distância entre o ponto inicial e final. Para $\beta = 10$, f_c vale 0,5. Para o caso em que o fator f_c é próximo de 1, podemos escrever simplificadamente como $D_{AB,ef} = D_{ABc} /$. É difícil determinar a tortuosidade experimentalmente, e, em geral, a tortuosidade é calculada usando a porosidade e o coeficiente de difusão medido experimentalmente. Várias correlações empíricas, que sugerem uma relação entre tortuosidade e porosidade (como as de Maxwell, Weissberg, Comiti-Renaud e de Boudreau), podem ser encontradas na publicação de Delgado.[33] Infelizmente, essas correlações foram desenvolvidas a partir da porosidade intergranular de leitos empacotados (e não intragranular).

O modelo da equação 3.8 é aplicável a sólidos em que as colisões intermoleculares prevalecem em comparação com os choques com as paredes, ou seja, é mais adequada a sólidos macroporosos (regime de difusão molecular). A equação tem limitações para a difusão em poros de catalisadores micro e mesoporosos, nos quais $D_{AB,ef}$ depende principalmente dos tamanhos relativos das moléculas e dos poros. Para os materiais com poros menores, em que as colisões das moléculas com as paredes são mais frequentes, pode-se estimar a difusão de Knudsen pela equação 3.9, em que r_p é o raio médio do poro (em cm), T é a temperatura (em K), e M_A é a massa molecular de A (em g/mol). $D_{AB,ef}$ é dado em cm^2/s. Alternativamente, uma expressão desenvolvida por Ternan permite prever o $D_{AB,ef}$ de líquidos em catalisadores de poros pequenos (equação 3.10).[34] Na equação, λ corresponde à razão entre o diâmetro cinético da molécula em relação ao diâmetro do poro, e P_T é um parâmetro empírico que depende da viscosidade. As equações são boas previsões da grandeza de $D_{AB,ef}$, mas aplicam-se apenas a sistemas macro e mesoporosos. Para sistemas microporos, não existem equações para determinar $D_{AB,ef}$ no regime configuracional, sendo necessário na maioria das vezes realizar medidas experimentais.

$$D_{AB,ef} = D_{AB}\frac{\varepsilon_c \cdot f_c}{\tau} \quad \text{(macroporos - gases)} \quad \text{(eq. 3.8)}$$

$$D_{AB,ef} = 9700 r_p \sqrt{T/M_A} \quad \text{(mesoporos - gases)} \quad \text{(eq. 3.9)}$$

$$D_{AB,ef} = D_{AB}\frac{(1-\lambda)^2}{1+P_T \cdot \lambda} \quad \text{(líquidos)} \quad \text{(eq. 3.10)}$$

No regime configuracional, em materiais com sistema de poros unidimensionais, as moléculas se difundem em fila (*single file diffusion*), adsorvendo-dessorvendo de sítio em sítio. Para uma molécula movendo-se ao longo dessa linha, se a adsorção for forte, a difusão cai drasticamente, pois não há espaço disponível no poro para a passagem de outras moléculas. Esse comportamento, chamado de *road block* (bloqueio de vias), é responsável pela baixa atividade de muitos catalisadores, principalmente daqueles utilizados na conversão de compostos aromáticos oxigenados.[35] Uma das formas de melhorar o desempenho do catalisador nessa situação é criar uma porosidade secundária, muito frequentemente obtida durante os processos de síntese.

Outra característica importante a ser considerada em reatores contendo catalisador empacotado é o aspecto térmico da reação, ou seja, reações altamente exo- ou endotérmicas. As reações exotérmicas que ocorrem nesses reatores produzem um perfil de temperatura semelhante ao apresentado na imagem térmica da Figura 3.5, que mostra o perfil de temperatura no reator durante a reação de reforma do metano.[36] Na entrada do reator, em que a concentração dos reagentes e, portanto, a taxa de reação é máxima, a temperatura atinge o seu valor máximo. A consequência é a formação de pontos quentes, que podem levar à sinterização da fase ativa ou colapso da estrutura do material e, consequentemente, desativação do catalisador, além da diminuição de seletividade aos produtos como decorrência do favorecimento de reações químicas múltiplas. Outros problemas podem surgir. Por exemplo, alguns catalisadores são constituídos de uma solução sólida com os elementos distribuídos homogeneamente, tal como Cr_2O_3-Al_2O_3, e certas temperaturas de reação favorecem a segregação de fases, desativando-os. Já o catalisador usado na oxidação do metanol a formaldeído, o molibdato de ferro, pode sofrer volatilização do óxido de molibdênio, pois a reação é fortemente exotérmica.

Fig. 3.5 – Imagem térmica de um leito catalítico em que ocorre uma reação altamente exotérmica

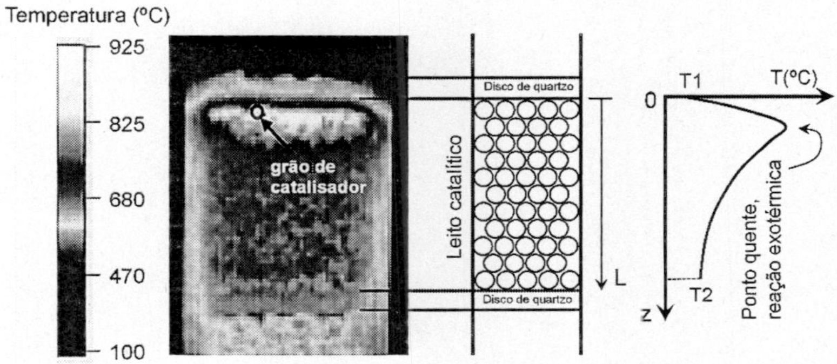

Em geral as limitações de transporte de calor são menos significativas em reações na fase líquida, porque os líquidos tendem a ter alta condutividade térmica e capacidade calorífica em relação aos gases. Quando ocorre a difusão dos reagentes para o interior dos grãos e o calor é liberado em seu interior, o problema é agravado, pois em sua maioria os grãos são constituídos de material cerâmico com baixa condutividade térmica. Certamente o uso de catalisadores porosos minimiza esse efeito. É comum encontrar grãos de catalisadores na forma de cilindros perfurados, para facilitar a condução de calor e diminuir a formação de pontos quentes.

Os fenômenos de transferência de massa e calor podem ser analisados de maneira semelhante com analogia entre as duas equações constituintes, a Lei de Fick da difusão e a Lei de Fourier da condução. O problema é que, quando tratamos de temperatura, não conseguimos dissociar esse efeito da taxa de reação, pois a constante cinética da reação depende da temperatura, de acordo com a equação de Arrhenius $k' = k_0' \times \exp(-E_{cat}/RT)$.

Para a análise de transferência de calor, considere um sistema simplificado em que uma reação em fase gás irreversível A → B ocorre na superfície de um catalisador denso que não contenha poros, ou seja, ocorre somente em sua área geométrica externa. Considere também que o calor de reação ΔHr (J/mol de A) é diferente de zero, e haverá, portanto, consumo ou liberação de calor durante a reação. Se a reação ocorrer com taxa global $-R_A$ (mol de A/$g_{catalisador}$.s), o calor Q (J/$g_{catalisador}$.s) liberado ou consumido na reação é dado pela equação 3.11. Essa quantidade de calor levará a uma temperatura T_S na superfície diferente de T_F, temperatura do fluido (Figura 3.6). Quando as temperaturas do sólido e do fluido estão em regime, temos que $(-R_A)\cdot(-\Delta H_r) = A\cdot h\cdot(T_S - T_F)$. Nessa equação, A é a área geométrica externa e h o coeficiente convectivo de troca térmica. Como $-R_A$, A e h são sempre positivos, a relação entre T_S e T_F depende do valor de ΔH_r. A temperatura na superfície do sólido T_S está dada pela equação 3.12:

$$Q = (-R_A)\cdot(-\Delta H_r) \qquad (eq.\ 3.11)$$

$$T_S = T_F - \frac{\Delta H_r \cdot (-R_A)}{A\cdot h} \qquad (eq.\ 3.12)$$

Pela equação vemos que $T_S \approx T_F$ somente se $\Delta H_r\cdot(-R_A) \approx 0$, ou seja, a entalpia da reação é baixa ou a taxa da reação é bastante lenta, ou se $h\cdot A >> 0$, o que ocorre em sistemas com alto transporte térmico (por exemplo, em altas vazões) e sólidos não porosos de alta área específica (finamente divididos). Caso essas condições não sejam satisfeitas, o sólido não será isotérmico com o fluido, resultando em um perfil de temperatura na película de fluido existente sobre o sólido conforme consta na Figura 3.6. Para um reator contendo grãos de catalisador empacotado, o coeficiente convectivo de troca térmica h geralmente é expresso pelo número de Nusselt (Nu) em função dos números de Reynolds (Re) e Prandtl (Pr), ou seja, $Nu = hD_G / \lambda_f = aRe^b Pr^c$. Para um reator com leito poroso, a porosidade favorece a turbulência do escoamento, aumentando o número de Reynolds. Dessa forma, um leito poroso favorecerá maior troca térmica em comparação com um leito de grãos densos, e a temperatura da superfície poderá ser aproximadamente a própria temperatura do fluido.

Fig. 3.6 – **(a)** Grão de catalisador com a indicação da temperatura do fluido que o circunda (T_F) e **(b)** perfil de temperatura ao longo da camada de fluido estagnado (δ) que existe ao redor do grão e a indicação das temperaturas na superfície a depender da entalpia da reação

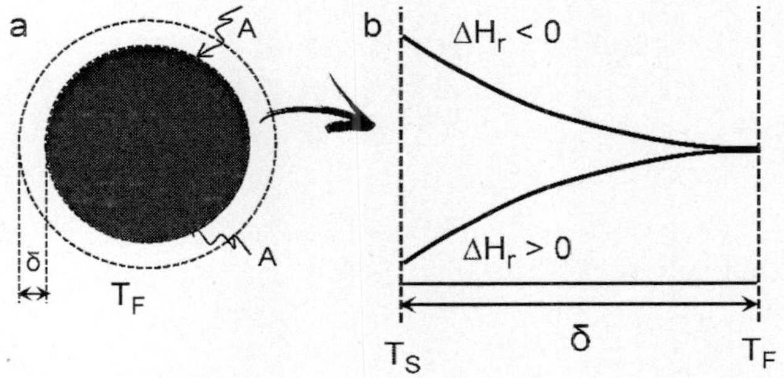

Existem algumas configurações de reatores industriais que minimizam os efeitos térmicos e preservam a vida útil do catalisador. Um exemplo é o reator de leito empacotado para a oxidação do eteno ao óxido de eteno utilizando prata suportada em alumina como catalisador. O reator tem um pouco mais de dois metros de diâmetro, e os catalisadores são dispostos ao longo de 2.700 tubos de cerca de 4 cm de diâmetro cada.[37] Os tubos são imersos em um fluido térmico que permite a rápida troca de calor, com uma configuração muito parecida a um trocador de calor casco-e-tubos contendo chicanas para aumentar a turbulência do escoamento e, consequentemente, a troca térmica. Com o uso de tubos de pequeno diâmetro, o gradiente de temperatura radial também é minimizado. Dependendo do calor da reação, os tubos contendo o catalisador são aquecidos ou resfriados por meio da circulação de um fluido quente ou frio, respectivamente, no lado externo, ou seja, dentro do lado do invólucro do reator. Para reações endotérmicas, o fluido quente pode ser um gás ou um líquido, enquanto nos processos exotérmicos a fase do refrigerante preferencialmente é líquida. O motivo é que os líquidos tem melhor capacidade de troca térmica caso ocorram situações de aquecimento descontrolado do reator.

A troca térmica no reator ocorre tanto do lado casco quanto do lado tubo, em que estão os grãos de catalisador. Devido à característica do reator, no lado tubo não há mistura mecânica, e o aumento da turbulência para auxiliar a troca térmica ocorre pelo uso de diâmetros de tubo menores ou modificação do tamanho e formas dos grãos. Com relação aos tubos, a redução do diâmetro, e, consequentemente, da área da seção transversal, aumenta a velocidade linear dos reagentes e produtos que estão escoando, promovendo turbulência ao longo do tubo. Mas há um limite para essa redução, pois pode impactar em aumento da perda de carga. Com relação aos grãos, a alternativa é buscar geometrias e empacotamentos que aumentem a transferência de calor, tal como produzir grãos com furos internos ou geometrias não esféricas que aumentam a turbulência do escoamento (Figura 3.7b).

Fig. 3.7 – **(a)** Reator PBR composto de vários tubos em configuração casco-e-tubos e chicanas para aumentar a eficiência da troca de calor no lado casco[38]; o tubo, apresentado em branco, está recheado de grãos de catalisador, **(b)** grãos de catalisador utilizado nas configurações dos reatores a ou c, e **(c)** reator do tipo cesto (utilizado por exemplo na oxidação do SO_2 a SO_3), com pequena altura de leito de catalisador (entre 0,5 e 1 m)

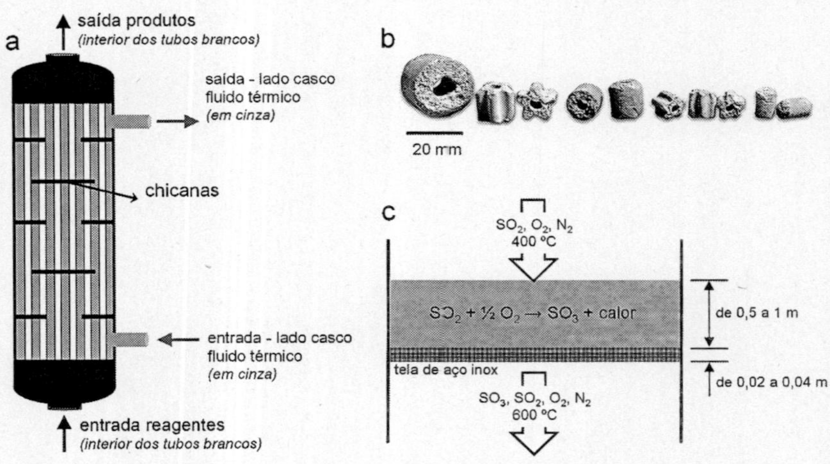

Outra configuração bastante comum é o uso de seções adiabáticas com resfriamento entre as seções com troca de calor entre um estágio e outro. Um exemplo é a oxidação de SO_2 a SO_3, uma das etapas de produção de ácido sulfúrico (Figura 3.7c). Nessa situação os leitos são menores e o diâmetro do reator maior, cerca de 10 m. Os leitos de catalisador são montados um acima do outro em compartimentos separados; a altura do leito do catalisador pode variar apenas de 0,5 a 1 m. Essa configuração também permite a troca térmica mais eficiente, evitando o superaquecimento do catalisador, pois o leito tem uma altura bastante menor.

Finalmente, é importante considerar também a estabilidade mecânica do grão de catalisador à compressão. Por conta da altura do leito empacotado, o catalisador é submetido a forças verticais, laterais e à pressão do fluido contido no reator. Os grãos que se encontram no fundo dos reatores estão submetidos a pressões elevadas em consequência da queda de pressão e do próprio peso do catalisador, exigindo-se, portanto, que tenha boa resistência mecânica. A fragmentação dos grãos pode ocasionar má distribuição do fluido no leito e, portanto, má utilização do catalisador e aumentos significativos da queda de pressão, além de que uma eventual diminuição do seu tamanho pode causar a perda de catalisador com a corrente que sai do reator. Existem correlações empíricas que estabelecem a resistência à compressão do grão e suas propriedades físico-químicas. Para o caso de grãos esféricos ou cilindrícos, pode-se aplicar a correlação de Huitt, $L = C \cdot D_G^2$, em que L é a carga de ruptura (*Load* em inglês), D_G é o diâmetro do grão, e C é a força compressiva, uma constante que depende da natureza do material. A constante C será menor para um grão de catalisador poroso em comparação com um grão denso.[39] No entanto a baixa resistência compressiva dos grãos porosos pode ser superada com o uso de aditivos durante a conformação do catalisador.[40] Adicionalmente, em alguns casos a granulação pode reduzir a porosidade, pois a submissão da amostra a forças variando de 50 a 80 kN pode fazer alguns poros entrarem em colapso.

Os testes de ruptura dos grãos podem ser realizados para os cilindros tanto na direção axial (L na faixa de 10 a 100 kg/cm^2) quanto na direção radial (L na faixa de 1 a 10 kg/cm^2). Para esse teste, entre 50 e 200 amostras de grãos individuais são utilizados até que ocorra a quebra da amostra (ASTM D4179-11(2017) e ASTM D6175-03 (2019), normas da *American Society for Testing and Materials*). Durante o esmagamento, a amostra é comprimida a uma velocidade lenta e constante, geralmente na faixa de 0,1-0,5 mm/min, até que a quebra é detectada por uma queda repentina na carga aplicada.

Um procedimento mais adequado ainda é a medida da estabilidade mecânica de um leito de grãos, ao invés de grãos individuais, pois aproxima-se das condições do reator em operação. O equipamento que é recomendado para a medida consiste de um cilindro com 5 cm de diâmetro com 5 cm de profundidade, preenchido com cerca de 100 mL de grãos de catalisador. Uma pressão constante é aplicada por um minuto, geralmente na faixa de 3 a 30 atm. Depois, o conteúdo do cilindro é removido e peneirado para a classificação da porcentagem de pó fino que é produzido. O procedimento é repetido para novos grãos e a cada nova medida a pressão é incrementada até o limite de 30 atm. O grão de catalisador que produzir a menor quantidade de pó fino para diferentes pressões é o mais aceitável.[41]

Após essa breve análise sobre as consequências da porosidade no desempenho de um reator químico, pode-se concluir que o emprego de um leito empacotado de catalisadores porosos (seja variando o tamanho do grão ou a porosidade do grão) apresenta as seguintes propriedades em comparação com os catalisadores densos:

(1) menor queda de pressão; pois a pressão é fortemente proporcional ao inverso da porosidade;

(2) aumento da área de reação em relação à superfície geométrica dos grãos, o que resulta em maior velocidade de transferência de massa e menores valores do módulo de Thiele;

(3) aumento da turbulência do escoamento e consequente aumento na transferência de calor para reações com grandes valores de ΔH_r;

(4) aumento da porosidade provoca uma diminuição na resistência a compressão.

4

CARACTERIZAÇÃO DA POROSIDADE E DAS PROPRIEDADES TEXTURAIS DE CATALISADORES HETEROGÊNEOS

Grande parte dos catalisadores heterogêneos são sólidos porosos. A textura dos poros surge dos métodos de preparação desses sólidos. Como existem diversos métodos e etapas durante a sua preparação, um catalisador típico contém um ou mais grupos de poros, cujo tamanho e volume variam significativamente. Os poros podem ser cilíndricos (como em alguns óxidos como alumina e sílicas mesoporosas), fendas (em argilas) e vazios entre partículas conectadas (como em muitos sólidos obtidos de síntese sol-gel). Os poros podem surgir a partir da:

1. precipitação de uma solução supersaturada que origina partículas de diferentes tamanhos que se aglomeram de forma desordenada;
2. transformações químicas no precipitado, se for deixado para envelhecer por longos períodos, que podem levar a mudanças de fases cristalinas e crescimento do tamanho dos precipitados;
3. eliminação de grande quantidade de vapores e gases durante o tratamento térmico. Na síntese dos materiais, compostos voláteis ou que se decomponham facilmente podem ser adicionados intencionalmente produzindo cavidades, trincas e fendas ao serem eliminados do sólido (vapores e gases têm densidade aproximadamente mil vezes menor do que os líquidos que os originam);
4. cristalização hidrotérmica de zeólitas, em que a organização das unidades típicas (unidades sodalita e pentasil, anéis duplos de 6 membros etc.) gera poros e cavidades;
5. dissolução ou remoção seletiva de alguns componentes, como a dessilicalização de zeólitas em meios alcalinos;
6. operações de secagem, na presença de água ou outro solvente com menor pressão de vapor – o material obtido na síntese pode conter

grande parte de seu peso em líquidos, o que pode levar a retração de poros a depender das condições de secagem;

7. moagem para desagregação dos aglomerados;
8. granulação de catalisadores para uso em reatores industriais (por compressão, extrusão, secagem por pulverização – *air dryer*) originam vazios entre as partículas, de diferentes tamanhos, dos constituintes que compõem o catalisador. Por exemplo, um grão de catalisador para o processo de craqueamento fluido pode conter caulim (0,5 μm), alumina (50-200 nm), zeólitas (2-3 μm) e ligantes de sol de sílica (5 nm).

A forma irregular dos poros e sua conectividade fazem com que uma molécula tenha que percorrer uma distância maior que o tamanho do grão, aumentando o seu tempo de contato com o catalisador. A catálise é um fenômeno de superfície, em que o reagente passa por uma etapa de adsorção durante o processo. Quanto maior a área disponível para tal, melhor será o seu desempenho global. Ou seja, para reações lentas, a combinação entre alto tempo de contato e alta área específica é uma situação desejada. Os catalisadores porosos têm uma superfície interna resultante dos canais e cavidades muito superior à superfície gerada pela geometria externa da partícula ou do grão. Os catalisadores podem ter área específica entre 1 e 1500 m^2/g (por exemplo, a sílica mesoporosa MCM-41 da Figura 2.2a tem uma área geralmente superior a 1000 m^2/g).

Para o desenvolvimento ou melhoria das propriedades de um catalisador, precisa-se conhecer as suas características texturais. E, nesse contexto, três técnicas se destacam na caracterização de catalisadores porosos: a porosimetria de mercúrio, a fisissorção de nitrogênio e a picnometria de hélio.

4.1 Porosimetria de intrusão de mercúrio – volume e distribuição de poros

O método de adsorção de gás é usado na avaliação dos micro e mesoporosos de materiais porosos, mas não pode ser usado para medir poros de tamanho maior. O motivo é que, durante a medida, quando a pressão p/p^0 vai se aproximando de 1, ocorre o consumo abrupto do adsorvente, por causa da condensação capilar, impossibilitando a verificação de poros maiores. Por outro lado, a porosimetria de intrusão de mercúrio (PIM), que utiliza um fluido não molhante, pode medir poros de tamanhos entre 0,006 e 360 μm e pode compensar a deficiência do método de adsorção.

A PIM está baseada na Lei de Young-Laplace, que governa a permeação de líquidos em poros. Uma vez que o ângulo de contato θ do mercúrio com o sólido é cerca de 135-140° (portanto o mercúrio não molha o sólido), é necessário aplicar um excesso de pressão para forçar o líquido a penetrar nos poros. O ângulo de contato surge quando dois materiais com forças de coesão diferentes são colocados em contato. No caso do mercúrio, a tensão de superfície γ é de 0,489 J/m^2. Como não é possível medir se γ varia durante a medida, um valor de 140° é frequentemente utilizado, independentemente do sólido em teste. O valor de γ do mercúrio puro deve ser assumido constante, mesmo que seja sensível à contaminação por desprendimento de pequenas partículas do sólido. Trata-se de incertezas com erros de difícil avaliação, mas é a técnica que é utilizada para avaliar os macroporos de sólidos.

Pela aplicação de pressão hidráulica, o mercúrio é forçado a entrar na amostra. O volume de mercúrio que adentra nos poros é relacionado com a pressão aplicada, e, conforme a pressão aumenta, o mercúrio adentra progressivamente nos poros cada vez menores. A curva de porosimetria de mercúrio apresentada na Figura 4.1a mostra a intrusão do mercúrio nos poros de um material com duas famílias de poros. A diferença de volume de mercúrio permeado nos poros do sólido entre os pontos B e A é utilizada para determinar o volume de vazios correspondente à família de poros de dimensão maior que D2. A diferença entre C e B é usada para determinar o volume de poros com dimensão entre D1 e D2. A diferença entre os pontos C e A é utilizada para determinar o volume aparente. No ponto A, não há aplicação de pressão e o mercúrio apenas envolve os aglomerados, sem permear os poros dos grãos. Nessa situação determina-se o volume envelope. Por conta da alta pressão a que é submetido o sólido, a partir do ponto C, a pressão exercida pelo mercúrio causa a compressão do sólido e é desconsiderada na análise de volumes. Nessa situação, utiliza-se a fisissorção de gases.

À curva de intrusão incremental de mercúrio podemos aplicar derivada numérica aos pontos experimentais ($\Delta V/\Delta D$, Figura 4.1b – veja a nota 1) ou derivar a curva ajustada (dV/dD) para visualizar a distribuição de poros. A curva resultante chama-se de curva de distribuição de poros. Em situações em que a intrusão é pequena, é comum apresentar o eixo-y como $\Delta V/\Delta logD$, pois facilita a visualização.[42] É comum também apresentar o eixo-x em escala logarítmica, e a depender do que se deseja enfatizar, pode-se preferir uma representação ou outra. Desde que seja possível explicar claramente a distribuição de poros, a apresentação pode ser ajustada.

Fig. 4.1 – **(a)** Curva de porosimetria de intrusão de mercúrio. A região sombreada indica a intrusão de mercúrio em um grão de catalisador, com a posição A correspondente à situação do volume envelope e C do volume aparente e **(b)** curva de distribuição de poros[43]

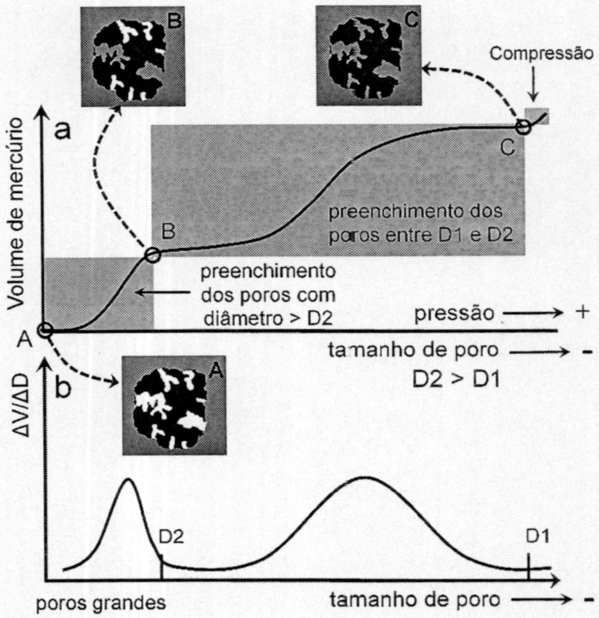

Nota 1

A **derivada algébrica** é definida como $f'(x) = \lim_{\Delta x \to 0} \frac{f(x+\Delta x) - f(x)}{\Delta x}$.
Para cálculos de *DV/DD* ou *DV/DlogD* a partir de pontos experimentais discretos, devemos considerar a **derivada numérica**.

(A). Nos pontos extremos da curva a ser derivada

$$f'(x)_0 \approx \frac{-3f_0 + 4f_1 - f_2}{2\Delta x}$$

$$f(x)_n \approx \frac{f_{n-2} - 4f_{n-1} + 3f_n}{2\Delta x}$$

(B). No intervalo de pontos i (entre 1 e n-1)

- Derivada adiante

$$f'(x)_i \approx \frac{f(x+\Delta x) - f(x)}{\Delta x}$$

- Derivada para trás

$$f'(x)_i \approx \frac{f(x) - f(x+\Delta x)}{\Delta x}$$

- Derivada central

$$f'(x)_i \approx \frac{f(x+\Delta x) - f(x-\Delta x)}{2\Delta x}$$

A relação entre a pressão aplicada e o diâmetro de poros é prevista pela equação de Washburn, que é uma equação obtida pelo balanço de forças. A tensão de superfície do líquido faz com que exista uma força de oposição de entrada do líquido no poro. A força F_1, que tenta impedir a entrada do líquido em um canal cilíndrico pequeno, de raio r_p, é dada pela equação 4.1. O termo $2 \cdot \pi \cdot r_p$ refere-se à região circular de contato entre o poro e o líquido, e o termo $\gamma \cdot cos\theta$ refere-se à tensão de superfície na direção do escoamento.

$$F_1 = -2 \cdot \pi \cdot r_P \cdot \gamma \cdot \cos\theta \qquad \textit{(eq. 4.1)}$$

Se uma pressão *P* é imposta sobre o mercúrio, uma força F_2 tende a fazer o mercúrio entrar nos poros cilíndricos (equação 4.2). O termo $\pi \cdot r_p^2$ refere-se à área da seção transversal do poro, perpendicular à direção do escoamento do líquido.

$$F_2 = \pi \cdot r_P^{\;2} \cdot P \qquad \textit{(eq. 4.2)}$$

Igualando essas duas forças, obtemos a equação de Washburn (equação 4.3), que pode ter os termos γ (0,489 J/m^2), θ do mercúrio líquido (θ = 140º, que em radianos corresponde a 2,44) e cosθ (cos2,44 = -0,77) substituídos, resultando na equação 4.4. Com a substituição da pressão nessa equação (em N/m^2), obtemos o raio do poro em metros.

$$r_P = -\frac{2 \cdot \gamma \cdot \cos\theta}{P} \qquad \textit{(eq. 4.3)}$$

$$r_P = \frac{0{,}75}{P} \qquad \textit{(eq. 4.4)}$$

A Figura 4.2 mostra a distribuição de tamanho de poros de uma alumina não porosa (a) e de uma alumina macroporosa (b), que apresenta mesoporos na região de 0,11 μm. A respectiva micrografia mostra a geometria dos poros e que o tamanho dos poros corresponde ao observado pela técnica. A medida de poros da ordem de 0,11 μm corresponde a uma pressão de intrusão de aproximadamente 670 atm.

Fig. 4.2 – Distribuição de poros por PIM e respectiva micrografia: **(a)** alumina de referência sem poros, com pequena porosidade entre partículas com diâmetros acima de 50 μm e **(b)** alumina macro-mesoporosa

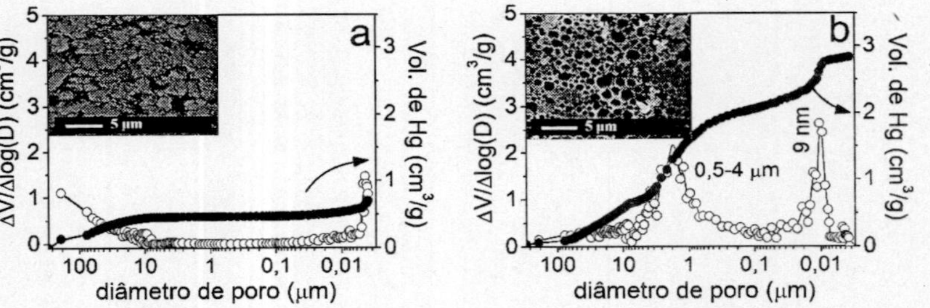

A porosimetria de intrusão de mercúrio pode ser utilizada também para determinar a área específica de sólidos porosos, mas o seu uso é aconselhado apenas quando o sólido contém macroporos totalmente acessíveis ao mercúrio. Podemos chegar à equação que permite calcular a área considerando o preenchimento de poros cilíndricos perfeitos de raio r_p, $dV = \pi r_P^2 dx$, em que *dx* corresponde ao avanço infinitesimal do mercúrio ao longo do poro. A área do poro em contato com o mercúrio corresponde a $dA_P = 2\pi r_P dx$. Ao dividir o volume pela área, obtemos $dV / dA_p = r_p / 2$. O raio pode ser obtido da equação 4.3, e após a substituição obtemos $PdV = -\gamma \cdot \cos\theta \cdot dA_P$. Sabemos que a pressão *P* não é constante, ou seja, depende do volume de intrusão do mercúrio. A integração dessa equação resulta na equação 4.5, que permite calcular a área específica do sólido. A Figura 4.3 mostra a curva de *P versus V* da amostra de alumina macro-mesoporosa da Figura 4.2b, que após a integração fornece 48,9 ($N/m.g_{catalisador}$). A área da amostra foi estimada em 122 m^2/g. A porosimetria de mercúrio, por ser uma técnica de intrusão, não acessa todos os poros e pode fornecer um resultado não coerente. Como veremos no próximo tópico, a área BET, estimada por fisissorção de nitrogênio para esta amostra, fornece uma área de 476 m^2/g.

$$A_P = \frac{1}{-\gamma \cdot cos\theta}\int_0^{Vmax} P \cdot dV \qquad (eq.\ 4.5)$$

Fig. 4.3 – Curva de *P versus V* da amostra de alumina macro-mesoporosa da Figura 4.2b. A integração da curva P.dV fornece a área de 48,9 ($N/m.g_{catalisador}$)

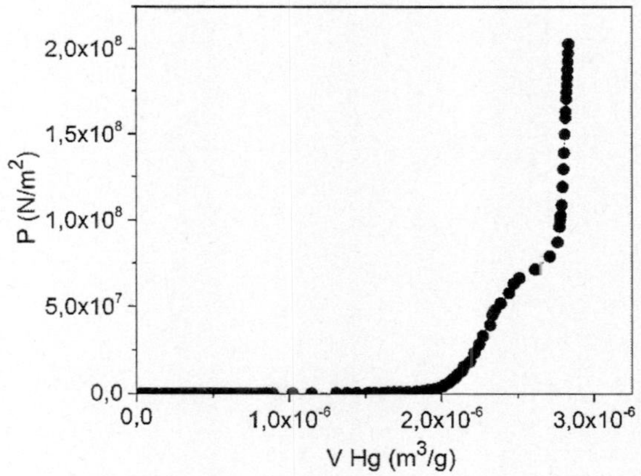

4.2 Fisissorção de gases

As medidas de fisissorção de gases foram feitas sistematicamente por S. Brunauer, P. H. Emmett e E. Teller utilizando nitrogênio a -196 °C. Desde então, a adsorção de nitrogênio em baixa temperatura passou a ser geralmente aceito como um procedimento-padrão para a determinação da área específica e da distribuição de tamanho de poros de uma ampla gama de materiais porosos. O avanço mais importante no estudo da adsorção de gases em baixa temperatura foi a publicação da teoria de BET em 1938, de Brunauer, Emmett e Teller.[44] Apesar de o modelo de BET ter recebido uma quantidade considerável de críticas, ainda continua a ser aplicado em sua forma original. Contudo os valores de área específica obtidos do modelo devem ser considerados verdadeiros quando as condições e hipóteses forem cumpridas. Várias isotermas de adsorção foram medidas e agrupadas em cinco tipos característicos (Figura 4.4), com a descoberta posterior de uma sexta isoterma.[45] Nessa figura a quantidade adsorvida (eixo das ordenadas) pode ser expressa em diferentes unidades: mol, gramas ou centímetros cúbicos (nas condições normais de temperatura e pressão). Geralmente a quantidade adsorvida é expressa em cm^3/g nas CNTP. As isotermas de adsorção são apresentadas em função da pressão relativa (p/p^0), em que p^0 é a pressão de saturação da substância adsorvida. Os principais comportamentos das isotermas são:

Tipo I - A adsorção aumenta rapidamente com a pressão do adsorbato até uma saturação, tal como ocorre com a quimissorção. Esse comportamento é observado em sólidos que possuem somente microporos.

Tipo II - A adsorção aparentemente tende a uma saturação em pressões intermediária, porém a adsorção cresce rapidamente à medida que a pressão se aproxima da pressão de vapor do adsorbato a temperatura da isoterma (p^0).

Tipo III - A adsorção sempre cresce com a pressão do adsorbato, sem a formação de um "joelho". É uma curva típica para sólidos não porosos com fraca interação do adsorbato com o sólido em comparação a interação adsorbato-adsorbato entre sítios vizinhos do adsorvente.

Tipo IV - A isoterma apresenta dois patamares, o primeiro devido a formação de monocamada de adsorbato e o segundo devido ao preenchimento de adsorbato condensado em mesoporos.

Tipo V - A isoterma só apresenta um patamar, sem o "joelho" a baixas pressões. Característica para sólidos porosos com fraca interação do gás com o sólido em comparação a interação adsorbato-adsorbato entre sítios vizinhos do adsorvente.

As isotermas do tipo IV e V correspondem respectivamente às isotermas II e III quando o sólido apresenta mesoporos, nos quais ocorre a adsorção capilar. A histerese nas isotermas do tipo IV e V está associada à condensação capilar em estruturas mesoporosas contendo diferentes diâmetros de poros.

Fig. 4.4 – As cinco principais isotermas de adsorção

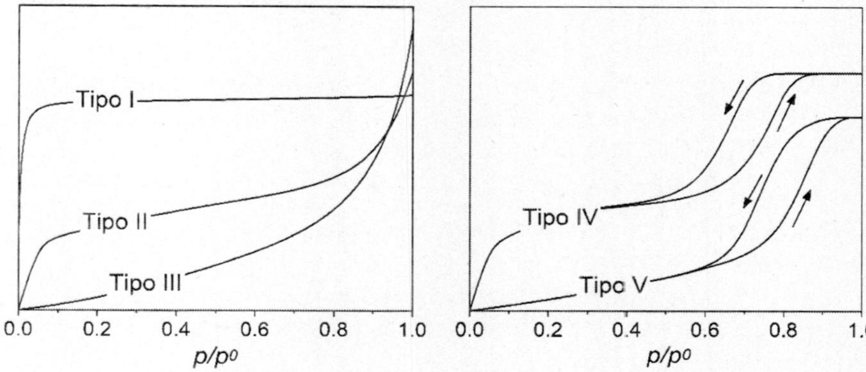

4.3 Fisissorção de gases – a equação de BET e a área específica

Para explicar o comportamento de adsorção (física) apresentado pelas isotermas de fisissorção, Brunauer, Emmett e Teller desenvolveram um modelo matemático que se baseia no modelo previamente proposto por Langmuir.[46] Para continuarmos com o desenvolvimento da equação de BET, vamos antes verificar as hipóteses do modelo de Langmuir, que foi a primeira teoria quantitativa de adsorção (química) de moléculas sobre sólidos apresentada em 1918.

O modelo de Langmuir considera que a adsorção química gás-sólido com as seguintes condições: (1) existe na superfície dos sólidos uma quantidade N_X de sítios ativos $X_{(S)}$ (mol de sítios por grama de sólido); (2) cada sítio ativo $X_{(S)}$ pode adsorver apenas uma molécula A, ou seja, até o limite de formação de uma monocamada completa (limite de $N_{AX} = N_X$); (3) cada sítio tem a mesma afinidade por A, independentemente de sua posição na superfície; e (4) a afinidade do sítio por A independe da fração de ocupação, $\theta_A = N_{AX}/N_X$, em que θ_A é um número entre 0 e 1 (também chamado de grau de cobertura da superfície). A fração de sítios vazios pode ser representada como $\theta_V = 1 - \theta_A$.

$$A_{(g)} + X_{(s)} \underset{k_d}{\overset{k_a}{\rightleftarrows}} AX_{(adsorvido)}$$

Langmuir relacionou a taxa de adsorção com a pressão parcial de A na fase gás (p_A em Pascal) e com o número de sítios ativos vazios (N_V, mol de sítios ativos vazios por grama de sólido), multiplicado por uma constante cinética k_a, conforme mostra a equação 4.6. E relacionou a velocidade de dessorção de A proporcional ao número de sítios ocupados N_{AX}, multiplicado por uma constante cinética k_d, conforme mostra a equação 4.7. As duas equações seguem a forma de apresentação de uma expressão cinética para uma reação elementar. A primeira é similar a uma reação de segunda ordem elementar, ou seja, envolve a participação de dois reagentes (A e sítios vazios de $X_{(S)}$), e a segunda, de uma reação de primeira ordem elementar. Uma representação esquemática da formulação apresentada por Langmuir está na Figura 4.5a.

$$-r_{A,ad} = k_a \cdot p_A \cdot N_V \qquad \textit{(eq. 4.6)}$$

$$-r_{AX,des} = k_d \cdot N_{AX} \qquad \textit{(eq. 4.7)}$$

em que,

k_a = constante de adsorção de A [por exemplo, mol A/(mol X.s.Pa)]

k_d = constante de dessorção de A [por exemplo, mol de A/(mol AX.s)]

O número de sítios totais pode ser apresentado como $N_X = N_V + N_{AX}$ e, consequentemente, $N_{AX} = N_X - N_V$. No equilíbrio, as duas reações têm a mesma taxa e podem ser igualadas (e rearranjadas).

$$k_a \cdot p_A \cdot N_V = k_d \cdot N_{AX} \rightarrow k_a \cdot p_A \cdot N_V = k_d \cdot (N_X - N_V) \rightarrow k_a \cdot p_A \cdot \frac{N_V}{N_X} = k_d \cdot \left(\frac{N_X}{N_X} - \frac{N_V}{N_X}\right)$$

$$k_a \cdot p_A \cdot \theta_V = k_d \cdot (1-\theta_V) \rightarrow k_a \cdot p_A \cdot (1-\theta_A) = k_d \cdot \theta_A \rightarrow \theta_A = \frac{k_a \cdot p_A}{k_d + k_a \cdot p_A}$$

Resultando na equação de Langmuir, que descreve o grau de cobertura da superfície por A, para diferentes pressões parciais de A (equação 4.8). Nessa equação, $b = k_a/k_d$.

$$\theta_A = \frac{b \cdot p_A}{1 + b \cdot p_A} \qquad \textit{(eq. 4.8)}$$

Para a equação de BET, que trata de processo de adsorção física, representada pela Figura 4.5b, as condições de contorno do modelo são: (1) cada composto químico A adsorvido na primeira camada pode servir como sítio para adsorção para uma segunda molécula, e assim por diante (este é o conceito de fisissorção). Logo, dependendo da pressão, poderá haver a formação de múltiplas camadas, ao contrário do que ocorre para a adsorção química; (2) a energia liberada na formação da primeira camada é típica para um sistema gás-sólido, ou seja, $\Delta H_{ads,1}$; (3) as energias liberadas na formação da segunda e demais camadas são iguais entre si, e iguais ao calor de condensação do gás (ou calor latente - $\Delta H_{latente}$), $\Delta H_{ads,1} \neq \Delta H_{ads,2} = \Delta H_{ads,i} = \Delta H_{latente}$. Dessa forma, as constantes cinéticas das reações de adsorção e dessorção da primeira camada são designadas como k_a e k_d, e as constantes cinéticas das demais camadas, como k'_a e k'_d.

Fig. 4.5 – **(a)** Representação esquemática da formulação apresentada por Langmuir. **(b)** Esquema de fisissorção de moléculas de um composto A sobre a superfície de um sólido, seguindo o modelo proposto por BET. Apresentação de moléculas adsorvidas até a 4ª camada. Na fisissorção, a camada i tende ao infinito (i → ∞).

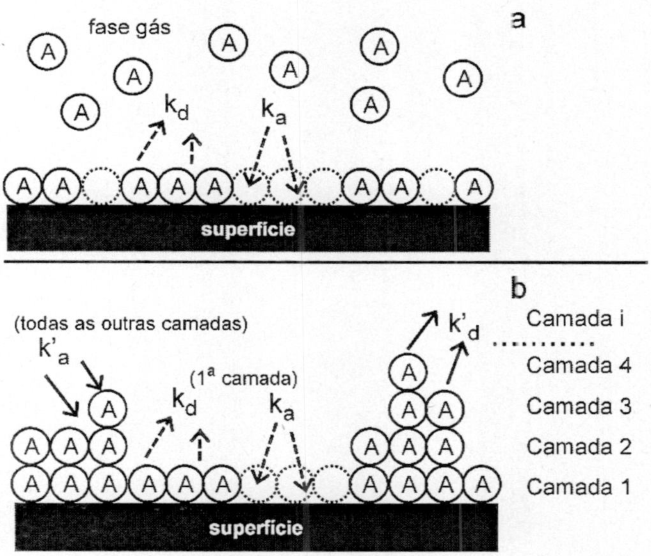

Na representação da Figura 4.5b, é mostrada a superfície de um sólido com 13 sítios ($N_X = 13$) para adsorção de um composto A. De forma similar ao que foi feito na dedução da equação de Langmuir, temos as condições de equilíbrio para a existência da primeira camada (equação 4.9), em que N_V^0 representa o número de sítios vazios na superfície (na Figura 4.5b são três sítios) e N_A^1 o número de sítios de 1 camada (na Figura 4.5b são 4 sítios). Assim, N_A^i representa o número de sítios na camada i.

$$k_a \cdot p_A \cdot N_V^0 = k_d \cdot N_A^1 \qquad \textit{(eq. 4.9)}$$

As condições de equilíbrio para a existência da segunda camada são apresentadas a seguir, considerando que a primeira camada serve como sítio de adsorção. Comparando com a Figura 4.5, temos 4 sítios de 1 camada e 3 sítios de duas camadas ($N_A^2 = 3$).

$$k_a^{'} \cdot p_A \cdot N_A^1 = k_d^{'} \cdot N_A^2 \qquad \text{(eq. 4.10)}$$

Condições de equilíbrio para a existência da camada i-1:

$$k_a^{'} \cdot p_A \cdot N_A^{i-2} = k_d^{'} \cdot N_A^{i-1} \qquad \text{(eq. 4.11)}$$

Condições de equilíbrio para a existência da camada i:

$$k_a^{'} \cdot p_A \cdot N_A^{i-1} = k_d^{'} \cdot N_A^{i} \qquad \text{(eq. 4.12)}$$

Dessa forma, temos uma expressão de N_A^i em função de N_V^0:

$$N_A^i = \frac{k_a^{'}}{k_d^{'}} \cdot p_A \cdot N_A^{i-1} = \frac{k_a^{'}}{k_d^{'}} \cdot p_A \cdot \frac{k_a^{'}}{k_d^{'}} \cdot p_A \cdot N_A^{i-2} = \left(\frac{k_a^{'}}{k_d^{'}}\right)^{i-1} \cdot \frac{k_a}{k_d} \cdot {p_A}^{i} \cdot N_V^0$$

$$N_A^i = \left(\frac{k_a^{'}}{k_d^{'}}\right)^{i-1} \cdot \frac{k_a}{k_d} \cdot {p_A}^{i} \cdot N_V^0 \qquad \text{(eq. 4.13)}$$

Se definirmos as razões entre as constantes:

$k_a^{'}/k_d^{'} = \alpha$ ➔ $k_a/k_d = c \cdot \alpha$, *temos que:*

$$N_A^i = (\alpha)^{i-1} \cdot c \cdot \alpha \cdot {p_A}^{i} \cdot N_V^0$$

$$N_A^i = c \cdot (\alpha \cdot p_A)^i \cdot N_V^0,\ \textit{(para valores de } i \geq 1) \qquad \text{(eq. 4.14)}$$

Para continuar com a dedução do modelo, precisamos definir duas expressões importantes: (1) a que fornece o número total de moléculas A adsorvidas na superfície da amostra, esquematizada na Figura 4.5b (N'_A); e (2) a que fornece o número total de sítios na superfície ou o número total de moléculas A se a primeira camada de adsorção for completa (ou seja, o número de moléculas de A na monocamada completa, N'^M_A).

Expressão matemática que descreve o número de moléculas de A adsorvidas (N'_A, que, de acordo com a Figura 4.5, possui 20 moléculas).

$$N'_A = N_A^1 + 2N_A^2 + 3N_A^3 + \cdots + iN_A^i \ ➔ \ N_A = \sum_{i=1}^{\infty} iN_A^i$$

Como $N_A^i = c \cdot \alpha^i \cdot {p_A}^i \cdot N_V^0$

$$N'_A = \sum_{i=1}^{\infty} i \cdot c \cdot (\alpha \cdot p_A)^i \cdot N_V^0$$

$$N'_A = c \cdot N_V^0 \sum_{i=1}^{\infty} i \cdot (\alpha \cdot p_A)^i \qquad (eq.\ 4.15)$$

Expressão matemática que fornece o número total de sítios na superfície ou o número total de moléculas de A se a primeira camada de adsorção for completa (N'^M_A , que na Figura 4.5 corresponde a 13 moléculas de A, ou seja, 10 + 3 sítios vazios aptos a receber moléculas de A).

$$N'^M_A = N_V^0 + N_A^1 + N_A^2 + N_A^3 + \cdots + N_A^i \;\rightarrow\; N'^M_A = N_V^0 + \sum_{i=1}^{\infty} N_A^i$$

$$N'^M_A = N_V^0 + \sum_{i=1}^{\infty} c \cdot \alpha^i \cdot p_A{}^i \cdot N_V^0$$

$$N'^M_A = N_V^0 + c \cdot N_V^0 \sum_{i=1}^{\infty} \alpha^i \cdot p_A{}^i \qquad (eq.\ 4.16)$$

Ao dividir a equação 4.15 pela 4.16, obtemos a equação 4.17, que é adimensional e representa a razão entre o número de moléculas de A total e o número de moléculas de A adsorvidas na primeira camada, formando uma monocamada completa. Dessa forma, podemos representar a razão como número de moléculas (ou mols) ou como razão de volumes.

$$\frac{N_A}{N_A^M} = \frac{V_A}{V_A^M} = \frac{c \cdot N_V^0 \sum_{i=1}^{\infty} i \cdot (\alpha \cdot p_A)^i}{N_V^0 + c \cdot N_V^0 \sum_{i=1}^{\infty} \alpha^i \cdot p_A{}^i} \qquad (eq.\ 4.17)$$

Se definirmos $y = \alpha{\cdot}p_A$ e se escrevermos a expressão 4.17 de forma genérica para a adsorção de qualquer composto químico, teremos:

$$\frac{V}{V^M} = \frac{c \cdot N_V^0 \sum_{i=1}^{\infty} i \cdot y^i}{N_V^0 + c \cdot N_V^0 \sum_{i=1}^{\infty} y^i} \qquad (eq.\ 4.18)$$

Das correlações matemáticas, sabe-se que $\sum_{i=1}^{\infty} i \cdot y^i = \frac{y}{(1-y)^2}$ e $\sum_{i=1}^{\infty} y^i = \frac{y}{(1-y)}$, que substituídas na equação 4.18 resultam na equação 4.19.

$$\frac{V}{V^M} = \frac{c \cdot N_V^0 \cdot \frac{y}{(1-y)^2}}{N_V^0 + c \cdot N_V^0 \cdot \frac{y}{(1-y)}} = \frac{c \cdot N_V^0 \cdot y}{\left(N_V^0 + c \cdot N_V^0 \cdot y\right) \cdot (1-y)} \qquad (eq.\ 4.19)$$

Voltemos à definição de $y = \alpha{\cdot}P$ para reescrever a equação 4.19.

$$\frac{V}{V^M} = \frac{N_V^0 \cdot c \cdot y}{N_V^0(1 + c \cdot y) \cdot (1 - y)} = \frac{c \cdot \alpha \cdot p}{(1 + c \cdot \alpha \cdot p) \cdot (1 - \alpha \cdot p)} \qquad (eq.\ 4.20)$$

Na condição de $i \to \infty$, todos os sítios estão cobertos de maneira praticamente uniforme, conforme mostra a Figura 4.6. Nessa condição particular de equilíbrio, $N_A^{i-1} \approx N_A^i$, e a equação 4.12, $k_a^{'} \cdot p_A \cdot N_A^{i-1} = k_d^{'} \cdot N_A^i$ nos mostram que $k_a^{'} \cdot p = k_d^{'}$. A pressão *p* parcial de *A* pode ser considerada como a pressão de vapor de um filme líquido na superfície da amostra, que chamaremos de p^0. Uma vez que as medidas de fisissorção são realizadas na temperatura de ebulição do gás, p_0 representa a pressão atmosférica. Portanto, $k_a^{'} \cdot p^0 = k_d^{'}$, em que $k_a^{'}/k_d^{'} = 1/p^0 = \alpha$, resultando na equação 4.21.

$$V = V^M \frac{c \cdot p/p^0}{\left(1 - p/p^0\right) \cdot \left[1 + (c-1) \cdot p/p^0\right]} \qquad \text{(eq. 4.21)}$$

Na equação de BET, a constante *c* é uma relação exponencial da diferença das energias de adsorção da primeira camada e de liquefação do adsorbato, de acordo com a equação 4.22:

$$c = exp^{\frac{\Delta H_{ads,1} - \Delta H_{latente}}{R \cdot T}} \qquad \text{(eq. 4.22)}$$

Para uma temperatura de condensação, por exemplo, do nitrogênio a -196 °C, podemos calcular o calor de adsorção da primeira camada $\Delta H_{ads,1}$, conhecendo que o $\Delta H_{latente}$ de liquefação vale -5,59 kJ/mol.[47] Valores do parâmetro *c* da ordem de 0,01 mostram que a interação adsorvente-adsorbato é fraca, da ordem de 1 é considerada média, e da ordem de 10 é considerada forte.

O parâmetro V^M tem uma importância especial, pois representa o volume de adsorbato adsorvido por grama de sólido formando uma monocamada completa na superfície do sólido. Se expressarmos V^M nas CNTP (273,15 K e 101.325 Pa), podemos calcular o número de moléculas N_A^M do adsorbato que forma uma monocamada em 1 g de sólido. Se a área ocupada por uma molécula for s_A (por exemplo, o N_2 ocupa uma área de 0,162 nm^2 e o Ar ocupa uma área de 0,138 nm^2), a área total ocupada por N_A^M moléculas será $S_{BET} = N_A^M \cdot s_A$, que representa a área específica do sólido.[48]

Fig. 4.6 – Na condição de i → ¥, todos os sítios estão cobertos de maneira praticamente uniforme

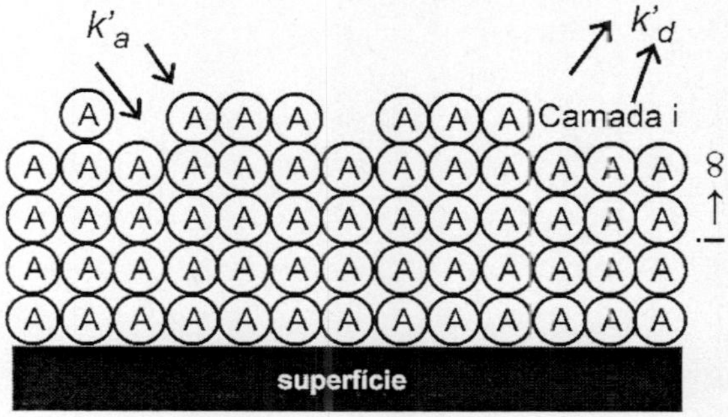

Consideremos o exemplo da alumina macro-mesoporosa da Figura 4.2b, cuja isoterma de fisissorção de nitrogênio é apresentada na Figura 4.7a. A Tabela 4.1 mostra os valores medidos de V_{CNTP} *versus* p/p^0 e os valores de c e V^M ajustados pelo método dos mínimos quadrados (veja a nota 2). Para pressões relativas até aproximadamente 0,4, a equação de BET descreve satisfatoriamente as isotermas, com $R^2 > 0{,}98$. O mesmo comportamento se aplica à isoterma de uma amostra de MCM-41 (Figura 4.7b). Para valores maiores que 0,4, o número de camadas adsorvidas aumenta e os efeitos de condensação capilar nos poros e cavidades começam a influenciar na forma das isotermas. Dessa forma, a equação de BET é ajustada para valores de p/p^0 até no máximo 0,4 e, em muitos casos, até 0,3.

Fig. 4.7 – Ajuste da equação de BET a **(a)** alumina macro-mesoporosa (coeficiente de determinação R^2 = 0,98), **(b)** sílica mesoporosa (MCM-41, R^2 = 0,99), **(c)** isotermas segundo a equação de BET, com diferentes valores do parâmetro *c*, em comparação com a isoterma de um sólido microporoso, a zeólita SSZ-13, mostrando que o modelo NÃO SE AJUSTA à isoterma e **(d)** FALSO "ajuste" com o parâmetro *c* negativo

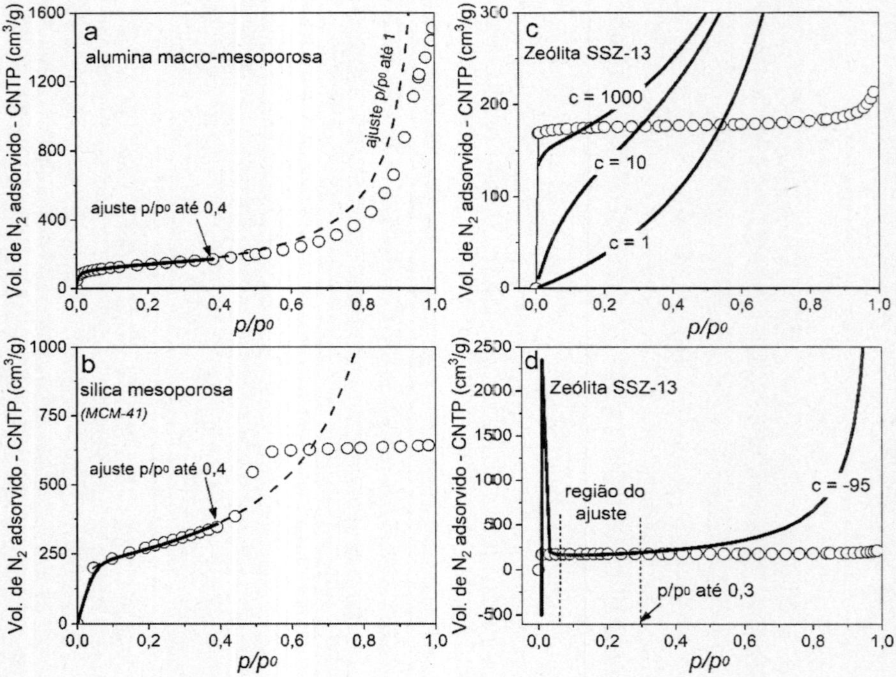

Com relação aos sólidos microporosos, a equação de BET não pode ser aplicada para cálculo de área. Para os sólidos com poros grandes $D \gtrsim 10\sigma$ (D e σ são, respectivamente, os tamanhos do poro e o diâmetro cinético das moléculas confinadas), o preenchimento dos poros envolve primeiro a formação de um filme adsorvido seguido de uma condensação capilar. Por outro lado, para os sólidos com poros pequenos $D \sim \sigma$, o preenchimento de poros não envolve uma interface gás / líquido confinado bem definida e ocorre através de um aumento contínuo e progressivo da densidade do fluido confinado.[49] Alguns estudos mostram que o potencial químico de preenchimento para esses poros $D \sim \sigma$ é a soma de uma energia de adsorção e uma energia capilar que é altamente significativa, além de que não há espaço nos poros para a formação de várias camadas (essa foi a hipótese que permitiu a obtenção da equação de BET). Para diferentes valores de c as curvas de adsorção adquirem as configurações apresentadas na Figura 4.7c, as quais em nenhum momento se assemelham à curva medida para um sólido microporoso (no exemplo, a zeólita SSZ-13). A Figura 4.7d mostra um "ajuste" FALSO em uma pequena região e que claramente não pode ser utilizado para representar a isoterma. Note que o parâmetro *c* é negativo, o que contraria a definição da equação 4.22. Infelizmente vários estudos calculam a área BET para sólidos microporosos, o que está errado, sem se atentar às limitações do método. Alternativamente, para um sólido microporoso pode-se determinar o volume de microporos e a sua área externa, ambos pelo método t-plot.

As curvas da Figura 4.7a e 4.7b foram ajustadas utilizando-se o método dos mínimos quadrados, mas um procedimento bastante comum é o ajuste a partir da equação de BET linearizada.

$$\frac{p/p^0}{V\cdot\left(1-p/p^0\right)}=\frac{1}{c\cdot V^M}+\frac{(c-1)}{c\cdot V^M}\cdot p/p^0 \qquad (eq.\ 4.23)$$

Tabela 4.1 – Dados de fisissorção de nitrogênio e ajuste pelo método dos mínimos quadrados, utilizado para o cálculo da área BET de uma amostra da alumina macro-meso-porosa da Figura 4.6a (476 m²/g). A área sombreada foi utilizada no cálculo do volume da monocamada completa (V^M = 109,3 cm³/g) e da constante c (461,0)

Valores medidos		Valores calculados	
p/p^0	V_{CNTP} (cm³/g)	V ajuste	quadrado das diferenças
		V_{BET} (cm³/g)	$(V_{BET} - V_{CNTP})^2$
0,000	0,00	0,00	0,00
0,001	47,18	33,51	186,80
0,009	80,89	89,92	81,59
0,017	89,78	98,61	78,05
0,024	96,03	103,01	48,74
0,034	101,87	106,61	22,46
0,046	106,81	109,66	8,10
0,058	111,14	112,12	0,94
0,071	114,80	114,41	0,16
0,095	121,27	118,35	8,52
0,120	126,46	122,30	17,30
0,170	136,10	130,27	33,93
0,210	142,77	137,25	30,50
0,251	149,78	144,90	23,82
0,290	155,88	153,20	7,15
0,331	163,10	162,59	0,26
0,381	171,66	175,89	17,93
			$\Sigma(V_{BET} - V_{CNTP})^2$
			566,23

4.3.1 Procedimento de ajuste da equação de BET: método dos mínimos quadrados com o Excel

O ajuste da equação de BET geralmente é feito por meio de sua equação linearizada, que é um procedimento matemático mais simples. No entanto com os recursos computacionais disponíveis podemos fazê-lo pelo método dos mínimos quadrados utilizando a equação original. A vantagem é que podemos compará-lo com a isoterma e verificar adequadamente a sua validade, conforme foi feito na Figura 4.7a. Para isso podemos utilizar o software Excel e a ferramenta *solver* que está disponível no seu pacote computacional.[50] Inicialmente construa a planilha da Figura 4.8, em que as áreas cinzas correspondem a valores medidos da isoterma ou a valores de constantes.

Nos campos de **a** até **h**, insira as equações:

a: =MÉDIA(C5:C21)

b: =((J5*B5)/((1-B5)*(1+(J5-1)*B5)))*J6 *(esta é a equação de BET)*

c: =(C5-D5)^2

d: =SOMA(E5:E21) *(o objetivo é minimizar este valor)*

e: =(D5-C23)^2

f: =SOMA(F5:F21) *(**a, e, f** serão utilizadas no cálculo de R^2)*

g: adicione um valor inicial de C = 1 e V^M = 1

h: n = (J10*J6)/(J8*J9)

N_A^M =J13*(6,02*10^23) *(multiplicação pelo número de Avogadro)*

S_{BET} = J14*J11*(10^(-18))

R^2 =1-E23/F23

Agora precisamos ajustar os valores de *c* e V^M de modo que a diferença dos quadrados seja mínima. O *solver* utiliza um algoritmo denominado Gradiente Reduzido Generalizado. Infelizmente o aplicativo não está disponível na instalação padrão do Excel, e, para o primeiro uso, devemos habilitá-lo. O procedimento segue o seguinte passo a passo: 1. Menu **Arquivo**; 2. **Opções**; 3. **Suplementos**; 4. Gerenciar (Suplementos do Excel); 5. Clicar em Ir; 6. Habilitar a caixa Solver. O aplicativo deverá estar disponível no menu principal **Dados**.

Fig. 4.8 – Sugestão de planilha Excel para ajuste da equação de BET pelo método dos mínimos quadrados

Valores medidos		Valores calculados		
p/p^0	V_{CNTP} (cm^3/g)	V ajuste	quadrado das diferenças	quadrado das diferenças - média
		V_{BET} (cm^3/g)	$(V_{BET} - V_{CNTP})^2$	$(V_{BET} - V_{CNTP,m})^2$
0,000	0,00	b	c	e
0,001	47,18			
0,009	80,89			
0,017	89,78			
0,024	96,03			
0,034	101,87			
0,046	106,81			
0,058	111,14			
0,071	114,80			
0,095	121,27			
0,120	126,46			
0,170	136,10			
0,210	142,77			
0,251	149,78			
0,290	155,88			
0,331	163,10			
0,381	171,66			
(média)			$\Sigma(V_{BET} - V_{CNTP})^2$	$\Sigma(V_{BET} - V_{CNTP,m})^2$
$V_{CNTP,m}$ =	a		d	f

* Valores a serem ajustados

1	c =	g	adimensional
1	V^M =		cm^3 N_2/g (CNTP)

Valores constantes

2	R =	8,31	cm^3.MPa/mol.K
2	T =	273,15	K
2	P =	0,101	MPa
2	ε =	0,162	nm^2

Área BET com base em V^M

	n =	h	mol N_2/g
	$N_A{}^M$ =		moléculas de N_2
	S_{BET} =		m^2/g
3	R^2 =		

Notação:

* 1 --> valores estimados pelo método dos mínimos quadrados

2 --> Lei dos gases ideiais na CNTP

3 --> coeficiente de determinação

$R^2 = 1 - [\Sigma(V_{BET} - V_{CNTP})^2/\Sigma(V_{BET} - V_{CNTP,m})^2]$

Quando o solver é ativado, surge a caixa da Figura 4.9a. No campo "definir objetivo", pode-se digitar o nome da célula que contém a função a ser otimizada (o quadrado das diferenças deve ser mínimo). No campo "alternado células variáveis", estão os parâmetros a serem ajustados. Podemos manter todos os parâmetros de cálculos inalterados e utilizar os valores padrão do software. Se for necessário alterá-los, clicar em **Opções**. Ao clicar no botão **Resolver**, surgirá a caixa da Figura 4.9b. Clique em **Ok** para obter o ajuste final.

Fig. 4.9 – Caixas que aparecem nos ajustes utilizando a ferramenta *solver* do Excel

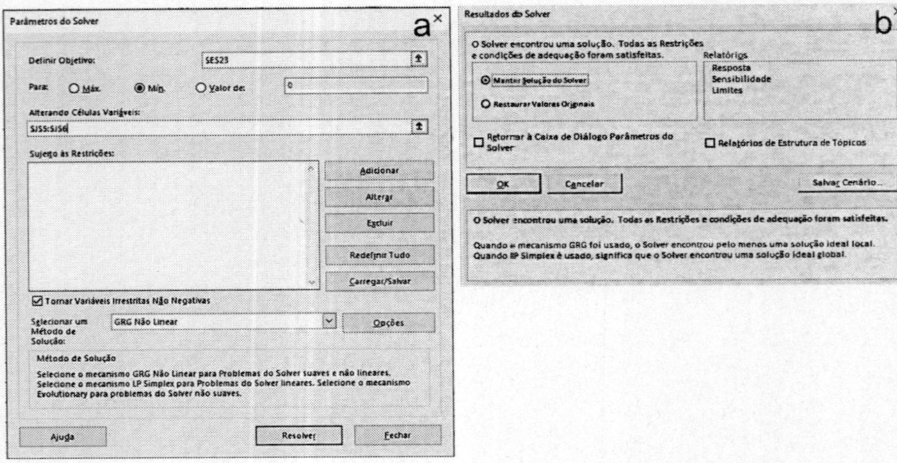

4.4 Fisissorção de gases – o método t-plot (o volume de microporos e a área externa)

Entre as técnicas disponíveis, o t-plot é um método comumente usado para determinar os volumes de micro e mesoporosos em materiais porosos, incluindo as zeólitas. O método baseia-se no uso de isotermas de adsorção-padrão, ou seja, curva *t* (*t* vem do inglês, *thickness*) que relaciona a espessura de um filme em uma superfície plana em função da pressão *p*.[51] A medida deve ser feita com o mesmo adsorbato e temperatura (geralmente N_2 a -196 ºC), e o material de referência deve possuir uma superfície sem micro ou mesoporosidade para que efeitos de curvatura, como condensação capilar, sejam negligenciados.

Inicialmente vamos considerar uma isoterma de adsorção, a função $N_A(p)$ com unidade mol/g, de um dado gás se adsorvendo em uma superfície plana com área específica S_{BET} (em m²/g). Assumindo que o composto adsorvido tem uma densidade média igual à sua densidade em fase líquida (ρ_L de 2,9.10⁴ mol/m³), a função $N_A(p)$ pode ser convertida na espessura *t* média, $t = N_A(p)/S_{BET} \cdot \rho_L$. Para uma superfície plana, tanto *t* quanto $N_A(p)$ tem a origem dos eixos x-y em 0-0, ou seja, a espessura será zero quando não houver adsorção. Vamos agora considerar a adsorção em um sólido que não temos informações sobre sua porosidade, mas com uma superfície que tem a mesma composição química da superfície plana que deu origem à curva *t*. Se o gráfico $N_A(p)$ *versus t* desse sólido for uma reta, esse sólido tem o mesmo comportamento de adsorção, ou seja, será considerado como uma superfície plana. A área específica será obtida a partir da inclinação dessa reta, ou seja, $S_{BET}.r_L$. Por outro lado, qualquer desvio da linearidade indica o preenchimento de poros correspondente aos tamanhos dos poros fornecidos pela pressão no mesmo ponto em que a curva *t* foi calculada.

A Figura 4.10a mostra a adsorção de nitrogênio (curva $V_{A\text{-líquido}}(p)$ *versus t*) a -196 ºC em um material mesoporoso MCM-41 com mesoporos regulares de diâmetro de 2,5 nm. O gráfico aplicado a materiais mesoporosos puros exibe dois regimes. Antes da condensação capilar (correspondente à forte aumento na quantidade adsorvida), a adsorção ocorre tanto na superfície do interior dos poros quanto na superfície externa das partículas mesoporosas, iniciando com a formação de uma monocamada completa, que, até o aumento abrupto do volume adsorvido, não sofre a influência dos poros. Dessa forma, a inclinação da reta azul nos fornece S_{BET}, permitindo o cálculo da área específica total (note que a reta tracejada atravessa a origem, pois não há microporos nesse material). Acima da condensação, a adsorção ocorre apenas na superfície externa, e a inclinação da reta permite o cálculo da área externa. A interceptação da curva tracejada no eixo-y nos permite calcular o volume de mesoporos.

No caso de materiais contendo microporos (Figura 4.10b), nenhuma curva $N_A(p)$ *versus t* (ou $V_A(p)$ *versus t*) passará pela origem do gráfico t, e a interceptação do eixo-y no ajuste linear na faixa de baixa pressão é o volume de microporos. A Figura 4.10c mostra as micrografias das zeólitas, que mostram o tamanho das partículas e a correlação com a área externa calculada pelo método t-plot.

A precisão do método t-plot depende da escolha da isoterma de referência (*t versus* p/p^0), que é bastante influenciada pelo parâmetro c da equação BET. A subida abrupta da isoterma com a pressão parcial do gás (na formação da primeira camada) depende da interação adsorbato-superfície, representada pelo parâmetro *c*. Não existe uma isoterma de referência adequada para todos sólidos, mas muitas isotermas foram sugeridas como referência para diferentes famílias de sólidos. As relações a seguir mostram algumas relações t-plot (em nanômetros). A equação de Harkins-Jura[52] de 1944, por exemplo, foi medida para várias amostras de alumina não porosas (equação 4.24, medida originalmente na região de p/p^0 entre 0,1 e 0,8) e é largamente utilizada na determinação de microporos de zeólitas. Há também a equação de Halsey[53] e de Cranston-Inkley (equações 4.25 e 4.26, respectivamente). A Figura 4.11 mostra que as três equações são muito próximas.

Fig. 4.10 – Método t-plot, utilizando a equação de Harkins-Jura, para amostras de **(a)** MCM-41 (sólido puramente mesoporoso) e **(b)** zeólitas da família Chabazita, SAPO-34 e SSZ-13 (ambas puramente microporosas). Para converter os valores do eixo-y de "Volume de N_2 adsorvido em CNTP" para "Volume de N_2 líquido adsorvido" (ambos em cm^3/g) dividiu-se o primeiro por 647,2 (considerando-se a densidade do nitrogênio líquido igual a 0,809 g/cm^3). **(c)** Micrografias das amostras da Figura **(b)**, sendo a SSZ-13 com tamanho médio de partícula de 0,18 μm (área externa, considerada a geometria cúbica, estimada em 15 m^2/g) e a SAPO-34 com tamanho médio de 2,40 μm (área externa de 1 m^2/g)

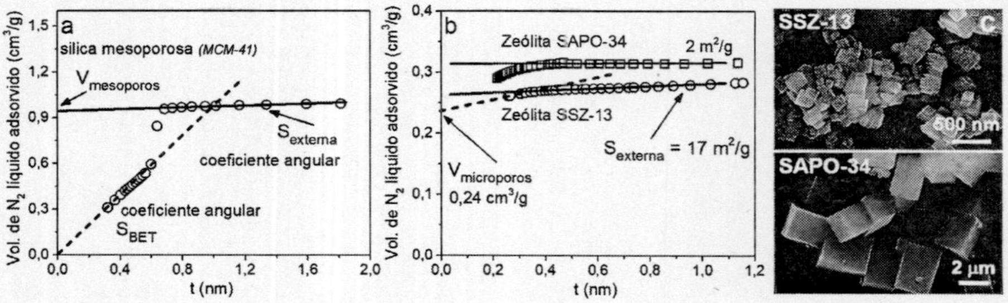

$$t = 0{,}1 \cdot \sqrt[2]{\frac{13{,}99}{0{,}034 - \log\left(p/p^0\right)}} \qquad (eq.\ 4.24)$$

$$t = 0{,}354 \cdot \sqrt[3]{\frac{5}{-\ln\left(p/p^0\right)}} \qquad (eq.\ 4.25)$$

$$t = 0{,}1 \cdot \left(3{,}7 \cdot \sqrt[3]{\frac{5}{-\ln\left(P/P_0\right)}} + \sqrt[2]{p/p^0} - 0{,}8\right) \qquad (eq.\ 4.26)$$

Fig. 4.11 – Comparação de curvas t-plot

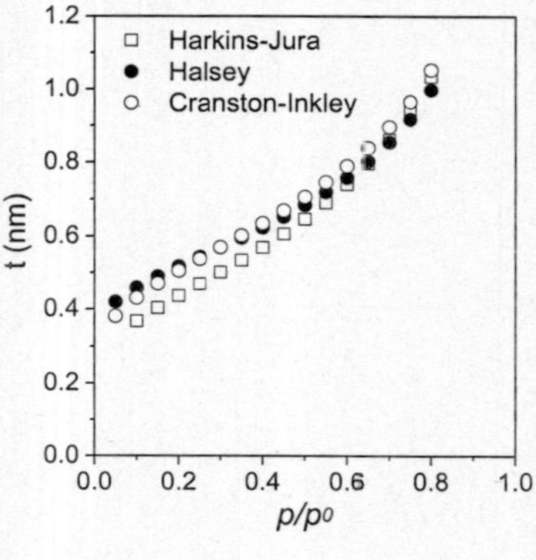

4.5 Fisissorção de gases – distribuição de poros

A partir dos valores de área específica S_{BET} e do volume específico de poros, pode-se definir o raio médio dos poros de sólidos (r_p) que possuem poros com diferentes diâmetros. Para isso faz-se a suposição que todos os poros são cilindros de comprimento L_i. Assim, se a superfície interna de todos os cilindros for a responsável pela área específica do sólido, temos:

$$S_{BET} = \sum_{i=0}^{r_{max}} 2 \cdot \pi \cdot r_{Pi} \cdot L_i = 2 \cdot \pi \cdot r_P \cdot \sum_{i=0}^{L_{max}} L_i$$

E o volume de poros está dado por:

$$V_P = \sum_{i=0}^{i_{max}} \pi \cdot r_{Pi}^2 \cdot L_i = \pi \cdot r_P^2 \cdot \sum_{i=0}^{L_{max}} L_i \rightarrow \frac{V_P}{S_{BET}} = \frac{\pi \cdot r_P^2 \cdot \sum_{i=0}^{L_{max}} L_i}{2 \cdot \pi \cdot r_P \cdot \sum_{i=0}^{L_{max}} L_i} = \frac{r_P}{2}$$

E,

$$r_P = \frac{2 \cdot V_P}{S_{BET}} \qquad \text{(eq. 4.27)}$$

A questão é que essa forma nos permite calcular apenas o raio médio do poro, ignorando a distribuição e a presença de famílias de poros. Uma das formas de se obter a distribuição de poros a partir das isotermas de fisissorção é a partir do método BJH (E. P. Barrett, L. G. Joyner e P. P. Halenda, 1951). Para se chegar a esse método, precisamos antes definir a equação do raio de Kelvin, conforme a discussão que se segue. O nitrogênio, ao condensar nos poros do catalisador a -196 °C, é um líquido que se comporta de acordo com os princípios determinados pela equação de Kelvin.

A tendência dos líquidos é adotar formas que minimizem a sua área exposta, com o maior número de moléculas dispostas interiormente em seu volume, e, dessa forma, as moléculas estarão cercadas por outras moléculas. Esse é o motivo que as gotas tendem a ser esféricas, porque uma esfera é a geometria que apresenta a menor razão área/volume. Sabe-se que a superfície de um líquido em um frasco não é plana, pois para que ocorra a neutralidade de forças na superfície há a necessidade de formação de uma superfície curva. Há uma implicação importante da curvatura e, portanto, da tensão de superfície: a pressão de vapor de um líquido depende da curvatura de sua superfície. A consequência é que a pressão do lado convexo de uma interface é sempre menor do que a pressão do lado côncavo e essa relação é expressa pela equação de Young-Laplace (veja a nota 2):

$$p - p^0 = \frac{2 \cdot \gamma}{r} \qquad (eq.\ 4.28)$$

em que *r* é o raio da gota esférica.

A diferença de pressão da equação 4.28 pode ser substituída por $\Delta P = P_G - P_L$ (em que P_G = pressão na fase gás e P_L = pressão na fase líquida). No desenvolvimento que se segue, essas duas pressões serão escritas em função da pressão relativa de vapor P/P_0. Se escrevermos a equação de Laplace na forma infinitesimal, temos que:

$$dP_G - dP_L = d\left(\frac{2 \cdot \gamma}{r}\right) \qquad (eq.\ 4.29)$$

Na condição de equilíbrio, os potenciais químicos das duas fases se igualam $\mu^G = \mu^L$, e a variação infinitesimal do potencial químico pode ser escrita como $d\mu^G = V_G \cdot dP_G = d\mu^L = V_L \cdot dP_L$, que leva a:

$$d\left(\frac{2 \cdot \gamma}{r}\right) = \frac{V_L - V_G}{V_L} \cdot dP_G \qquad (eq.\ 4.30)$$

em que V_L e V_G são os volumes molares.

Se nós desprezarmos o volume molar do gás V_G em comparação com o volume molar do líquido V_L e assumirmos que o vapor é ideal:

$$d\left(\frac{2 \cdot \gamma}{r}\right) = \frac{RT}{V_L} \cdot \frac{dP_G}{P_G} \qquad (eq.\ 4.31)$$

Se agora integrarmos a equação 6.48 da curvatura zero (*1/r = 0,* P_G = p^0) até o outro estado de equilíbrio (*1/r, P*) e assumir que V_L é relativamente constante (hipótese de líquido incompressível), temos que:

$$\ln\left(\frac{p}{p^0}\right) = -\frac{2 \cdot \gamma . V_L}{r \cdot RT} \qquad (eq.\ 4.32)$$

$$r_K = -\frac{2 \cdot \gamma . V_L}{\ln\left(\frac{p}{p^0}\right) \cdot RT} \qquad (eq.\ 4.33)$$

em que *r* é agora chamado de r_K (raio de Kelvin).

Nota 2

Thomas Young e Pierre Simon Laplace deduziram de forma independente em 1805 a fórmula da diferença de pressão entre o interior e o exterior de uma superfície esférica de raio *r*.[54] Para exemplificar, suponhamos que uma gota se forme na saída de uma seringa ao pressionar o êmbolo, tal como indicado a seguir.

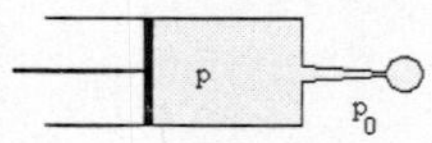

Seja p^0 a pressão ambiente. Para formar uma gota de raio *r*, precisamos aplicar no êmbolo uma pressão *p*, maior que p^0. O êmbolo ao deslocar-se executa trabalho no líquido igual a $p{\cdot}dV$. Porém a gota realiza um trabalho $p^0{\cdot}dV$ sobre sua vizinhança, já que desloca o ar ao aumentar seu volume *dV*. Uma vez que o líquido é incompressível, os dois volumes são iguais. O trabalho resultante sobre o líquido será $dW = (p - p^0){\cdot}dV$, o qual é empregado para aumentar a superfície da gota, enquanto a temperatura e o volume do líquido permanecem constantes. Assim, $dW = \gamma{\cdot}dA$. Igualando ambos os trabalhos e tendo em conta as fórmulas da área e do volume de uma superfície esférica $V = \frac{4}{3}\cdot\pi\cdot r^3$ e $A = 4\cdot\pi\cdot r^2$, temos as variações infinitesimais $dV = 4\cdot\pi\cdot r^2\cdot dr$ e $dA = 8\cdot\pi\cdot r\cdot dr$. Substituindo as definições nas equações de trabalho, temos $p - p^0 = \frac{2\cdot\gamma}{r}$. No caso particular em que $r \to \infty$, $p = p^0$ Isto é, o equilíbrio mecânico entre as duas fases separadas por uma interface plana só pode ser obtido se as duas pressões forem iguais.

A expressão foi deduzida em 1871 por Lord Kelvin. Para o caso particular de adsorção de nitrogênio a -196 °C e assumindo V_L = 34,68 mL/mol e g = 8,85 dina/cm, o raio de Kelvin é expresso em nanômetros. Portanto, a determinação da distribuição acumulativa do volume de poros pode ser feita a partir da isoterma de adsorção, trocando-se o eixo p/p^0 por r_K, calculado a partir da equação 4.34.

$$r_K = \frac{-0{,}415}{\log_{10}\left(p/p^0\right)} \qquad \textit{(eq. 4.34)}$$

Posteriormente ao trabalho de Kevin, vários autores fizeram uma análise mais minuciosa da condensação capilar, considerando que, a uma pressão *p*, o adsorbato não se encontra condensado somente nos poros com raios $r < r_K$ calculados pela equação 4.34. A essa pressão *p*, há também a formação de uma camada, de espessura *t*, nos poros maiores que r_K. O volume total adsorvido, V_p, deve-se, portanto, à condensação nos poros com raio r_K e à camada *t*, $r_p = r_K + t$ (Figura 4.12).

Fig. 4.12 – Relação entre o raio de Kelvin (r_K) e o raio do poro (r_p)

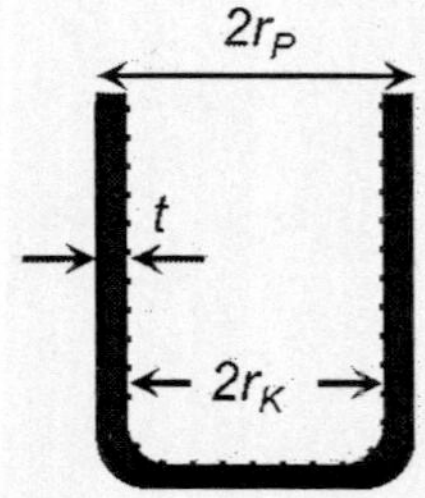

Fig. 4.13 – (a) Isoterma de adsorção com histerese, devido à existência de poros com gargalos ou fendas, em uma amostra de alumina macro-mesoporosa (Fig. 2.3 e 4.2b) - os símbolos abertos representam a adsorção e os fechados a dessorção e (b) a respectiva distribuição de poros em comparação com a distribuição medida por porosimetria de mercúrio

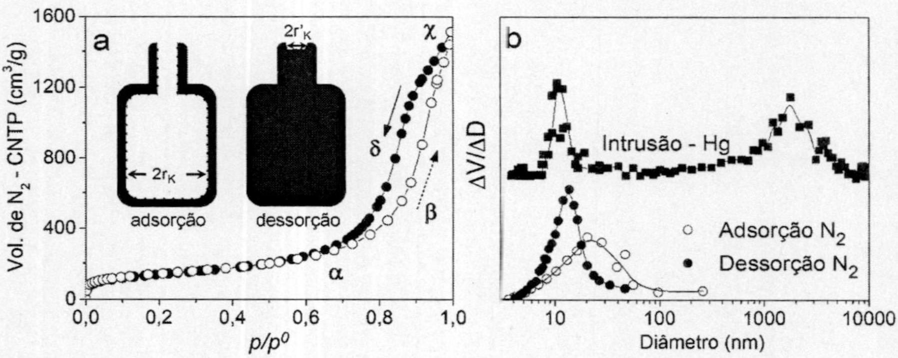

Assim, ao aumentarmos a pressão, vão-se preenchendo os poros menores com líquido e formando camadas de t nos maiores, diminuindo o raio livre r_K destes últimos. A equação 4.35, que relaciona o raio do poro e o raio de Kelvin, é conhecida como a expressão matemática do método BJH (em referência a Barrett-Joyner-Halenda). Podemos, então, representar o raio do poro r_p em função da pressão relativa p/p^0 de acordo com a expressão:

$$r_P = -\frac{2 \cdot \gamma . V_L}{\ln\left(\frac{p}{p^0} \right) \cdot RT} + t\left(p/p^0\right) \qquad (eq.\ 4.35)$$

Uma propriedade encontrada em alguns sólidos é que a isoterma de adsorção apresenta um comportamento diferente da isoterma de dessorção.

A configuração dessas isotermas está esquematizada na Figura 4.13, em que se nota que no trecho de adsorção (abc) o volume adsorvido é menor que no trecho de dessorção (cda). Esse fenômeno encontra como explicações a mudança do ângulo de contato nos dois trechos, ou a existência de poros tipo "garrafa". Nesse caso a adsorção a pressão constante se dá em um diâmetro maior, exigindo pressões maiores para a formação do líquido. No trecho de dessorção, a evaporação do líquido se dá a partir do "gargalo da garrafa", que, por ter menor diâmetro, ocorre a pressões menores. A Figura 4.13b apresenta a distribuição de poros por meio de intrusão de mercúrio e fisissorção de nitrogênio, mostrando que as duas caracterizações são complementares. Note que a distribuição de poros pela intrusão de mercúrio é comparável à distribuição do trecho de dessorção.

5

DIFUSÃO EM CATALISADORES POROSOS

Como visto nos capítulos anteriores, a descrição apropriada do comportamento global de uma reação empregando catalisadores heterogêneos envolve a compreensão dos processos cinéticos da transferência de massa entre as moléculas do fluido e as partículas sólidas do catalisador, desde a transferência de massa na fase fluida externa, seguida pela difusão nos macroporos do catalisador, e, por fim, a difusão nas suas regiões microporosas. Esse conjunto de resistências à transferência de massa em série, ilustrado na Figura 5.1, pode ser classificado em: resistência no filme externo ao grão do catalisador, resistência à difusão intercristalina (macroporos) e resistência à difusão intracristalina (microporos). É também possível visualizar a possibilidade de uma resistência ao redor dos próprios cristais microporosos, normalmente referida como "barreira de superfície", com comportamento semelhante ao que ocorre no filme externo ao grão.[55] Neste capítulo, após uma breve revisão das leis fundamentais que correlacionam o fluxo difusivo com as propriedades do meio (difusividade, concentrações, potencial químico etc.), e das principais características de cada tipo de resistência à transferência de massa no grão do catalisador, apresentaremos alguns métodos experimentais comumente utilizados para medidas de coeficientes de difusão em materiais porosos.

Fig. 5.1 – Resistências à transferência de massa em um grão de catalisador poroso (macro e microporos)

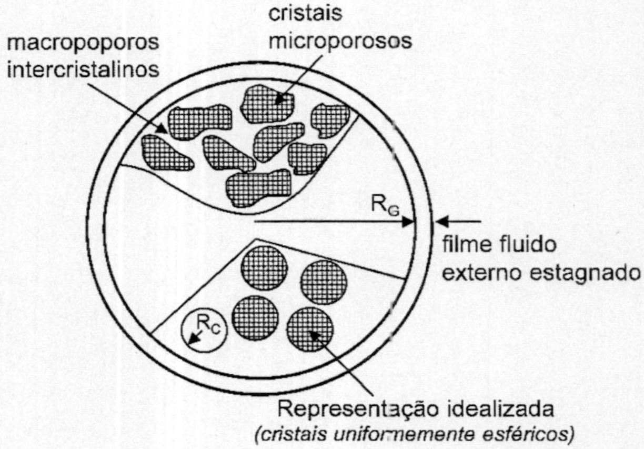

A resistência à transferência de massa através do filme fluido externo dependerá das condições hidrodinâmicas do sistema, afetando a espessura da camada laminar que envolve o grão do catalisador. Na região do macroporo (difusão intercristalina), o adsorbato pode difundir-se por vários mecanismos, entre os quais a difusão molecular e difusão de Knudsen. Finalmente, para as regiões microporosas, a resistência à difusão (difusão intracristalina) é, na maioria dos casos, a mais importante e responsável pela seletividade de forma usualmente associada às peneiras moleculares. Nessa região, as diferentes interações moleculares entre as moléculas reagentes e produtos e a estrutura do microporo podem levar a grandes diferenças no comportamento cinético das espécies, uma vez que efeitos estéricos e interações de campo potencial entre as moléculas e os canais microporosos são predominantes.

5.1 Força motriz da difusão em materiais porosos

Pode-se definir o fluxo difusivo (J_A) de certo componente A em um material poroso, utilizando-se a 1ª Lei de Fick (eq. 5.1):

$$J_A = -D_A \frac{\partial q_A}{\partial x} \qquad \textit{(eq. 5.1)}$$

em que D_A é a difusividade de transporte de A, e q_A é a concentração do componente A na fase adsorvida no interior do sólido (por exemplo, mol de A/$g_{catalisador}$ ou mol de A/$cavidade_{catalisador}$).

Entretanto, se o fluxo difusivo é apenas a manifestação macroscópica da tendência de um sistema ir em direção ao equilíbrio, a verdadeira força motriz de qualquer processo difusivo é o gradiente de potencial químico (Dm_A) das espécies adsorvidas, e não exclusivamente o gradiente de concentração intracristalino. Essa distinção normalmente não é importante em sistemas diluídos, em que o comportamento termodinâmico é aproximadamente ideal, porém torna-se relevante a altos níveis de concentração. Assim, podemos escrever para um fluxo difusivo de um componente A em uma direção x qualquer:

$$fu_A = -\frac{\partial \mu_A}{\partial x} \qquad \text{(eq. 5.2)}$$

em que u_A é a velocidade do componente A e f o coeficiente de fricção contrário ao fluxo de A.

Para o fluxo de um gás A, supondo gás ideal e T constante:

$$\mu_A = \mu_A^o + RTln(P_A) \qquad \text{(eq. 5.3)}$$

Como $J_A = u_A q_A$ *(eq. 5.4)*

substituindo em 5.2:

$$J_A = -\left(\frac{1}{f}\right)\left(\frac{\partial \mu_A}{\partial x}\right)q_A \qquad \text{(eq. 5.5)}$$

Derivando a expressão 5.3:

$$\frac{\partial \mu_A}{\partial x} = RT\left(\frac{dln(P_A)}{dx}\right) \qquad \text{(eq. 5.6)}$$

Substituindo em 5.5:

$$J_A = -\left(\frac{RT}{f}\right)\left(\frac{dln(P_A)}{dx}\right)q_A \qquad \text{(eq. 5.7)}$$

Se $d(lnq_A) = dq_A/q_A$, a expressão 5.7 pode ser reescrita como:

$$J_A = -\left(\frac{RT}{f}\right)\left(\frac{dln(P_A)}{dln(q_A)}\right)\frac{dq_A}{dx} \qquad \text{(eq. 5.8)}$$

Comparando a expressão 5.8 com a expressão da 1ª Lei de Fick, escrita para o componente A, conclui-se que:

$$D_A = -\left(\frac{RT}{f}\right)\left(\frac{dln(P_A)}{dln(q_A)}\right) \qquad (eq.\ 5.9)$$

Pode ser observado então que a difusividade de transporte D_A em um meio poroso (definida na eq. 5.9) é constituída de dois parâmetros. O primeiro (*-RT/f*) representa o efeito cinético intrínseco do sistema, ao qual se dá o nome de difusividade de transporte de A corrigida (D_{A0}), governado pela temperatura e pelo coeficiente de fricção (resistência ao movimento) dos componentes envolvidos no sistema (fluido e sólido). Já o segundo parâmetro, $d(\ln P_A)/d(\ln q_A)$, representa a própria isoterma de equilíbrio de A no meio poroso, configurando assim um efeito termodinâmico na cinética da difusão. Assim, pode-se escrever para a difusividade de A em um dado meio poroso, como sendo:

$$D_A = D_{A0}\left(\frac{dln(P_A)}{dln(q_A)}\right) \qquad (eq.\ 5.10)$$

Quando a relação de equilíbrio é linear ($P_A \mu\, q_A$), o parâmetro termodinâmico é igual a um, e as difusividades (D_A) e corrigidas (D_{A0}) tornam-se idênticas. O equilíbrio linear é uma aproximação razoável em sistemas diluídos nos quais se pode esperar interações desprezíveis entre as moléculas que se difundem, levando a uma difusividade independente da concentração. Portanto, a difusividade pode ser considerada independente da concentração somente para sistemas com equilíbrio linear. Em termos gerais, a difusividade de transporte (D_A) depende da concentração. Por exemplo, se o equilíbrio termodinâmico for descrito pelo modelo ideal proposto por Langmuir (eq. 4.8), o coeficiente de difusão de transporte (D_A) será:

$$D_A = \frac{D_{A0}}{1-\theta_A} \qquad (eq.\ 5.11)$$

Espera-se, portanto, um significativo aumento do coeficiente de difusão (D_A) em concentrações próximas à saturação,[56] como mostrado na Figura 5.2a. Geralmente, a dependência da difusividade corrigida (D_{A0}) com a concentração é mais fraca que a do fator de correção termodinâmico $d(\ln P_A)/d(\ln q_A)$. Portanto, a consideração de D_{A0} constante é uma aproximação aceitável em muitos sistemas (Figura 5.2b).

Fig. 5.2 – Variação da difusividade de transporte **(a)** e da difusividade corrigida **(b)** para n-heptano em zeólita 5A, em diferentes temperaturas[53]

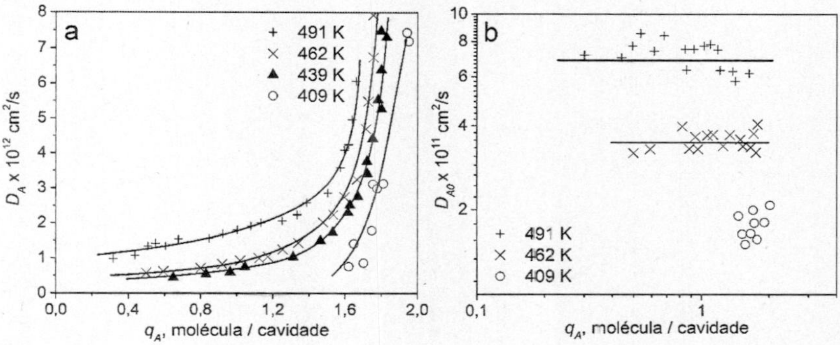

Finalmente, como o processo difusivo é um processo ativado pela temperatura, a dependência da difusividade corrigida (D_{A0}) com a temperatura segue a expressão de Arrhenius:

$$D_{A0} = D_{A\infty} exp\left(-E / RT\right) \qquad (eq. 5.12)$$

em que E representa a energia de ativação do processo difusivo.

5.2. Mecanismos envolvidos na resistência à transferência de massa em sistemas de catalisadores porosos

Neste item, serão apresentados os fundamentos e características de cada um dos mecanismos de resistência à transferência de massa no catalisador, desde o filme fluido ao redor do grão até a região microporosa, normalmente associada às peneiras moleculares.

5.2.1 Resistência à transferência de massa no filme fluido ao redor do grão de catalisador

A resistência à transferência de massa através do filme fluido externo ao grão do catalisador dependerá naturalmente das condições hidrodinâmicas do sistema, afetando a espessura da camada laminar que envolve o grão do catalisador. Essa resistência é geralmente correlacionada por meio de um coeficiente de transferência de massa k_f na forma da equação 5.13:

$$\frac{dq_A}{dt} = k_f A\left(C_A - C_A^*\right) \qquad (eq. 5.13)$$

em que q_A é a concentração média do componente A na fase adsorvida no interior do sólido, C_A é sua concentração no fluido, e C_A^* é sua concentração de equilíbrio com q_A. A correlação de Wakao e Funazkri[57] pode ser utilizada na maioria dos casos de interesse, apresentando consistência com um amplo levantamento de dados experimentais (Figura 5.3). A equação 5.14 é válida para sistemas de gases e líquidos com $3 < Re < 10^4$:

$$Sh = \frac{k_f D_G}{D_{AB}} = 2{,}0 + 1{,}1 Sc^{1/3} Re^{0{,}6} \qquad (eq.\ 5.14)$$

em que D_G é o diâmetro do grão, D_{AB} é a difusividade molecular do componente A no meio B, Sc é o número de Schmidt, e Re é o número de Reynolds.

É fácil verificar a importância relativa da resistência de filme, pois no limite de fluido estagnado (v » 0, logo Re » 0), o número de Sherwood tende para 2, logo:

$$k_f = 2\frac{D_{AB}}{D_G} \qquad (eq.\ 5.15)$$

Portanto, se a resistência à transferência de massa no filme externo for desprezível na condição de fluido estagnado, será mais desprezível ainda em condições reais de operação. Na prática, para a maioria dos sistemas reais, as resistências à transferência de massa nos poros são muito mais significativas que a resistência externa ao grão, e, portanto, pode ser desprezada.[58]

Fig. 5.3 – Dados experimentais que validam a expressão de Wakao e Funazkri

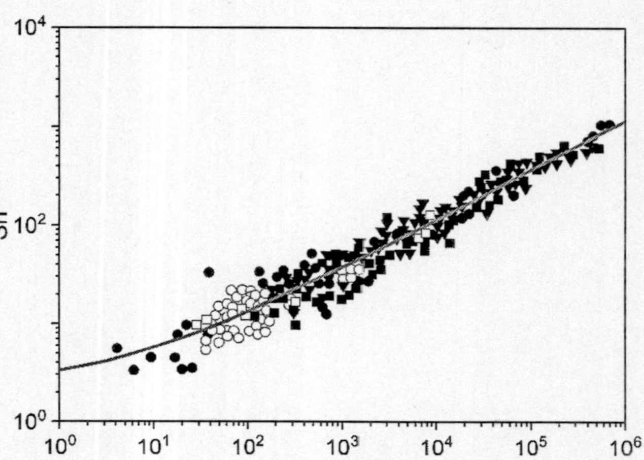

5.2.2 *Difusão nos macro e mesoporos dos catalisadores*

Para sistemas catalíticos de interesse, normalmente operados em temperaturas elevadas, a difusão ao longo dos macro e mesoporos se dá principalmente por meio de dois mecanismos: difusão molecular e difusão de Knudsen. Quando o diâmetro do poro é grande em relação ao caminho livre médio das moléculas, a difusão molecular é geralmente predominante. À medida que diminui o tamanho do poro, aumenta a quantidade relativa de choques das moléculas com as paredes e aumenta a importância da difusão de Knudsen. Um gráfico que ilustra a influência da difusividade com os tamanhos dos poros está mostrado na Figura 3.4.

 # Difusão molecular

Em poros muito grandes, as moléculas se difundem como se não houvesse paredes de poros, ou seja, o efeito cinético é dado apenas pelas colisões entre as moléculas do gás. Uma ilustração gráfica da difusão molecular em um macroporo está mostrada na Figura 5.4a.

Deve ser feita, no entanto, uma correção nos valores empregados para a difusividade calculada pelas fórmulas das difusividades em sistemas abertos, utilizando o fator de tortuosidade (t_p), definido como:

$$\tau_p = \frac{\text{distância real percorrida no interior do poro}}{\text{diâmetro do grão}} \qquad (eq.\ 5.16)$$

Assim, a difusividade efetiva no poro ($D_{AB,ef}$) pode ser calculada como:

$$D_{AB,ef} = \frac{D_{AB}}{\tau_p} \qquad (eq.\ 5.17)$$

em que t_p representa a tortuosidade do grão e D_{AB} é a difusividade molecular de A no meio B. Essa equação é semelhante à equação 3.7, anteriormente apresentada.

Para calcular D_{AB}, pode ser usada qualquer correlação empregada para estimativa de difusividades moleculares em sistemas livres, tais como as equações 3.6 e 3.7, derivadas da teoria cinética dos gases e válida para sistemas a baixas pressões.

Valores usuais para a tortuosidade em materiais macroporosos situam-se entre 2 e 6.[59] Essa faixa é normalmente usada para verificar se a predominância do processo difusivo em um dado sistema está na difusão molecular nos macroporos.

 # Difusão de Knudsen

A difusão de Knudsen ($D_{K,AB}$) é predominante quando as colisões com as paredes são mais frequentes que as colisões com outras moléculas, assim a resistência ao transporte dá-se, principalmente, devido às colisões com paredes (ver Figura 5.5b). A equação 5.19 permite estimar o valor do coeficiente de difusão para sistemas em região de difusão de Knudsen. Pode ser observado que, para gases, $D_{K,AB}$ independe da pressão e tem uma dependência mais tênue com a temperatura, se comparado à difusão molecular.

$$D_{K,AB} = 9700 r_p \sqrt{T/M_A} \qquad (eq.\ 5.19)$$

em que r_p é o raio médio do poro, em cm, T é a temperatura em K, M_A é a massa molecular da molécula A, e $D_{k,AB}$ é a difusividade de Knudsen, em cm^2/s. Pode-se observar que a equação que descreve o comportamento de difusão de Knudsen é a mesma apresentada no capítulo 3 (equação 3.9) para a difusividade efetiva na região dos mesoporos de catalisadores.

São comuns situações nas quais ambos os mecanismos (difusão molecular e difusão de Knudsen) são significantes. Nesses casos, um sistema de resistências em série pode ser aplicado para encontrar uma difusividade global equivalente, na forma da equação 5.20:

$$\frac{1}{D_{AB,ef}} = \frac{1}{D_{k,AB}} + \frac{1}{D_{AB}} \qquad (eq.\ 5.20)$$

Fig. 5.4 – Mecanismos da difusão no macro e mesoporo: **(a)** difusão molecular e **(b)** difusão Knudsen[60]

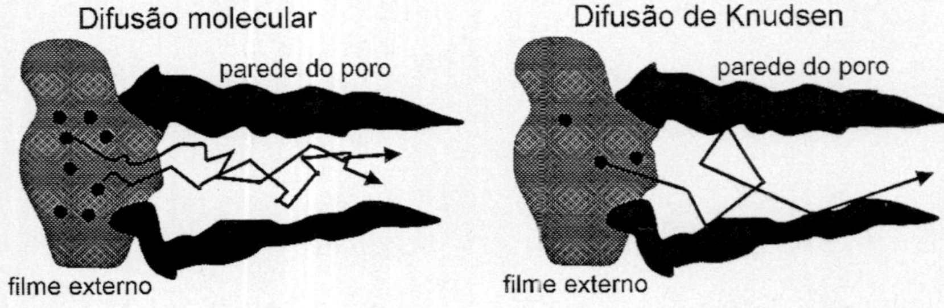

5.2.3 Difusão nos microporos dos catalisadores

Na região intracristalina, as diferentes interações moleculares entre os vários adsorbatos e a estrutura do microporo podem levar a grandes diferenças no comportamento cinético das espécies. Nessa região, os efeitos estéricos e interações de campo potencial entre a molécula e os canais microporosos são dominantes e a difusão de Knudsen já não é mais tão relevante. As moléculas movimentam-se em "pulos" de sítio a sítio em um processo ativado, sendo, portanto, tal fenômeno fortemente dependente da temperatura e da concentração do adsorbato. Como visto anteriormente, a difusividade efetiva nos microporos depende da cinética intrínseca da molécula ao longo da estrutura microporosa (chamada "difusividade intrínseca") e da isoterma de equilíbrio, conforme ilustrado pela equação 5.10. Um aumento brusco da difusividade efetiva em concentrações próximas à saturação é, portanto, esperado, como ilustrado na Fig. 5.2a, porém a difusividade intrínseca é normalmente praticamente independente da concentração, após a correção do fator termodinâmico (ver Fig. 5.2b). Entretanto, devido à ativação necessária para o movimento das moléculas nos estreitos canais microporosos, a difusidade intrínseca apresenta uma forte dependência com a temperatura (segundo eq. 5.12), ilustrado com resultados experimentais para o sistema hidrocarbonetos C_6 e silicalita na faixa de temperaturas entre 100 e 240 °C (ver Figura 5.5).[61] Deve-se ainda realçar que as energias de ativação para a difusão em regiões microporosas apresentam uma forte correlação com o diâmetro molecular cinético e a abertura do canal microporoso, como ilustrado na Figura 5.6.

Fig. 5.5 – Gráfico de Arrhenius para a difusividade corrigida (D_{A0}) de hidrocarbonetos 22DMB (2-2-dimetilbutano), CH (ciclo-hexano), 23DMB (2-3-dimetilbutano), MCP (metilciclopentano), 3MP (3-metilpentano), 2MP (2-metilpentano) e n-C6 (n-hexano) em silicalita

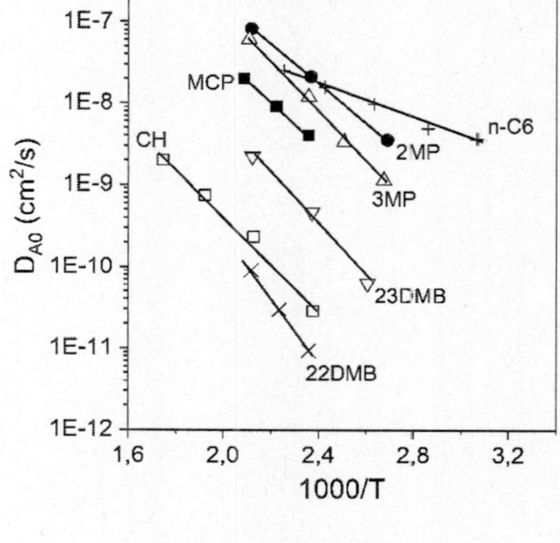

Fig. 5.6 – Correlação da energia de ativação com o diâmetro molecular cinético para diversos componentes em zeólitas 4A e 5A

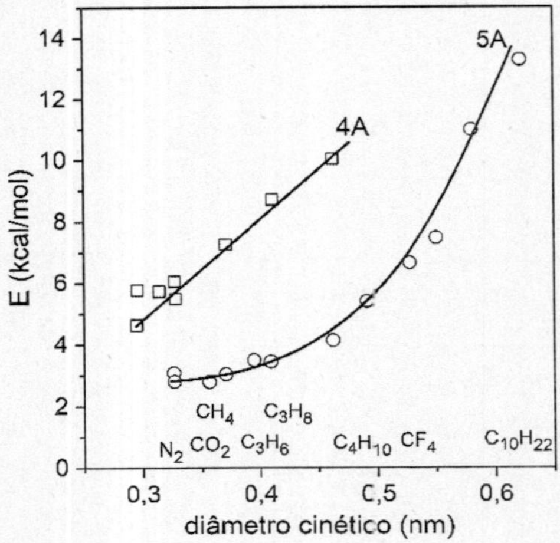

A difusão nos microporos pode ser caracterizada por um modelo "fickiano", relacionando o fluxo J_A com um gradiente de concentração na fase sólida, ao longo de uma coordenada de distância, conforme a equação 5.1. Diversos métodos de determinação de coeficientes de difusão em sólidos microporosos empregam a equação acima para modelagem das condições experimentais e derivação de um valor estimado para $D_{AB,ef}$, conforme será visto na seção a seguir.

5.3 Métodos experimentais para medidas de difusão

Vários métodos experimentais para determinação de difusividades em sistemas microporosos têm sido propostos ao longo das últimas décadas, conforme ilustrado na Figura 5.7.[62] Em geral, os métodos buscam determinar a difusividade intrínseca (utilizando sistema experimental em equilíbrio) ou a difusividade de transporte (sistema experimental submetido a mudança de uma condição de equilíbrio para uma nova condição de equilíbrio, geralmente por meio de mudança de concentração na fase fluida). Também podem ser caracterizados de acordo com a escala de tamanho utilizado na medida experimental (macroscópico ou microscópico). Para todos os métodos, busca-se acompanhar o movimento do componente que se difunde no meio poroso sob condições cuidadosamente controladas, sendo muitas vezes necessário evitar efeitos externos à difusão que podem afetar a precisão dos resultados experimentais (por exemplo, efeitos de calor e/ ou de leito), visando atender às condições previstas nos modelos difusivos empregados para cada método.

Fig. 5.7 – Métodos experimentais para avaliação de difusão em sistemas porosos

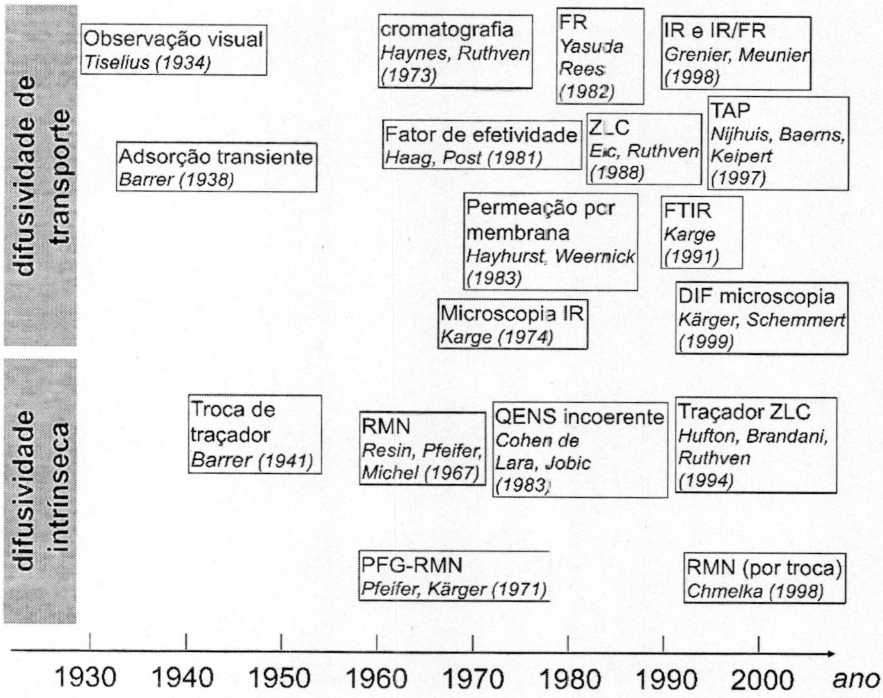

Os métodos mais comumente empregados para medidas de coeficientes de difusão em catalisadores porosos envolvem a aplicação de um diferencial de concentração como força motriz do processo difusivo. Assim, a difusividade pode ser calculada a partir de medidas indiretas — por exemplo, medindo a variação na concentração da fase fluida com o tempo, em um experimento tipo *uptake*. Os dados de concentração *versus* tempo podem ser relacionados com o valor da difusividade por meio de um modelo matemático apropriado que descreva o comportamento global do sistema, usualmente aplicando a 2ª Lei de Fick (equação 5.21, para coordenadas esféricas). Vários métodos, largamente empregados, caem dentro dessa categoria, tais como: medidas de "uptake", cromatografia, coluna de comprimento zero (ZLC) etc.

$$\frac{\partial q_A}{\partial t} = \frac{1}{r^2}\frac{\partial}{\partial r}\left(r^2 D_A \frac{\partial q_A}{\partial r}\right) \qquad \textit{(eq. 5.21)}$$

A grande desvantagem desses métodos é a possível intrusão de outros efeitos (não considerados para o modelo da difusão) sobre os resultados experimentais finais. Alguns desses efeitos são: resistência extracristalina (ou efeito de leito), resistência na superfície e transferência de calor. Portanto, muito cuidado deve ser tomado no planejamento e no levantamento experimental propriamente dito, para assegurar-se, dentro do possível, da inexistência desses efeitos paralelos no experimento. Em geral, a quantidade da amostra do material poroso instalada no equipamento deve ser a menor possível (entre 2 e 50 mg).

Apresentamos a seguir alguns dos métodos mais utilizados no estudo dos fenômenos difusivos em catalisadores. Em geral, os métodos utilizados para medir o equilíbrio de adsorção também se aplicam às medidas cinéticas, desde que o experimentador tenha o cuidado de registrar o dado experimental medido ao longo do tempo e de evitar os efeitos externos que possam eventualmente distorcer o resultado experimental da difusão propriamente dita, como comentado anteriormente.

5.3.1 Método gravimétrico

O método gravimétrico consiste em submeter uma amostra de catalisador a uma determinada pressão parcial do componente em estudo, constante durante o experimento, e observar a mudança na massa do material poroso com o tempo, usando geralmente um sistema de microbalança de alta precisão (Figuras 5.8a e b). Antes de cada experimento, a amostra é normalmente tratada a elevadas temperaturas, no vácuo, por 5 a 20 h.

Fig. 5.8 – Esquema experimental do método gravimétrico: **(a)** "estático" (sob vácuo); **(b)** "dinâmico" (com vazão de gás inerte)

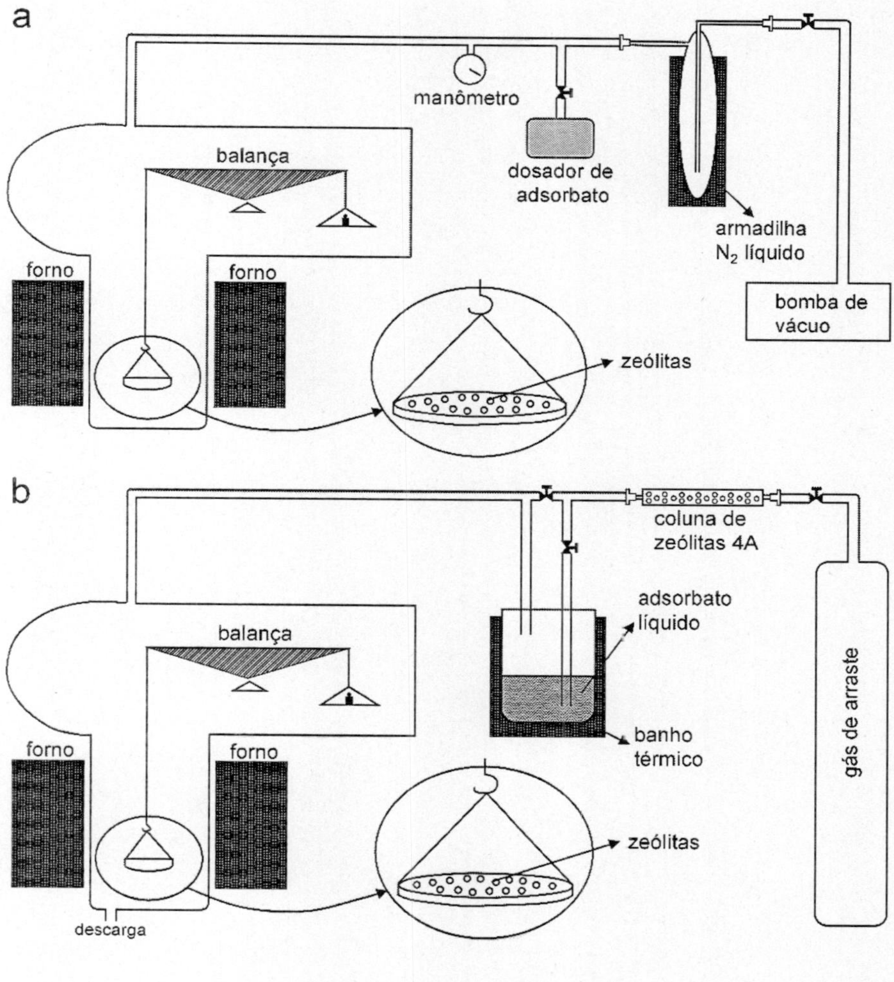

O valor do coeficiente de difusão pode ser determinado igualando as curvas de *uptake* experimentais (m_t/m_γ) com a solução transiente apropriada da equação da difusão (2ª Lei de Fick). Nos sistemas reais, a interpretação das curvas transientes pode ser muito complicada. No caso ideal, porém, os efeitos da transferência de calor podem ser minimizados pelo uso de partículas sólidas suficientemente grandes e o efeito das não linearidades pode ser eliminado mantendo uma variação de concentração diferencial pequena. O tamanho das amostras é tipicamente da ordem de 10 a 30 mg, ou menor. Em qualquer estudo experimental, é desejável confirmar diretamente a dominância da resistência intracristalina, variando a configuração da amostra sólida e o tamanho dos grãos, como também é necessário confirmar a linearidade do sistema variando o tamanho do intervalo na mudança de concentração.

Para representar fisicamente o sistema, o caso mais simples a ser considerado é o de um único grão de catalisador, esférico e isotrópico de raio R_G, ou um conjunto de grãos esféricos do mesmo tamanho, expostos a uma mudança súbita na concentração do adsorbato ou pressão na superfície externa do grão no tempo zero. A transferência de calor, relativa à adsorção, é considerada suficientemente rápida de forma que os gradientes de temperatura são considerados normalmente desprezíveis.

O transporte pode ser descrito pela equação da difusão (2ª Lei de Fick), escrita em coordenadas esféricas (equação 5.21). Se a curva de *uptake* é medida a partir de pequenas mudanças diferenciais na concentração da fase adsorvida e/ou os estudos são restritos ao regime de Henry ($D_A = D_{A0}$), a difusividade pode ser considerada essencialmente constante. Nesse caso, a solução da equação 5.21 é dada pela expressão.[63]

$$\frac{q(t)-q_0}{q_\infty - q_0} = \frac{m_t}{m_\infty} = 1 - \frac{6}{\pi^2} \sum_{n=1}^{\infty} \frac{1}{n^2} exp\left(\frac{-n^2\pi^2 D_A t}{{R_G}^2}\right) \qquad (eq.\ 5.22)$$

em que *q(t)* é a concentração média do adsorbato através do cristal zeolítico como uma função do tempo; m_t/m_∞ é a fração de aproximação ao equilíbrio (*uptake*). A representação gráfica da equação 5.22 é mostrada na Figura 5.9.

Para tempos curtos e $m_t/m_\infty < 0{,}3$, a solução da equação 5.21 pode ser escrita como:

$$\frac{m_t}{m_\infty} = \frac{6}{\sqrt{\pi}}\left(\frac{D_A}{{R_G}^2}\right)^{1/2} \sqrt{t} \qquad (eq.\ 5.23)$$

Um gráfico de m_t/m_∞ versus $t^{1/2}$ produz uma linha reta que passa pela origem, com inclinação proporcional a D_A/R_G^2. Portanto, conhecido o valor do raio R_G, a difusividade pode ser avaliada diretamente pela inclinação da linha reta.

Para tempos maiores, em que $m_t/m_\infty \geq 0{,}7$ a equação 5.22 converge mais rapidamente e os termos mais altos do somatório podem ser desprezados.

A manutenção somente do 1º termo, simplifica muito a análise matemática, conforme apresentado na equação 5.24. Um gráfico de $\ln(1-m_t/m_\infty)$ versus t fornecerá uma linha reta de inclinação $\pi^2 D_A/R_G^2$, na região de tempos longos, interceptando a origem em $6/\pi^2$.

$$ln\left(1 - \frac{m_t}{m_\infty}\right) = ln\frac{6}{\pi^2} - \frac{\pi^2 D_A t}{R_G^2} \quad \text{(eq. 5.24)}$$

A Figura 5.9 ilustra o resultado de um experimento para a cinética de adsorção de ciclo-hexano em silicalita a 120 °C, mostrando a boa adequação do modelo aos dados experimentais.

Fig. 5.9 – Difusão em sistema gravimétrico: resultados experimentais para a adsorção de ciclo-hexano em silicalita a 120 °C e ajuste de modelo teórico[58]

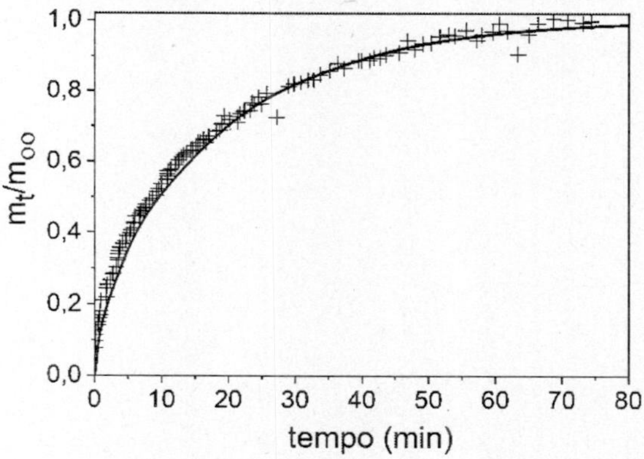

5.3.2. Método cromatográfico

Quando a difusão é rápida, processos tais como a resistência externa à transferência de massa e dissipação de calor podem interferir nos resultados de medidas da difusividade. Esses efeitos são menos pronunciados num sistema em fluxo e, dispondo de uma velocidade do fluido suficientemente alta, podem, inclusive, ser reduzidos a níveis insignificantes. Diferentes métodos envolvendo o fluxo do adsorbato têm sido desenvolvidos, nos quais a difusividade é determinada a partir de medições da resposta dinâmica para a variação na concentração do adsorbato em uma coluna de leito fixo.

No sistema cromatográfico usual, um fluxo uniforme de um componente inerte é passado através de uma pequena coluna carregada com o adsorvente. No tempo zero, um degrau de concentração (ou um pequeno pulso de concentração) do adsorbato é injetado na coluna e a concentração do efluente é monitorada continuamente. A extensão do pico de resposta é resultante dos efeitos combinados da resistência à transferência de massa e dispersão axial. Os efeitos podem ser separados realizando experimentos em diferentes velocidades do adsorbato, o que facilita a determinação da difusividade. O método pode ser aplicado tanto para medidas nos microporos como nos macroporos. Os parâmetros de cinética e equilíbrio são determinados pela comparação da curva da resposta experimental com a curva adimensional teórica, calculada a partir de um modelo dinâmico apropriado para o sistema.

No caso ideal de uma coluna de comprimento *z*, porosidade de leito ε_r, preenchida com grãos (raio R_G, porosidade ε_c) compostos de cristais zeolíticos esféricos, uniformes e isotrópicos (raio r_c) submetidos a um pulso (ou degrau) de adsorbato no regime de Henry (baixas concentrações de adsorbato), a resposta da coluna em termos do tempo de retenção médio (m_m) e da variância (δ_m) da curva de concentração na saída do leito, para espécies fortemente adsorvidas, é dada por:

$$\mu_m = \frac{z}{v_i}\left(1 + \left(\frac{1-\varepsilon_r}{\varepsilon_r}\right)K_p\right) \qquad \text{(eq. 5.25)}$$

$$\frac{\delta_m{}^2}{2\mu_m{}^2} = \frac{D_z}{v_i z} + \left(\frac{\varepsilon_r}{1-\varepsilon_r}\frac{v_i}{z}\right)\left(\frac{r_c^2}{15D_{A,c}K_p} + \frac{r_c}{3k_{sb}K_p} + \frac{R_G^2}{15\varepsilon_c D_{A,G}} + \frac{R_G}{3k_f}\right) \qquad \text{(eq. 5.26)}$$

em que v_i é a velocidade intersticial do gás, relacionada com a velocidade superficial do gás (v_s) por $v_i = v_s / \varepsilon_r$. A equação 5.25 permite o cálculo direto da constante de equilíbrio (K_p). Já a equação 5.26 engloba todas as possíveis contribuições para a resistência à transferência de massa no sistema, através da variância no pico de resposta: a dispersão axial (D_z), difusão no microporo ($D_{A,c}$), resistência associada às barreiras de superfície (k_{sb}), difusão no macroporo ($D_{A,G}$) e resistência associada à transferência de massa no filme externo (k_f).

Na aplicação prática do método cromatográfico, é recomendável que as condições experimentais delimitem a região controladora do processo de transferência de massa, de modo que os resultados possam ser discriminados quanto ao mecanismo apropriado do processo específico. Por exemplo, os resultados experimentais obtidos utilizando o método cromatográfico (conforme esquema da Figura 5.10), para a difusão de naftaleno e pireno em duas diferentes amostras de carbono ativado (AC1 e AC2), estão apresentados na Figura 5.11, bem como os resultados da modelagem utilizando um modelo de dupla resistência (macroporos e microporos) para as condições experimentais utilizadas.[64]

Fig. 5.10 – Esquema experimental do método cromatográfico, usando nos experimentos de curvas de *breakthrough*. O termo GC/FID refere-se a *"gas chromatography"* / *"flame ionization detector"*

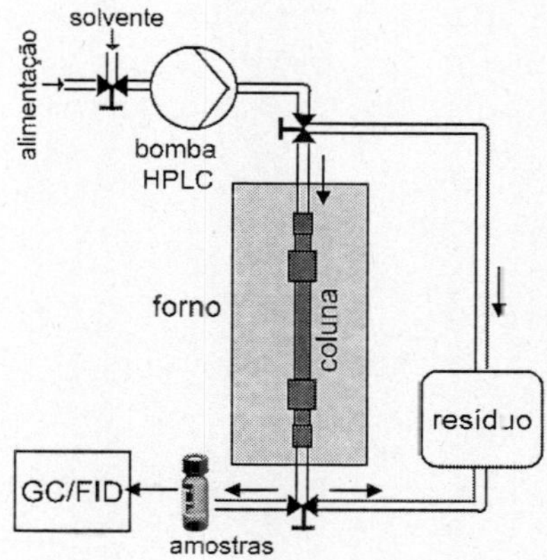

Fig. 5.11 – Curvas de *breakthrough* a 30 ºC, experimental e ajuste do modelo, de difusão de naftaleno a **(a)** C_0 = 0,271 mmol/L (50 ppm) e **(b)** C_0 = 5,640 mmol/L (1000 ppm); e de difusão de pireno a **(c)** C_0 = 0,171 mmol/L e **(d)** C_0 = 3,535 mmol/L (1000 ppm). Experimentos conduzidos com amostras de carbono ativado AC1 (□) e AC2(x)

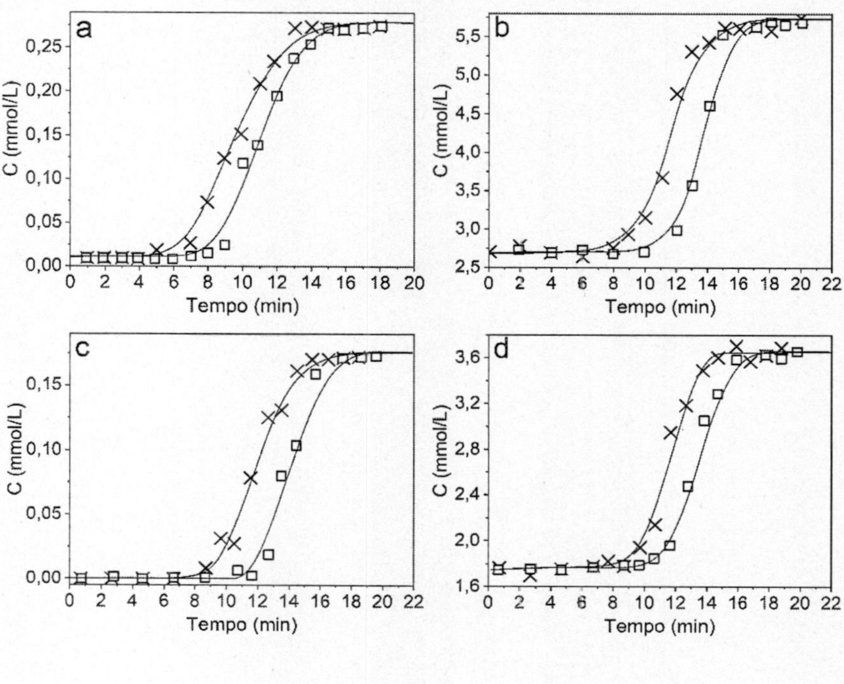

Os valores estimados para as difusividades de transporte D_A do naftaleno e do pireno nos microporos dos carbonos ativados estão apresentados nas Figuras 5.12a e 5.13a, respectivamente. As difusividades corrigidas D_{A0}, utilizando a equação 5.10 estão representadas nas Figuras 5.12b e 5.13b para naftaleno e pireno, respectivamente.

Fig. 5.12 – Difusividades de transporte **(a)** e corrigida **(b)** para o naftaleno (□) e o pireno (x) sobre carbono ativado AC1

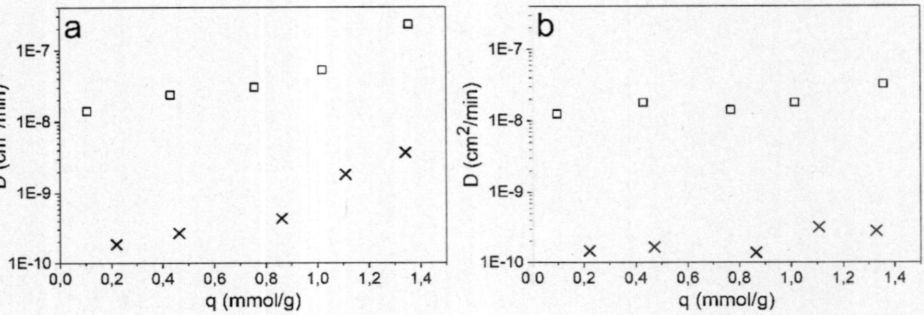

Fig. 5.13 – Difusividades de transporte **(a)** e corrigida **(b)** para o naftaleno (□) e o pireno (x) sobre carbono ativado AC2

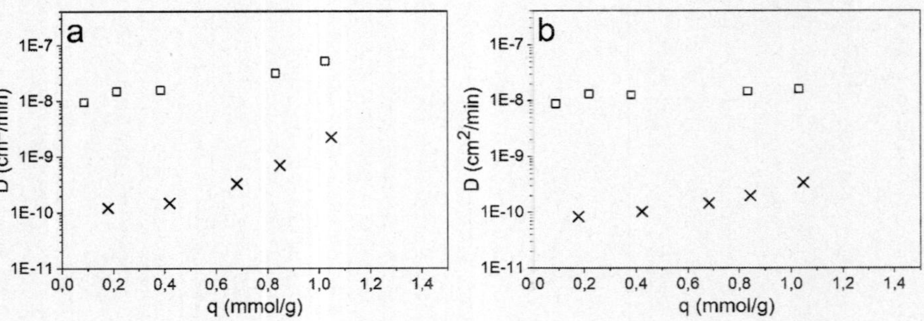

5.3.3. Método da coluna de comprimento zero (ZLC)

Uma alternativa ao método cromatográfico clássico para determinação de difusividades em materiais porosos, visando eliminar efeitos de dispersão axial e de resistências de leito e de transferência de calor, foi proposto por Eic e Ruthven,[65] sendo largamente usado nas últimas décadas.[66] Suas principais vantagens são o uso de quantidades ainda menores de catalisador (1-2 mg) e o fluxo relativamente alto de inerte através do sistema, minimizando, portanto, a probabilidade de interferência de efeitos externos de transferência de calor e massa.

O método consiste em equilibrar uma amostra do material poroso, a uma dada temperatura, com um fluxo do adsorbato a ser estudado, em baixa concentração, em uma corrente contínua de gás inerte. Em dado instante $t = 0$, o fluxo através do sistema é invertido para uma corrente de gás inerte puro e a queda da concentração do adsorbato no gás ao longo do tempo é acompanhada. Normalmente, acompanha-se essa queda de concentração por meio de cromatógrafos a gás ou espectrômetros de massa. Um diagrama esquemático do sistema experimental está mostrado na Figura 5.14.

Fig. 5.14 – Diagrama esquemático do método ZLC para medidas de difusão

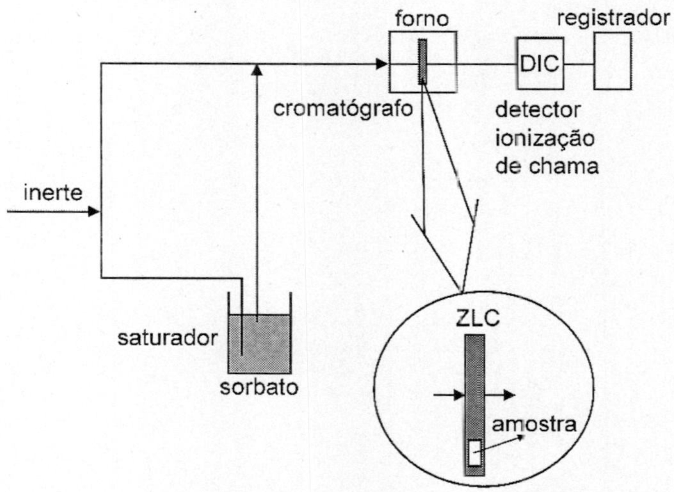

Para análise das curvas de dessorção, aplicam-se modelos apropriados às condições experimentais utilizadas. Para medidas de difusão intracristalina, o modelo proposto originalmente por Eic e Ruthven considera a resistência do processo exclusivamente na região dos microporos, conforme (equação 5.21), partículas esféricas e sistema isotérmico, com equilíbrio linear e resistência de filme desprezível. A variação da concentração com o tempo é mostrada por Crank:[60]

$$\frac{C_A}{C_{A0}} = 2L\sum_{n=1}^{\infty}\left\{\frac{exp(-\beta_n^2 D_{A,c}\, t/r_c^2)}{[\beta_n^2 + L(L-1)]}\right\} \qquad (eq.\ 5.27)$$

em que

$$L = \frac{1}{3}\frac{F_p}{V_c}\frac{r_c^2}{K_p D_{A,c}} \quad e \quad \beta_n \cdot cot\beta_n + L = 1 \qquad (eq.\ 5.28a,b)$$

Resultados experimentais ajustados conforme o modelo acima para difusão de *n*-dodecano em erionita a 150 °C são mostrados na Figura 5.15.[67] Normalmente, realizam-se testes com amostras de tamanho diferente de cristais r_c e com diferentes gases inertes, para assegurar qual fenômeno difusivo predominante está sendo efetivamente medido.

Fig. 5.15 – Modelo teórico da difusão em ZLC e resultados experimentais da difusão de n-dodecano em zeólita Erionita a 150 °C

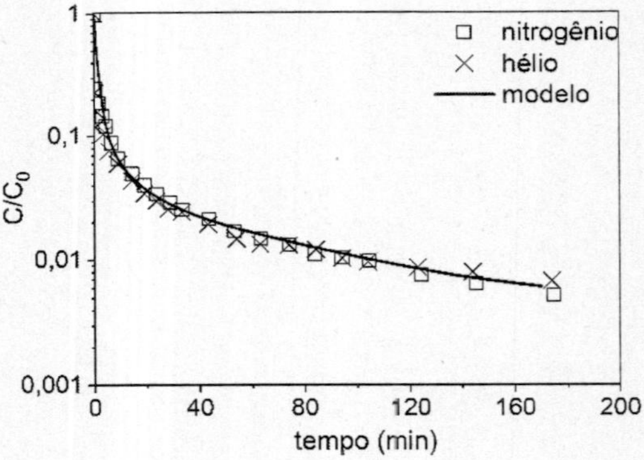

Embora o método ZLC tenha sido originalmente proposto para medidas de difusão intracristalina (microporos) em fase gás, ao longo dos anos foram apresentadas aplicações utilizando variações do método para estudos de difusão em macroporos, resistências de superfície, efeitos de transferência de calor, sistemas em fase liquida, bem como para medidas de isotermas de equilíbrio. Um levantamento detalhado da aplicação desse método em diferentes sistemas e condições experimentais foi apresentado recentemente por Brandani e Mangano.[63]

6

DESENHO E CONCEPÇÃO DA POROSIDADE PRIMÁRIA DE MATERIAIS PARA APLICAÇÃO CATALÍTICA

Muitos processos químicos, sejam eles estabelecidos, emergentes ou em desenvolvimento, empregam materiais funcionais como catalisadores. A atividade catalítica desses materiais deve-se aos sítios ativos da superfície e o seu uso eficiente depende do ambiente químico dos sítios, alocados em poros ou cavidades de suportes para aumentar a sua eficiência. O estudo de síntese de catalisadores tem o objetivo de estabelecer a composição e estrutura desses materiais para cada uma das reações químicas desejadas, sejam elas na fase gás ou líquida, para criar o ambiente adequado aos sítios ativos.[68] Uma investigação sistemática conduzida por Baltes, Vukojević e Schüth[69] mostra alguns dos fundamentos envolvidos e cuidados a serem tomados na síntese de catalisadores. O estudo usou como exemplo a síntese do catalisador $Cu/ZnO/Al_2O_3$, empregado na síntese do metanol. Os sítios ativos consistem em cobre metálico em contato próximo com o óxido de zinco. A razão molar Cu/Zn de 70:30 é a mais comum, enquanto o conteúdo de óxido de alumínio é geralmente inferior ao do óxido de zinco. A preparação é feita combinando nitratos de cobre, zinco e de alumínio e precipitados utilizando carbonatos. Após a precipitação em um determinado pH e envelhecimento por um determinado tempo, a lavagem é necessária para remover nitratos residuais e álcalis, que podem causar sinterização e aglomeração de partículas durante a secagem e tratamento térmico adicional, levando a uma perda de área de superfície por retração do sólido e sinterização do cobre. Os resultados mostram que os melhores resultados catalíticos são obtidos se a precipitação ocorre a pH constante, seguido de envelhecimento por uma hora. Se o procedimento de síntese não for rigorosamente seguido, o desempenho do catalisador é prejudicado.

Neste capítulo vamos discutir alguns procedimentos experimentais clássicos e estratégias utilizados na síntese de catalisadores com porosidade primária, ou seja, contendo macro, meso e microporos. O controle da porosidade em diferentes escalas é feito utilizando-se precursores adequados, direcionadores de estrutura (geralmente orgânicos), sequência correta de adição dos reagentes, agitação mecânica ou não, e algum estímulo para acelerar a reação química, seja ele térmico ou por adição de algum reagente, como ácido ou base para causar a alteração de pH. O objetivo é sempre desenvolver um catalisador poroso que apresente o máximo desempenho catalítico, e, geralmente, o ponto principal é a acessibilidade aos sítios ativos. O processo de síntese visa obter um catalisador com alta taxa de transferência de massa de reagentes e produtos, o que veremos depois que afeta também a seletividade pela ocorrência de reações secundárias, e estabilidade por meio de processos como formação de coque e sinterização. Em estudos acadêmicos, normalmente utiliza-se um pó fino colocado em um reator diferencial, para evitar limitações de transferência de massa. No entanto pequenos grânulos causam uma grande queda de pressão sobre um leito de catalisador de altura significativa, como é o caso dos reatores industriais. Nesse caso, utilizam-se catalisadores granulados, e a presença de macroporos torna-se importante. A granulação de catalisadores geralmente é feita por via úmida com a adição de um ligante, na fase líquida, prensado e seco em seguida. Nesse processo há a formação de forças interfaciais, no filme líquido móvel, dentro dos grãos, com a formação de entrelaçamento mecânico após a evaporação do solvente.

Embora seja esperado que as interações ligante-catalisador não devam ter influência significativa na atividade, seletividade e estabilidade do catalisador, dependendo do ligante e das condições de preparação, pode haver algum prejuízo a textura e morfologia e as propriedades do catalisador. O ideal é utilizar um ligante que forneça boas propriedades de ligação, inércia e composição química semelhantes à natureza do catalisador. A fim de minimizar o bloqueio dos poros do catalisador e manter suas propriedades texturais, as condições de preparação, quantidade de ligante adicionada, temperatura e rampa de aquecimento durante a secagem e calcinação, devem ser cuidadosamente selecionadas.

Com relação à granulação do catalisador por compressão com ligante, Daturi *et al.*[70] estudaram o desempenho de catalisadores de V_2O_5-WO_3/TiO_2 na reação de redução de NH_3 com NO a N_2, e observaram que se a pressão de granulação for excessiva (tal como 10 ton/cm^2), ocorre a destruição da estrutura dos poros do catalisador. Isso afeta a distribuição de tamanho dos poros e a porosidade, levando à diminuição da sua atividade. Na maioria dos casos, não é possível produzir grãos sem a utilização de ligantes, que aumentam a resistência mecânica. Em outro estudo, usando a reação modelo de oligomerização do tiofeno catalisada por uma zeólita ZSM-5 ácida, Weckhuysen *et al.*[71] exploraram a reatividade do catalisador granulado com sílica (caulinita) ou com alumina como ligante. A caulinita diminuiu a reatividade geral da amostra devido à mudança de fase do ligante, criando uma camada externa rígida e impenetrável. Ao contrário, pode ocorrer certa afinidade da alumina com a zeólita, criando sítios ácidos de Brønsted adicionais, que favoreceram a formação de oligômeros de tiofeno. No caso da caulinita, a interação dos grupos Si-OH do ligante com o tiofeno revelou ter um grande impacto na formação dos produtos. O estudo concluiu que o contato íntimo entre a zeólita e o ligante impacta fortemente a reatividade e a seletividade do produto, com o tipo de ligante desempenhando um papel vital.

Em algumas poucas situações, é possível obter monolitos de catalisador sem passar pela etapa de granulação. Alguns materiais cerâmicos podem ser secos e preservar os poros e a forma geométrica em que foi inicialmente moldado, como mostra a Figura 6.1. Esse procedimento passa pela engenharia da síntese de catalisadores, que é uma tarefa trabalhosa porque envolve várias etapas, com certo número de fatores que influenciam na propriedade final do catalisador, e cujo controle se faz necessário para garantir o sucesso da síntese e a reprodutibilidade nas preparações. A preparação exige conhecimentos diversos, tal como fenômenos que regem a formação de precipitados, a química de coloides, equilíbrio iônico solução--sólido e operações de lavagem e secagem. Com relação à secagem, ela tem forte influência nas propriedades finais do catalisador, tanto na preparação do suporte quanto na sua impregnação. As Figuras 6.1a e b mostram um exemplo bastante clássico de secagem de um suporte, cujo precursor é um gel de alumina.

Os dados apresentados na Figura 6.1 foram coletados em uma estufa construída especialmente para esse propósito. Colocou-se a amostra de gel, de formato cilíndrico (1 cm de diâmetro e 2 cm de altura), sobre uma placa de teflon, contendo um termopar para medir a temperatura da amostra, suspensa em uma estufa mantida a 50 °C. A placa de teflon estava conectada por um pequeno cabo a uma balança. A estufa usava um dispositivo a laser para monitorar mudanças no diâmetro do gel durante a secagem, sem contato com a amostra.[72]

A Figura 6.1 indica a evolução temporal da massa $\Delta m/m_0$ medida durante a secagem e as temperaturas da estufa e da amostra. Nesse exemplo, a temperatura da estufa é mantida em 50 °C, e no início há uma queda na temperatura, o que corresponde à perturbação do sistema ao abrir a estufa para colocação da amostra (Figura 6.1a). A secagem pode ser separada em três períodos principais: a taxa crescente, a taxa constante e o período de queda da taxa. O período de aumento da taxa diz respeito ao tempo que leva para o sistema atingir a secagem de equilíbrio, que é quando a temperatura da amostra é menor do que a temperatura da estufa. Isso ocorre porque a evaporação é um processo endotérmico. O período constante é quando as temperaturas da estufa e da amostra se igualam, e o período de queda ocorre quando o material está bastante seco e há apenas uma quantidade residual de umidade. Os catalisadores que passam por um precursor na forma de gel apresentam baixa resistência mecânica à deformação e podem retrair sob efeito da pressão capilar, $P = -2\gamma\cos\theta/r$. Quanto menor a dimensão dos poros do catalisador (raio r) e quanto mais plástico for o material, maior é esse efeito. A Figura 6.1b mostra que durante a secagem do gel de alumina ocorre uma diminuição significativa e irreversível nas dimensões do corpo da amostra. A partir de um determinado ponto crítico a retração cessa, mas a perda de massa continua levando a uma tensão crescente e à formação de trincas no material. Uma das formas de se evitar esse comportamento é o uso de outros tipos de solventes, que apresentem valores diversos de tensão superficial γ e ângulo de contato θ.[73] A amostra da Figura 6.1c trata-se de um gel de zircônia, preparada por procedimento bastante semelhante, mas com a adição de deca-hidronaftaleno como solvente para preenchimento de macroporos. Na secagem, o material tem uma retração mínima e ao final, obtém-se um monolito de óxido de zircônio, apesar de o material ter perdido mais de 80 % de sua massa inicial.

O mesmo efeito de pressão capilar pode ser utilizado para entender o que ocorre na impregnação úmida de suportes de catalisadores. No processo, após o ponto crítico apontado na Figura 6.1b, o menisco de evaporação prossegue para o interior do corpo, resultando em poros parcialmente saturados pela umidade. Esse comportamento é bastante importante, principalmente quando se deseja impregnar o catalisador com precursores metálicos solúveis. Após a mistura do suporte poroso com a solução do precursor metálico, procede-se à etapa de evaporação do solvente. À medida que o solvente é removido durante a secagem, a concentração do precursor aumenta, e uma vez atingido o ponto de supersaturação, ocorrerá precipitação. Dessa forma, o precursor metálico, passará por severa redistribuição macroscópica através do grão de catalisador, podendo resultar em regiões com maior concentração de fase ativa. Uma forma de se evitar que isso ocorra é o uso de catalisadores altamente porosos, em que as soluções supersaturadas fiquem distribuídas em poros distantes uns dos outros, diminuindo a aglomeração e consequente perda de atividade do catalisador.

Fig. 6.1 – **(a)** Curva de secagem de um gel de alumina, com as indicações da temperatura da estufa e da amostra; **(b)** relação entre a variação do volume e da massa, mostrando que o sólido de alumina ao ser seco segue retração linear até o ponto crítico e **(c)** secagem de um gel de zircônia sulfatada que não sofre retração significativa, e que, ao final, obtém-se um monolito que mantêm o formato cilíndrico original

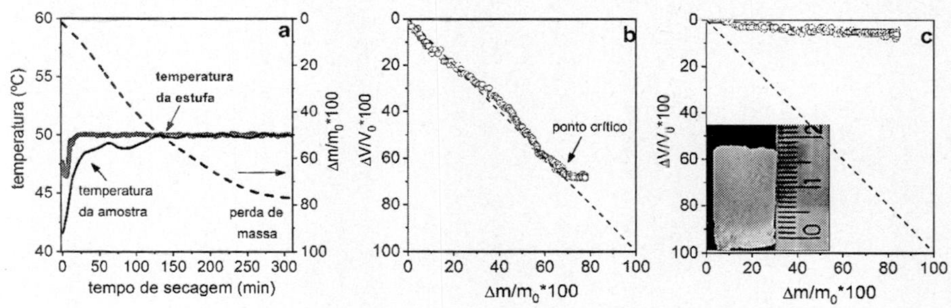

Há duas formas de impregnar um suporte de catalisador, o que as difere é a quantidade de solvente que é utilizado. Na impregnação por via úmida, o suporte é colocado em contato com excesso de solução contendo os precursores do metal. Na impregnação por umidade incipiente, o precursor é dissolvido em uma solução e adicionado ao suporte de modo que o volume dos poros seja análogo ao volume da solução adicionada. A solução migra para o interior dos poros por capilaridade. As duas formas têm o mesmo comportamento em relação à secagem, no entanto a impregnação incipiente garante partículas menores do metal, pois o precursor está mais em contato com o suporte durante a evaporação do solvente.

Todo esse contexto motiva o projeto de novos catalisadores com poros estruturados da micro à macroescala. Vários métodos de direcionamento estrutural têm aparecido, sendo a primeira etapa o controle independente dos tamanhos de poros em todas as escalas. Para a síntese desses materiais, é comum o uso de direcionadores orgânicos de estrutura com propriedades específicas e o método sol-gel. A Figura 6.2 ilustra alguns exemplos de direcionadores orgânicos utilizados na síntese e as respectivas estruturas com diâmetro de poro definido. Por exemplo, para a síntese da zeólita ZSM-5, de estrutura MFI, um catalisador microporoso, é utilizado o cátion tetrapropilamônio como direcionador de estrutura (Figura 6.2a). Já para a síntese de materiais mesoporosos, tal como a estrutura MCM-41, utilizam-se tensoativos (Figura 6.2b). Em solução aquosa, o tensoativo assume a disposição mais favorável à sua característica bifuncional, construindo estruturas chamadas micelas. Aumentando o comprimento da cadeia carbônica, aumenta-se o tamanho da micela e, consequentemente, o diâmetro dos poros do material sintetizado. Já os materiais macroporosos, com poros na faixa de 10 μm a 2 mm podem ser obtidos por replicação ou borbulhamento. Porém, uma técnica emergente para a produção de materiais inorgânicos que apresentam macroporos é por meio da combinação de processos sol-gel com emulsões (um coloide líquido-líquido, *e.g.* partículas de óleo dispersas e estabilizadas em água por um agente emulsificante, Figura 6.2c) ou espumas (um coloide gás-líquido). Os materiais porosos hierarquicamente estruturados podem ser sintetizados a partir da combinação dos direcionadores de estrutura e da utilização das condições adequadas de síntese.

Fig. 6.2 – Alguns exemplos de direcionadores orgânicos de estrutura e as respectivas estruturas porosas: **(a)** micro- (*MFI*), **(b)** meso (*MCM-41*) e **(c)** macroporos (*3DOM*)

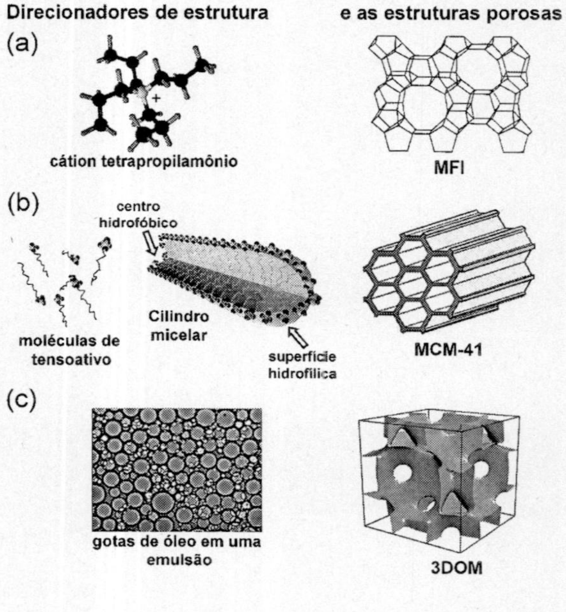

6.1 Síntese de catalisadores microporosos

Os catalisadores microporosos, representados principalmente pelas zeólitas, são importantes catalisadores industriais. Pela definição clássica, zeólitas são aluminossilicatos cristalinos microporosos constituídos por um arranjo tridimensional de unidades primárias de construção $[T^{n+}O_2]^{n-4}$ (em que T = Si^{4+} ou Al^{3+}) ligados entre si para formar subunidades e, finalmente, redes poliméricas compostas por blocos idênticos, às quais se dá o nome de células unitárias. A fórmula de uma célula unitária pode ser escrita como $M^{n+}_{x/n}(SiO_2)_y(AlO_2^-)_x$, em que n é a valência do cátion de compensação, x + y o número de tetraedros por célula unitária e y/x a razão atômica Si/Al. Nessa equação, M^{n+} representa um cátion de compensação, geralmente um próton, que leva às conhecidas propriedades ácidas das zeólitas. Apesar dessa definição clássica, a pesquisa de síntese de estruturas zeolíticas tem sido revitalizada por uma onda de novos resultados e combinações de métodos, o que tem ampliado enormemente a sua definição. Por exemplo, a substituição de átomos de alumínio da rede zeolítica por outros heteroátomos e a síntese de zeólitas com tamanho de cristais tão pequenos que os difratogramas de raios X se aproximam aos dos materiais amorfos.

Com relação à obtenção das zeólitas, elas podem ser encontradas na natureza ou sintetizadas em laboratório. As de ocorrência natural surgem de alterações bastante lentas de lava vulcânica ao longo de milhares de anos, sob a influência de altas temperaturas e de água. A cristalização ocorre pela dissolução das rochas na presença de soluções alcalinas. As primeiras sínteses em laboratório reproduziam as condições naturais, ou seja, altas pressões e temperatura por extensos períodos, no entanto verificou-se que esse processo poderia ser acelerado com precursores mais reativos, com a geração de unidades oligoméricas de alumínio e silício menores. Adicionalmente, descobriu-se que as sínteses poderiam ser aprimoradas com o uso de direcionadores orgânicos e de sementes.

As zeólitas naturais apresentam limitações para a catálise, pois suas composições variam de um depósito para outro, quase sempre exibem impurezas por causa de fases cristalinas indesejáveis, e também suas propriedades não são otimizadas para uma determinada reação catalítica. Existem diversos procedimentos descritos na literatura com protocolos de sínteses de zeólitas, e com o intuito de racionalizá-los, foi publicado o livro *Verified Syntheses of Zeolitic Materials*,[74] que trata de uma coletânea de sínteses reproduzidas por pesquisadores renomados ao redor do mundo.

A obtenção de zeólitas puras, com propriedades distintas das naturais e mais ativas, levou a enormes descobertas, pois puderam ser submetidas a modificações, como pela inclusão de sítios metálicos e/ou ácidos fortes. A aplicação de zeólitas como catalisadores na forma ácida é marcante na indústria química devido à capacidade de transformar hidrocarbonetos por meio de reações de isomerização, alquilação, hidrocraqueamento e craqueamento. As zeólitas contendo poucos átomos de alumínio por célula unitária, geralmente obtidas apenas por síntese, apresentam uma maior hidrofobicidade, o que permite a conversão de hidrocarbonetos oxigenados a parafinas e aromáticos.

A compreensão das etapas de síntese de zeólitas permite controlar melhor o tempo, a qualidade da cristalização e tornar viável o uso industrial de zeólitas até então inviabilizados pelo alto custo e complexidade da síntese. Nesse contexto, destaca-se o uso de direcionadores orgânicos e de sementes, pois os períodos de indução e de crescimento podem ser diminuídos, a contaminação por outras estruturas zeolíticas controlada e o uso de compostos orgânicos empregados na síntese substituídos parcial ou totalmente.

6.1.1 Síntese de zeólitas assistida por direcionadores orgânicos

Devido à importância das zeólitas, que apresentam grande potencial de uso industrial, existe um amplo esforço na compreensão e aperfeiçoamento dos fenômenos controladores de suas sínteses. Muitas delas são sintetizadas utilizando-se apenas reagentes inorgânicos, e todas as estruturas preparadas até 1961, tal como as estruturas LTA e FAU, foram obtidas dessa maneira. Contudo, a partir da década de 60, vários protocolos de síntese começaram a empregar compostos orgânicos, especialmente sais de amônio primário, secundário, terciário ou quaternário. Outras moléculas, como álcoois e éteres coroa, também passaram a ser usados. Esses compostos, que aumentam a cristalinidade e influenciam na proporção molar de átomos de silício e de heteroátomos que são incorporados, foram chamados de direcionadores de estrutura. As estruturas das zeólitas se formam ao seu redor, encapsulando--os durante o processo de síntese e induzindo a formação de uma estrutura zeolítica específica. O resultado do encapsulamento do direcionador nas primeiras unidades de construção das zeólitas é chamado de clatrato, em referência aos hidratos de metano que ocorrem frequentemente em sedimentos submarinhos. O aprisionamento do direcionador nos poros do material indica que há restrições na sua escolha, pois somente alguns atenderiam às restrições de impedimentos ou confinamento para cada poro ou cavidade. O direcionador contribui também para um aumento do pH do meio no caso de cátions tendo OH^- como contra íon. A remoção desse composto orgânico da zeólita formada é feita por decomposição com tratamento térmico em altas temperaturas e na presença de oxigênio.

O uso dos direcionadores orgânicos exige alguns cuidados, como se atentar para a sua estabilidade em alta temperatura em combinação com o pH típico das sínteses. Os direcionadores de amônio quaternário podem sofrer a reação de eliminação de Hofmann a uma amina e um alceno na presença de base e calor. No entanto isso não limita o uso desses direcionadores. É comum ao final da síntese de zeólitas perceber mudança da coloração do meio reacional (geralmente de branco para amarelado) e sentir o cheiro marcante das aminas (mesmo com todos os cuidados de segurança). Apesar dessa decomposição, as estruturas zeolíticas são formadas com as moléculas de direcionadores remanescentes no meio reacional. Além disso, os direcionadores precisam ser adequadamente solúveis em água. Há relatos de que uma relação atômica de C/N no direcionador entre 11 e 16 é mais adequada, pois são solúveis em água e suficientemente hidrofóbicos de modo que haja interação preferida com as espécies de silicato. Finalmente, como uma alternativa aos direcionadores nitrogenados que degradam através da reação de eliminação de Hofmann, poderiam ser utilizados análogos de fosfônio, que não degradam nas condições típicas de síntese.

Em 1862, o químico francês Henri Sainte-Claire Deville foi um dos primeiros pesquisadores a realizar síntese de uma zeólita em laboratório. A estrutura que ele obteve recebeu o código de três letras da "International Zeolite Association" de LEV, em homenagem ao mineralogista francês Armand Levy. Infelizmente, devido à inexistência de métodos de caracterização adequados, foi impossível verificar o sucesso do experimento, o que se confirmou apenas muitos anos mais tarde. Deville foi o pioneiro, no entanto Richard M. Barrer (1910-1996) e Robert M. Milton (1920-2000), que atuaram a partir de 1940, são considerados os fundadores da síntese de zeólitas.

No início dos anos de 1940, R. M. Barrer começou os seus estudos de transformação de minerais submetidos à ação de soluções salinas concentradas em altas temperaturas, entre 170 e 270 °C. Com esse método, em 1948, ele sintetizou a zeólita com estrutura KFI. A partir desse momento, foram várias as suas contribuições para a química de zeólitas.

No ano de 1949, R. M. Milton iniciou os estudos sobre síntese de zeólitas nos laboratórios da empresa Linde. O emprego de precursores mais reativos permitiu condições de reação mais brandas, ou seja, menor tempo e temperatura. O avanço que se seguiu foi impressionante, e, por volta de 1953, R. M. Milton e colaboradores já haviam obtido 20 estruturas zeolíticas distintas, incluindo 14 exclusivamente sintéticas.

Em 1961, o uso de direcionadores orgânicos, como cátions de amônio quaternário, permitiu a síntese de zeólitas de alta razão Si/Al como a zeólita BEA, não conhecida como mineral natural. O seu uso foi um impulso para a síntese de novas estruturas. Em 1972 foi sintetizada pela Mobil a zeólita ZSM-5, de estrutura MFI, e descobriu-se que ela era capaz de transformar metanol em gasolina despertando amplo interesse industrial e científico.

Os compostos orgânicos na síntese de zeólitas têm duas funções: a de efeito direcionador e de efeito químico. O efeito direcionador refere-se ao comportamento de organizar ao seu redor a rede cristalina do ânion aluminossilicato. O efeito químico refere-se a um conjunto de propriedades tal como a constituição de um par iônico da sílica coloidal aniônica com os compostos orgânicos, geralmente catiônicos no pH de síntese, na faixa de 10 a 12. As espécies orgânicas de hidróxidos quaternários de amônio e aminas elevam o pH do meio reacional e, dessa forma, aumentam também a solubilidade da sílica.

Os direcionadores orgânicos são os reagentes de maior custo na síntese de zeólitas e muito frequentemente aumentam a complexidade da operação industrial e geram problemas ambientais, seja pela toxicidade do precursor ou pela produção de compostos desconhecidos devido a decomposição dos direcionadores na presença de oxigênio para liberação dos poros. Há ainda os inconvenientes de sua decomposição incompleta, a geração de resíduos de coque que ficam impregnados no material, a queima ineficiente e a formação de vapor de água que em altas temperaturas ocasiona a agregação irreversível dos cristais e a alteração da sua composição química, ou seja, da razão molar Si/Al. Dessa forma, o uso de sementes na síntese de zeólitas, quando possível, é bastante desejável.

6.1.2 Síntese de zeólitas assistida por sementes

Para entender a função da semente na cristalização de zeólitas, precisamos inicialmente comentar sobre a sua cinética, que pode ser dividida em duas fases, os períodos de indução e de crescimento. O tempo de indução é um evento importante no processo de cristalização e é definido como o tempo transcorrido desde o estabelecimento da supersaturação até a formação e crescimento a um tamanho detectável dos núcleos. A detecção dos núcleos está sujeita a várias interpretações, pois a determinação temporal do seu surgimento pode depender simplesmente da observação visual dos primeiros cristais ou a mudança de alguma propriedade da solução medida por algum equipamento, tal como pH ou turbidez. Ao final do período de indução, há um consumo mais rápido dos reagentes e início da taxa de crescimento abrupto no tamanho dos cristais para em seguida desacelerar, com o desenvolvimento de uma curva sigmoidal típica.

A estrutura cristalina de zeólitas pode apresentar difração de elétrons, mesmo que para aglomerados de poucas células unitárias. Dessa forma, a primeira evidência experimental do aparecimento de núcleos zeolíticos durante o período de indução foi obtida com difração.[75] Vários estudos que utilizaram a mesma técnica de caracterização mostraram a formação de fases ordenadas no seio de um material amorfo à difração de raios X. Algum tempo depois, Thomas e Bursill[76] obtiveram a primeira imagem de microscopia eletrônica de transmissão, para uma síntese de uma zeólita LTA interrompida durante o período da cristalização, em que mostravam a presença de ilhas de cristais envoltos em material amorfo.

Dentre as várias formas de influenciar a cinética de nucleação de zeólitas, está a adição de sementes à mistura reacional,[77] a partir da qual observa-se significativa e imediata diminuição do tempo de indução. As sementes prontamente fornecem os núcleos para o crescimento dos cristais, com o consequente aumento da velocidade de cristalização. As sementes podem atuar de três formas: (1) indução da nucleação, pelo crescimento epitaxial das sementes; (2) desprendimento de cristalitos das sementes que migram para a mistura reacional e crescem; (3) e nucleação na superfície da semente de cristais coloidais de zeólitas e crescimento como cristais menores aderidos a esta superfície, ou seja, cristais "filhos" colados ao cristal "mãe" (as sementes). Geralmente, o cristal "mãe" é totalmente distinguível em tamanho e algumas vezes também em morfologia dos cristais filhos. Há imagens que mostram os cristais filhos que crescem radialmente como dendrímeros a partir do cristal polinuclear. Nesse caso, imagens de microscopia eletrônica podem indicar sinais de agressão ao cristal "mãe" como consequência de sua redissolução pontual. Os cristais dendríticos têm como benefício, em relação aos cristais convencionais, a diminuição em seu tamanho.

Ao adicionar sementes no meio reacional, além dos núcleos provenientes da nucleação homogênea da mistura, ocorre ainda o crescimento de núcleos de sementes. A previsão de qual mecanismo é dominante não é tão simples, pois vai depender da quantidade, tamanho e origem das sementes. As sementes que são utilizadas podem advir de duas formas. A partir de "microssementes", que é a adição de unidades submicroscópicas, de dimensões tão pequenas que dificulta distingui-las individualmente pelas técnicas de caracterização; geralmente são previamente geradas em uma mistura pré-síntese. Ou a partir de "macrossementes", que ocorre simplesmente pela adição de cristais de dimensões microscópicas, ou a própria zeólita constituída. Na síntese de zeólitas, comumente utiliza-se entre 1 e 5% em massa de sementes, em relação à massa total da mistura reacional. Em alguns casos, pode ultrapassar o valor de 10%. O importante é o provimento de uma quantidade de material que forneça uma superfície de cristais suficientemente grande para alterar a taxa natural da cristalização. São esperados três efeitos com a adição de sementes: (1) a diminuição do tempo de síntese; (2) o direcionamento da cristalização para uma certa estrutura zeolítica e por conseguinte evitar a formação de contaminantes; (3) e, finalmente, a diminuição ou eliminação do uso dos direcionadores orgânicos de estrutura.

6.1.3 Sobre o procedimento de síntese de zeólitas

A síntese de zeólitas, ou de qualquer suporte ou material catalítico da mesma família, é geralmente obtida por cristalização hidrotérmica de uma mistura reacional contendo uma fase líquida e uma fase sólida. A mistura contém os agentes mineralizantes (OH^- ou F^-), cátions inorgânicos, os direcionadores orgânicos de estrutura, água (podendo eventualmente ser outro solvente) e as fontes da estrutura zeolítica, isto é, átomos de silício de alumínio (ou outros heteroátomos). As sínteses são conduzidas entre algumas horas e vários dias, em pH básico, em reatores batelada fechados, com temperaturas de 80 até 200 °C. Considerando somente água pura, a temperatura de 200 °C corresponderia a uma pressão de vapor de 15,4 atm. Há relatos de sínteses conduzidas a 220 °C, como ocorre com a zeólita SAPO-34. Por questões de segurança, essa temperatura é limítrofe, pois se deve atentar que a pressão de vapor dos líquidos cresce exponencialmente com a temperatura. Adicionalmente, temperaturas maiores podem levar a degradação significativa do direcionador orgânico utilizado.

Os reatores de síntese podem ser autoclaves, um frasco cilíndrico de aço inoxidável com tampa (Figura 6.3). Ao trabalhar em autoclaves sem revestimentos, o metal exposto a misturas cáusticas sofre fragilização em temperaturas altas, o que arruína rapidamente a autoclave. Costuma-se utilizar um revestimento de Teflon, que é inerte e tem ponto de fusão de 320 °C, maior do que o Nylon, tornando-o adequado para ser empregado na construção de autoclaves para a síntese hidrotérmica de materiais.

A abertura da autoclave após a cristalização deve ser feita com cuidado. Mesmo totalmente resfriada, pode haver certa pressão de gás residual, pois os direcionadores orgânicos podem degradar durante a reação. O preenchimento de líquido na autoclave fria não deve ultrapassar 75-80%, pois a expansão dos líquidos entre 25 e 200 °C não é desprezível e a presença de um espaço de vapor de 20-25% garante segurança na utilização da autoclave.

Para limpar os revestimentos da autoclave entre os experimentos, ácidos minerais fortes são geralmente usados — por exemplo, solução 10% em volume de ácido fluorídrico. Para sínteses em temperaturas de até 100 °C, pode-se utilizar potes de polipropileno com tampas para vedação.

A autoclave é aquecida colocando-a em uma estufa mantida na temperatura desejada. A transferência de calor ocorre pelo contato com o ar. A inércia térmica é alta e o aquecimento é lento, no entanto a cinética de cristalização também é, o que minimiza problemas decorrentes do aumento lento da temperatura no período inicial. Em algumas situações, o aquecimento utilizando um banho de glicerol como fluido de aquecimento é preferido, pois a transferência de calor é mais eficiente. O glicerol pode sofrer decomposição lenta, por esse motivo o procedimento deve ser executado em capela de exaustão.

As sínteses podem ser conduzidas de forma estática ou com agitação mecânica, magnética ou por tombamento (Figura 6.4). O último sistema permite o uso de várias autoclaves simultaneamente, submetidas às mesmas condições de aquecimento e agitação, e permite a retirada de uma autoclave por vez, coletando-se amostras em diferentes tempos de reação.

Fig. 6.3 – **(a)** Desenho esquemático das peças e da montagem de uma autoclave, **(b)** fotografia com a indicação das dimensões de uma autoclave contendo frasco de Teflon com volume total de 100 mL e volume útil de até 80 mL

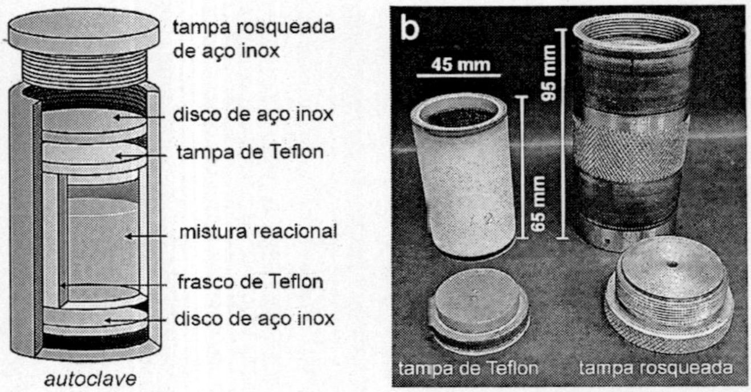

Fig. 6.4 – **(a)** Fotografia de uma estufa com sistema de tombamento de autoclaves; a seta mostra o bulbo do termômetro que mede a temperatura do ambiente, cerca de 10 cm da parede da estufa (Não se deve colocar a autoclave em contato com a base da estufa, onde está localizado o elemento de aquecimento. A temperatura na base é muito maior) e **(b)** detalhe do sistema para 6 autoclaves (três na frente e três na parte oposta)

Como exemplo de síntese vamos utilizar o protocolo descrito em *Verified Syntheses of Zeolitic Materials* (consulte a página 156 da terceira edição) para a zeólita de estrutura BEA. A composição molar da síntese é de 1,0 Al_2O_3 : 50 SiO_2 : 2,0 Na_2O : 1,0 K_2O : 12,5 $(TEA)_2O$: 750 H_2O : 2,9 HCl. É usual que a fonte de alumínio seja a referência e que os demais compostos tenham a sua quantidade relativa calculada com base na razão molar de 1,0 para a alumina. Note que os compostos são apresentados em sua forma anidra e a quantidade total de água está agrupada em um único termo, pois a água, no processo de síntese, além de solvente, participa de várias reações de hidrólise e condensação. A razão molar de água do exemplo, de 750, deve ser calculada considerando água presente nas soluções, na hidratação e resultante da desidroxilação dos precursores empregados. A determinação das quantidades de cada um dos reagentes exige um cálculo estequiométrico cuidadoso, pois algumas estruturas zeolíticas são formadas em uma estreita faixa de composição da mistura reacional, e os desvios podem prejudicar a formação da estrutura pretendida.

A razão molar SiO_2/Al_2O_3 é um parâmetro importante da síntese, pois a quantidade de alumínio interfere na cinética, número de núcleos, tamanho dos cristais formados e nos sítios ativos do catalisador. No exemplo, a razão molar SiO_2/Al_2O_3 é de 50. Nas publicações essa razão é descrita pela sigla em inglês SAR (*Silica-Alumina Ratio).* Pode-se descrever também a razão molar Si/Al, que corresponde à metade de SAR, ou seja, 25.

Para decidir o tempo e temperatura, o ideal é construir uma curva de cristalinidade, ou seja, coletar amostras ao longo do tempo e verificar a estrutura cristalina e possíveis contaminações por meio de análises de difração de raios-X.

Com relação às características físicas e químicas dos reagentes empregados no exemplo de síntese da zeólita BEA, os reagentes sílica Aerosil® 200, aluminato de sódio e o direcionador orgânico hidróxido de tetraetilamônio merecem alguns comentários.

Sílica pirogênica (NOME COMERCIAL: Silica Aerosil® 200, TERMO EM INGLÊS: *Fumed silica*)

O termo Aerosil® é um nome comercial da sílica pirogênica, e o número 200 indica a sua área específica em m^2/g. Há uma relação entre a área específica e o tamanho de partículas da sílica. Por exemplo, a Silica Aerosil® 200 tem partículas com tamanho médio de 20 nm.

A área específica, o tamanho de partículas e a quantidade de grupos silanóis SiOH são parâmetros da sílica importantes na síntese dos materiais cerâmicos, pois irá controlar a sua reatividade e, consequentemente, a qualidade do material e o tempo da síntese. Na síntese, a sílica, como precursor do material, precisa ser inicialmente desagregada em unidades oligoméricas menores. Partículas maiores são mais poliméricas e a cinética de despolimerização é mais lenta. Dessa forma, as características da sílica que será empregada impactam muito na síntese.

Rahman *et al.*[78] mostraram que a redução do tamanho das partículas de 130 para aproximadamente 7 nm causou um aumento de 14 vezes na área específica da sílica, de 34 a 480 m^2/g. A diminuição no tamanho de partículas e a concentração de grupos silanóis SiOH são inter-relacionados. A concentração aumentou de 0,30 a 3,56 mmol/g conforme o tamanho da partícula foi reduzido de 130 para 7 nm. O aumento mais significativo foi observado para partículas abaixo de 100 nm.

Com relação à umidade, a sílica pirogênica costuma ter uma quantidade de água menor do que 1,5% em massa.

Outra fonte de sílica comumente utilizada nas sínteses de suportes catalíticos é o ortossilicato de tetraetila ($Si(OC_2H_5)_4$), que é o éster etílico do ácido ortossílico ($Si(OH)_4$). Trata-se de um líquido incolor que no meio reacional se hidrolisa ao monômero $Si(OH)_4$, formando etanol.

Suspensões de sílica coloidal também são empregadas, como a sílica de nome comercial LUDOX® 40. O número 40 indica a concentração de sílica, ou seja, 40% em massa. Há várias concentrações disponíveis. As sílicas coloidais são suspensões de partículas finas de sílica amorfas, não porosas e tipicamente esféricas em uma fase líquida em pH altamente alcalino. As subunidades das partículas estão normalmente na faixa de 1 a 5 nm. As partículas são tão pequenas que a suspensão, apesar de concentrada, é transparente. Por ser uma solução alcalina, se o frasco permanecer aberto por longo tempo pode sofrer carbonatação pelo CO_2 atmosférico levando a uma diminuição do pH e consequente polimerização das subunidades. Nesse caso, a suspensão começa a ficar turva.

Aluminato de sódio

O aluminato de sódio é um sólido cristalino branco, de fórmula química $NaAlO_2$, e muito solúvel na água, formando uma base forte que reage facilmente com ácidos. O reagente, além de $NaAlO_2$, pode conter uma quantidade pequena de sódio livre, utilizado na sua produção, ou de alumina não convertida. No exemplo, a síntese da zeólita BEA, o aluminato de sódio utilizado tem a seguinte composição em base mássica 56% de Al_2O_3 e 37% de Na_2O. A soma resulta em 93%, ou seja, 7% é água. Essas informações de composição global, que devem estar presentes no frasco do reagente, são utilizadas, a partir de um cálculo estequiométrico, para determinar a fórmula mínima. Os cálculos fornecem que $NaAlO_2 \times 0{,}043Na_2O \times 0{,}35H_2O$, ou seja, há um excesso de sódio. A água pode estar presente como água de hidratação ou como oxo-hidróxidos na superfície do material; essa informação não é importante para os cálculos, no entanto podemos verificar a sua origem a partir de medidas de termogravimetria, conforme mostra o exemplo com uma amostra de boehmita na Figura 6.5. A boehmita inicialmente encontra-se como um oxo-hidróxido de alumínio sem água de hidratação, pois não há perda de massa até a temperatura de 270 °C, a partir da qual ocorrem dois eventos de desidroxilação até a formação de 65% em massa de Al_2O_3 a 800 °C.

Fig. 6.5 – Curva de termogravimetria de boehmita Sigma-Aldrich com a indicação da desidroxilações que ocorrem na superfície a 270 e a 500 °C até a formação de alumina

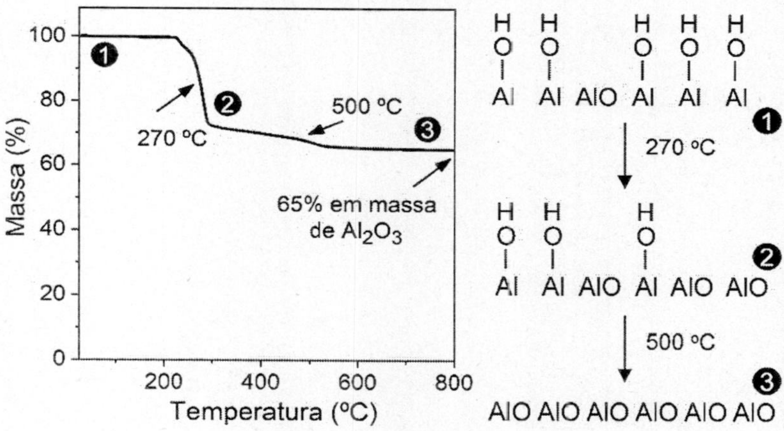

Hidróxido de tetraetilamônio ($(C_2H_5)_4N^+OH^-$),

É comum que alguns direcionadores e precursores da síntese sejam vendidos em solução, principalmente quando são deliquescentes. Isso ocorre quando a pressão de vapor da solução aquosa saturada é menor que a pressão de vapor da água no ar ambiente, levando a substância a absorver água. Desse modo, as substâncias deliquescentes são disponibilizadas em soluções com concentrações conhecidas, para garantir a reprodutibilidade. As soluções de hidróxido de tetraetilamônio são comercializadas em frascos com diferentes composições, tipicamente 40% em massa.

Conforme mencionado, utilizamos como exemplo a síntese de uma zeólita BEA com composição molar de 1,0 Al_2O_3 : 50 SiO_2 : 2,0 Na_2O : 1,0 K_2O : 12,5 $(TEA)_2O$: 750 H_2O : 2,9 HCl. Os reagentes utilizados são a sílica

Aerosil® 200, o aluminato de sódio, cloreto de sódio, cloreto de potássio, hidróxido de sódio, solução 40% em massa de hidróxido de tetraetilamônio e água. Não foi empregado HCl na síntese (a Figura 6.6 apresenta também o HCl). O termo 2,9 HCl indica a proporção molar do ânion cloreto, adicionado a partir dos cloretos de sódio e potássio. Para determinar a quantidade dos reagentes que deve ser adicionada, há a necessidade de realizar um cálculo estequiométrico cuidadoso, e a forma mais adequada é por meio de uma planilha, conforme mostra a estrutura na Figura 6.6. A Tabela S1 indica a massa molecular dos compostos anidros e dos reagentes empregados. A Tabela S2 é dividida em duas seções, a "parte A" mostra a composição molar e duas colunas para cálculo das massas de cada um dos compostos. A coluna "massa 1" é calculada multiplicando-se a composição molar pela massa molecular do respectivo composto. Ao final da coluna, há a somatória das massas de todos os compostos, que é uma massa alta para uma síntese em laboratório. O cálculo tem como base de cálculo uma mistura reacional de 200 g (conforme indicado por uma seta na célula variável, hachurada em cinza na tabela). A segunda coluna, "massa 2", é calculada multiplicando-se a coluna "massa '" por [(massa mistura reacional) / Σ (massa 1)], ou seja, a massa de todos os compostos adicionados deve resultar em 200 g. A "parte B" trata das massas dos reagentes que devem ser adicionadas e os valores são obtidos por meio de cálculos estequiométricos. Por exemplo, na "parte A" consta que a massa de água a ser adicionada é de 132,50 g, mas na "parte B" a massa de água é de 75,97 g. A diferença deve-se à água adicionada por meio de diversos compostos: na solução de hidróxido de tetraetilamônio (60% da massa), aluminato de sódio (na fórmula mínima, 0,35 mol é de água), hidróxido de sódio ($2NaOH \rightarrow Na_2O + H_2O$) e pelo próprio hidróxido de tetraetilamônio ($2(C_2H_5)_4NOH \rightarrow ((C_2H_5)_4N)_2O + H_2O$). O cálculo estará correto se os três valores indicados por uma seta forem iguais entre si. Outra forma de averiguar é comparar com a massa descrita no protocolo de síntese verificado e publicado para a zeólita BEA.

Fig. 6.6 – Planilha de síntese da zeólita BEA, com a composição do meio reacional baseada nas informações disponíveis em *Verified Syntheses of Zeolitic Materials*

Composição molar anidra = 1,0 Al_2O_3 : 50,0 SiO_2 : 2,0 Na_2O : 1,0 K_2O : 12,5 $(TEA)_2O$: 750 H_2O : 2,9 HCl

Tab. S1 - Massa molar dos compostos

Compostos anidros	MM (g/mol)
Al_2O_3	101,93
K_2O	94,19
Na_2O	61,97
$((C_2H_5)_4N)_2O$	276,50
HCl	36,46
Reagentes	**MM (g/mol)**
SiO_2	60,07
KCl	74,55
NaCl	58,44
NaOH	39,99
$(C_2H_5)_4N^+OH^-$ (TEAOH)	147,25
H_2O	18,01
$NaAlO_2.0,043Na_2O.0,35H_2O$	91,01

Cálculo: composição aluminato de sódio	
% Al_2O_3	56
% Na_2O	37
% H_2O	7
mol Al_2O_3	0,55
mol Na_2O	0,60
mol H_2O	0,39
mol H_2O / mol Al	0,35
mol Na_2O (excesso) / mol Al	0,043

Massa mistura reacional (g)	200 ←

Tab. S2 - Composição molar da mistura reacional e massa dos reagentes utilizados na síntese

Parte A				Parte B	
composto	composição	massa 1 (g)	massa 2* (g)	composto	massa reag. (g)
Al_2O_3	1,0	101,9	1,0	$NaAlO_2.0,043Na_2O.0,35H_2O$	1,79
SiO_2	50,0	3003,3	29,5	SiO_2	29,46
K_2O	1,0	94,2	0,9	KCl	1,46
HCl	2,9	105,7	1,0	NaCl	0,52
Na_2O	2,0	123,9	1,2	NaOH	0,36
$((C_2H_5)_4N)_2O$	12,5	3456,2	33,9	$(C_2H_5)_4N^+OH^-$ (40% massa)	90,27
H_2O	750	13504,4	132,5	H_2O	75,97
	Soma	20389,6	200 ←	Soma	200 ←

* Σ (massa 2) = massa da mistura reacional

Protocolo da síntese

Mistura 1	Mistura 3
75% da água total adicionada 56,98 g de H_2O 90,27 g de solução 40 % TEAOH 0,52 g de NaCl 1,46 g de KCl	25% da água total adicionada 18,99 g de H_2O 0,36 g de NaOH 1,79 g de $NaAlO_2$
Mistura 2	**Mistura 4**
29,46 g de sílica adicionar à solução 1	misturar as soluções 2 e 3

ProtocoloSintese-BEA

A Figura 6.6 mostra também o protocolo de síntese, com as misturas que devem ser preparadas, a sequência de adição dos reagentes e as quantidades empregadas. Os valores são baseados na última coluna da Tabela S2 da planilha (Parte B).

O pH da mistura reacional final é de 12,8 e as misturas devem acontecer em frascos Becker de polipropileno, pois frascos de vidro podem dessilicalizar, principalmente para preparos longos. O conteúdo deverá ser colocado em autoclaves e cristalizado a 135 °C por até 20 h sob tombamento a 60 rotações por minuto.

6.2 Síntese de catalisadores mesoporosos

Após a descoberta no início de 1990 de famílias de materiais mesoporosos tais como a MCM-41 e a SBA-15, os materiais contendo mesoporosos ordenados tornaram-se uma das classes de materiais mais amplamente estudadas. Com relação às aplicações catalíticas, a comunidade científica, especificamente a comunidade zeolítica na qual esses materiais foram descobertos, dedicou os primeiros anos de pesquisa para aplicações que seriam típicas de zeólitas. A história e a expectativa da descoberta no início de 1990 não pode ser alterada, mas depois de tanto tempo parece claro que o domínio de aplicações desses materiais é diferente daquele das zeólitas. A propriedade de seletividade de forma das zeólitas é a principal diferença. A seletividade de forma resulta da cristalografia do sistema de poros definido, e ocorre apenas em casos muito excepcionais para os materiais mesoporosos, embora a distribuição de tamanho de poros seja quase tão estreita quanto das zeólitas (mas em outra escala de tamanho). As moléculas com tamanho de vários nanômetros têm um grande número de graus de liberdade e podem existir muitos grupos que fornecem conformações variadas. A variabilidade de formas impede um corte discreto entre os poros em que uma molécula vai caber e aqueles em que não vai caber, como é característico das zeólitas. No entanto os materiais mesoporosos ordenados fornecem outras características que podem ter aplicações interessantes em catálise.

Na síntese de catalisadores mesoporosos, assim como ocorre com os sólidos microporosos, é comum o uso de direcionadores de estrutura, que podem ser de diferentes tipos (Figura 6.7). Um direcionador bastante frequente são os tensoativos, que apresentam como característica essencial a coexistência de um grupo hidrofóbico (um hidrocarboneto de cauda não polar) quimicamente ligado a um grupo hidrofílico (cabeça polar). Essas moléculas têm alta massa molecular e na presença de solventes se agregam para formar uma micela automontada (Figura 6.7b). Em baixas concentrações, os tensoativos se organizam apenas na superfície. Conforme a superfície fica cheia, mais moléculas se organizarão em micelas. Em certa concentração, a superfície fica completamente carregada com os tensoativos e qualquer quantidade adicional se organiza em micelas. Essa concentração é chamada de concentração micelar crítica (CMC). Os tensoativos têm diferentes valores de CMC em água. Para valores acima da CMC, a automontagem da micela ocorre para formar uma matriz 3D esférica ou 2D em forma de cilindro, auxiliando na geração dos poros.

Existem três tipos de moléculas de tensoativos:

a. Tensoativos não iônicos: tensoativos que não ionizam em água, porque seus componentes hidrofílicos são indissociáveis. Uma grande variedade desse tipo de tensoativos é tornado hidrofílico pela presença de polietilenoglicol, cadeia obtida pela policondensação de óxido de etileno (OPE). A outra parte do tensoativo é obtida pela policondensação de óxido de propileno (OPP), que é ligeiramente mais hidrofóbico. Dessa forma, a parte menos hidrofóbica comporta-se como a parte hidrofílica do tensoativo, enovelando-se conforme mostra a Figura 6.7a. No final, tem-se um copolímero em bloco com fórmula geral (OPE)x(OPP)y(OPE)x. Um exemplo bastante comum é o tensoativo de nome comercial Pluronic P123® ($(OPE)_{20}(OPP)_{70}(OPE)_{20}$), que tem cadeia hidrofílica mais curta do que sua porção hidrofóbica.[79] Esse tensoativo é utilizado, por exemplo, na síntese da sílica mesoporosa denominada de SBA-15, que apresenta microporos na parede inorgânica como consequência da condensação de sílica na região enovelada (Figura 6.7c).

b. Tensoativos catiônicos: dissociam-se na água em um cátion anfifílico e um ânion, mais frequentemente do tipo haleto. Uma grande parte dessa classe pertence a compostos nitrogenados, como sais de amônio quaternários, com pelo menos um grupo alquila de cadeia longa, frequentemente proveniente de ácidos graxos naturais. Os exemplos mais comuns são brometo de cetiltrimetilamônio ou brometo de hexadeciltrimetilamônio, cloreto de cetilpiridínio etc.

c. Tensoativos aniônicos: dissociam-se na água em um ânion anfifílico, e um cátion, que é em geral um metal alcalino (Na^+, K^+) ou um íon de amônio quaternário. Dois exemplos comuns são o dodecilbenzeno sulfonato de sódio e o dodecilsulfato de sódio (Figura 6.7d).

Fig. 6.7 – **(a)** Tensoativo copolímero em bloco de nome comercial Pluronic P123® (massa molecular 5800 g/mol), com a representação das regiões hidrofílica e hidrofóbica (formadas pelos blocos OPE - óxido de polietileno e OPP - óxido de polipropileno), **(b)** organização do tensoativo em um arranjo micelar acima da concentração micelar crítica, **(c)** direcionamento de poros durante a síntese de um óxido metálico micro-mesoporoso e **(d)** outros tensoativos que também podem ser empregados, no exemplo está o brometo de cetiltrimetilamônio (catiônico) e o dodecilsulfato de sódio (aniônico)[80]

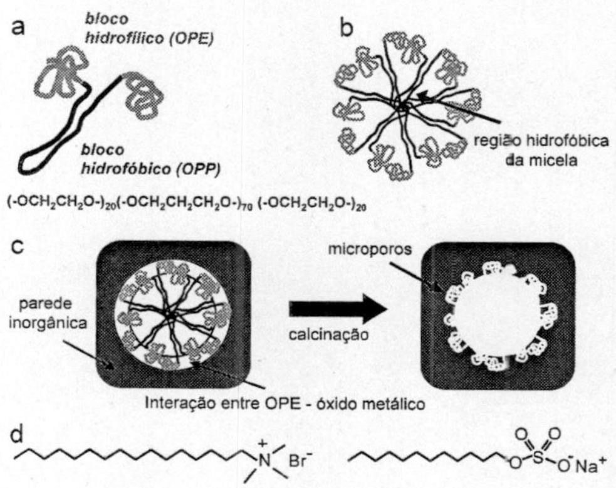

Com base nessas três famílias de tensoativos S (representado pela letra S, devido ao termo *surfactant* em inglês), (1) S^0 (tensoativo não iônico), (2) S^+ (tensoativo catiônico) e (3) S^- (tensoativo aniônico), seis vias de síntese diferentes podem ser empregadas para preparar materiais mesoporosos sob ampla faixa de pHs, temperaturas e concentrações dos tensoativos. As seis vias são: S^0I^0 / N^0I^0, S^+I^-, S^-I^+, $S^-M^+I^-$ e $S^+X^-I^+$, em que N^0 é um direcionador não iônico (não pertencente ao grupo de tensoativos, uma amina simples, por exemplo), I é a fase inorgânica e X e M espécies mediadoras aniônica e catiônica, respectivamente.

Para vias que envolvem interação eletrostática, a carga da fonte inorgânica I é controlada pelo pH e pelo ponto isoelétrico. O pH no qual a carga das moléculas é zero é chamado de pH isoelétrico. Por exemplo, as espécies de sílica têm carga neutra em pH = 2 (ponto isoelétrico), uma carga positiva I^+ em pH < 2 e carga negativa I^- em pH > 2. A sílica mesoporosa MCM-41 é sintetizada em pH alcalino (Figura 6.8), em que espécies I^- estabilizam com o tensoativo catiônico S^+ (cátion cetiltrimetilamônio) por meio de interação eletrostática S^+I^-.

Fig. 6.8 – (a) Imagem de microscopia da sílica SiMCM-41 (com duas ampliações), sintetizada com o uso de brometo de cetiltrimetilamônio,[81,82] **(b)** relação da organização de poros com os parâmetros obtidos dos picos de difração de raios-X (em que d_{100} é distância entre os planos 100, a_H o parâmetro de rede hexagonal, D o diâmetro do poro e t_p a espessura da parede) e **(c)** espalhamento de raios-X da SiMCM-41; a conversão entre os valores de 2Θ e o vetor de espalhamento q é dada pela equação $q = (4\pi/\lambda)sen\theta$

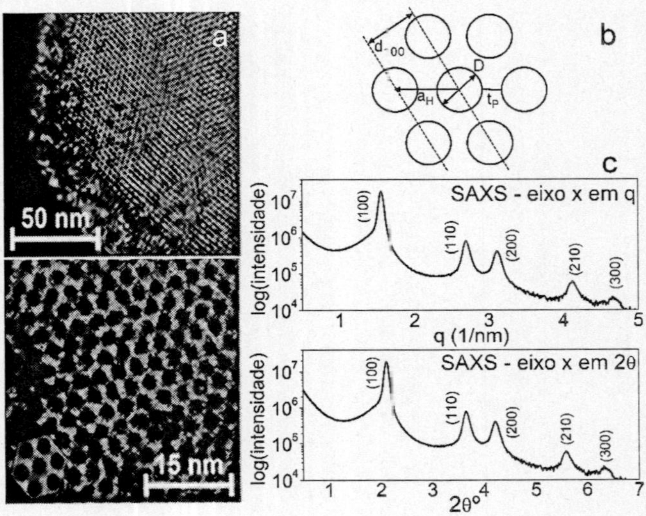

A concepção do poro, seu tamanho e forma são dependentes da natureza do tensoativo utilizado, da sua concentração, temperatura, presença de contraíons e dos solventes. O uso de solvente pode determinar também a formação de emulsões, que é uma estratégia para o preparo de materiais com poros maiores, como ocorre nos catalisadores macroporosos. Para os tensoativos, a estrutura ou geometria da micela pode apresentar diversas formas tal como esférico, cilíndrico ou lamelar, e a CMC é o parâmetro determinante da sua formação e estabilidade. Com relação ao aumento dos poros dos materiais na faixa dos mesoporos, há relatos de uso de compostos orgânicos apolares que migram para o interior das micelas causando o seu intumescimento. No caso da síntese da SiMCM-41 com brometo de cetiltrimetilamônio, é comum o uso de 1,3,5-trimetilbenzeno, que migra para o interior das micelas, aumentando o diâmetro de poros de cerca de 3,7 nm para 6,5 nm (na razão molar de 1,3,5-trimetilbenzeno/direcionador de 2).[83] É possível também alterar o comprimento da cadeia carbônica do tensoativo, adicionando-se ou retirando-se átomos de carbono.[84] A cadeia contendo 16 átomos de carbono é a que garante a maior área de superfície da ordem de até 1.000 m^2/g.

Assim como ocorre com a síntese de zeólitas, é comum representar a composição da mistura reacional para a síntese de sólidos mesoporosos com base na relação molar anidra dos reagentes empregados.

Os processos de síntese dos materiais mesoporos apresentados aqui levam a formação de poros ordenados, que ao serem analisados por espalhamento de raios X em ângulos pequenos (SAXS: *Small Angle X-ray Scattering*) ou por difração de raios X (XRD: *X-ray diffraction*) apresentam picos de difração em ângulos pequenos. A Figura 6.8 mostra a definição do parâmetro do arranjo hexagonal (a_H) da estrutura SiMCM-41. O pico mais intenso é aquele correspondente ao plano (100). Em materiais mesoporosos altamente organizados, é possível visualizar com clareza os picos do mesmo plano com maiores distâncias interplanares, o (200) e (300). Para materiais menos organizados, observa-se apenas o pico do plano (100). A distância d entre os planos 100 é obtida pela equação de Bragg, $d_{100} = \lambda/2sen\theta$, em que λ na radiação CuKa é de aproximadamente 0,157 nm (essa é a radiação típica dos difratômetros comerciais). Deve-se observar que 2Θ na curva da Figura 6.8C está apresentado em graus; no entanto, para utilizar nas correlações apresentadas, deve-se converter para radianos (1 radiano = $180^\circ / \pi$). O parâmetro de rede hexagonal é calculado pela relação geométrica $a_H = 2d_{100} / \sqrt{3}$. A espessura de parede t do material em nanômetros (t =

thickness é espessura em inglês) é calculada pela relação $t = a_H - D_P$. Apesar de os materiais mesoporosos ordenados apresentarem picos de difração em baixos ângulos, por conta da alta organização dos poros em uma única direção, esses materiais não são considerados cristalinos, pois as paredes são amorfas, compostas por átomos sem organização cristalina. Isso é verdade, pois, quando são feitas medidas em ângulos 2Θ maiores do que 10º, não se observam picos de difração.

Uma vez que os materiais mesoporosos são constituídos de óxidos de metais de transição (principalmente silício, alumínio ou alumino silicatos) de paredes amorfas, esses materiais não apresentam sítios ácidos de Brønsted na quantidade e na força desejada para aplicação catalítica. Adicionalmente, são materiais térmica e hidrotermicamente menos estáveis do que as zeólitas, sendo menos adequados em processos como craqueamento catalítico fluido ou hidrocraqueamento. Por conta do baixo desempenho como catalisador, foram desenvolvidas as zeólitas mesoporosas hierárquicas. O termo "hierárquico" surgiu porque nas primeiras tentativas na síntese combinaram-se os procedimentos de síntese de zeólitas e de materiais mesoporosos, resultando em fases porosas segregadas, as quais mantinham as características físico-químicas individuais de cada fase. No entanto, com o surgimento de outros processos de síntese, os catalisadores obtidos a partir de então foram em sua maioria hierárquicos, ou seja, microporos conectados por mesoporos.

6.3 Síntese de catalisadores macroporosos

Uma das formas de sintetizar um material macroporoso sob medida é por meio do "processo integrativo" combinando a química inorgânica, um processo essencialmente sol-gel, e entidades supramoleculares (natural ou sintéticas). As entidades podem advir da química supramolecular (espumas ar em líquido ou emulsões óleo em água, por exemplo) ou de blocos de construção pré-formados em escala nanométrica (polímeros orgânicos, por exemplo).

A química sol-gel e os processos de borbulhamento para formação de espumas em um sol antes da gelificação foram combinados a fim de criar redes inorgânicas macroporosas, seja pela geração de gás na mistura reacional por efervescência ou por agitação forte.[85] No método, os precursores inorgânicos são dissolvidos em um meio contínuo (frequentemente água), formando um sol que é em seguida gelatinizado em um pH predeterminado ao redor das bolhas de gás dispersas. A transição sol-gel leva ao aprisionamento das bolhas. A vantagem do método é que o material cerâmico não sofre retração significativa no processo de secagem, pois os poros já estão preenchidos por gás. Infelizmente, essa técnica não permite um controle firme dos diâmetros e formatos dos macroporos. Por esse método, os macroporos podem chegar à ordem de 70 a 600 μm. Se desejarmos criar porosidades menores na escala de comprimento macroscópica, teremos que utilizar outro sistema, como as emulsões.

A combinação do processo sol-gel com emulsões como direcionador mole é um método que já foi utilizado no preparo de diversos materiais. A emulsão é uma fase apolar dispersa em uma fase aquosa, como mostra a Figura 6.9[86,87] Geralmente a literatura descreve as emulsões como um sistema óleo em água. Entretanto, nem sempre a fase dispersa é composta por um óleo podendo ser apenas uma substância apolar. Essas gotas, aprisionadas na transição sol-gel, são posteriormente removidas por um tratamento de secagem e calcinação. O método apresenta a vantagem de que as gotas são altamente deformáveis e podem também ser facilmente removidas. Além disso, as condições de emulsificações podem ser ajustadas a fim de produzir gotas com diferentes diâmetros. Alguma fração de mesoporos pode também ser formada por conta do emprego de tensoativos, permitindo o controle independente das dimensões macro e mesoporosas.

As emulsões são sistemas coloidais que não se encontram em equilíbrio termodinâmico, e que podem se separar em duas fases macroscopicamente visíveis. Entretanto as emulsões podem ser estabilizadas por tensoativos que formam um filme protetor na superfície das gotas (Figura 6.9b), alterando a tensão superficial na interface da fase apolar com a água aumentando a estabilidade da emulsão. A estabilidade cinética pode ser observada tanto por microscopia ótica quanto por observação do frasco que contém a emulsão com tensoativo. Geralmente os tensoativos são utilizados em excesso da quantidade que é suficiente para saturar a interface óleo-água e para garantir alta estabilidade, o que leva à migração do excesso para o meio contínuo formando micelas que atuam como um direcionador mole para a formação de mesoporos. Ou seja, além dos macroporos pode haver a formação de mesoporos em um sistema hierárquico meso e macroporoso. Além do tensoativo, a adição de um cotensoativo, geralmente um álcool de cadeia média, pode conduzir a emulsão para uma estabilidade cinética de maior duração. Um dos problemas desse método é que sofre de intensa retração durante a secagem, pois os direcionadores de poros são facilmente deformáveis por forças capilares.

Fig. 6.9 – Detalhamento da síntese de um sólido macroporoso com emulsões: **(a)** gotículas de emulsão e micelas de tensoativos adicionados em excesso envoltos por um sol com os precursores inorgânicos, **(b)** moléculas de tensoativos na interface sol-emulsão, gerando uma emulsão com estabilidade cinética, **(c)** aprisionamento dos moldes de emulsão e micelas por meio de gelificação do sol e **(d)** sólido macro-mesoporoso produzido pela remoção dos moldes, com retração causada pelo efeito de capilaridade durante a secagem

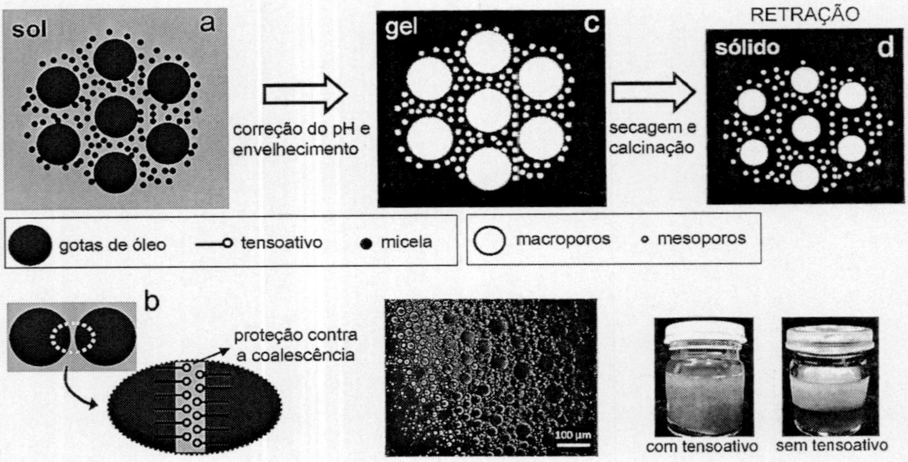

6.4 Zeólitas hierárquicas: uso de processos de desmetalização, de direcionadores secundários e de precursores lamelares

Em reações catalíticas realizadas por zeólitas (Figura 6.10), a estrutura dos poros, a força e o tipo de sítios ácidos afetam positivamente o desempenho catalítico, e, em várias condições, as mesmas características químicas e texturais afetam também a difusão de reagentes e produtos e a formação de coque, e, consequentemente, levam à diminuição da velocidade da reação química e desativação.[88,89] As zeólitas ácidas com estrutura tridimensional de poros (como a Faujasita) ou zeólitas de poros estreitos (como a ZSM-5) são altamente suscetíveis ao coque. No entanto, devido à dimensão dos poros, a quantidade de coque formada é limitada, porque as primeiras moléculas de coque formadas prontamente os bloqueiam e, portanto, não apenas diminui a taxa de formação de produtos desejados, mas também de coque. A formação de coque ocorre por meio de reações bimoleculares que são influenciadas por restrições estéricas impostas pelos poros e cavidades das zeólitas. A criação de porosidade secundária nas zeólitas permite que o coque se polimerize e cresça mais.[90] Portanto, a criação de mesoporos em zeólitas puramente microporosas têm uma influência notável não somente na formação de produtos, como também na de coque. Apesar do aumento do teor de coque, o catalisador micro-mesoporoso, com dois sistemas de poros, mantém sua atividade por mais tempo, pois o coque acumula-se em um dos sistemas de poros enquanto outro está acessível aos reagentes. Outras propriedades também são influenciadas por um sistema secundário de poros, tal como a dispersão de outras fases ativas (como em sistemas com sítios metálicos e ácidos, e em sistemas com sítios redox e ácidos) e a diminuição da força ácida (por relaxamento local de grupos de tetraedros na estrutura zeolítica).

Fig. 6.10 – Síntese de zeólitas mesoporosas pelo método destrutivo (*top-down*) de desmetalização, criação de mesoporos nos cristais e formação de sítios ácidos de força moderada e fraca

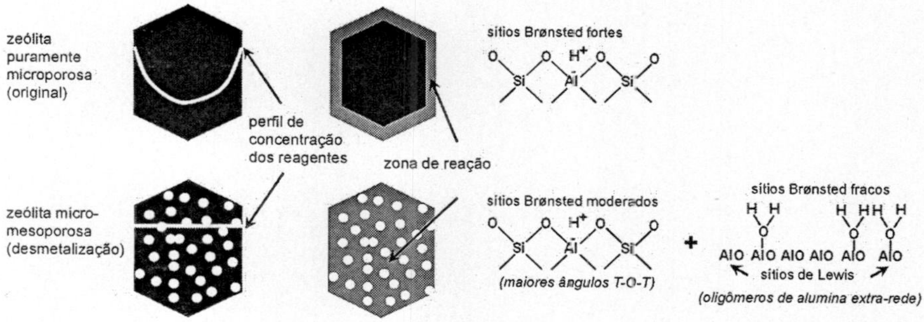

Existem várias estratégias para introduzir mesoporos em cristais zeolíticos,[91] mas três delas são frequentemente utilizadas, a desmetalização (desaluminização e dessilicalização), a síntese na presença de direcionadores secundários e o uso de precursores zeolíticos lamelares.[92,93]

A primeira refere-se à remoção de átomos de alumínio, geralmente por tratamento da amostra sob vapor de água ou em meio ácido, e à extração de átomos de silício da rede zeólita em meio alcalino. Nesses casos, a extração do heteroátomo leva à formação de defeitos estruturais, produzindo mesoporos. Um exemplo muito difundido de zeólita mesoporosa é a USY (*Ultra*

Stable Y), uma zeólita rica em alumínio que foi provavelmente a primeira zeólita usada industrialmente para combinar micro e mesoporos. Embora a intenção fosse principalmente remover os átomos de alumínio mais instáveis da estrutura para produzir um catalisador mais estável para craqueamento de gasóleo, os mesoporos resultantes facilitaram a difusão de reagentes e produtos e melhoraram o desempenho geral do catalisador. Apesar dos benefícios, que eram conhecidos há muitos anos, somente por volta do ano de 2000 o desenvolvimento de zeólitas porosas hierárquicas se expandiu fortemente. A desaluminização é realizada por tratamento com vapor de água em alta temperatura e/ou lixiviação ácida em fase liquida. Embora o tratamento térmico com vapor seja suficiente para criar defeitos locais e mesoporos em zeólitas, a combinação com a lixiviação ácida é preferida na maioria dos casos, pois a lixiviação remove as espécies extraestruturais formadas no primeiro procedimento. As espécies de alumina (oligômeros de oxo-hidróxido de alumínio), ou sílica-alumina amorfa, depositam-se nos poros ou nas entradas dos poros do catalisador diminuindo a difusão de compostos. Um problema delicado é a caracterização dessas espécies extraestruturais, em termos de composição exata, estrutura e a natureza dos sítios ácidos resultantes.

Com relação à dessilicalização, o primeiro processo foi patenteado por D. A. Young na década de 1960.[94] Foi mostrado que a estrutura MOR tratada com solução alcalina manteve preservada a cristalinidade, mas com aumento significativo na capacidade de adsorção de benzeno. Além disso, a avaliação catalítica no hidrocraqueamento de gasóleo revelou uma conversão três vezes maior para o catalisador Pd/MOR contendo mesoporos em comparação com o precursor puramente microporoso. No final da década de 1980, Aouali *et al.*[95] estudaram a remoção de silício da zeólita Faujasita por meio de soluções alcalinas em diferentes pHs a 80 °C. A dessilicalização de zeólitas segue um padrão semelhante à desaluminização, ou seja, com a geração de defeitos na rede e consequente formação de mesoporos. Em comparação com os grandes esforços feitos nas últimas décadas com relação à desaluminização, a dessilicalização atraiu maior atenção muito tempo depois como uma forma pós-sintética de introduzir mesoporos nas zeólitas. A principal diferença nesse método com o anterior está em que este ocorre por lixiviação em solução aquosa alcalina.

Os estudos mais intensos sobre os processos de dessilicalização foram conduzidos por Groen *et al.*[96], principalmente com zeólitas de estrutura

MFI. A partir de seus estudos, foram estabelecidas as condições ideais (especialmente em termos de tempo, temperatura e concentração de hidróxidos metálicos). As caracterizações mostraram que a acidez de Brønsted da zeólita permaneceram praticamente inalteradas após tratamento alcalino.

A segunda estratégia na síntese de catalisadores zeolíticos hierárquicos refere-se ao uso de tensoativos como direcionadores secundários (Figura 6.11), além dos direcionadores usualmente empregados na formação dos microporos. Os tensoativos podem ser multifuncionais e de natureza anfifílica, pertencentes à família dos organossilanos.[97] Dependendo da estrutura molecular dos silanos (cadeias com 12, 14 ou 16 átomos de carbono) e das condições de síntese hidrotérmica pode-se obter zeólitas com diferentes volumes de micro e mesoporosos e diâmetro dos mesoporos na faixa de 2 e 7,5 nm. Na Figura 6.11b, a molécula é composta por três grupos diferentes: um amônio quaternário, um grupamento alquila e um metoxisilil. O amônio quaternário tem a função comparável ao direcionador primário de estrutura, pois facilita sua ordenação estrutural. Esse grupo liga-se a um grupo alquila, que torna a molécula anfifílica (ou seja, hidrofílica na parte do amônio e hidrofóbica na parte alquila), e que, pela outra extremidade, liga-se a um grupo metoxisilil que interage com os domínios cristalinos em crescimento por meio de ligações covalentes, evitando a expulsão do surfactante da cristalização da fase zeolítica. A cauda alquila longa promove a formação de mesoporos de tamanho relativamente uniforme. Assim, a síntese permite o controle hierárquico das dimensões dos mesoporos.

Fig. 6.11 – Direcionadores secundários típicos empregados na síntese de zeólitas mesoporosas pelo método construtivo (*bottom-up*), em conjunto ou não com os direcionadores primários: (**a**) dodeciltrietoxisilano e (**b**) cloreto de dimetiloctadecil[3-(trimetoxisilano) propilamônio

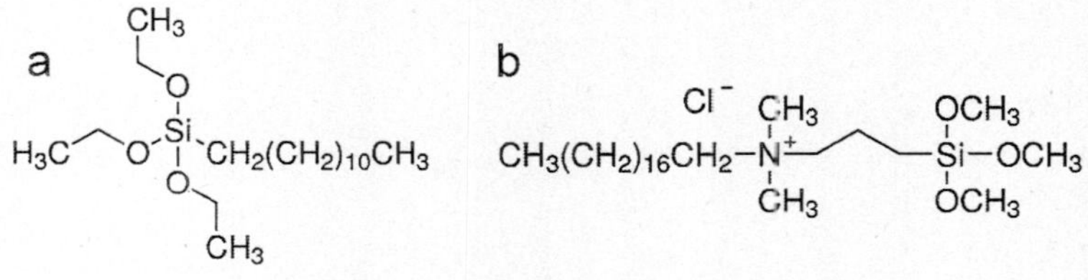

A terceira estratégia na síntese de catalisadores zeolíticos hierárquicos é por meio de zeólitas que apresentam precursores lamelares como unidade estrutural. Não são muitos os exemplos de estruturas: MWW, FER, NSI, CDO, RRO, e o aluminofluorofosfato AFO.[98] A estrutura MWW foi a origem dos precursores lamelares, apresentando a mais diversa gama de modificações, que também devem ser possíveis para outras estruturas. Essa variedade demonstra a diversidade de materiais distintos que podem ser obtidos. A Figura 6.12 mostra duas zeólitas que podem ser obtidas a partir do precursor lamelar da MWW, a MCM-22P, que tem as lâminas expandidas com brometo de cetiltrimetilamônio como tensoativo seguido de pilarização com blocos poliméricos de sílica (MCM-36) ou exfoliação com tratamento com ultra som (ITQ-2).[99] A MCM-36 pode conter pilares além da SiO_2, como Al_2O_3, puros ou com óxidos mistos como $MgO\text{-}Al_2O_3$, que podem conferir propriedades ácidas ou básicas. A ITQ-2 é o primeiro material esfoliado sintetizado dentre as zeólitas 2D, constituída por lâminas individuais com altura de 2,5 nm, alta área específica e com grande quantidade de grupos silanóis Si-OH na superfície. A difração de raios-X dos materiais na Figura 6.12b revela padrões característicos da estrutura MWW, notavelmente picos na faixa de 2Θ de 3 a 7°, para os planos (001) e (002), que estão relacionados à separação entre as lâminas da zeólita ao longo do eixo c. O pico do plano (002) em 6,4 desloca para 7,1° na MCM-22 após a calcinação para remoção do direcionador primário hexametileno imina (utilizado na síntese), devido à condensação das lâminas. As medidas em ângulos pequenos, de 1,2 a 4°, mostram o deslocamento dos planos (001) e (002) devido ao aumento da distância entre as lâminas. Para a ITQ-2, há diminuição da intensidade e severo alargamento dos picos, e o plano (001) não aparece, consistente com a redução da ordem de longo alcance.

Fig. 6.12 – **(a)** Exemplo de síntese de zeólitas mesoporosas a partir do precursor lamelar MCM-22P (ainda contendo o direcionador primário — hexametileno imina — ainda ocluído nos poros); seguido de substituição e expansão das lâminas com um tensoativo — brometo de cetiltrimetilamônio —, formando a MCM-22S (*swollen, inchado* em inglês); pilarização com blocos poliméricos de sílica formando a MCM-36; exfoliação em pH alcalino seguido de tratamento com ultrassom para formar a ITQ-2. **(b)** difratogramas de raios-X, com destaque para os picos de difração em baixo ângulo, em particular o plano (001) do espaçamento basal das lâminas, que se desloca com os tratamentos; a amostra MCM-22 é obtida a partir da calcinação da amostra MCM-22P, em que ocorre a condensação das lâminas, formando uma estrutura microporosa 3D

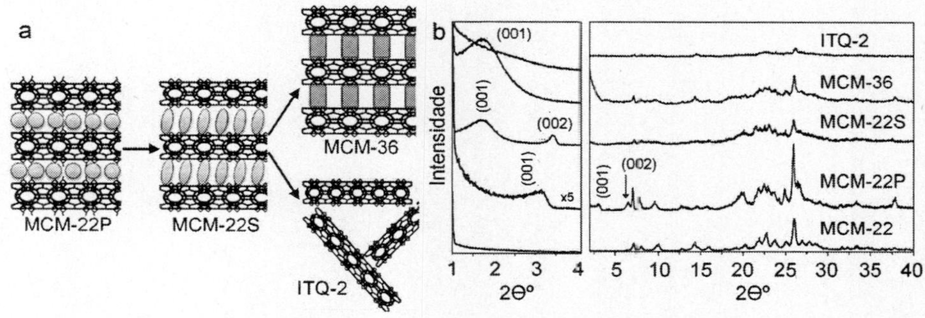

7

CATÁLISE COM MATERIAIS COM CONTROLE DA POROSIDADE PRIMÁRIA

7.1 A seletividade de forma em catalisadores microporosos

Uma das principais propriedades das zeólitas foi descoberta em 1960 por P. B. Weisz e V. Frilette: as zeólitas apresentam seletividade de forma em decorrência do efeito de peneira molecular dos poros e cavidades nanométricos.[100] A descoberta culminou em pesquisas na síntese de novas estruturas zeolíticas baseadas nessa propriedade. O primeiro processo industrial que empregou a seletividade de forma foi desenvolvido pela Mobil em 1968 para o craqueamento seletivo de alcanos lineares na produção de gasolina com uso da zeólita natural erionita. Grande parte da gasolina mundial é produzida por um processo conhecido como FCC (sigla em inglês para *Fluid Catalytic Cracking*) que utiliza como componente principal a zeólita faujasita, que apresenta conjunção adequada de tamanhos de poros e força ácida, necessários ao craqueamento seletivo.[101]

Uma outra aplicação bastante imediata da seletividade de forma de catalisadores zeolíticos é a isomerização de xilenos a p-xileno, que por sua vez é utilizado na produção de PET (politereftalato de etileno). O PET é um polímero termoplástico, desenvolvido por dois químicos britânicos — J. R. Whinfield e J. T. Dickson — em 1941, formado pela reação entre o ácido tereftálico e o etileno glicol (Figura 7.1).[102]

Fig. 7.1 – Etapas de formação do polímero termoplástico politereftalato de etileno partindo-se da reação de oxidação do p-xileno

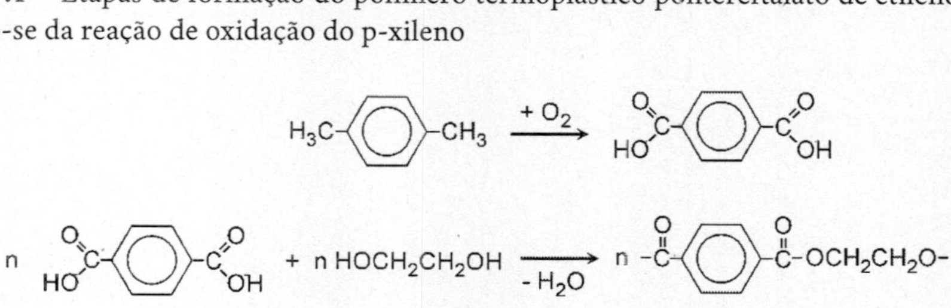

Os isômeros de xilenos são bastante abundantes na indústria química, no entanto o produto de maior demanda, o p-xileno, é produzido em menor quantidade, cerca de 25% de seletividade, em decorrência do equilíbrio químico que se estabelece em meio homogêneo (Tabela 7.1). A eficiência das zeólitas na transformação seletiva ao p-xileno se deve a duas características desses materiais: (1) uma estrutura cristalina com poros e cavidades, (2) e a criação de sítios ácidos em ambientes com limitação de espaço e difusão. A Tabela 7.1 apresenta as consequências da microporosidade das zeólitas na difusão configuracional e na seletividade aos produtos de isomerização dos xilenos. Com o uso de zeólitas como catalisadores, a seletividade ao p-xileno pode chegar a 84,7%. O motivo é a seletividade de forma,[103,104] que facilita o acesso e saída de moléculas com os menores diâmetros críticos.

Antes de prosseguir, cabem algumas definições sobre os diâmetros das moléculas. Vamos utilizar como exemplo a molécula do p-xileno, descrita na Figura 7.2. O diâmetro máximo é definido como a maior dimensão da molécula.[105] O diâmetro crítico é definido como o diâmetro do menor cilindro dentro do qual caberá uma molécula. Por outro lado, o diâmetro cinético (descrito pela letra s) é o diâmetro médio da molécula em condições dinâmicas e pode ser estimado a partir das propriedades de ponto crítico do fluido de acordo com as eq. 7.1, 7.2 ou 7.3, em que Vc é o volume crítico em cm^3/mol, T_C a temperatura crítica em K, P_C a pressão crítica em atm e M_A a massa molecular em g/mol.[106] A Tabela 7.2 apresenta o exemplo de cálculo do diâmetro cinético de algumas substâncias.

Tabela 7.1 – Consequências da difusão configuracional na seletividade aos produtos da reação de isomerização de xilenos

	m-xileno	o-xileno	p-xileno	1,3,5-trimetil-benzeno	σ médio
	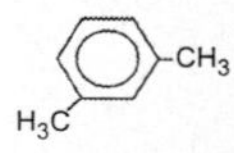	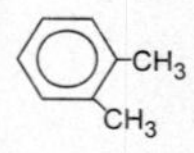	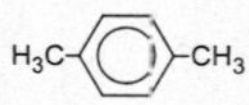	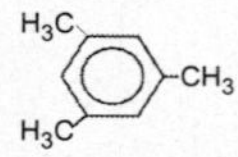	ref.
Diâmetro crítico (nm)	0,68	0,68	0,62	0,77	Perego[107]
Diâmetro cinético (nm)	0,61	0,61	0,61	0,63	Zhou[108]
$D_{AB,ef}$ em zeólitas (cm^2/s)	1×10^{-10}	1×10^{-10}	1×10^{-7}	1×10^{-12}	Perego
Equilíbrio (sem catalisador)	50 %	25 %	25 %	...	...
Seletividade [a] (com zeólitas)	1,7 %	0	84,7 %	0	Hibino[109]

a. Resultado da reação de isomerização do o-xileno a 300 °C a 1 atm

Fig. 7.2 – Diâmetros do p-xileno (máximo, crítico e cinético)

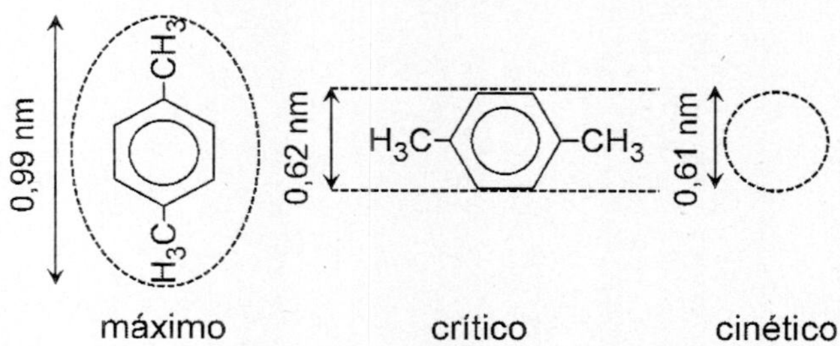

$$\sigma = 0{,}0841 \cdot V_C^{\frac{1}{3}} \qquad \textit{(eq. 7.1)}$$

$$\sigma = 0{,}244 \cdot \left(\frac{T_C}{P_C}\right)^{\frac{1}{3}} \qquad \textit{(eq. 7.2)}$$

$$\sigma = 0{,}1234 M_A^{\frac{1}{3}} \qquad \textit{(eq. 7.3)}$$

Tabela 7.2 – Exemplo de cálculo do diâmetro cinético s de algumas substâncias, de acordo com as equações 7.1, 7.2 e 7.3 (valores consultados no NIST - *National Institute of Standards and Technology*), Vc em cm^3/mol, T_C em K, P_C em atm, M_A em g/mol e σ médio em nm

Substância	Vc	Tc	Pc	M_A	Eq. 7.1	Eq. 7.2	Eq. 7.3	σ médio (nm)
amônia	...	405	111,5	17,03	...	0,375	0,317	0,35
piridina	253	619	55,8	79,10	0,532	0,544	0,530	0,54
metanol	117	513	79,9	32,04	0,411	0,453	0,392	0,42
éter dimetílico	178	400	53,0	46,07	0,473	0,479	0,442	0,46
eteno	131	283	49,9	28,05	0,427	0,435	0,375	0,41
propeno	192	365	46,0	42,08	0,485	0,487	0,429	0,47
p-xileno	378	616	34,8	106,16	0,608	0,636	0,584	0,61
1,3,5-trimetilbenzeno	414	639	30,9	120,19	0,627	0,657	0,609	0,63

Retornando à questão da seletividade de forma, medidas da capacidade de adsorção do p-xileno e do o-xileno na zeólita ZSM-5 ao longo do tempo mostraram que o p-xileno difunde-se 84 vezes mais rápido (1,49 mmol de p-xileno/min.g e 0,017 mmol de o-xileno/min.g). Isso se deve ao menor diâmetro crítico do p-xileno e consequentemente maior coeficiente de difusividade deste composto nos poros da zeólita. Essa propriedade é classificada como "seletividade de forma ao produto". O composto 1,3,5-trimetilbenzeno não é formado, pois o estado de transição necessário à sua formação requer um espaço maior do que a cavidade zeolítica para ocorrer. Essa propriedade é classificada como "seletividade de forma ao estado de transição".[110,111]

A Figura 7.3 mostra que a seletividade de forma pode ser usada para conduzir uma reação catalítica ao produto desejado, evitando reações paralelas indesejadas. Nesse caso há a formação preferencial do isômero de xileno mais importante para a indústria, o p-xileno.[112] A seletividade de forma, e por conseguinte o excelente desempenho catalítico em reações em que essa propriedade é importante, surge devido à rede cristalina zeolítica, constituída por canais, cavidades e intersecção de canais da ordem de 0,25 a 1 nm.

Fig. 7.3 – (a) Seletividade de forma na isomerização do meta-xileno e (b) razão molar para/orto-xileno em função da dimensão do maior poro da zeólita

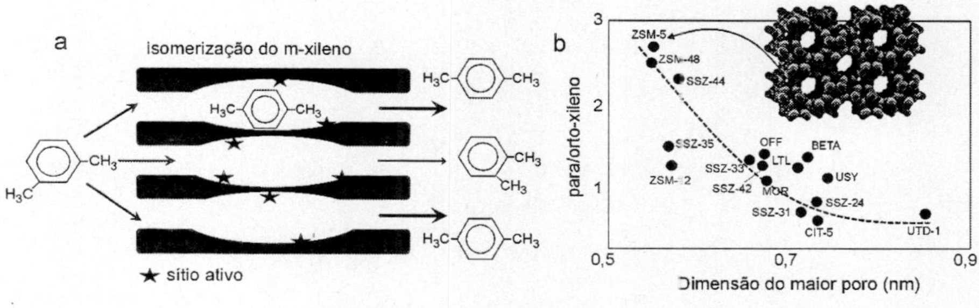

7.2 Efeito de confinamento em catalisadores microporosos

Embora o termo "líquido ou gás confinado" tenha sido usado em muitos contextos, na catálise o foco está no confinamento em escalas nanométricas, particularmente para diâmetros menores que 10 nm. Os sólidos com poros e cavidades de dimensões nanométricas impactam nas propriedades das moléculas, que diferem daquelas observadas nos meios macroscópicos.[113] No menor desses sistemas, como ocorre com as zeólitas, metade ou mais das moléculas confinadas são encontradas na camada interfacial fluido-sólido. Assim, as propriedades resultantes são fortemente influenciadas, se não determinadas, pela superfície que interage com o sólido causando modificações por meio de interações químicas. O confinamento espacial também induz a modificações físicas pela ordenação microscópica dos constituintes do fluido em camadas paralelas às paredes do sólido, ao contrário da distribuição mais aleatória dos meios contínuos. Os poros influenciam a estrutura, a dinâmica e o comportamento físico da matéria confinada e podemos citar alguns dos seus efeitos:

1. Supersolubilidade: refere-se a um grande aumento da solubilidade de gases em líquidos confinados em relação ao valor convencionalmente previsto pela lei de Henry,[114,115] que estabelece uma relação linear entre a concentração de um gás dissolvido e sua pressão na fase gás. A supersolubilidade pode ser promovida pelo adensamento do líquido na vizinhança da superfície do sólido poroso, ou, porque além da solubilização no líquido, ocorre também a adsorção do gás na superfície do material poroso nas interfaces com preenchimento incompleto pelo líquido;

2. Mudança da dinâmica vibracional de moléculas adsorvidas: a intensidade e posição de espectros na região do infravermelho de moléculas são afetados não apenas pelo centro de adsorção (específico), mas também pela interação com a parede do sólido poroso;
3. Condensação capilar: é o nome atribuído ao fenômeno pelo qual um fluido cuja pressão de vapor é menor que seu valor na saturação. Os químicos há muito usam a noção de condensação capilar para interpretar a adsorção medida pelas isotermas de gases em sólidos micro e mesoporosos.

Com relação à catálise, os sistemas são de certa forma inspirados nas enzimas, sistemas naturais que incorporam múltiplas funcionalidades dentro de suas cavidades. Um aspecto essencial é a preservação de um espaço confinado bem definido (gerado pela matriz proteica da enzima) em torno do centro ativo, garantindo a proximidade do substrato e do sítio ativo e uma pré-organização em uma conformação de maior energia, o que resulta em aumento reatividade e seletividade. Similarmente, na catálise heterogênea, a maior frequência de interação do reagente com as paredes do catalisador, a sua organização diferenciada nos poros e/ou a estabilização de estados de transição de moléculas reativas confere aos materiais porosos nanométricos propriedades funcionais diferenciadas. Os vários efeitos podem ocorrer de forma individual ou combinados, e as moléculas adsorvidas e a estrutura do catalisador podem ambas sofrer mudanças conformacionais recíprocas por meio de interações van der Waals e/ou ligações de hidrogênio. Poros menores tendem a estabilizar mais efetivamente os estados de transição do que poros maiores.

Shamsuzzoha *et al.*[116] estudaram a adsorção de xilenos nos poros da faujasita e descobriram que a sua estrutura contrai após a adsorção, o que ilustra a importância de interações fracas de van der Waals no reconhecimento molecular nas propriedades dos materiais zeolíticos. Apesar de serem fracas separadamente, a formação de múltiplas interações de forma coletiva consegue induzir conformações específicas que minimizam energias e maximizam a funcionalidade do catalisador.

Um estudo com amostras obtidas a partir da síntese de zeólitas com diferentes tempos de cristalização mostrou o efeito dos poros na atividade catalítica. As amostras de catalisadores foram preparadas durante a síntese de uma zeólita ZSM-5, com diferentes tempos de cristalização, obtendo-se desde materiais amorfos, parcialmente cristalinos, até uma estrutura totalmente consolidada. As amostras, com diferentes graus de formação da estrutura microporosa foram aplicadas na desidratação do metanol a éter dimetílico. O reagente e o produto têm um diâmetro cinético de 0,42 e 0,46 nm, respectivamente, ligeiramente inferior aos poros da ZSM-5, permitindo o ajuste e interação com poros. Embora as amostras intermediárias e pouco cristalinas apresentassem sítios ácidos de Brønsted (com força comparável à das zeólita completamente cristalina), elas não apresentaram conversão significativa de metanol até que a zeólita se formasse completamente.[117] Então, as cavidades microporosas das zeólitas, em combinação com a acidez, foram as principais responsáveis pela atividade catalítica.

Derouane[118] discute sobre a influência do tamanho de poros de zeólitas ácidas no craqueamento de parafinas lineares. Os resultados de atividade catalítica em função do diâmetro de poro apresentaram um gráfico com um máximo, indicando a existência de um diâmetro de poro ideal entre 0,58-0,60 nm, que excede apenas ligeiramente a seção transversal da parafina linear.

Gounder e Iglesia[119] estimaram a energia consumida no craqueamento de n-alcanos sobre zeólitas ZSM-5 ácidas, que diminuem em cerca de 12 kJ/mol por grupo -CH_2- adicionado à cadeia de n-alcanos de 3 a 6 átomos de carbono. A diminuição ocorre como consequência da estabilização de estados de transição maiores nos poros do catalisador. As barreiras de ativação para o craqueamento do propano também diminuem à medida que os vazios dos poros se tornam menores, de 165 kJ/mol para a zeólita faujasita (poros de 1,1 nm), a 156-159 kJ/mol para a Beta (poros de 0,6 nm) e, finalmente, a 147 kJ/mol para a ZSM-5 (poros médios de 0,5 nm).

Itoh *et al.*[120] mostraram que zeólitas trocadas com metais alcalinos são catalisadores para a alquilação lateral de tolueno com metanol. Nesse catalisador zeolítico, o intermediário reativo obtém uma configuração específica com restrições estéricas que facilita a interação simultânea com os sítios ácido e básico contidos nos poros do catalisador.

As propriedades reativas de uma determinada estrutura também podem ser ajustadas. As zeólitas podem ser hidrofílicas ou hidrofóbicas, a depender da quantidade de grupos silanóis (-SiOH) ou sítios de Brønsted (-OSiAl$^-$(H^+)SiO-) presentes.[121] Esses sítios podem atrair moléculas polares por meio de ligação de hidrogênio ou solvatação, respectivamente. Em particular, a seletividade na adsorção de moléculas polares ou não polares pode ser ajustada de diversas formas, tal como por meio de troca iônica por cátions com menor grau de solvatação ou pela mudança da quantidade de átomos de alumínio incorporados na estrutura, controlando o número de sítios (-OSiAl$^-$(H$^+$)SiO-). O caráter ajustável desses materiais adiciona uma ferramenta extra para controlar a atividade e seletividade do catalisador, pois quando reagentes com diferentes polaridades são empregados, eles serão adsorvidos nos poros do catalisador em diferentes proporções, e, como tal, pode-se gerar um material seletivo a determinado substrato. Isso é particularmente importante em reações em sistemas bifásicos, como ocorre por exemplo na reação de cetalização do glicerol com a acetona, em que ao aumentar a hidrofobicidade a taxa de reação aumentou significativamente.[122]

7.3 Difusão e conversão de reagentes em catalisadores micro, meso e macroporosos

A seletividade de forma é uma propriedade importante das estruturas zeolíticas, no entanto o caráter puramente microporoso destes materiais pode resultar em dificuldades de acesso aos sítios ativos e consequente limitação no transporte de reagentes e produtos, com impactos negativos no desempenho global do catalisador.

Conforme já comentado, a difusão de reagentes e produtos em materiais microporosos é um tema de intenso estudo na literatura e para trazer uma complicação adicional há ainda a flexibilidade da estrutura. Barrer e Vaughan[123] estudaram a adsorção de gases na zeólita sodalita e observaram que um gás nobre poderia entrar através de suas janelas estreitas a altas temperaturas e permanecer preso a baixas temperaturas. Isso ocorre porque o diâmetro do gás é maior do que a abertura dos poros, o que acontece porque a estrutura zeolítica tem flexibilidade para permitir a entrada de grandes moléculas. Deem *et al.*[124] usaram modelos mais sofisticados que corroboraram as observações de Barrer e Vaughan. Alguns estudos computacionais mostram que esse assunto é complexo. Dependendo do sistema, uma rede zeolítica flexível pode diminuir ou aumentar o coeficiente de difusão. A flexibilidade pode aumentar a difusão de moléculas que têm aproximadamente o mesmo tamanho dos poros do catalisador. Para moléculas menores que os poros, a flexibilidade pode resultar em flutuações. Considere um poro circular em que as flutuações levem momentaneamente a um poro com formato de elipse na qual um eixo é menor comparado ao círculo inicial. Nesse sistema, poderá ocorrer diminuição do coeficiente de difusão.

Um desempenho catalítico mais eficiente das zeólitas pode ser obtido com a diminuição da restrição difusional. Um dos procedimentos mais utilizados para aprimorar os catalisadores zeolíticos é a criação de uma rede secundária de mesoporos conectando os microporos. Existe uma grande variedade de procedimentos, conforme comentado anteriormente. O resultado é que a zeólita com porosidade hierárquica apresenta aumento no transporte de massa para dentro e fora dos cristais. Um estudo de desidratação do glicerol a acroleína utilizando zeólitas ZSM-5 puramente microporosas e zeólitas micro-mesoporosas mostrou que o sistema secundário de poros melhorou a conversão do glicerol. De fato, o diâmetro cinético do glicerol é de 0,54 nm, ou seja, comparável com a dimensão dos poros da zeólita. A criação de mesoporos da ordem de 20 nm foi benéfica para um melhor desempenho catalítico. Adicionalmente, esses catalisadores apresentam forte desativação por conta da formação e deposição de coque. A Figura 7.4 mostra uma representação microscópica da desativação do catalisador nos dois conjuntos de catalisadores, microporoso e micro-mesoporoso. No primeiro caso, o coque é depositado na entrada dos poros, bloqueando-os, o que leva a um efeito bastante prejudicial ao desempenho catalítico. A desativação foi de 61,9%. No segundo caso, o coque não é depositado nos poros menores, mas sim em bolsões intracristalinos. Como consequência dessa porosidade secundária, a atividade do catalisador foi maior e a desativação menor, ou seja, de 44,9%.[125] Um comportamento semelhante na desidratação do glicerol foi observado para as zeólitas lamelares MCM-22, MCM-36 e ITQ-2. Como esperado, o tempo de vida dos catalisadores porosos na desidratação do glicerol foi maior em comparação com a zeólita puramente microporosa MCM-22, apesar de pequenas perdas na quantidade e força de sítios ácidos nos catalisadores decorrentes do processo de preparação. Essa melhora no desempenho catalítico é explicada pela acessibilidade do glicerol aos sítios ativos do catalisador.

Fig. 7.4 – Evolução de coque em catalisadores **(a)** puramente microporosos e **(b)** micro--mesoporosos

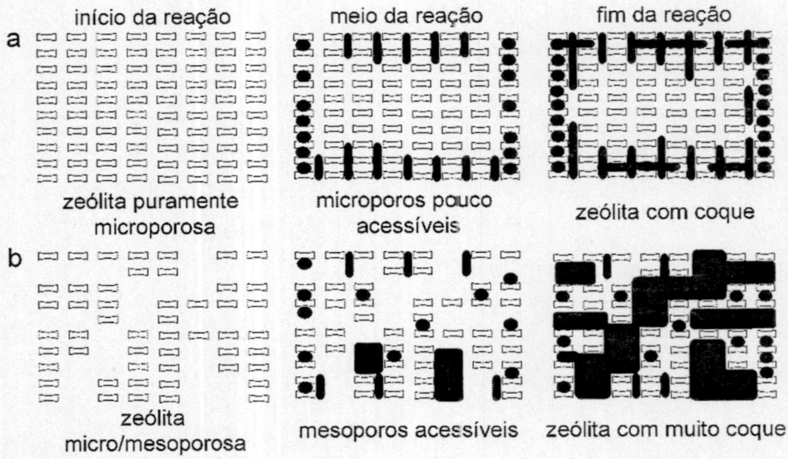

Outro exemplo é a criação de mesoporos em óxidos metálicos, principalmente em óxido de alumínio, que é um suporte que possuiu resistência a altas temperaturas e ambientes corrosivos, permitindo a sua utilização em uma variedade de reações. No entanto um dos principais problemas são a baixa área específica e a desativação por obstrução de poros impedindo a difusão eficiente de reagentes e produtos. A introdução controlada de diferentes famílias e volume de poros nesses suportes de catalisadores têm levado a uma melhora no desempenho catalítico, como na reação de desidratação do etanol a eteno e éter dietílico catalisada pelos sítios ácidos da alumina.[126] A desidrogenação do etanol para formar acetaldeído geralmente ocorre sobre catalisadores com sítios básicos. Nesse estudo com catalisadores de alumina, a seletividade ao acetaldeído foi sempre menor do que 1%, indicando o caráter ácido predominante da alumina. Com o objetivo de aumentar a área específica e poros, foram preparadas amostras de alumina com diferentes quantidades de uma emulsão contendo deca-hidronaftaleno. Apesar da formação de meso e macroporos, houve uma diminuição da quantidade de sítios ácidos, pois o direcionador, que é apolar, durante o processo de síntese, localiza-se na interface emulsão-alumina, diminuindo a quantidade de hidroxilas que estão na superfície da alumina. O resultado do aumento da porosidade e diminuição dos sítios ácidos é que a conversão de etanol apresentou um mínimo como decorrência dos efeitos antagônicos das duas propriedades. Para diferentes quantidades de deca-hidronaftaleno adicionados à síntese, a atividade do catalisador final volta a recuperar para uma maior quantidade de poros, superando a menor acidez do catalisador. Dessa forma, a eficiência do material pode ser modificada não somente pela porosidade como também por sua propriedade química, ou seja, a composição e organização dos átomos da superfície que está exposta aos reagentes e produtos.

7.4 Efeito da área específica e porosidade do suporte na dispersão e mudança de textura de fases ativas em catalisadores porosos

Considerando um corpo esférico de raio *r* (em cm), a sua área geométrica externa é de $4\pi r^2$ (em cm^2). Um cubo com arestas *L* cm possui uma área de $6xL^2$ cm^2. No entanto essa simplificação matemática dificilmente se aplica a materiais, mesmo que com formas geométricas perfeitas, pois sob exames microscópicos detalhados as superfícies apresentam falhas e rugosidades devido a degraus, poros e outras imperfeições microscópicas que criam uma área específica maior do que a área geométrica idealizada. Dois fatores principais podem contribuir com o aumento da área específica de suportes e de catalisadores; a diminuição do tamanho das partículas e o aumento da porosidade intrapartícula.

Quando um cubo com arestas de 1 m é subdividido em cubos menores de 1 μm cada teremos 10^{18} cubos, cada um com uma área de $6x10^{-12}$ m^2. Assim, a soma da área de todas as partículas é de $6x10^6$ m^2. Com relação à catálise heterogênea, há alguns exemplos que mostram que há uma relação direta entre a diminuição do tamanho de partícula, aumento quase que linear da área específica e aumento da atividade catalítica na mesma proporção.[127,128,129] No entanto essa propriedade é praticamente uma exceção, porque a diminuição no tamanho do material impacta também na distribuição de sítios ativos na superfície e na forma com que os átomos que os compõem se organizam, modificando bastante a sua estrutura e suas propriedades eletrônicas, principalmente na faixa de tamanho de 1 a 50 nm. Por exemplo, tanto o calor de adsorção do CO quanto a energia de ativação para a dissociação do CO mudam com o aumento do tamanho das partículas de Ni, um padrão que afeta o desempenho de partículas nanométricas de níquel na reação de Fischer-Tropsch. O mesmo ocorre com partículas de óxido de vanádio suportadas em diferentes suportes, que são catalisadores geralmente utilizados na desidrogenação de alcanos lineares. O estudo catalítico nessa reação mostrou que a atividade aumentou com o aumento do tamanho de partícula, pois isso altera as propriedades eletrônicas do vanádio por meio da redução na facilidade de transferência de elétrons do átomo de oxigênio para o vanádio.[130] Esses dois exemplos mostram que o aumento da área específica por meio da redução do tamanho de partículas leva a mudanças muito importantes no desempenho do catalisador, que precisa ser analisado e estudado caso a caso.

Com relação ao aumento da porosidade de materiais catalíticos, considere um pó composto de partículas esféricas de 0,1 μm de raio r e com densidade (*r*) de 3 g/cm^3. Para esferas, no cálculo da área específica *S* vale a relação $S = 3/\rho{\cdot}r$, e, para esse exemplo, o material terá uma área de 10^5 cm^2/g ou 10 m^2/g. Partículas semelhantes com raios de 1 μm exibiriam uma diminuição da área de 10 vezes. No entanto há vários materiais com essas dimensões de partículas e com áreas muitas vezes maior, tal como a peneira molecular mesoporosa MCM-41 com área da ordem de 1.000 m^2/g, indicando claramente a contribuição significativa que os poros têm na área específica.

Os suportes são importantes na construção dos catalisadores e são utilizados para dispersar os metais, estejam eles reduzidos ou na forma de óxidos. Se o suporte tiver área específica suficiente, poderá dispersar a fase ativa até o limite da formação de uma monocamada completa, ou se esse limite for superado haverá a formação de aglomerados. Alguns metais nobres, tais como ródio, rutênio, irídio, paládio, ouro e platina, são considerados como catalisadores eficientes para catálise industrial e ambiental. Com o objetivo de aumentar a eficiência de uso de metais tão caros, a modificação do tamanho dos aglomerados metálicos e, consequentemente, de efeitos eletrônicos atrai o interesse para a sua síntese. O aumento da área específica desses metais aumenta a exposição de facetas ativas e cria sítios de baixa coordenação ou insaturados, mais reativos. A diminuição do tamanho gera um aumento de átomos insaturados na superfície do aglomerado, e, assim, as espécies com energia livre na superfície do metal aumentam, e mais e mais sítios de metal se tornam também ativos por interações metal-suporte. No entanto os metais em escala nanométrica não estão em equilíbrio termodinâmico, mas apenas em um estado mais ou menos cineticamente estável. Para facilitar a aplicação prática de metais altamente dispersos em catálise, especialmente em relação à estabilidade estrutural, os materiais porosos com alta área específica são frequentemente usados como suportes para dispersões dos metais ou óxidos metálicos ativos. A interação química com a superfície e/ou a barreira física criada pelos poros e cavidades do suporte podem evitar a agregação aumentando a acessibilidade, além de que, na catálise em ambientes confinados, podem criar aglomerados de sítios ativos finamente dispersos, bem como um baixo consumo do metal nobre.

Além da dispersão dos aglomerados metálicos, a natureza do suporte de óxido desempenha um papel determinante na criação uniforme de espécies na superfície. Por exemplo, em catalisadores contendo óxido de vanádio como fase ativa quando há forte interação com o suporte (tal como TiO_2), uma monocamada pode ser alcançada sem a formação de partículas aglomeradas. No entanto, quando a reatividade da superfície de suporte é baixa (tal como, SiO_2), as partículas podem estar aglomeradas. Algumas estratégias para melhorar a dispersão sobre suportes à base de sílica envolvem a preparação de sílicas mesoporosas altamente ordenadas ou sílicas comerciais tratadas termicamente ou pela geração de grupos silanóis isolados reativos na superfície. Aumentar a área específica e a densidade de hidroxilas na superfície pode afetar diretamente as interações entre o precursor e o suporte durante a impregnação, e a estabilidade dos sítios durante os pós-tratamentos térmicos como secagem e calcinação também é importante.

Conforme mencionado, o uso de suportes porosos não interfere apenas no aumento da área específica das espécies metálicas acessíveis aos reagentes, mas causa também a alteração da interação metal-suporte (IMS). Essa interação, descrita de forma singela pela sigla IMS, é na verdade a alteração de várias propriedades da fase dispersa, que podem ser classificadas como transferência de carga, perímetro interfacial, composição química e forma das partículas dispersas.

A interface entre uma partícula de metal e o suporte pode dar origem a um rearranjo de elétrons nos materiais. A redistribuição de elétrons é limitada a algumas camadas atômicas na interface e pode ser acompanhada, em alguns casos, por uma mudança no estado de oxidação de alguns átomos de metal da partícula ou até mesmo dos íons de metal do suporte. Várias características do suporte são importantes para a transferência de carga, como a sua condutividade e redutibilidade. Se for cristalino, vai depender dos planos do cristal que estão expostos, ocorrência de defeitos e da composição química da superfície. Por exemplo, a sílica mesoporosa MCM-41 pode conter grupos silanol na superfície que podem atuar no ancoramento de espécies de óxidos metálicos.

Os sítios ativos (tanto do metal quanto do suporte) que se encontram na interface perimetral dos aglomerados das partículas de metal ou óxidos metálicos são um ambiente único, pois as partículas, o suporte e os reagentes estão em contato direto, facilitando a ocorrência de reações sincronizadas. Além disso, a transferência de carga favorece o acúmulo de cargas no perímetro. A proximidade dos aglomerados de partículas a defeitos na superfície do suporte (por exemplo, vacâncias de oxigênio, grupos hidroxila, sítios ácidos ou básicos) também podem ajudar em reações sequenciais locais ou estabilizar estados de transição de reagentes ou produtos.

É possível ocorrer reações químicas no estado sólido entre a espécie metálica que se deseja dispersar e o suporte, resultando na formação de novas fases. A troca de espécies é possível em ambas as direções, geralmente ao mesmo tempo com um processo redox, com oxidação dos átomos do metal do aglomerado disperso ou redução de íons metálicos do suporte. Esse fenômeno tem consequências ambivalentes, uma vez que pode diminuir ou aumentar o desempenho catalítico. É comum formar fases inativas, como óxidos metálicos mistos (por exemplo, aluminatos metálicos), às custas do consumo de sítios metálicos ativos. Mas pode ocorrer também a formação de espécies mais ativas por redução do metal ou de alguns íons do aglomerado.

A forma das partículas metálicas dispersas tem uma forte influência no seu desempenho catalítico, considerando que formas diferentes expõem certas facetas, e que essas facetas podem ter configurações de átomos favoráveis ou desfavoráveis à catálise. A atração metal-suporte afeta a forma das partículas e poderá também reduzir as suas mobilidades e tendência de crescimento.

Ainda com relação às formas das partículas, durante a síntese dos catalisadores, suportados ou não, pode-se adicionar tensoativos, que são um dos mediadores de forma e tamanho mais comuns. Comparados aos agentes orgânicos convencionais, os tensoativos não apenas possuem as vantagens de baixo custo, alta estabilidade térmica e outras propriedades multifuncionais, como também fornecem mais sítios de nucleação e, em alguns casos, maior estabilidade do material sintetizado. Portanto, os tensoativos vêm sendo aplicados como um poderoso aditivo químico no controle do tamanho e forma dos materiais inorgânicos convencionais. Os tensoativos podem efetivamente controlar a forma de sólidos inorgânicos porque seus grupos hidrofóbicos e hidrofílicos não apenas aumentam a solubilidade de íons metálicos, mas também têm interação com eles.

Macedo *et al.*[131] mostram que em óxidos α-Ag_2WO_4 sintetizados na presença de tensoativos, devido à modificação na forma das partículas e geometria, ocorreram distorções estruturais e eletrônicas e as correspondentes variações nos comprimentos das ligações Ag-O e W-O e nos ângulos de ligação O-W-O e O-Ag-O. As mudanças nas propriedades fotocatalíticas desse semicondutor foram todas dependentes do procedimento de síntese e do tensoativo utilizado. A superfície de um sólido possui uma energia específica, distribuição atômica e coordenação local dos metais expostos. Esses resultados tendem a confirmar a hipótese de que as propriedades observadas para os catalisadores resultam de um compromisso entre a presença de defeitos locais (distúrbio de curto alcance) e a ordenação de rede cristalina (ordem de longo alcance). Portanto, encontrar um método de síntese para controlar essas características é crucial para determinar as propriedades e as aplicações tecnológicas subsequentes desses catalisadores.

Com relação a óxidos mistos de $Mo_xV_yO_z$, o uso de tensoativos também altera as suas propriedades catalíticas.[132] A adição de tensoativos na síntese de $Mo_xV_yO_z$ leva a novas propriedades texturais e à estabilização de fases do óxido misto nesses catalisadores, não encontradas na ausência do tensoativo.

Adicionalmente, estudos sobre as relações estrutura-função de catalisadores heterogêneos levam cada vez mais à conclusão de que os catalisadores não são, de longe, materiais com estruturas estáticas, tanto em relação à superfície quanto para todo o sólido. Em vez disso, são sólidos dinâmicos que podem alterar a sua estrutura, forma e composição da superfície dependendo das condições de reação locais no reator. Geralmente, tais mudanças no arranjo atômico também induzem mudanças nas propriedades químicas. Por exemplo, a alteração dos potenciais redox das misturas de reação pode levar a uma adesão diferente entre as partículas de metal e o suporte de óxido, o que pode resultar em alterações na forma.[133] Em casos extremos, isso pode levar à formação de compósitos. Com relação aos óxidos $Mo_xV_yO_z$, durante a reação catalítica de desidratação oxidativa do glicerol podem ocorrer mudanças nas propriedades estruturais e texturais do óxido misto; já os catalisadores obtidos com tensoativos são menos propensos a essas mudanças.

7.5 Catalisadores mesoporosos contendo simultaneamente sítios ácido e básico

Uma área atual de interesse no projeto e síntese de catalisadores sólidos é a criação de materiais que contêm vários tipos de sítios ativos. Essas funcionalidades podem ser usadas para realizar várias etapas em uma sequência de reações ou atuar de forma cooperativa para alterar as características de uma reação, por exemplo taxas, seletividades e assim por diante. As enzimas, como aldolases, são exemplos interessantes de catalisadores multifuncionais, pois são capazes de conduzir reações em várias etapas. As enzimas imobilizam grupos funcionais mutuamente incompatíveis de uma maneira que mantém sua funcionalidade independente e, como tal, são capazes de realizar sequências de reação multipasses com funcionalidades que não poderiam coexistir juntos em solução.

A cooperação de sítios ácidos com básicos pode ser extremamente eficaz para reações específicas.[134] Às vezes, um catalisador bifuncional apresenta uma atividade pronunciada, mesmo se a força dos sítios do par ácido-base for mais fraca do que o ácido ou da base isolados. Por exemplo, na decomposição de alquil aminas na presença de ZrO_2 com a dupla função ácida e básica fracas, em comparação com um catalisador SiO_2-Al_2O_3 com alta acidez ou com um catalisador MgO com alta basicidade; o ZrO_2 apresenta maior atividade e seletividade para a desidrogenação seletiva, particularmente de trialquil aminas para formar nitrilas, em que nem o SiO_2-Al_2O_3 e MgO são adequados para essa reação, pois ocorre desalquilação e desaminação para produzir olefinas e amônia.

Os materiais mesoporos apresentam um grande número de grupos silanóis em seus poros, com a possibilidade de funcionalização com moléculas volumosas. Por exemplo, a sílica SBA-15 foi funcionalizada com os grupos 3-(trimetoxissilil)-propilamina (B, básico) e 2-(4-clorossulfonilfenil) etiltrimetoxissilano (A, ácido), de modo que os sítios ácido e básico são mantidos próximos um do outro, como mostra a Figura 7.5.[135] O catalisador foi estudado na reação de condensação aldólica entre 4-nitrobenzaldeído e acetona (Figura 7.6). Os resultados na Tabela 7.3 mostram que uma conversão de 62% foi obtida quando a SBA-15 funcionalizada com ácido sulfônico e grupos amina foi usada (experimento 1), enquanto que a SBA-15 funcionalizada apenas com o ácido sulfônico ou com o grupo amina produziu uma conversão consideravelmente menor (experimentos 2 e 3). Uma mistura física de SBA-15 funcionalizada com um grupo ácido e SBA-15 funcionalizada com um grupo básico forneceu uma conversão intermediária, que foi significativamente menor do que a observada com o catalisador ácido-base (experimento 4). A sílica SBA-15 sozinha não forneceu nenhuma conversão (experimento 5). Também foi verificado que a mistura do catalisador homogêneo, ácido sulfônico e amina, não converteu o material de partida em produtos, visto que esses compostos neutralizaram um ao outro (experimento 6). Os catalisadores homogêneos individualmente forneceram baixas conversões (experimentos 7 e 8). Concluiu-se que a alta porosidade da sílica SBA-15 permite a fácil imobilização de grupos funcionais, que não podem coexistir em solução como sítios catalíticos ativos porque neutralizam um ao outro.

Fig. 7.5 – Síntese de catalisadores funcionalizados simultaneamente com sítios ácidos e básicos suportados em sílica SBA-15

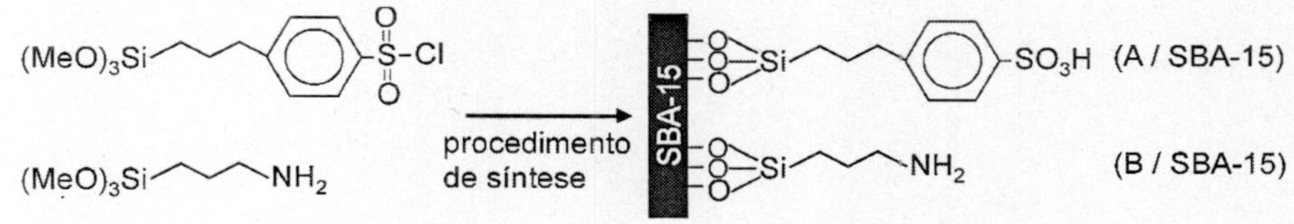

Fig. 7.6 – Reação aldólica entre 4-nitrobenzaldeído e acetona

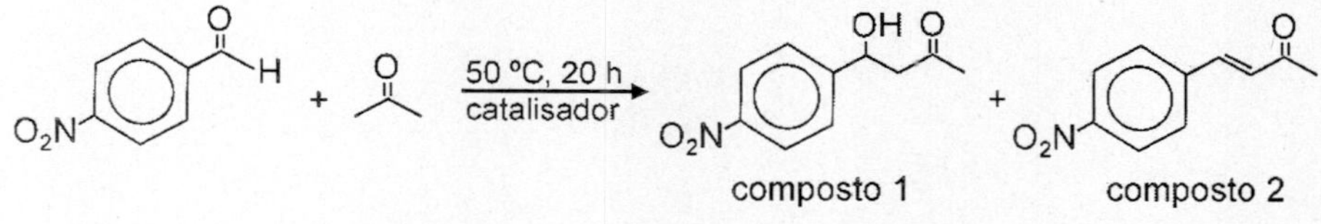

Tabela 7.3 – Rendimentos dos produtos 1 e 2 e conversão na reação aldólica entre 4-nitrobenzaldeído e acetona na presença de vários catalisadores com ácido sulfônico ou grupos amina, ou combinações dos mesmos, alcançados por mistura ou por cofuncionalização

Experimento	Catalisador	Rend. de 1 (%)	Rend. de 2 (%)	Conversão (%)
1	(A + B) / SBA-15	45	17	62
2	(A) / SBA-15	8	8	16
3	(B) / SBA-15	25	8	33
4	(A) / SBA-15 + (B) / SBA-15	30	14	44
5	SBA-15	0	0	0
6	(A) + (B)	0	0	0
7	(A)	3	1	4
8	(B)	3	5	8

7.6 Efeito da porosidade de materiais mesoporos na criação de superfícies côncavas

Para aplicação em catálise, a superfície de materiais mesoporosos tem um atributo que pode influenciar as suas propriedades. Em geral, três tipos de geometria podem ser encontrados na superfície de materiais: superfícies convexas (por exemplo, aquelas das partículas esféricas de sílica pirogênica), superfícies côncavas (por exemplo, aquelas internas dos poros cilíndricos de sílicas porosas, tais como a MCM-41 ou SBA-15) e superfícies planas. Na maioria dos materiais, vários tipos de geometria de superfície podem estar presentes ao mesmo tempo. Por exemplo, na sílica-gel existem superfícies convexas que caracterizam as partículas esféricas, que são os principais blocos de construção dos géis e superfícies côncavas nas regiões em que as partículas esféricas estão conectadas umas às outras. Os materiais mesoporosos ordenados são um tanto excepcionais nesse quesito, porque suas estruturas bem definidas levam a predominância de apenas um tipo de geometria de superfície. Em escala macroscópica, não se espera que as curvaturas tenham consequências nas reações catalíticas, pois os sítios ativos estão em escala nanométrica. No entanto geometrias nanométricas podem ter alguma influência na atividade.

A geometria na escala nanométrica afeta o espaçamento entre conjunto de grupos ativos suportados. Dependendo da curvatura, o empacotamento dessas espécies pode variar, o que afetará a interação entre espécies ativas e suporte, ou até mesmo entre elas.

Kidder e Buchanan[136] estudaram o efeito de curvatura utilizando a sílica mesoporosa MCM-41 (com dois diâmetros de poro distintos, 1,6 e 2,8 nm) e uma sílica pirolisada não porosa na transferência de hidrogênio entre 1,3-difenilpropano e moléculas receptoras de hidrogênio, como 2-fluoreno ou 3-fluoreno. Os dados de atividade mostraram que para o 2-fluoreno a transferência foi ligeiramente aumentada por um fator de 1,1 na MCM-41 em comparação com a sílica mesoporosa e a um fator 2,2 para o 3-fluoreno. A atividade catalítica superior foi atribuída à superfície côncava da MCM-41, o que facilita a orientação dos grupos e a transferência de hidrogênio.

Em outro estudo, suportes mesoporos e densos tiveram a superfície funcionalizada com 3-aminopropiltrietoxissilano.[137] Em seguida, cátions vanadil foram imobilizados nas superfícies por meio dos grupos amino e os materiais resultantes foram usados como catalisadores na oxidação de cicloexano em fase líquida. A atividade catalítica e os estudos de lixiviação do metal mostraram que os catalisadores mesoporosos foram mais ativos por conta do isolamento dos sítios metálicos, bem como devido às restrições espaciais causadas pela superfície côncava da sílica.

REFERÊNCIAS

1 MARTINS, L.; SILVA, L. L.; POSSATO, L. G. Boas práticas e equívocos nas medidas de atividade catalítica de materiais em termocatálise. **Química Nova**, v. 47, n. 2, p. 1-10, 2024. Disponível em: http://dx.doi.org/10.21577/0100-4042.20230099.

2 FIGUEIREDO, J. L.; RIBEIRO, F. R. **Catálise heterogênea**. Lisboa: Fundação Calouste Bulbenkian, 2007. 548 p.

3 LEVENSPIEL, O. **Engenharia das reações químicas**. São Paulo: Blucher, 2000. 584 p.

4 COLOMBO, P. In praise of pores. **Science**, v. 322, n. 5900, p. 381-383, 2008. Disponível em: https://doi.org/10.1126/science.1162962.

5 ROLISON, D. R. Catalytic nanoarchitectures - The importance of nothing and the unimportance of periodicity. **Science**, v. 299, n. 5613, p. 1698-1701, 2003. Disponível em: https://doi.org/10.1126/science.1082332.

6 OHJI, T.; FUKUSHIMA, M. Macro-porous ceramics: processing and properties. **International Materials Reviews**, v. 57, n. 2, p. 115-131, 2012. Disponível em: https://doi.org/10.1179/1743280411Y.0000000006.

7 CARDOSO, D. **Introdução à catálise heterogênea.** São Carlos: Ed. UFSCar, 1987. 226 p.

8 LENHER, S. The reaction between oxygen and ethylene. I. **Journal of the American Chemical Society**, v. 53, n. 10, p. 3737-3751, 1931. Disponível em: https://doi.org/10.1021/ja01361a017.

9 WOLF, F.; GOETZE, H. Silver catalysts for the catalytic oxidation of ethylene. **Chemische Technik - Wissenschaftliche Zeitschrift für Technik und Ökonomie der Chemieindustrie**, 14, 600, 1962.

10 NIELSEN, R. P.; ROCHELLE, J. H. La. **Catalyst for the oxidation of ethylene to ethylene oxide**. US Patent 4,010,115. 1977.

11 CASSINELLI, W. H. *et al.* Correlation between structural and catalytic properties of copper supported on porous alumina for the ethanol dehydrogenation reaction. **ChemCatChem**, v. 7, n. 11, p. 1668-1677, 2015. Disponível em: https://doi.org/10.1002/cctc.201500112.

12 ANDREW, S. P. S. Theory and practice of the formulation of heterogeneous catalysts. **Chemical Engineering Science**, v. 36, n. 9, p. 1431-1445, 1981. Disponível em: https://doi.org/10.1016/0009-2509(81)85106-8.

13 KONAR, S. *et al.* Shape-dependent catalytic activity of CuO nanostructures. **Journal of Catalysis**, v. v. 336, p. 11-22, 2016. Disponível em: https://doi.org/10.1016/j.jcat.2015.12.017.

14 LEOFANTI, G. *et al.* Surface area and pore texture of catalysts. **Catalysis Today**, v. 41, n. 1-3, p. 207-219, 1998. Disponível em: https://doi.org/10.1016/S0920-5861(98)00050-9.

15 SING, K. S. W. *et al.* Reporting physisorption data for gas/solid systems - with special reference to the determination of surface area and porosity. **Pure and Applied Chemistry**, v. 57, n. 4, p. 603-619, 1985. Disponível em: https://doi.org/10.1351/pac198557040603.

16 MAYS, T. J. A new classification of pore sizes. **Studies in Surface Science and Catalysis**, v. 160, p. 57-62, 2007. Disponível em: https://doi.org/10.1016/S0167-2991(07)80009-7.

17 MCBAIN, J. W. **The sorption of gases and vapours by solids**. London: G. Routledge & Sons, 1932. 577 p.

18 WEIGEL, O.; STEINHOFF, E. The absorption of organic liquid vapors by chabazite. **Zeitschrift für Kristallographie, Kristallgeometrie, Kristallphysik, Kristallchemie**, v. 61, p. 125-154, 1925.

19 Ch. BAERLOCHER; MCCUSKER, L. B.; OLSON, D. H. **Atlas of zeolite framework types**. 6. ed. Amsterdam: Elsevier, 2007. 404 p.

20 FOGLER, H. S. **Elementos de engenharia das reações químicas**. 4. ed. Rio de Janeiro: LTC, 2009. 853 p.

21 GARCÍA-SÁNCHEZ, J. T.; BALDOVINO-MEDRANO, V. G. Elements of the manufacture and properties of technical catalysts. **Industrial & Engineering Chemistry Research**, v. 62, p. 7769-7838, 2023. Disponível em: https://doi.org/10.1021/acs.iecr.3c00369.

22 MITCHELL, S.; MICHELS, N.-L.; PÉREZ-RAMÍREZ, J. From powder to technical body: the undervalued science of catalyst scale up. **Chemical Society Reviews**, v. 42, n. 14, p. 6094-6112, 2013. Disponível em: https://doi.org/10.1039/c3cs60076a.

23 FENG, C. L.; YU, A. D. Effect of liquid addition on the packing of mono-sized coarse spheres. **Powder Technology**, v. 99, n. 1, p. 22-28, 1998. Disponível em: https://doi.org/10.1016/S0032-5910(98)00086-2.

24 FURNAS, C. C. Grading aggregates - I. - Mathematical relations for beds of broken solids of maximum density. **Industrial and Engineering Chemistry**, v. 23, n. 9, p. 1052-1058, 1931. Disponível em: https://doi.org/10.1021/ie50261a017.

25 ERGUN, S. Fluid flow through packed columns. **Chemical Engineering Progress**, v. 48, n. 2, p. 89, 1952.

26 THIELE, E. W. Relation between catalytic activity and size of particle. **Industrial and Engineering Chemistry**, v. 31, n. 7, p. 916-920, 1939. Disponível em: https://doi.org/10.1021/ie50355a027.

27 MALEK, K.; COPPENS, M. O. Knudsen self- and Fickian diffusion in rough nanoporous media. **Journal of Chemical Physics**, v. 119, n. 5, p. 2801-2811, 2003. Disponível em: https://doi.org/10.1063/1.1584652.

28 BIRD, R. B.; STEWART, W. E.; LIGHTFOOT, E. N. **Transport Phenomena**. New Jersey: Wiley, 1960. 511 p.

29 REID, R. C.; PRAUSNITZ, J. M.; POLING, B. E. **The properties of gases and liquids**. New York: McGraw-Hill, 1987.

30 E. N. FULLER, P. D. SCHETTLER, J. C. GIDDINGS, New method for prediction of binary gas-phase diffusion coefficients. **Industrial and Engineering Chemistry**, v. 58, n. 5, p. 18-27, 1966. Disponível em: https://doi.org/10.1021/ie50677a007.

31 DO, D. D. **Adsorption analysis**: equilibria and kinetics. London: ICP, 1998. 916 p.

32 SMOLUCHOWSKI, M. von. Zur kinetischen theorie der transpiration und diffusion verdünnter gase. **Annalen der Physik**, v. 338, n. 16, p. 1559-1570, 1910. Disponível em: https://doi.org/10.1002/andp.19103381623.

33 DELGADO, J. M. P. Q. A simple experimental technique to measure tortuosity in packed beds. **Canadian Journal of Chemical Engineering**, v. 84, n. 6, p. 651-655, 2006. Disponível em: https://doi.org/10.1002/cjce.5450840603.

34 TERNAN, M. The diffusion of liquids in pores. **Canadian Journal of Chemical Engineering**, v. 65, n. 2, p. 244-249, 1987. Disponível em: https://doi.org/10.1002/cjce.5450650208.

35 SIEVERS, C. *et al.* Phenomena affecting catalytic reactions at solid-liquid interfaces. **ACS Catalysis**, v. 6, n. 12, p. 8286-8307, 2016. Disponível em: https://doi.org/10.1021/acscatal.6b02532.

36 SIMEONE, M.; SALEMME, L.; ALLOUIS, C. Reactor temperature profile during autothermal methane reforming on Rh/Al_2O_3 catalyst by IR imaging. **International Journal of Hydrogen Energy**, v. 33, n. 18, p. 4798-4808, 2008. Disponível em: https://doi.org/10.1016/j.ijhydene.2008.05.089.

37 MILLER, S. A. **Ethylene and Its Industrial Derivatives**. London: Ernest Benn, 1969.

38 ZHU, J. *et al.* Modeling and design of a multi-tubular packed-bed reactor for methanol steam reforming over a $Cu/ZnO/Al_2O_3$ catalyst. **Energies**, v. 13, n. 3, p. 610, 2020. Disponível em: https://www.mdpi.com/1996-1073/13/3/610.

39 HUITT, J. L.; PAPAILA, J.; MCGLOTHLIN, B. B. **Propping agent for a fracturing process**. US Patent 3,026,938A. 1958.

40 PAGE, J. F. Le. **Applied heterogeneous catalysis**: Design, manufacture and use of solid catalysts. Institut Français du Pétrole Publications - Éditions Ophrys, 1987. 509 p.

41 RICHARDSON, J. T. **Principles of catalyst development**. New York; London: Plenum Press, 1989. 288 p.

42 MEYER, K.; KLOBES, P. Comparison between different presentations of pore size distribution in porous materials. **Fresenius Journal of Analytical Chemistry**, v. 363, p. 174-178, 1999. Disponível em: https://doi.org/10.1007/s002160051166.

43 WEBB, P. A. **Volume and density determinations for particle technologists**. Atlanta: Micromeritics Instrument Corp, 2001.

44 BRUNANER, S.; EMMETT, P. H.; TELLER, E. Adsorption of gases in multimolecular layers. **Journal of the American Chemical Society**, v. 60, n. 2, p. 309-319, 1938. Disponível em: https://doi.org/10.1021/ja01269a023.

45 THOMMES, M. *et al.* Physisorption of gases, with special reference to the evaluation of surface area and pore size distribution (IUPAC Technical Report). **Pure and Applied Chemistry**, v. 87, n. 9-10, p. 1051-1069, 2015. Disponível em: https://doi.org/10.1515/pac-2014-1117.

46 LANGMUIR, I. The adsorption of gases on plane surfaces of glass, mica and platinum. **Journal of the American Chemical Society**, v. 40, n. 9, p. 1361-1403, 1918. Disponível em: https://doi.org/10.1021/ja02242a004.

47 KAYE, G. W. C.; LABY, T. H. **Tables of physical and chemical constants**. 16. ed. New York: Longman Scientific & Technical, 1995. p. 611.

48 ISMAIL, I. K. Cross-sectional areas of adsorbed N2, Ar, Kr, and O2 on carbons and fumed silicas at liquid nitrogen temperature. **Langmuir**, v. 8, n. 2, p. 360-365, 1992. Disponível em: https://doi.org/10.1021/la00038a006.

49 DEROCHE, I. *et al.* Reminiscent capillarity in subnanopores. **Nature Communications**, v. 10, n. 4642, p. 4642, 2019. Disponível em: https://doi.org/10.1038/s41467-019-12418-9.

50 MOURA, L. F.; ROQUE, B. F. S. **Excel**: Cálculos para Engenharia. São Carlos: EDUFSCar, 2013. 164 p.

51 GALARNEAU, A. *et al.* Validity of the t-plot method to assess microporosity in hierarchical micro/mesoporous materials. **Langmuir**, v. 30, n. 44, p. 13266-13274, 2014. Disponível em: https://doi.org/10.1021/la5026679.

52 W. D. HARKINS, G. JURA, An adsorption method for the determination of the area of a solid without the assumption of a molecular area, and the area occupied by nitrogen molecules on the surfaces of solids. **Journal of Chemical Physics**, v. 11, n. 9, p. 431-432, 1943. Disponível em: https://doi.org/10.1063/1.1723871.

53 G. HALSEY, Physical adsorption on non-uniform surfaces. **Journal of Chemical Physics**, v. 16, n. 10, p. 931-937, 1948. Disponível em: https://doi.org/10.1063/1.1746689.

54 PELLICER, J.; GARCÍA-MORALES, V.; HERNÁNDEZ, M. J. On the demonstration of Young-Laplace equations in introductory courses. **Physics Education**, v. 35, n. 2, p. 126, 2000. Disponível em: https://doi.org/10.1088/0031-9120/35/2/309.

55 KÄRGER, J. *et al.* A phenomenological study of surface barriers in zeolites. **Zeolites**, v. 6, n. 3, p. 146, 1986. Disponível em: https://doi.org/10.1016/0144-2449(86)90039-4.

56 RUTHVEN, D. M. Adsorption. *In*: KIRK-OTHMER. **Encyclopedia of Chemical Technology**. 4. ed. New Jersey: Wiley, 1991. Disponível em: https://doi.org/10.1002/0471238961.

57 WAKAO, N.; FUNAZKRI, T. Effect of fluid dispersion coefficients on particle-to-fluid mass transfer coefficients in packed beds: Correlation of Sherwood numbers. **Chemical Engineering Science**, v. 33, n. 10, p. 1375-1384, 1978. Disponível em: https://doi.org/10.1016/0009-2509(78)85120-3.

58 RUTHVEN, D. M.; FAROOQ, S.; KNAEBEL, K. S. **Pressure Swing Adsorption**. New Jersey: VCH Publishers, 1994.

59 RUTHVEN, D. M. **Principles of Adsorption and Adsorption Processes**. New Jersey: John Wiley & Sons, 1984.

60 RUTHVEN, D. M. Notas do Curso "Adsorption: Theory and Practice". *In*: ENCONTRO BRASILEIRO SOBRE ADSORÇÃO, 1., 1996, Fortaleza.

61 CAVALCANTE Jr., C. L.; RUTHVEN, D. M. Adsorption of branched and cyclic paraffins in silicalite. 2. Kinetics. **Industrial & Engineering Chemistry Research**, v. 34, p. 185-191, 1995. Disponível em: https://doi.org/10.1021/ie00040a018.

62 RUTHVEN, D. M. Diffusion in zeolites: a continuing saga. **Adsorption**, v. 16, p. 511-514, 2010. Disponível em: https://doi.org/10.1007/s10450-010-9263-9.

63 CRANK, J. **The Mathematics of Diffusion**. Oxford: Oxford Press, 1975.

64 LUNA, F. M. T. *et al.* Adsorption of naphthalene and pyrene from isooctane solutions on commercial activated carbons. **Adsorption**, v. 17, p. 937-947, 2011. Disponível em: https://doi.org/10.1007/s10450-011-9372-0.

65 M. EIC, D. M. RUTHVEN, A new experimental technique for measurement of intracrystalline diffusivity. **Zeolites**, v. 8, n. 1, p. 40-45, 1988. Disponível em: https://doi.org/10.1016/S0144-2449(88)80028-9.

66 BRANDANI, S.; MANGANO, E. The zero length column technique to measure adsorption equilibrium and kinetics: Lessons learnt from 30 years of experience. **Adsorption**, v. 27, p. 319, 2021. Disponível em: https://doi.org/10.1007/s10450-020-00273-w.

67 CAVALCANTE Jr., C. L. *et al.* Diffusion of n-paraffins in offretite-erionite type zeolites. **Zeolites**, v. 15, n. 4, p. 293-307, 1995. Disponível em: https://doi.org/10.1016/0144-2449(94)00061-V.

68 MUNNIK, P.; JONGH, P. E. de; JONG, K. P. de. Recent developments in the synthesis of supported catalysts. **Chemical Reviews**, v. 115, n. 14, p. 6687-6718, 2015. Disponível em: https://doi.org/10.1021/cr500486u.

69 C. BALTES, S. VUKOJEVIĆ, F. SCHÜTH, Correlations between synthesis, precursor, and catalyst structure and activity of a large set of CuO/ZnO/Al2O3 catalysts for methanol synthesis. **Journal of Catalysis**, v. 258, n. 2, p. 334-344, 2008. Disponível em: https://doi.org/10.1016/j.jcat.2008.07.004.

70 RASMUSSEN, S. B. *et al.* Does pelletizing catalysts influence the efficiency number of activity measurements? Spectrochemical engineering considerations for an accurate operando study. **ACS Catalysis**, v. 3, n. 1, p. 86-94, 2013. Disponível em: https://doi.org/10.1021/cs300687v.

71 WHITING, G. T. *et al.* The curious case of zeolite-clay/binder interactions and their consequences for catalyst preparation. **Faraday Discussions**, v. 188, p. 369-386, 2016. Disponível em: https://doi.org/10.1039/C5FD00200A.

72 PASSOS, A. R. *et al.* Construção de uma câmara para monitoramento in situ do processo de secagem de géis e sólidos porosos. **Química Nova**, v. 34, n. 8, p. 1455-1458, 2011. Disponível em: https://doi.org/10.1590/S0100-40422011000800027.

73 ALVES-ROSA, M. A. *et al.* Design of microstructure of zirconia foams from the emulsion template properties. **Soft Matter**, v. 9, n. 2, p. 550-558, 2013. Disponível em: https://doi.org/10.1039/C2SM26842F.

74 MINTOVA, S. **Verified Syntheses of Zeolitic Materials**. 3. ed. Amsterdam: Elsevier, 2016. 405 p.

75 AIELLO, R.; BARRER, R. M.; KERR, I. S. Stages of zeolite growth from alkaline media. *In*: SAND, L. B.; FLANIGEN, E. M. (ed.). **Molecular Sieve Zeolites** – I: Advances in Chemistry Series. New York: American Chemical Society, 1971.

76 THOMAS, J. M.; BURSILL, L. A. Amorphous zeolites. **Angewandte Chemie** – International Edition, v. 19, n. 9, p. 745-746, 1980. Disponível em: https://doi.org/10.1002/anie.198007451.

77 VIEIRA, L. H.; RODRIGUES, M. V.; MARTINS, L. Cristalização convencional de zeólitas e induzida por sementes. **Química Nova**, v. 37, p. 1515-1524, 2014. Disponível em: https://doi.org/10.5935/0100-4042.20140229.

78 RAHMAN, I. A. *et al.* Size-dependent physicochemical and optical properties of silica nanoparticles. **Materials Chemistry and Physics**, v. 114, n. 1, p. 328-332, 2009. Disponível em: https://doi.org/10.1016/j.matchemphys.2008.09.068.

79 MYERS, D. **Surfactant science and technology**. 3. ed. New Jersey: Wiley-Interscience, 2006. 380 p.

80 SOLER-ILLIA, G. J. de A. A. *et al.* Block copolymer-templated mesoporous oxides. **Current Opinion in Colloid and Interface Science**, v. 8, n. 1, p. 109-126, 2003. Disponível em: https://doi.org/10.1016/S1359-0294(03)00002-5.

81 ABREU, T. H. *et al.* Acidic V-MCM-41 catalysts for the liquid-phase ketalization of glycerol with acetone. **Microporous and Mesoporous Materials**, v. 273, p. 219-225, 2019. Disponível em: https://doi.org/10.1016/j.micromeso.2018.07.006.

82 MARTINS, L. *et al.* Preparation of different basic Si-MCM-41 catalysts and application in the Knoevenagel and Claisen-Schmidt condensation reactions. **Journal of Catalysis**, v. 271, n. 2, p. 220-227, 2010. Disponível em: https://doi.org/10.1016/j.jcat.2010.01.015.

83 BECK, J. S. *et al.* A new family of mesoporous molecular sieves prepared with liquid crystal templates. **Journal of the American Chemical Society**, v. 114, n. 27, p. 10834-10843, 1992. Disponível em: https://doi.org/10.1021/ja00053a020.

84 MARTINS, L.; CARDOSO, D. Influence of surfactant chain length on basic catalytic properties of Si-MCM-41. **Microporous and Mesoporous Materials**, v. 106, n. 1-3, p. 8-16, 2007. Disponível em: https://doi.org/10.1016/j.micromeso.2007.01.037.

85 ALVES-ROSA, M. A. *et al.* Structure and catalytic properties of sulfated zirconia foams. **Journal of Sol-Gel Science and Technology**, v. 72, p. 252-259, 2014. Disponível em: https://doi.org/10.1007/s10971-013-3263-7.

86 PETROLINI, D. D. *et al.* Emulsion-mediated synthesis of hierarchical mesoporous macroporous Al-Mg hydrotalcites. **Microporous and Mesoporous Materials**, v. 240, p. 149-158, 2017. Disponível em: https://doi.org/10.1016/j.micromeso.2016.11.011.

87 MARTINS, L. *et al.* Preparation of hierarchically structured porous aluminas by a dual soft template method. **Microporous and Mesoporous Materials**, v. 132, n. 1-2, p. 268-275, 2010. Disponível em: https://doi.org/10.1016/j.micromeso.2010.03.006.

88 GUISNET, M.; MAGNOUX, P. Deactivation by coking of zeolite catalysts. Prevention of deactivation. Optimal conditions for regeneration. **Catalysis Today**, v. 36, n. 4, p. 477-483, 1997. Disponível em: https://doi.org/10.1016/S0920-5861(96)00238-6.

89 SIROUS REZAEI, P.; SHAFAGHAT, H.; DAUD, W. M. A. W. Suppression of coke formation and enhancement of aromatic hydrocarbon production in catalytic fast pyrolysis of cellulose over different zeolites: effects of pore structure and acidity. **RSC Advances**, v. 5, n. 80, p. 65408-65414, 2015. Disponível em: https://doi.org/10.1039/C5RA11332F.

90 RODRIGUES, M. V. *et al.* Glycerol dehydration catalyzed by MWW zeolites and the changes in the catalyst deactivation caused by porosity modification. **Applied Catalysis A**: General, v. 495, p. 84-91, 2015. Disponível em: https://doi.org/10.1016/j.apcata.2015.02.010.

91 MÖLLER, K.; BEIN, T. Mesoporosity – a new dimension for zeolites. **Chemical Society Reviews**, v. 42, n. 9, p. 3689-3707, 2013. Disponível em: https://doi.org/10.1039/C3CS35488A.

92 RODRIGUES, M. V. *et al.* Organosilane-assisted synthesis of hierarchical MCM-22 zeolites for condensation of glycerol into bulky products. **Crystal Growth and Design**, v. 19, p. 231-241, 2019. Disponível em: https://doi.org/10.1021/acs.cgd.8b01310.

93 NOVAK, S. *et al.* Preparation of hydrophobic MFI zeolites containing hierarchical micromesopores using seeds functionalized with octyltriethoxysilane. **Colloids and Surfaces A**: Physicochemical and Engineering Aspects, v. 585, p. 124109, 2020. Disponível em: https://doi.org/10.1016/j.colsurfa.2019.124109.

94 YOUNG, D. A. **Hydrocarbon conversion process and catalyst comprising a crystalline alumino-silicate leached with sodium hydroxide**. US3326797. 1967.

95 AOUALI, L. *et al.* Structural evolution of dealuminated Y zeolites during various chemical treatments. **Zeolites**, v. 8, n. 6, p. 517-522, 1988. Disponível em: https://doi.org/10.1016/S0144-2449(88)80229-X.

96 GROEN, J. C. *et al.* Mesoporosity development in ZSM-5 zeolite upon optimized desilication conditions in alkaline medium. **Colloids and Surfaces A**: Physicochemical and Engineering Aspects, v. 241, p. 53-58, 2004. Disponível em: https://doi.org/10.1016/j.colsurfa.2004.04.012.

97 K. NA *et al.* Directing zeolite structures into hierarchically nanoporous architectures. **Science**, v. 333, n. 6040, p. 328-332, 2011. Disponível em: https://doi.org/10.1126/science.1204452.

98 WU, P. *et al.* Methodology for synthesizing crystalline metallosilicates with expanded pore windows through molecular alkoxysilylation of zeolitic lamellar precursors. **Journal of the American Chemical Society**, v. 130, n. 26, p. 8178-8187, 2008. Disponível em: https://doi.org/10.1021/ja0758739.

99 CORMA, A. *et al.* Delaminated zeolite precursors as selective acidic catalysts. **Nature**, v. 396, p. 353-356, 1998. Disponível em: https://doi.org/10.1038/24592.

100 LUNA, F. J.; SCHUCHARDT, U. Modificação de zeólitas para uso em catálise. **Química Nova**, v. 24, n. 6, 885-892, 2001. Disponível em: https://doi.org/10.1590/S0100-40422001000600027.

101 MOTA, C. J. A. Química e tecnologia para o desenvolvimento. Aplicações e necessidades da Petrobrás à produção de gasolina. **Química Nova**, v. 18, n. 2, p. 202-209, 1995.

102 TOMÁS, R. A. F.; BORDADO, J. C. M.; GOMES, J. F. P. p-xylene oxidation to terephthalic acid: a literature review oriented toward process optimization and development. **Chemical Reviews**, v. 113, p. 7421-7469, 2013. Disponível em: https://doi.org/10.1021/cr300298j.

103 MOLINER, M.; MARTNEZ, C.; CORMA, A. Multipore zeolites: synthesis and catalytic applications. **Angewandte Chemie** - International Edition, v. 54, n. 2, p. 3560-3579, 2015. Disponível em: https://doi.org/10.1002/anie.201406344.

104 TEKETEL, S. *et al.* Morphology-induced shape selectivity in zeolite catalysis. **Journal of Catalysis**, v. 327, p. 22-32, 2015. Disponível em: https://doi.org/10.1016/j.jcat.2015.03.013.

105 KUMAGAI, S. *et al.* Selective phenol recovery via simultaneous hydrogenation/dealkylation of isopropyl- and isopropenyl-fenols employing an H2 generator combined with tandem micro-reactor GC/MS. **Scientific Reports**, v. 8, n. 1, p. 13994, 2018. Disponível em: https://doi.org/10.1038/s41598-018-32269-6.

106 JAE, J. *et al.* Investigation into the shape selectivity of zeolite catalysts for biomass conversion. **Journal of Catalysis**, v. 279, n. 2, p. 257-268, 2011. Disponível em: https://doi.org/10.1016/j.jcat.2011.01.019.

107 PEREGO, C.; CALEMMA, V.; POLLESEL, P. Naphtha reforming and upgrading of diesel fractions. *In*: ČEJKA, J.; CORMA, A.; ZONES, S. (ed.). **Zeolites and catalysis**: Synthesis, reactions and applications. New Jersey: Wiley - VCH Verlag GmbH & Co., 2010. p. 585-621. 881 p.

108 ZHOU, Y.; WU, J.; LEMMON, E. W. Thermodynamic properties of o-xylene, m-xylene, p-xylene, and ethylbenzene. **Journal of Physical and Chemical Reference Data**, v. 41, n. 2, p. 023103-023103-26, 2012. Disponível em: https://doi.org/10.1063/1.3703506.

109 HIBINO, T.; NIWA, M.; MURAKAMI, Y. Shape-selectivity over HZSM-5 modified by chemical vapor deposition of silicon alkoxide. **Journal of Catalysis**, v. 128, p. 551, 1991. Disponível em: https://doi.org/10.1016/0021-9517(91)90312-R.

110 JONES, C. W.; ZONES, S. I.; DAVIS, M. E. m-Xylene reactions over zeolites with unidimensional pore systems. **Applied Catalysis A**: General, v. 181, n. 2, p. 289-303, 1999. Disponível em: https://doi.org/10.1016/S0926-860X(98)00401-3.

111 WEISZ, P. B.; FRILETTE, V. J. Intracrystalline and molecular-shape-selective catalysis by zeolite salts. **Journal of Physical Chemistry**, v. 64, n. 3, p. 382, 1960. Disponível em: https://doi.org/10.1021/j100832a513.

112 MARTENS, J. A. *et al.* Isomerization and disproportionation of m-xylene selectivities induced by the void structure of the zeolite framework. **Applied Catalysis**, v. 45, n. 1, p. 85-101, 1988. Disponível em: https://doi.org/10.1016/S0166-9834(00)82395-7.

113 NYGÅRD, K. Local structure and density fluctuations in confined fluids. **Current Opinion in Colloid & Interface Science**, v. 22, p. 30-34, 2016. Disponível em: https://doi.org/10.1016/j.cocis.2016.02.005.

114 COASNE, B.; FARRUSSENG, D. Gas oversolubility in nanoconfined liquids: review and perspectives for adsorbent design. **Microporous and Mesoporous Materials**, v. 288, p. 109561, 2019. Disponível em: https://doi.org/10.1016/j.micromeso.2019.109561.

115 MIACHON, S. *et al.* Higher gas solubility in nanoliquids? **ChemPhysChem**, v. 9, n. 1, p. 78-82, 2008. Disponível em: https://doi.org/10.1002/cphc.200700638.

116 SHAMSUZZOHA, M.; KIM, Y. H.; LIM, W. T. Single-crystal structures of the o-, m-, and p-xylene sorption complexes of fully dehydrated, fully Mn2+--exchanged zeolite Y (FAU). **Journal of Physical Chemistry C**, v. 115, n. 36, p. 17750-15560, 2011. Disponível em: https://doi.org/10.1021/jp205813k.

117 SILVA, L. L. *et al.* Evolution of structure and active sites during the synthesis of ZSM-5: From amorphous to fully grown structure. **Journal of Physical Chemistry C**, v. 124, n. 4, p. 2439-2449, 2020. Disponível em: https://doi.org/10.1021/acs.jpcc.9b09438.

118 DEROUANE, E. G. Shape selectivity in catalysis by zeolites: The nest effect. **Journal of Catalysis**, v. 100, n. 2, p. 541-544, 1986. Disponível em: https://doi.org/10.1016/0021-9517(86)90127-2.

119 GOUNDER, R.; IGLESIA, E. The catalytic diversity of zeolites: confinement and solvation effects within voids of molecular dimensions. **Chemical Communications**, v. 49, n. 34, p. 3491-3509, 2013. Disponível em: https://doi.org/10.1039/C3CC40731D.

120 ITOH, H.; MIYAMOTO, A.; MURAKAMI, Y. Mechanism of the side chain alkylation of toluene with methanol. **Journal of Catalysis**, v. 64, n. 2, p. 284-294, 1980. Disponível em: https://doi.org/10.1016/0021-9517(80)90503-5.

121 PAZIN, L. H. *et al.* Ordinary hydrophobicity of mesoporous faujasites boosting the catalytic ketalization of glycerol with acetone. **Applied Catalysis A**: General, v. 678, p. 119706, 2024. Disponível em: https://doi.org/10.1016/j.apcata.2024.119706.

122 CATUZO, G. L.; SANTILLI, C. V.; MARTINS, L. Hydrophobic-hydrophilic balance of ZSM-5 zeolites on the two-phase ketalization of glycerol with acetone. **Catalysis Today**, v. 381, p. 215-223, 2021. Disponível em: https://doi.org/10.1016/j.cattod.2020.07.008.

123 R. M. BARRER, D. E. W. VAUGHN, Trapping and diffusion of rare gases in phillipsite, zeolite K-M and other silicates. **Transactions of the Faraday Society**, v. 67, p. 2129-2136, 1971. Disponível em: https://doi.org/10.1039/TF9716702129.

124 DEEM, M. W.; NEWSAM, J. M.; CREIGHTON, J. A. Fluctuations in zeolite aperture dimensions simulated by crystal dynamics. **Journal of the American Chemical Society**, v. 114, n. 18, p. 7198-7207, 1992. Disponível em: https://doi.org/10.1021/ja00044a036.

125 POSSATO, L. G. *et al.* A comparative study of glycerol dehydration catalyzed by micro/mesoporous MFI zeolites. **Journal of Catalysis**, v. 300, p. 102-112, 2013. Disponível em: https://doi.org/10.1016/j.jcat.2013.01.003.

126 MARTINS, L. *et al.* Efficiency of ethanol conversion induced by controlled modification of pore structure and acidic properties of alumina catalysts. **Applied Catalysis A**: General, v. 398, p. 59-65, 2011. Disponível em: https://doi.org/10.1016/j.apcata.2011.03.014.

127 BERNARD, P. *et al.* Demonstration of the influence of specific surface area on reaction rate in heterogeneous catalysis. **Journal of Chemical Education**, v. 98, n. 3, p. 935-940, 2021. Disponível em: https://doi.org/10.1021/acs.jchemed.0c01101.

128 BREY, W. S.; KRIEGER, K. A. The surface area and catalytic activity of aluminum oxide. **Journal of the American Chemical Society**, v. 71, n. 11, p. 3637-3641, 1949. Disponível em: https://doi.org/10.1021/ja01179a016.

129 ÖZKAR, S. Enhancement of catalytic activity by increasing surface area in heterogeneous catalysis. **Applied Surface Science**, v. 256, n. 5, p. 1272-1277, 2009. Disponível em: https://doi.org/10.1016/j.apsusc.2009.10.036.

130 BELL, A. T. The impact of nanoscience on heterogeneous catalysis. **Science**, v. 299, n. 5613, p. 1688-1691, 2003. Disponível em: https://doi.org/10.1126/science.1083671.

131 MACEDO, N. G. *et al.* Surfactant-mediated morphology and photocatalytic activity of α-Ag2WO4 material. **Journal of Physical Chemistry C**, v. 122, p. 8667-8679, 2018. Disponível em: https://doi.org/10.1021/acs.jpcc.8b01898.

132 RASTEIRO, L. F. *et al.* Surfactant-assisted synthesis of Mo-V mixed oxide catalysts for upgraded one-step conversion of glycerol to acrylic acid. **RSC Advances**, v. 8, n. 22, 11975, 2018. Disponível em: https://doi.org/10.1039/C8RA01443D.

133 GRUNWALDT, J. -D *et al.* In situ investigations of structural changes in Cu/ZnO catalysts. **Journal of Catalysis**, v. 194, n. 2, p. 452-460, 2000. Disponível em: https://doi.org/10.1006/jcat.2000.2930.

134 HÖLDERICH, W. F. New reactions in various fields and production of specialty Chemicals. **Studies in Surface Science and Catalysis**, v. 75, p. 127-163, 1993. Disponível em: https://doi.org/10.1016/S0167-2991(08)64007-0.

135 ZEIDAN, R. K.; HWANG, S.-J.; DAVIS, M. E. Multifunctional heterogeneous catalysts: SBA-15-containing primary amines and sulfonic acids. **Angewandte Chemie** - International Edition, v. 45, n. 38, p. 6332-6335, 2006. Disponível em: https://doi.org/10.1002/anie.200602243.

136 KIDDER, M. K.; BUCHANAN, A. C. Effect of pore confinement and molecular orientation on hydrogen transfer during a free-radical reaction in mesoporous silica. **Journal of Physical Chemistry C**, v. 112, n. 8, p. 3027-3031, 2008. Disponível em: https://doi.org/10.1021/jp7097558.

137 SHYLESH, S.; SINGH, A. P. Heterogenized vanadyl cations over modified silica surfaces: A comprehensive understanding toward the structural property and catalytic activity difference over mesoporous and amorphous silica supports. **Journal of Catalysis**, v. 244, n. 1, p. 52-64, 2006. Disponível em: https://doi.org/10.1016/j.jcat.2006.08.002.